211914
10

54.80
2

D1941797

Umweltökonomie

Von

Klaus Tischler

R. Oldenbourg Verlag München Wien

Adresse des Verfassers: Dipl.-Kfm. Klaus Tischler
KT-ökoconsult
Institut für ökologische Unternehmensberatung
Deppendorfer Str. 131
33739 Bielefeld

Die Deutsche Bibliothek – CIP-Einheitsaufnahme

Tischler, Klaus:
Umweltökonomie / von Klaus Tischler. – München ; Wien :
Oldenbourg, 1994
ISBN 3-486-23049-2

BIBLIOTHEK
der Industrie- und Handelskammer
für München und Oberbayern
Nr. 1451/457

© 1994 R. Oldenbourg Verlag GmbH, München

Das Werk einschließlich aller Abbildungen ist urheberrechtlich geschützt. Jede Verwertung außerhalb der Grenzen des Urheberrechtsgesetzes ist ohne Zustimmung des Verlages unzulässig und strafbar. Das gilt insbesondere für Vervielfältigungen, Übersetzungen, Mikroverfilmungen und die Einspeicherung und Bearbeitung in elektronischen Systemen.

Gesamtherstellung: R. Oldenbourg Graphische Betriebe GmbH, München

ISBN 3-486-23049-2

Inhaltsverzeichnis

I Grundbegriffe und Grundprobleme der Umweltökonomie

1 Die Begriffe Umwelt, Umweltschutz und Umweltökonomie

1.1 Zum Begriff "Umwelt"

Der Umweltbegriff hat seit Beginn der 70er Jahre und dem Erwachen eines allmählichen Bewußtseins der Zerstörung unserer natürlichen Lebensgrundlagen in zunehmenden Maße Eingang in unsere Umgangssprache gefunden. Die Anwendung erfolgt dabei auf vielfältige und manchmal auch diffuse Weise.

Eine weite Fassung des Umweltbegriffes meint die Gesamtheit aller die Existenz einer Spezies bestimmenden und beeinflussenden Faktoren. Diese **physiologische** Umwelt wird als **Merkwelt** (Gesamtheit ihrer Merkmale) wahrgenommen und bestimmt als **Wirkwelt** (Gesamtheit ihrer Wirkungen) das Verhalten der Artvertreter.[1] Im weiteren, kulturell-zivilisatorischen Sinne versteht man unter Umwelt auch den an den Menschen angepaßten und gestalteten Lebensraum (**Zivilisations**- oder **Kulturumwelt**).

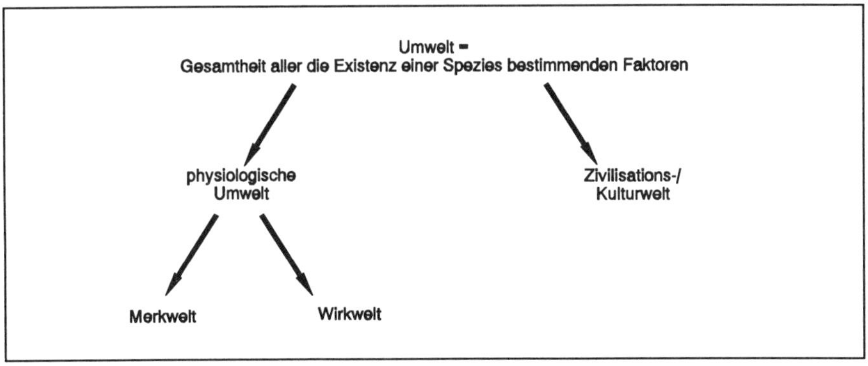

[1] Systematik nach dem Biologen J. von Uexküll (1864-1944)

Wicke[2] sieht folgende Teilelemente in dem Umweltbegriff enthalten:

a. Soziologischer Umweltbegriff

Dieser enthält das soziale Umfeld des Menschen, der Gruppe, Familie, Gesellschaft.

b. Räumlicher Umweltbegriff

Damit wird die geographische Umgebung beschrieben (Gebäude, Gemeinde, Region, etc.)

c. Biologischer oder ökologischer Umweltbegriff

Hiermit wird der Zustand der existenzbetreffenden Umgebung für verschiedene Lebensformen und die Bedingungen für ihr Zusammenleben beschrieben.

Dimensionen der Umwelt

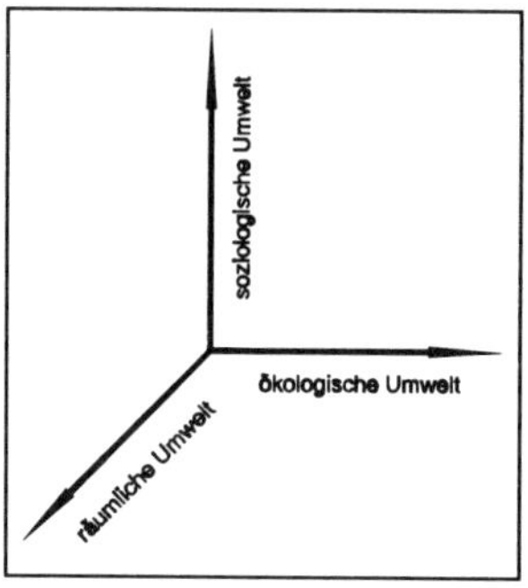

Der biologische/ökologische Umweltbegriff erfaßt in der Regel auch die Problematik der Umweltzerstörungen, so wie sie sich auf den Menschen und die Veränderungen in der Natur auswirken. Wird der räumliche Begriff hinzugezogen, so lassen sich die Probleme der Raumnutzung, des Ressourcenverbrauchs, des Bevölkerungswachstums, etc. miteinbeziehen. Letztlich lassen sich im weiteren Sinne Probleme der modernen Umweltproblematik auch als Kultur- oder Zivilisationsprobleme betrachten.

Der engste Umweltbegriff umfaßt den jeweiligen Zustand der Umweltmedien Boden, Luft, Wasser, Pflanzen und Tieren. Der weiteste beinhaltet Umwelt als geschlossenes Ökosystem, das die Gesamtheit aller natürlichen Elemente in ihrem Zusammenhang und ihren wechselseitigen Abhängigkeiten betrachtet.

---

[2] Wicke, Lutz, Umweltökonomie, München 1989, S. 5

1.2 Umweltschutz

Umweltschutz ist allgemein die Gesamtheit aller Maßnahmen, die geeignet sind, die natürlichen Existenzgrundlagen von Pflanzen, Tieren und Menschen zu erhalten oder eingetretene Umweltschäden wieder zu beseitigen. Grundlage ist dabei der Schutz der Umweltmedien Boden, Luft, Wasser.

Im engeren Sinne umfaßt Umweltschutz alle Maßnahmen, die dadurch notwendig werden, daß der **Mensch** durch seine wirtschaftliche Tätigkeit in Naturabläufe eingreift, diese verändert und letztlich dadurch seine eigene Existenz gefährdet.

Vom Ansatz her kann Umweltschutz **defensiv** bzw. nachsorgend betrieben werden. Dabei wird der Eintritt von Umweltschäden **nachträglich** behoben (Umweltreparatur). **Offensiver/vorsorgender** Umweltschutz soll bei der Gestaltung zivilisatorischer Tätigkeiten Umweltschäden von vorneherein **vermeiden**.

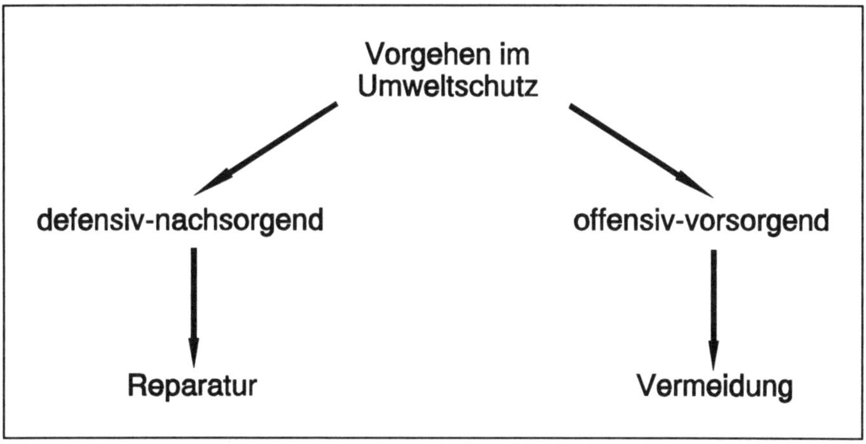

Der **Naturschutz** ist der historische Vorfahre des Umweltschutzes. Naturschutzmaßnahmen dienen der Erhaltung und Pflege von Natur und naturnahen Kulturlandschaften und Naturdenkmälern. Dies geschieht vor allem durch die Einrichtung von Natur- und Landschaftsschutzgebieten. Heute ist Naturschutz nur noch ein Bestandteil des Umweltschutzes.

1.3 Umweltpolitik

Die Verunreinigung der Umweltmedien Boden, Luft und Wasser wird durch zwei interdependente Ursachenkomplexe hervorgerufen. Auf der einen Seite ist die **Produktion** der Volkswirtschaft mit Emissionen und Abfällen verbunden, auf der anderen Seite hinterläßt der **Konsum** eine Fülle von Rückständen, insbesondere in Form von Abfällen.

Beide Aktivitäten gemeinsam führen offensichtlich immer mehr zur Überlastung der Aufnahmefähigkeit der Natur. Die Dringlichkeit dieser Problematik hat seit den 70er Jahren solche Ausmaße angenommen, daß hoheitliches Handeln zur Erhaltung der Natur notwendig wurde. Die Gesamtheit staatlicher Maßnahmen zur Bewahrung natürlicher Lebenssysteme und zur Beseitigung von Umweltschäden bezeichnet man als **Umweltpoltik**.

Seit Beginn der 70er Jahre wird in der Bundesrepublik Deutschland Umweltschutz als Staatsaufgabe verstanden. Bis 1986 waren die verschiedenen Verantwortlichkeiten im Zusammenhang des Umweltschutzes auf mehrere Ministerien verteilt. Dann wurde das **Bundesministerium für Umwelt, Naturschutz und Reaktorsicherheit** als verantwortliche Organisationseinheit geschaffen.

Nach eigenem Selbstverständnis sind die Ziele der bundesdeutschen Umweltpolitik

"Schutz und Erhaltung

- *von Leben und Gesundheit des Menschen als oberste Verpflichtung jeden staatlichen Handelns,*
- *von Tieren, Pflanzen, Ökosystemen als natürlichen Existenzgrundlagen des Menschen, wie auch um ihrer selbst willen,*
- *von Luft, Wasser, Boden, Klima als den natürlichen Ressourcen für vielfältige Nutzungsansprüche des Menschen,*
- *von Sachgütern als kulturellen und wirtschaftlichen Werten des einzelnen und der Gemeinschaft."*[3]

Der Maßnahmenkatalog zur Verfolgung dieses Zielsystems läßt sich auf zwei grundsätzliche Strategielinien zurückführen. Entweder wird zur Bewältigung von Umweltschutzaufgaben die Technologie von Produkten und deren Produktion umweltfreundlicher gestaltet (**technologiepolitischer Umweltschutz**) oder die umweltbelastende Produktion wird reduziert (**strukturpolitischer Umweltschutz**).

Der **technologiepolitische Umweltschutz** verändert weder Quantität noch Qualität des volkswirtschaftlichen Angebotes und des entsprechenden Konsums. Umweltanpassung erfolgt über eine umweltgerechte Technikgestaltung. Hierzu hat sich in den letzten Jahren ein neuer Industriezweig in Form der **Umweltindustrie** etabliert.

---

[3] Umweltpolitik, hrsg. vom Bundesminister für Umwelt, Naturschutz und Reaktorsicherheit, 1987, S. 11

Umwelttechnologie kann in Form der **Entsorgungsvariante** oder der **Innovationsvariante** durchgeführt werden. Die erste Form behält die belastenden Produkte/Verfahren bei, schafft aber zusätzliche Entsorgungstechniken, die Schadstoffemissionen verhindern oder kontrollieren sollen. Die perfekteste Form dieser Politik ist das vollständige Recycling von Stoffen. Die zweite Variante verändert Produkte/Verfahren so, daß Umweltbelastungen von vorneherein vermieden werden.

Technologiepolitischer Umweltschutz wird arbeitsteilig zwischen Industrie und Staat durchgeführt. Während der Staat die Ziele formuliert und den hoheitlichen Rahmen vorgibt, stellt die Industrie die ausführenden Organe.

Strukturpolitischer Umweltschutz verringert die Umweltbelastung durch eine gezielte **Umgestaltung** der volkswirtschaftlichen Produktions- und Konsumstrukturen. Dies kann geschehen, indem gezielt Maßnahmen eingesetzt werden, um umweltbelastende Produktionen und Konsum zu behindern, umweltgerechte Wirtschaftstätigkeit und Konsumformen dagegen zu fördern.

1.4 Umweltökonomie

"Umweltökonomie ist die Wirtschaftswissenschaft, die in ihren Theorien, Analysen und Kostenrechnungen ökologische Parameter miteinbezieht."[4]

Wicke[5] weist darauf hin, daß hier unter dem Dach der Wirtschaftswissenschaften eine betriebswirtschaftliche und eine volkswirtschaftliche Komponente zu unterscheiden sind.

Unter **betrieblicher Umweltökonomie** ist die Teildisziplin der Betriebswirtschaftslehre zu verstehen, die *"die Beziehungen des Betriebes zu seiner natürlichen Umwelt und die Einwirkungen der Umwelt und ihrer Qualität sowie der Umweltpolitik auf den Betrieb darstellt und analysiert und die die Möglichkeiten des Betriebes aufzeigt, wie er entsprechend seiner Zielsetzungen ...den umweltbezogenen Erfordernissen des Staates und des Marktes am besten gerecht wird."*[6] Winter spricht in diesem Zusammenhang von Betriebsökologie.[7]

Der Gegenstand dieses Lehrbuches ist dagegen die "**klassische**" **Umweltökonomie**, der **volkswirtschaftliche** Bereich. Nach Wicke ist die Umweltökonomie die volkswirtschaftliche Spezialdisziplin, *"deren Aufgabe es ist, ökonomische Hilfe-*

---

[4] Umweltprogramm der Bundesregierung, 1971, BT-Drucksache VI/2710, S. 63.
[5] Wicke, L., a. a. O., S. 9
[6] Wicke, L., Haasis, H. D., Schafhausen, F.J., Schulz, W., Betriebliche Umweltökonomie, München 1992, S. 19
[7] Winter, G., Das umweltbewußte Unternehmen, München 1987

stellung dabei zu leisten, den gesellschaftlichen Wohlstand unter Berücksichtigung der wichtigen Wohlstandskomponente 'hohe Umweltqualität' zu maximieren".[8]

Wicke verbindet damit insbesondere folgende Aufgaben für die Umweltökonomie:[9]

1. Sie soll einen Beitrag zur Wohlstandsoptimierung innerhalb der Volkswirtschaft leisten, d. h. sie soll mit theoretischen Modellen und praktischen Vorschlägen einen Beitrag leisten zur Herstellung eines Wohlstandsoptimums.

   Ein solches Optimum beinhaltet insbesondere den Faktor Umweltqualität, der eher im immateriellen Bedürfnisbereich angesiedelt ist.

2. Sie soll einen Beitrag zur gesamtwirtschaftlichen Kostenminimierung leisten, d. h. sie soll dazu beitragen, daß die gesamten Umweltkosten der Gesellschaft optimal gestaltet werden können.

3. Sie soll die praktische Politik in bezug auf Fragen insbesondere der Gestaltung umweltrelevanter Politikbereiche beraten und Entscheidungshilfen geben.

Während die ersten 2 Aufgaben aufgrund gegenwärtig unüberwindbarer Schwierigkeiten für Wicke nur geringe praktische Bedeutung haben, weist er der dritten Aufgabe einen hohen Stellenwert zu.

Die Politikberatungsfunktion für die Bundesrepublik Deutschland bezieht sich danach insbesondere auf die folgenden Bereiche:

- Bewertung und Vergleich von Umweltschutzmaßnahmen und Umweltschäden (Kosten-Nutzen-Analysen als Entscheidungshilfen bei alternativen Maßnahmen),

- Bewertung und Entwicklung umweltpolitischer Instrumente (Hier handelt es sich um Politikinstrumente zur Durchsetzung umweltschützender Maßnahmen),

- Ermittlung des Einflusses des Umweltschutzes auf die gesamtwirtschaftlichen Ziele (Feststellung der Zusammenhänge zwischen gesamtwirtschaftlichen und umweltpolitischen Zielen und deren mögliche Harmonisierung)

- Ermittlung der ökonomisch-ökologischen Beziehungen zwischen der Umweltpolitik und angrenzenden Politikbereichen (Hier geht es insbesondere

---

[8] Wicke, L.(1989), a. a. O., S. 11
[9] Wicke, L.(1989), a. a. O., S. 13ff

um die Feststellung der Interdependenzen zwischen Umweltpolitik und z. B. Struktur-, Verkehrs-, Regional-, Energie- und Ressourcenpolitik.

In diesem letzten Sinne kann die Umweltökonomie sicherlich wertvolle Beiträge für eine effiziente Umweltpolitik leisten.

2 Die Natur in der Ökonomie

2.1 Das Verhältnis von Mensch und Natur

Betrachtet man **Natur und Umwelt** als synonyme Begriffe, so ist Natur alles das, was den Menschen umgibt (vgl. Abschnitt 1). Andererseits ist der Mensch selbst Bestandteil der Natur. Die menschliche Spezies stellt nur **eine** Entwicklungsform des Evolutionsprozesses der Natur in ihrer gesamten Vielfalt dar.

Ist der Mensch Bestandteil der Natur, so ist er doch ein besonderer. Die menschliche Spezies ist jedenfalls offenkundig gegenwärtig die einzige Art, die in der Lage ist, durch Aktivitäten die übrige, sie umgebende Natur derart zu verändern, daß dadurch die eigenen Existenzgrundlagen bedroht sind. Die ökologische Krise ist damit keine Krise der Natur an sich, sondern eine Krise im Verhältnis des Menschen zur ihn umgebenden Umwelt.

Betrachtet man Natur als Ganzes, so ist damit nicht die Natur existentiell gefährdet, sondern lediglich die Existenzsicherung des Menschen als eines bestimmten Teiles der Natur. Treffend drückt das der Slogan eines Fernsehspots aus: *"Die Natur braucht uns nicht, wir brauchen die Natur."*

Nun ist die Existenz des Menschen grundsätzlich so angelegt, daß mit ihr Natureingriffe verbunden sind. Ist der Mensch existent, so greift er in die Natur ein. Auf welche Weise wir in die Natur eingreifen, das ist in verschiedenen Kulturen und zu verschiedenen Zeiten allerdings unterschiedlich gewesen. **Das Verhalten gegenüber der Natur ergibt sich aus unserem Verhältnis gegenüber der Natur.**

Eine Umweltkrise entsteht daraus allerdings erst dann, wenn dieses Verhältnis spezifische Merkmale aufweist. Im Zentrum steht dabei die menschliche **Arbeit**, die die konkreten Beziehungen zwischen Mensch und Natur herstellt.

Unser gegenwärtiges Verhältnis zur Natur hat seine Wurzeln in der industriellen Entwicklung vor ca. 200 Jahren. Dieses Verhältnis bestimmt unser Weltbild.

2.2 Die Natur in der Ökonomie

Es existieren vielfältige Verbindungen zwischen Mensch und Natur. Die bedeutendste Beziehung stellt aber die menschliche **Arbeit** her. Arbeit sichert die menschliche Existenz, und Arbeit "bearbeitet" die Natur. Arbeit, die auf das Ziel gerichtet ist, menschliche Bedürfnisse zu erfüllen, wird als **Produktion** bezeichnet. Die Erfüllung der Bedürfnisse mit den durch den Produktionsprozeß erstellten Gütern bezeichnet man als **Konsum**.

Das gegenwärtige Verständnis von Ökonomie basiert auf der Vorstellung der Kombination der Produktionsfaktoren zur Produktion von Gütern und Leistungen. Nach dieser Vorstellung werden die Elementarfaktoren **Boden** und **Arbeit** kombiniert unter Hinzuziehung des derivativen Faktors **Kapital.**

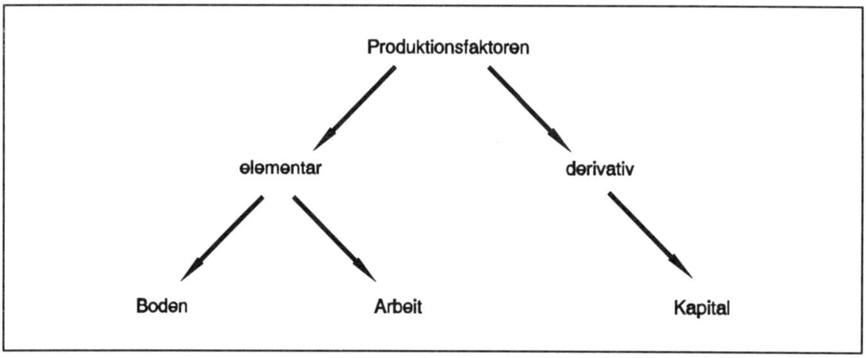

Bezeichnend ist dabei, daß nicht die gesamte Natur als Produktionsfaktor betrachtet wird, sondern lediglich das Umweltmedium **Boden**. Dies geschieht in der Regel, indem die verschiedenen Nutzungsarten **Anbauboden, Abbauboden** und **Standortboden** differenziert betrachtet werden.

Diese eingeschränkte Betrachtungsweise ist um so erstaunlicher, als die äußere Natur die Grundlage unserer Existenz darstellt. Ohne Natur besteht kein Leben. Ökonomische Handlungen stellen damit auch nichts anderes dar als die Umformung von Natur in verschiedenen Art und Weisen. Zwar wird die gesamte Natur zur Produktion und Konsumption eingesetzt, in die gesellschaftliche und ökonomische Bewertung gehen jedoch nur Teile dieser Natur ein.

Ein wesentlicher Grund für diese einschränkende Betrachtungsweise liegt in der Differenzierung der Verfügung über die Natur in **Wirtschaftsgüter** und **freie Güter**. Wirtschaftsgüter sind danach gekennzeichnet durch Nützlichkeit, Knappheit oder Seltenheit und Verfügbarkeit. Ihre Verfügbarmachung erfordert einen Aufwand, der durch menschliche Arbeit geleistet wird. Freie Güter dagegen sind Güter, die nicht durch wirtschaftliche Tätigkeit hergestellt zu werden brauchen und die in unbegrenzter Menge zu Produktionszwecken zur Verfügung stehen. Der **Knappheitsgrad** der Wirtschaftsgüter drückt sich im **Preis** aus, freie Güter werden dagegen unentgeltlich verfügbar gemacht. Als typische Beispiele für freie Güter werden Licht, Luft, Meer- oder Quellwasser betrachtet.

In der Entwicklung der ökonomischen Theorie der letzten 200 Jahre werden die Produktionsfaktoren nun recht unterschiedlich bewertet. Nach der sogen. "Cobb-Douglas-Funktion" ergibt sich die Produktion aus Arbeit und Kapital.[10]

$$\mathbf{P = A + K}$$

Der Produktionsfaktor "Boden" wird hier nicht einmal erwähnt. Vielmehr wird unter K das Realkapital verstanden, das alle Produktionsanlagen und Vorräte umfaßt, die Nutzung der Natur zur Produktion also mit einschließt. Das Bruttosozialprodukt P ergibt sich danach aus dem volkswirtschaftlichen Arbeitseinsatz A und einem Teil dieser Arbeitsleistung, der zur produktivitätssteigernden Kapitalbildung eingesetzt wird. Das bedeutet, Natur als eigenständige ökonomische Größe existiert überhaupt nicht. Ihre Existenz wird in der ökonomischen Theorie einfach als existent vorausgesetzt. Sie wird als anzueignendes und zu formendes Material betrachtet, dessen ökonomischer Wert sich lediglich aus den **Arbeitsaufwendungen der Verfügbarmachung** ergibt. Der Preis des Wirtschaftsgutes "Natur" ergibt sich damit jeweils aus der Entlohnung der verschiedenen Formen der Arbeit, die den jeweiligen Naturgegenstand zur Produktion verfügbar machen. Natur stellt damit letztlich keinen bewertbaren Produktionsfaktor dar, sondern lediglich eine **Produktionsbedingung**.

Diese Betrachtung der Natur in der ökonomischen Theorie verkennt zweierlei:

- Arbeitskraft alleine ist wertlos und unproduktiv. Sie benötigt ein Medium, welches bearbeitet wird. - Das ist die Natur.

- Naturvereinnahmung zu Produktionszwecken bedeutet Verzehr und Substanzverlust.

Die beispiellose Wohlstandssteigerung der Menschheit in den Industrienationen hat in den letzten 200 Jahren auf der Basis eines großen Substanzverzehrs stattgefunden, auf der Ausbeutung unserer natürlichen Lebensgrundlagen.

H. Gruhl macht das an einem Beispiel deutlich:

"Die Bodenschätze sind unser aller Kapital, nicht unser Einkommen! Das Einkommen kann variabel sein, niemals das Kapital. Wir wollen hier statt 'Einkommen' lieber den Begriff 'Zinsen' verwenden. Eine Bevölkerung, die weitgehend vom Kapital als vielmehr von den jährlichen Zinsen lebt, führt ein Parasitenle-

[10] vgl. Gruhl, H., Ein Planet wird geplündert, Frankfurt 1978, S. 65 ff

ben. Der reiche Teil der Menschheit führt seit etwa zweihundert Jahren ein solches Parasitenleben, auch wenn er das bis heute nicht zugeben will."[11]

Wenn die ökologische Krise in ihren vielfältigen Formen sich tatsächlich als eine im Laufe der Industrialisierung immer exzessiver verlaufende ökonomische Unterwerfung der Natur unter menschliches Handeln abspielte, dann wäre damit eine grundlegende Kritik an industriellen Produktionssystemen verbunden, die auf einem solchen existenzbedrohenden Naturverständnis beruht. Das gilt im bisherigen Verlauf sowohl für die marktwirtschaftlich-kapitalistischen wie auch die zentralverwaltungswirtschaftlich-sozialistischen Wirtschaftssysteme. Insbesondere würde eine grundlegende Korrektur im menschlichen Verhältnis gegenüber der Natur praktisch alle bestehenden Wertsysteme, Kriterien, und Maßstäbe für Wachstum, Wohlstand und Leistung zur Diskussion und Disposition stellen müssen.[12]

2.3 Die Beziehungen zwischen Ökonomie und Ökologie

Wie unter 2.2 ausgeführt wurde, hat die Industrialisierung ökonomischen Wohlstand zu Lasten der Natur hervorgebracht. Deshalb ist eine Untersuchung der Berücksichtigung der Natur in den Wirtschaftswissenschaften angebracht.

Die Diskussion um eine Veränderung von Einstellungen und Handlungen des wirtschaftenden Menschen gegenüber der Natur wird stichwortartig unter der Forderung nach **Harmonisierung von Ökonomie und Ökologie** geführt.

Neuere Untersuchungen zum Verhältnis von Wirtschaft und Natur bedienen sich u. a. der Systemtheorie.[13] Danach ist die Realität ein vernetztes Geflecht verschiedener Systeme. Systeme bestehen aus Elementen und deren Beziehungen untereinander. Elemente des ökonomischen Systems sind die Wirtschaftssubjekte, die Beziehungen zwischen ihnen stellen die güter- und geldwirtschaftlichen Prozesse dar. Das ökonomische System ist offen, d. h. es bestehen Außenbeziehungen zu anderen Systemen.

---

[11] Gruhl, H., a. a. O., S. 67

[12] vgl. dazu Immler, H., Natur in der ökonomischen Theorie, Opladen 1985

[13] z. B. bei Schreiner, M., Umweltmanagement in 22 Lektionen, Wiesbaden 1988, S. 4 ff

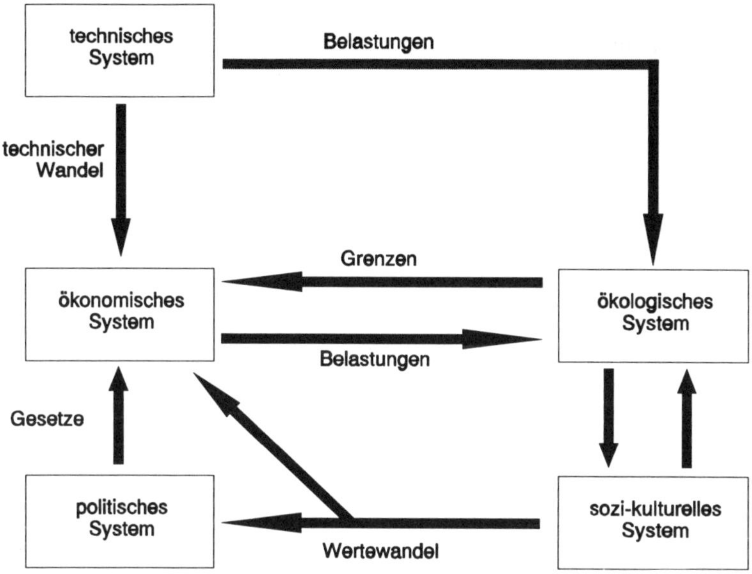

vgl. Schreiner, M., Umweltmanagement in 22 Lektionen, Wiesbaden 1988, S. 3

Schreiner[14] sieht ökonomische Systeme durch folgende Merkmale gekennzeichnet:

- Sie sind **dynamisch**

  Interne Prozesse bewirken eine ständige Veränderung der Systemstrukturen. Extern beeinflußt das ökonomische System seine Umsysteme, wird andererseits aber auch von diesen beeinflußt.

- Sie sind **zielgerichtet**

  Systeme haben einen Zweck, aus dem sich Systemziele ableiten lassen. Originärer Zweck ökonomischer Systeme ist die Bedarfsdeckung. Die Zweckerfüllung kann durch verschiedene konkrete Ziele erreicht werden, z. B. Gewinnerzielung oder Planerfüllung.

- Sie sind **wenig deterministisch**

  Die Wirkungen von Einflüssen auf ökonomische Systeme können nicht exakt prognostiziert werden. Ursache-Wirkungszusammenhänge bieten eine große Fülle möglicher Variationen.

---

[14] derselbe, S. 4ff

- Sie sind **komplex**

  Sie enthalten eine große Menge von Elementen, die auf sehr verschiedene Weisen miteinander in Beziehung stehen können.

- Sie sind **mehr oder weniger flexibel**

  Sie sind nur bedingt in der Lage, sich veränderten Systemstrukturen oder Veränderungen der Umsysteme anzupassen.

- Sie sind **mehr oder weniger stabil**

  Sie sind nur bedingt in der Lage, bei Störungen von innen oder außen ein Gleichgewicht zu halten und damit längerfristig zu existieren.

Ökologische Systeme weisen einen ähnlichen Aufbau und ähnliche Eigenschaften auf wie ökonomische. Inwieweit ökologische Systeme allerdings zielorientiert sind, ist eher eine philosophische Frage. Eine Ausrichtung der evolutorischen Entwicklung auf ein Endziel hin ist beispielsweise nicht erkennbar. Für die Umweltökonomie ist die Frage wesentlicher, welchen Stellenwert die Menschheit den ökologischen Systemen und deren weiteren Entwicklung zuordnet.

Ökonomische und ökologische Systeme stehen in Beziehungen zueinander, die auf ein einfaches Schema reduziert werden können. Die Wirtschaftssubjekte entnehmen Elemente aus der Natur ("Produktionsfaktor Boden"), um sie durch verschiedene Material- und Energieumwandlungsprozesse konsumierbar zu machen. Am Ende des Produktions- und Konsumprozesses stehen dann Rückstände, die an das ökologische System wieder zurückgegeben werden.

Die Gestaltung der Beziehungen zwischen beiden Systemen hat in der Industrialisierung Störungen hervorgebracht, die sich in der **ökologischen Krise** dokumentieren.

Als Ursache für diese Krise wird der **Primat der Ökonomie gegenüber der Ökologie** betrachtet. Dabei wird der Eingriff der Wirtschaft in die Natur als objektives und objektiv notwendiges Faktum hingenommen. Aufgabe der Politik kann es dann nur sein, regulierend in diese "objektiven Bedingungen" oder Sachzwänge einzugreifen, ohne diese selbst zu hinterfragen.

Das ökologische System in seiner gegenwärtigen Struktur stellt die Existenzgrundlagen für die Menschheit dar. Das ökonomische System ist Bestandteil des Sozialsystems und damit - in Grenzen - durch den Menschen gestaltbar. Insofern ist das ökonomische System so zu verändern, daß es die Beziehungen gegenüber dem ökologischen System existenzerhaltend umgestalten muß. **Ökonomisches Handeln muß sich an die natürlichen Gegebenheiten anpassen**. Insofern muß zukünftiges Handeln bestimmt sein durch einen **Primat der Ökologie gegenüber der Ökonomie**.

Unterschiedliche Ansichten werden darüber vertreten, ob die Veränderungen ökonomischer Verhaltensweisen **innerhalb** des bestehenden Systems (bestehende Elemente,Beziehungen, Ziele) oder nur durch **Umgestaltung** bzw. Entstehung eines anderen ökonomischen Systems zur Überwindung der Existenzkrise herbeizuführen sind. Dazu sind in den letzten Jahren verschiedene Politikmodelle entwickelt worden.

Eine schlagwortartige Systematik teilt ein in:

- Öko-Kommunismus,
- Öko-Sozialismus
- Öko-Liberalismus,
- Öko-Konservativismus,
- Öko-Faschismus.[15]

Diese oberflächliche Darstellung ist nicht eindeutig und konfliktträchtig. Sie soll deshalb ergänzt werden durch eine Systematisierung, so wie sie die gegenwärtige Diskussion über den richtigen Weg zur Krisenbewältigung in der Bundesrepublik kennzeichnet. Danach lassen sich insbesondere drei Pfade der Überwindung der ökologischen Krise erkennen:

1. Marktorientierte Umweltpolitik

Ziel einer solchen Strategie der Krisenbewältigung ist es, Anreize zu schaffen, die die Wirtschaftssubjekte freiwillig motivieren, sich umweltgerecht zu verhalten. Dabei soll der Eigennutz, d. h. das individuelle Streben nach höherem Gewinn und Konsumentennutzen ausgenutzt werden.

Diese Strategie basiert auf der Beibehaltung des gegenwärtigen Wirtschaftssystems. Das Ordnungsschema der sozialen Marktwirtschaft soll durch die Gestaltung zusätzlicher ökologischer Rahmenbedingungen erweitert werden. Man spricht in diesem Zusammenhang von **ökologischer Marktwirtschaft**.

---

[15] vgl.: Koch, G., Herausforderung: Umwelt. Anstiftung zum ökologischen Lehren und Lernen, Frankfurt 1985, S. 46

Wicke[16] als wichtiger Vertreter dieser Richtung sieht in der Anwendung entsprechender Instrumente sogar ein weiteres Wirtschaftswachstum entstehen, welches in Form eines "umweltfreundlichen Wirtschaftswunders" geeignet sein könnte, die aktuellen Probleme der Unterbeschäftigung mit zu lösen.

2. Umwelt-Dirigismus

Umweltorientiertes Handeln entsteht nach dieser Ansicht unter den gegebenen Verhältnissen nicht von alleine. Vielmehr muß der Staat direkt in die Wirtschaft eingreifen, um umweltschädliches Handeln zu unterbinden. Wirksames Instrument dazu ist der Erlaß von Produktionsge- und -verboten. Dazu gehört ein Sanktionsmechanismus durch ein wirksames Umwelthaftungs- und -strafrecht.

Diese Strategie ist nur bedingt systemkonform. Das Erwerbsstreben wird hoheitlich reglementiert. Der Staat definiert mit seinen Vorgaben die Ziele der Umweltorientierung. Die grundsätzliche Systemlogik des individuellen Erwerbsstrebens bleibt aber unangetastet.

3. Systemtranszendierende Umweltpolitik

Ziel dieser Vorstellungen ist die freiwillige Überwindung der bestehenden Strukturen unseres Gesellschafts- und Wirtschaftssystems, welches den gegenwärtigen Umgang mit der Natur und die daraus entstandene Umweltkrise hervorgebracht hat. Es gilt, das vorherrschende Weltbild, welches auf einer von traditionellen Wissenschaftsauffassungen geprägten Rationalität fußt, zu überwinden.

An die Stelle der herrschenden gesellschaftlichen Grundpfeiler von Individualität und Rationalität sind neue Werte zu setzen wie ganzheitliche, sinnliche und subjektive Wahrnehmung, Selbsterfahrung, Naturästhetik, Erhaltung, Anpassungsfähigkeit, etc.

Capra[17] sieht denn auch die Menschheit auf dem Wege hin zu einem neuen Selbstverständnis und einem neuen Wertgefüge gegenüber der inneren und der äußeren Natur.

---

[16] Wicke, L., Die ökologischen Milliarden, Das kostet die zerstörte Umwelt - so können wir sie retten, München 1986

[17] Capra, F., Wendezeit, Bausteine für ein neues Weltbild, Berlin, München, Wien 1983

3 Ursachen der Umweltproblematik

3.1 Überblick

Wicke[18] sieht vielfältige Ursachen für die gegenwärtige Umweltkrise. Er teilt diese Ursachen in 3 Komplexe ein:

- **entwicklungsbedingte Gründe**
  Hier entstehen die Umweltprobleme durch die Entwicklung der menschlichen Gesellschaft und der zugehörigen Wirtschaftssysteme.

- **sozio-ökonomische Gründe**
  Hierunter werden Gründe im grundsätzlichen Verhalten der Menschen zusammengefaßt, so wie sie typischerweise gegenüber der Natur bestehen.

- **wirtschaftssystembezogene Gründe**
  Dabei ist festzustellen, daß die großen realtypischen Wirtschaftsordnungen der Gegenwart gemeinsame und spezifische Gründe für umweltschädliches Verhalten aufweisen.

Alle drei Ursachenkategorien führen zur Überlastung der Absorptionsfähigkeit der Umwelt. Darunter ist die

- Selbstreinigungs- und Selbstregulierungskapazität,
- Aufnahmekapazität,
- Ablagerungskapazität,
- Verdünnungskapazität

der Ökosysteme zu verstehen.

Bei einer Überlastung dieser Fähigkeiten entstehen

- **regionale** und/oder **globale** Umweltprobleme
- **umweltmedienspezifische** und/oder **umweltmedienübergreifende** Umweltprobleme.

---

[18] Wicke, L., a. a. O.(1989), S. 27 ff

3.2 Entwicklungsbedingte Gründe

3.2.1 Bevölkerungswachstum

Seit der MIT-Studie "**Grenzen des Wachstums**" von Meadows[19] im Jahre 1972 ist das allgemeine Bewußtsein geschärft worden für die Feststellung des **exponentiellen Wachstums** und seine Schädlichkeit in den wichtigsten Bereichen gesellschaftlicher Entwicklungen.

Ein wesentlicher Aspekt der Begrenztheit der natürlichen Lebensgrundlagen ergibt sich nach gängiger Auffassung aus der Tatsache, daß die Weltbevölkerung immer schneller zunimmt. Das exponentielle Wachstum kann auch durch die Ermittlung des Zeitraumes der Verdoppelung der Weltbevölkerung dargestellt werden. Dabei zeigt sich, daß die Verdoppelungszeiträume immer kürzer werden (1980 lag sie bei ca. 38 Jahren). Bei Beibehaltung der Wachstumsgeschwindigkeit müßte die Weltbevölkerung am Ende des 21. Jahrhunderts theoretisch bei ca. 30 Milliarden Erdbewohnern anlangen. Hier muß die Frage nach den Grenzen der Belastbarkeit der Erde gestellt werden.

Wachstumsgeschwindigkeit der Bevölkerung 1750 - 1980

Jahr	Weltbevölkerung in Mio	Anteil Europas (ohne SU) in %	durchschn. jährliche Wachstumsrate in %	Verdoppelungszeit in Jahren
1750	791	15,8	-	-
1800	978	15,5	0,43	161
1850	1.262	16,5	0,51	136
1900	1.650	17,9	0,54	128
1930	2.070	17,2	0,76	91
1950	2.525	15,5	1,00	69
1960	3.037	14,0	1,86	37
1970	3.695	12,4	1,98	35
1980	4.432	10,9	1,84	38
1990	5.417	8,7	2,02	34

Quelle: Vereinte Nationen

Es zeigt sich allerdings, daß bei der geographischen Verteilung des Bevölkerungswachstums erhebliche Differenzen bestehen. So konzentriert sich dieses Wachstum insbesondere auf die armen Bereiche der Dritten Welt in Afrika und Süd-

[19] Meadows, D.H. u.a., Die Grenzen des Wachstums, Stuttgart 1972

amerika. In den wohlhabenden Industrienationen dagegen stagniert die Bevölkerungszahl fast, in einigen Ländern wie auch der Bundesrepublik Deutschland ist sogar eine erhebliche Bevölkerungsreduzierung festzustellen. So wird für die BRD für den Zeitraum von 1987 mit ca. 61,1 Mio Menschen ein Bevölkerungsrückgang im Jahr 2030 auf ca. 49,5 Mio Menschen prognostiziert

Bevölkerungsprognosen für die Welt, Hauptregionen und ausgewählte Länder

	1975	2000 Mio	Zuwachs bis 2000 in %	Durchschn. Jahres-zuwachs in %	Anteil an der Weltbevölkerung in %
Welt	4.090	6.351	55	1,8	100
Entwickelte Regionen	1.131	1.323	17	0,6	21
Unterentw. Regionen	2.959	5.028	70	2,1	79
Hauptregionen					
Afrika	399	814	104	2,9	13
Asien u. Ozeanien	2.274	3.630	60	1,9	57
Lateinamerika	325	637	96	2,7	10
UdSSR u. Osteuropa	384	460	20	0,7	7
Nordamerika, Japan, Westeuropa, Australien	708	809	14	0,5	13

Quelle: Global 2000

Die Wirkungen dieser Entwicklung auf die Umwelt sind vielfältig:

- Eine wachsende Bevölkerung braucht mehr Lebensraum. Das bedeutet, daß Flächen in den Ländern der Dritten Welt, die bisher nicht bevölkert waren "kultiviert" und vereinnahmt werden. Die gegenwärtige Diskussion über die Zerstörung der tropischen Regenwälder ist deutliches Indiz dieser Problematik. Nach Angaben der FAO werden allein 1990 168.000 qkm Regenwald zerstört, das sind ca 1,2% der Gesamtfläche.

- Mehr Menschen benötigen mehr Nahrungsmittel. Dazu werden Anbauflächen erschlossen, die für eine intensivere Bodenbearbeitung nicht geeignet sind. Die Folgen sind Verkarstung und Desertifikation. Durch den Einsatz produktivitätssteigernder Mittel in Form von Dünger, Herbiziden und Pestiziden entstehen weitere Belastungen.

- Mehr Menschen verbrauchen mehr Energie. Der Verbrauch der Primärenergiequellen steigt weiter an. Die Vorräte wichtiger Fossilenergien gehen in absehbarer Zeit ihrem Ende entgegen. Die Erzeugung von Nutzungsenergie beeinflußt die Umweltmedien Boden, Luft, Wasser.

- Mehr Menschen wollen materiell versorgt werden. Dazu muß die industrielle Produktion gesteigert werden.
- Vermehrter Konsum läßt mehr industrielle Rückstände in Form von Abfällen entstehen.

3.2.2 Bevölkerungszusammenballung

Eine industrielle Produktion benötigt große Mengen von Arbeitskräften. Daraus hat sich schon im letzten Jahrhundert eine große Wanderbewegung in die industriellen Ballungszentren ergeben. Mitteleuropa und Japan zählen damit zu den am dichtesten bevölkerten Regionen der Erde.

Ob es sich um Tokio, das Ruhrgebiet oder die Los Angeles-Area handelt, an allen Beispielen läßt sich zeigen, daß die Zusammenballung von 15 - 20 Mio Menschen auf engem Raum unter industrie-kulturellen Lebensbedingungen dramatische Folgen für die Umweltmedien Luft, Wasser und Boden hat.

Zusätzliche Umweltprobleme ergeben sich aus der Tatsache, daß das Bevölkerungswachstum in der Dritten Welt die Überlebensperspektiven der dortigen Landbevölkerung in besonderem Maße einschränkt. Naturkatastrophen (Dürre oder Überschwemmungen) sind dann die Folgen, die durch intensive Bewirtschaftung hervorgerufen wurden.

Schätzungen und Grobprognosen für ausgewählte städtische Agglomerationen in Entwicklungsländern

	1950		Aktuellste Zahl		UN-Vorhersage für das Jahr 2000
Mexico City	3,05		16,0	(1982)	26,3
Sao Paulo	2,7		12,6	(1980)	24,0
Bombay	3,0	(1951)	8,2	(1981)	16,0
Jakarta	1,45		6,2	(1977)	12,8
Cairo	2,5		8,5	(1979)	13,2
Delhi	1,4	(1951)	5,8	(1981)	13,3
Manila	1,78		5,5	(1980)	11,1
Lagos	0,27	(1952)	4,0	(1980)	8,3

Quelle: Brundlandt-Bericht, Nairobi 1987

Kennzeichen schnell wachsender Länder der Dritten Welt ist deshalb eine Landflucht, die dazu führt, daß in einigen Jahren die Ballungszentren Afrikas, Asiens und Süd- und Mittelamerikas die alten Industriemetropolen bevölkerungsmäßig weit in den Schatten stellen werden. Ein Großteil der Ansiedlung erfolgt dabei in ärmlichen Slums, die ohne entsprechende Infrastrukturmaßnahmen gebildet werden.

"Das rasche Städtewachstum wird für die Abwasserbeseitigung, die Wasserversorgung, die Gesundheitspflege, die Versorgung mit Nahrungsmitteln, Wohnraum und Arbeitsplätzen enorme Probleme aufwerfen. Die unterentwickelten Länder werden ihre städtischen Dienstleistungen bis zum Jahre 2000 um nahezu zwei Drittel erhöhen müssen, nur um das Pro-Kopf-Niveau von 1975 zu halten."[20]

3.2.3 Beurteilung von Ursachen und Wirkungen des Bevölkerungswachstums

Insbesondere in Publikationen aus den westlichen Industrieländern wird das Bevölkerungswachstum der Dritten Welt als wesentliche Existenzbedrohung der gesamten Erdbevölkerung angeführt. (So z. B. auf der Umwelt-Konferenz in Rio 1992). Als Konsequenz wird dann häufig die Forderung nach einer geburtenregulierenden Bevölkerungspolitik für diese Länder erhoben.

Unter Aspekten der Umwelt- und Bevölkerungspolitik ist diese Argumentation kritisch zu betrachten.

1. Während für Länder mit hohem Geburtenüberschuß strenge Reglementierungen gefordert werden, wird in Ländern wie der Bundesrepublik eher eine Politik der Förderung von Maßnahmen zur Anhebung der Bevölkerungszahl betrieben. Damit wird die Glaubwürdigkeit gegenüber den armen Ländern erschüttert.

2. Hohe Geburtenraten sind generell die Folge von Armut und eingeschränkter Lebensperspektive. Zwischen Reichtum der Industrienationen und Armut der Dritten Welt besteht aber ein direkter Zusammenhang. Verschiedene Indizien belegen, daß ein wesentlicher Teil des Wohlstandes der Industrienationen aus der Ausbeutung von Ressourcen der Dritten Welt besteht.

3. Während sich die Weltmarkt-Preise für Industriegüter ständig erhöhen, stagnieren die Rohstoffpreise, die hauptsächliche Einkommensquellen der Dritten Welt sind, seit fast 20 Jahren. Damit werden arme Länder in die Verschuldung, Zinsabhängigkeit und Unterentwicklung gezwungen.

4. Viele Länder der Dritten Welt, die heute unter Hunger leiden, wären möglicherweise in der Nahrungsmittelversorgung autark, wenn der Export ihrer landwirtschaftlichen Produkte unterbliebe. Auf den fruchtbarsten Flächen werden häufig Exportgüter für die Industrienationen angebaut, die dort industriell weiterverarbeitet werden.

---

[20] Global 2000, Der Bericht an den Präsidenten, Frankfurt 1980, S. 44

5. Obwohl heute ca. 75% der Weltbevölkerung in unterentwickelten Regionen leben, geht die hauptsächliche Umweltbelastung vom restlichen Viertel der Menschheit in den Industrienationen aus. So verbrauchen die Industrienationen mehr als 4,5 mal soviel Primärenergie wie die unterentwickelten Länder. Damit sind sie für ca. 2/3 der CO_2-Emissionen verantwortlich. Der gesamte Wasserverbrauch pro Kopf ist etwa in den USA 4 mal so hoch wie in Indien.

3.2.4 Wirtschaftswachstum

Die Forderung nach einer wachsenden Wirtschaft wird insbesondere durch 3 Argumente begründet:

1. Eine wachsende Weltbevölkerung benötigt insgesamt mehr Güter.

2. Die Steigerung des materiellen Wohlstandes ist im industriellen Weltbild wesentliches Kennzeichen gesellschaftlicher Entwicklung.

3. Bei stetiger Produktivitätssteigerung ist Wirtschaftswachstum notwendige Bedingung des sozialen Friedens und der wirtschaftlichen Stabilität.

Die Problematik dieser Begründungen wirtschaftlichen Wachstums soll an späterer Stelle erläutert werden (vgl. Kapitel V). An dieser Stelle sollen lediglich die Auswirkungen des Wachstums skizziert werden.

Von der Entstehungsseite her wird die gesamtwirtschaftliche Leistung 3 volkswirtschaftlichen Bereichen zugeordnet:

- primärer Bereich (Land- und Fortstwirtschaft, Fischerei, Urproduktion)

- sekundärer Bereich (Weiterverarbeitende Produktion in Industrie und Handwerk)

- tertiärer Bereich (Handel und Dienstleistungen)

Der **primäre Bereich** nimmt in der Entwicklung der Bundesrepublik Deutschland eine immer unbedeutendere Rolle ein. Sein Anteil betrug 1989 noch ganze 1,7% an der gesamten Bruttowertschöpfung und hat sich damit in 20 Jahren halbiert. Dennoch ist in absoluten Zahlen ein stetiges Wachstum zu verzeichnen (1989 ca. 2.165.120 Mio DM).[21]

Die gesamte Weltproduktion an Nahrungsmitteln als dem wichtigsten Bereich des primären Sektors nimmt zwischen den Jahren 1970 und 2000 um durchschnittlich 2,2% zu und wird damit im Jahr 2000 um ca. 90% höher sein als 1970. *"Die*

[21] Statistisches Bundesamt

Prognosen deuten darauf hin, daß die Steigerung der Nahrungsmittelproduktion zum größten Teil mit der intensiven Verwendung ertragssteigernder, energie-intensiver Inputs und Technologien zusammenhängen wird - etwa Kunstdünger, Pestizide, Herbizide und künstliche Bewässerung - bei vielfach rückläufigem Gewinn."[22]

Das Wachstum der Nahrungsmittelproduktion wird die bäuerlichen Strukturen weiter zerstören und durch agrarindustrielle Produktion vorgenommen werden. Das hat unter Umweltgesichtspunkten mehrere schwerwiegende Folgen:

- Zerstörung der Lebensgrundlagen der Landbevölkerung mit Abwanderung in die Ballungszentren,
- Erhöhung der Kosten der Nahrungsmittelproduktion mit Preissteigerungen insbesondere für die Armen,
- Ausbau von Anbauflächen auf Monokulturbasis; dadurch Einschränkung der Artenvielfalt und Erhöhung der Anfälligkeit,
- Gefahr der Bodenerosion auf großflächigem Anbau,
- Aufbrauchen der Reserven an mineralischen Düngemitteln,
- hoher Energieeinsatz,
- wachsende Bodenverseuchung durch Chemikalieneinsatz mit besonderer Gefahr für die Trinkwasserversorgung,
- Klimabeeinflussung durch zunehmende Rindfleischproduktion (Produktion von Methangasen),
- Qualitätsminderung der Nahrungsmittel mit Gefahren für die Volksgesundheit (Giftkonzentration in der Nahrungskette).

Nach den Prognosen von **Global 2000** wird der **Fischfang**, der zeitweise als partielle Lösung für den Nahrungsmangel der Welt vorgeschlagen wurde, diese Bedeutung nicht erlangen.[23] Selbst eine Beibehaltung des gegenwärtigen Fangvolumens hätte eine erhebliche Verbesserung des Schutzes der Meeresumwelt zur Bedingung.

Die gegenwärtige **Holzwirtschaft** ist Täter und Opfer der Umweltbedrohung gleichermaßen. In den Tropen werden z. Z. jährlich fast 17 Mio. Hektar Regen-

---

[22] Global 2000, a. a. O., S. 51

[23] Ebenda, S. 59 ff

wald zerstört, wobei die Holzausbeutung allerdings nur **einen** Grund für diese Entwicklung liefert.

Waldschadensbilanz 1991				
von den gesamten Waldflächen Deutschlands wiesen folgende Schäden auf: (in %)				
	Nordwest-deutsche Länder	Süd-deutsche Länder	Ost-deutsche Länder	Deutsch-land insgesamt
keine Schäden	57 %	34 %	27 %	36 %
leichte Schäden (Warnstufe)	32 %	42 %	35 %	39 %
deutliche bis schwere Schäden	11 %	24 %	38 %	25 %

Quelle: Bundesministerium für Ernährung, Landwirtschaft und Forsten

In Europa und speziell der Bundesrepublik wird die Waldwirtschaft durch kurzfristig rentable Nadelbaum-Monokulturen beherrscht, die fast 70% der gesamten Waldfläche von ca. 7 Mio Hektar ausmachen. Dieser "Industrie-Wald" ist insbesondere durch den "sauren Regen" bereits hochgradig geschädigt. Nach den letzten Waldschadensberichten der Bundesregierung sind nahezu zwei Drittel der bundesdeutschen Wälder mehr oder weniger stark geschädigt. Als Ursache dafür gilt neben anderem insbesondere der "sauere Regen", der durch die Verbrennung fossiler Energieträger aus der chemischen Verbindung von Schwefeldioxid und Stickstoffoxiden mit Wasser entsteht.

Die Ausrichtung der Waldwirtschaft an kurzfristigen Rentabilitätsgesichtspunkten durch schnellwüchsige Monokulturen hat allerdings an der Waldsituation mitgewirkt. So führt diese einseitige Waldbewirtschaftung zur Einschränkung der Artenvielfalt,damit zur Anfälligkeit gegenüber Schädlingen und zur Funktionseinschränkung im Wasserhaushalt. Der Einsatz schwerer Maschinen zur rationellen Verwertung hat sich ebenfalls umweltschädlich ausgewirkt.

Es wird prognostiziert, daß die Folge der Waldschäden, die gegenwärtig durch Schädlingsbefall, sauren Regen und Sturmbruch bedingt sind, in naher Zukunft zuerst zu einem Preisverfall, danach zu hohen Preisen auf dem Holzmarkt führen werden.

Die Umweltproblematik der **Urproduktion** (Bergbau, Förderung von Primärenergien) soll ebenfalls nur kurz unter 2 Aspekten skizziert werden.

Zum einen ergibt sich beim gegenwärtigen Umfang der Ausbeutung wichtiger mineralischer und fossiler Rohstoffe die Frage, welche Reserven noch für die

Zukunft zur Verfügung stehen werden. Verschiedene Modellrechnungen kommen zu unterschiedlichen Ergebnissen, je nachdem welche Prämissen in bezug auf zukünftige Verbrauchsentwicklung und vermutete Reserven unterstellt werden. Die angegebene Tabelle kann nur einen subjektiven Eindruck vermitteln. Tatsache ist aber, daß bei Beibehaltung der gegenwärtigen oder weiter wachsender Industrieproduktion wichtige Rohstoffe und Primärenergien nur noch wenige Jahrzehnte zur Verfügung stehen werden.

Reserven - wie lange noch?	
Zink	32 Jahre
Asbest	32 Jahre
Silber	40 Jahre
Nickel	42 Jahre
Molybdän	48 Jahre
Erdöl	48 Jahre
Kupfer	49 Jahre
Blei	50 Jahre
Zinn	52 Jahre
Wolfram	52 Jahre
Eisen	61 Jahre
Erdgas	69 Jahre
Aluminium	79 Jahre
Mangan	83 Jahre
Steinkohle	102 Jahre
Chromit	107 Jahre
Phosphat	127 Jahre
Braunkohle	173 Jahre

Quelle: Lippens, W., *Im Kreislauf der Wirtschaft*, Köln 1988, S. 29

Zum zweiten ergeben sich bei der Förderung und dem Transport von Rohstoffen erhebliche Umweltbelastungen. Braunkohlentagebau, Bergsenkungen, Tankerunglücke sind nur wenige Stichworte, die das Problemfeld umreißen.

Der **sekundäre Bereich** der Wirtschaft stellt das eigentliche Kernstück der industriellen Gesellschaft dar. Neben dem Handwerk wird dieser Bereich von der weiterverarbeitenden Industrie gebildet, die in die 3 Bereiche **Grundstoffindustrie, Investitionsgüterindustrie und Konsumgüterindustrie** aufgeteilt wird.

Wie oben bereits ausgeführt wurde, ist der gegenwärtige Umgang mit der Natur eng mit der industriellen Entwicklung verbunden.

Industrielle Verarbeitung bedeutet Umformung der durch den primären Sektor verfügbar gemachten Stoffe bis hin zur Verwendungsfähigkeit. Die Umwandlungsprozesse lassen sich dabei zum größten Teil nicht auf die stoffliche Veränderung allein beschränken. Vielmehr sind mit der Produktion in der Regel unvermeidliche Emissionen verbunden. die auf verschiedene Weisen an die Umweltmedien - häufig unkontrolliert - zurückgegeben werden.

Bei diesen Rückgabeprozessen haben Ökosysteme eine gewisse Toleranz, bis zu der sie die "künstlichen" Emissionen aufnehmen, bevor sie in ihrer Existenz gefährdet sind. Das weltweite Industriewachstum insbesondere nach dem zweiten Weltkrieg hat aber in vielen Bereichen die Aufnahmegrenzen der Natur verdeutlicht. So hat sich z. B. der Wert der weiterverarbeitenden Produktion in der Bundesrepublik von 1960 bis 1988 in 28 Jahren preisbereinigt mehr als verdoppelt (1960 - 342 Mrd. DM; 1988 - 693 Mrd DM).

Mit der Weiterentwicklung der industriellen Produktion ist darüber hinaus eine qualitative Veränderung der Schadstoffbelastungen verbunden gewesen. So hat beispielsweise die quantitative Belastung des Rheins zwischen 1975 und 1985 erheblich nachgelassen. Die Einleitungen von 1985 sind aber hinsichtlich ihrer toxischen Wirkung teilweise erheblich schädlicher, zum Teil sind die langfristigen Wirkungen dieser Einleitungen - vor allem in ihren Synergiewirkungen - für die Nahrungskette noch völlig unbekannt.

Die Grenzen der Belastbarkeit durch die industrielle Produktion zeigen sich aber noch an einer anderen Stelle immer drastischer. So haben die Industrieproduzenten bisher ignoriert, daß am Ende des Verwendungsprozesses die Güter in der Regel der Natur zurückübereignet werden. Dieser von den Produzenten verharmlosend als Entsorgung bezeichnete Prozeß führt die modernen Industrieländer in eine Situation, die mittlerweile als **Entsorgungsnotstand** bezeichnet wird.

Die gängigen Formen der Entledigung dieser Abfälle bergen insgesamt eine Fülle von Umweltrisiken, aber auch von gesellschaftlichen Konfliktpotentialen.

Die Umweltproblematik ist seit Beginn der 80er Jahre von der Industrie selbst nicht mehr zu ignorieren. Die Reaktion darauf ist systemimmanent, d. h. der Umweltbelastung wird weitgehend mit industriellen Mitteln begegnet. So ist im Rahmen der **Industrialisierung des Umweltschutzes** eine neue Wachstumsindustrie entstanden, die **Umwelttechnik-Branche**. Mit der Herstellung und Wartung von Umweltschutzeinrichtungen und -leistungen sind mittlerweile in der Bundesrepublik an die 100.000 Arbeitsplätze in der Industrie besetzt. Das Investitionsvolumen der deutschen Industrie für den technischen Umweltschutz betrug 1988 18 Mrd. DM.

Umweltschutzausgaben der deutschen Industrie (in Mrd. DM)		
	1980	1988
Umweltschutzausgaben insgesamt	22,4	35,7
davon Umweltschutzausgaben der Industrie	8,8	18,0
davon im einzelnen für		
Luftreinhaltung	4,2	11,3
Gewässerschutz	3,2	4,1
Abfallbeseitigung	0,9	1,7
Lärmminderung	0,5	0,9

Quelle: Institut der Deutschen Wirtschaft, iwd 28/1990

Der gegenwärtige technische Wandel zeigt für die zukünftigen industriellen Umweltbelastungen zwei entgegengesetzte Tendenzen.

1. Entwicklung und Einsatz immer komplizierterer Stoffe und Techniken bergen erhebliche Risikopotentiale. Langfristige Aus- und Wechselwirkungen neuer Technologien sind heute weniger denn je vorhersehbar. Die heftige Diskussion über die Weiterentwicklung gentechnischer Manipulationen mag das beispielhaft verdeutlichen.

2. Technischer Fortschritt birgt aber auch möglicherweise große Chancen für die Umwelt.

Miniaturisierung und Computerisierung, Erforschung von Verfahren zur Nutzung regenerativer Energien oder die Entwicklung neuer Massenverkehrsmittel sind Beispiele für Visionen umweltverträglicher Industriekonversion.

Nach allgemeiner Einschätzung wir die Bewältigung der Umweltbedrohung nicht **ohne** Industrie und Technik, vielmehr mit einer neuen, umweltschonenden (sanften) Industrie zu lösen sein.

Unter dem **tertiären Sektor** der Wirtschaft versteht man die Bereiche **Dienstleistungen, Handel und Verkehr**, im weiteren Sinne noch zusätzlich die Leistungen des Staates, der privaten Haushalte und privater Organisationen.

Die Wirtschaft der meisten Industrienationen unterliegt seit ca. 30 Jahren einem strukturellen Wandel, in dem der Dienstleistungsbereich im engeren Sinne (außer Handel und Verkehr) mit den größten Wachstumsraten versehen ist. So hat der Anteil der Dienstleistungsunternehmen (im engeren Sinne) an der gesamten Wertschöpfung der Bundesrepublik von 1960 bis 1989 von 13,6% auf 29,0% zugenommen. Der gesamte tertiäre Sektor hat 1989 mittlerweile einen Anteil von 57% am Bruttosozialprodukt. Das Schlagwort vom Weg in die Dienstleistungsgesellschaft hat von daher seine Berechtigung.

Bruttowertschöpfung nach Wirtschaftsbereichen: 1960 - 1980 (Angaben in Prozent)

Jahr	Mio DM	Land- u. Forstwirtschaft, Fischerei	Produzierendes Gewerbe	Handel, Verkehr	Dienstleistungsunternehmen	Staat, private Haushalte
1960	302.200	5,8	53,2	18,5	13,6	8,8
1965	459.740	4,4	53,0	17,9	15,2	9,6
1970	645.910	3,4	51,7	16,0	17,7	11,2
1975	996.170	2,9	45,7	15,8	21,4	14,3
1980	1.422.910	2,1	44,4	15,9	23,5	14,0
1985	1.781.670	1,8	41,8	15,4	27,2	13,7
1989	2.165.120	1,7	41,4	14,8	29,0	13,2

Quelle: Statistisches Bundesamt

Neuere Untersuchungen zeigen, daß die Entwicklungen der Dienstleistungsbereiche in sich nicht homogen sind. So kommt das Institut für Arbeitsmarkt und Berufsforschung[24] zu dem Ergebnis, daß die größten Beschäftigungszuwächse zwischen 1973 und 1982 insgesamt im tertiären Sektor zu verzeichnen sind. Dabei dominieren die Zuwächse bei den **personenbezogenen Dienstleistungen** im Bereich der psychosozialen (Pflege, Betreuung, Erziehung, Gesundheitsdienste) und mentalen Leistungen (Information, Bildung). Daneben spielen **produktionsbezogene Dienstleistungen** insbesondere in Form unternehmensnaher Beratungsdienste eine zunehmende Rolle. Bei den **distributiven Dienstleistungen** (Warenverteilung, Beförderung von Personen und Gütern) war dagegen ein Beschäftigungsrückgang zu verzeichnen.

Dienstleistungen sind in der Regel mit geringem stofflichen Einsatz verbunden. Insofern geht von ihnen eine geringere Umweltbelastung aus. In einigen Wachstumsbereichen des tertiären Sektors sind allerdings auch zunehmende Umweltprobleme ersichtlich.

- Das zunehmende Freizeitangebot mit der Tendenz zur Kommerzialisierung der Freizeit führt zu Naturverbrauch (z. B. Bau von Tennis- und Golfplätzen, etc.).

- Zunehmender Tourismus benötigt entsprechende Infrastruktureinrichtungen, die wiederum ganze Landstriche zerstören können. Die massive Zerstörung der Alpenlandschaft ist ein erschreckendes Beispiel dafür.

[24] Mitteilungen aus der Arbeitsmarkt- und Berufsforschung, Heft 2/1988, S. 243-267

- Die Kommerzialisierung traditioneller Subsistenzbereiche bewirkt einen erhöhten Materialverbrauch (z. B. Verpackungsmüll im Fast-Food-Bereich).

- Die steigende Mobilität der Gesellschaft schafft neue Umwelt- und Verkehrsbelastungen.

- Der Boom der Versicherungs- und Finanzdienstleistungen führt zu wirtschaftlicher Konzentration und gleichzeitig zu geographischer Arbeitskraft- und Kapitalzusammenballung. Die modernen Finanz- und Dienstleistungszentren stehen vor dem ökologischen Kollaps.

3.3 Sozio-ökonomische Gründe der Umweltproblematik

Wicke[25] versteht hierunter insbesondere die Gründe, die sich aus dem menschliche Verhalten gegenüber der Umwelt ergeben. Dabei streicht er die Behandlung der Umwelt als **Kollektivgut** und die **Externalisierung von Umweltkosten** heraus.

3.3.1 Umweltgefahren durch die moderne Lebensweise

Wie oben festgestellt wurde, hat die Industrialisierung zu einer Entrückung des Menschen von der Natur geführt. Daraus ergeben sich weitreichende Folgen für die modernen Produktions- und Konsumgewohnheiten.

Kennzeichen des **industriellen Paradigmas** ist eine starke Fixierung auf materielle Werte. Dieses als **Konsumideologie** bezeichnet Verhalten rückt den vordergründigen Konsum von Wirtschaftsgütern in den Lebensmittelpunkt. Individuelles Wohlergehen wird damit weitgehend auf materiellen Wohlstand reduziert.

Diese Konsumorientierung ist konstitutives Element des industriellen Systems. Ständiges wirtschaftliches Wachstum ergibt sich aus dem durch den Konkurrenzmechanismus begründeten Produktivitätsfortschritt. Wachstum in der Produktion benötigt aber den Konsum.

Gleichzeitig führen die industriellen Arbeitsbedingungen zu einem stärkeren Entrücken des Menschen aus der Natur. Die individuelle Erwerbsarbeit wird häufig als sinnentleert empfunden. Konsum wird dann als Belohnung für die Erduldung des quälenden Arbeitslebens empfunden.

Diese Konsumlogik hat Folgen, die stark umweltbelastend wirken:

[25] Wicke, L.(1989), a. a. O., S. 41 ff

- Immer mehr Haushalte haben die Grundausstattung zur modernen Lebensführung weitgehend komplettiert. Zusätzlicher Konsum, der über den Ersatzbedarf hinausgeht, bewegt sich in immer stärker "künstlich geschaffene Konsumbereiche".

- Konsum wird nicht mehr nur am **Grundnutzen** und **Gebrauchswert** der Güter orientiert, sondern zunehmend am **Zusatznutzen**, z. B. Statuswert.

- Die Produktion fördert die **Wegwerfmentalität** beim Konsum. **Geplanter Verschleiß** und **künstliche Veralterung** von Gütern sollen so weiteres Wachstum sichern.

- Konsum wird nicht mehr primär als Versorgungsakt begriffen, sondern erhält zunehmend **Erlebnischarakter**.

Diese Überbetonung materieller Werte in modernen Industriegesellschaften hat zu einem **materiellen Anspruchsdenken** geführt. Da die Erhaltung der Umwelt nicht als materielles Ziel empfunden wird, wird es gegenüber den individuellen Zielen nach materieller Versorgung niedriger bewertet und dementsprechend vernachlässigt.

Zwar wird in den 80er Jahren von Sozialwissenschaftlern eine gesellschaftliche Veränderung festgestellt, die als **Postmaterialismus** bezeichnet wird.[26] Danach wird eine veränderte, umweltverträglichere Einstellung insbesondere bei den besserverdienenden, jüngeren Mittelstandsschichten festgestellt. Ob diese aber tatsächlich auch zu entsprechenden Verhaltensänderungen führt, ist nach wie vor zwiespältig und umstritten.

Ein wesentlicher Aspekt bedarf in diesem Zusammenhang der besonderen Erwähnung. Ein beträchtlicher Teil des materiellen Wohlstandes der Industrienationen beruht auf der Ausbeutung billiger Arbeitskräfte und Ressourcen aus Ländern der Dritten Welt. Damit wird gleichzeitig die Industrie- und Konsumlogik auf diese armen Länder übertragen. Schwellenländer wie Korea oder Brasilien beweisen, daß sie die Lektion moderner Wirtschaftsweisen verstanden haben. Selbst ferne Naturvölker werden ohne Rücksicht auf Traditionen an unsere Konsumideologien herangeführt.

Die Übertragung dieser "industriellen Werte" auf Völker der Dritten Welt hat zur Folge, daß die westliche Kultur und Konsumideologie dort als erstrebens- und nachahmenswert empfunden wird. Dabei spielt in der Realisierung die Beachtung

[26] Inglehart, R., Wertewandel in den westlichen Gesellschaften: Politische Konsequenzen von materialistischen und postmaterialistischen Prioritäten. In: Kloges/Kunieciak (Hrsg.), a. a. O., S. 279 ff

umweltverträglicher Handlungsweisen in diesen Ländern eine noch geringere Rolle als in den Industrienationen.

Der Hinweis der Industrienationen auf Berücksichtigung der Belange der Naturerhaltung wird von Politikern dieser Länder häufig als arrogante Einmischung in die inneren Angelegenheiten aufgefaßt. Industrielles Wachstum wird dabei als die einzige Chance zur Überwindung von Armut und Unterentwicklung angesehen. Das dabei häufig nur kurzfristige Lebensverbesserungen unter langfristig besonders schädlichen Lösungswegen vorgenommen werden (z. B. Brandrodungen in den Tropen), ist besonders tragisch.

3.3.2 Umwelt als Kollektivgut

Unser gegenwärtiges Wirtschaftsverständnis betrachtet die Umwelt in weiten Teilen als **freies Gut**, also ein Gut, welches kostenfrei in unbegrenzten Mengen zur Verfügung steht. Wicke sieht insbesondere drei Charakteristika solcher Güter:

- Sie werden nicht aufgeteilt bzw. verkauft,
- niemand ist freiwillig bereit, zu ihrer Erstellung beizutragen,
- niemand kann oder soll von der Nutzung ausgeschlossen werden.

Entscheidend für die Umweltbelastung ist nun, daß nur wenige freiwillig für die Nutzung solcher kollektiv genutzten Umweltgüter einen Preis zu zahlen bereit ist. So möchte jeder am Umweltgut "saubere Luft" profitieren, nur wenige sind aber bereit, hierfür einen individuellen Beitrag zu leisten. **Der individuelle Nutzenvorteil des umweltbelastenden Verhaltens wird hoch bewertet, der gesamtgesellschaftliche Nutzen einer freiwilligen Schadensbegrenzung wird dagegen niedrig bewertet.**

Ähnliches gilt für Verhaltensweisen und die Gestaltung staatlicher Rahmenbedingungen im internationalen Wettbewerb. So wird von vielen Ländern der Einsatz ordnungspolitischer Umweltschutzmaßnahmen gegenüber der eigenen Wirtschaft abgelehnt. Argumentiert wird dabei mit ebenfalls fehlenden Auflagen in den wichtigsten Konkurrenzländern. Bei einseitigem Vorangehen sei die internationale Wettbewerbsfähigkeit der eigenen Wirtschaft gefährdet. Solange keine internationalen Vereinbarungen erzielt worden sind, wird dann auf die Einleitung nationaler Maßnahmen verzichtet.

Gegen solches Verhalten ist mit den Instrumenten der Umweltpolitik vorzugehen.

3.3.3 Das Problem der sozialen Kosten

Die unentgeldliche Nutzung von Kollektivgütern führt zu Umweltbelastungen, die allgemein als **externe Effekte** bezeichnet werden. Diese haben ihre Ursache im Produktionsprozeß bzw. im Konsum, werden aber von den Verursachern nicht in ihre Kostenrechnung aufgenommen. Man sagt deshalb, sie werden **externalisiert**, d. h. nach außen verlagert.

Die Welt ist heute voll von Beispielen für Externalisierungen, insbesondere im ökologischen Bereich. So werden beispielsweise die

- Folgen der Luftverschmutzung durch die Kraftwerke,
- Lärm- und Abgasschäden durch den Automobilverkehr,
- Trinkwasserbeeinträchtigungen durch die Landwirtschaft,
- Verschmutzungen der Gewässer durch Schadstoffeinleitungen,
- Folgeschäden durch Massentourismus u. v. m.

nicht verursachungsgerecht mit ihren Kosten erfaßt, bewertet und zugeordnet.

K.W. Kapp hat bereits 1950 dafür den Begriff der **sozialen Kosten** geprägt.[27] Kapp sah neben direkten ökologischen Folgekosten des Wirtschaftens solche Effekte z. B. in Bereichen, die aus der gesundheitlichen und geistigen Beeinträchtigung von Arbeitskräften im Produktionsprozeß, der falschen Standortwahl oder der Überkonzentration in Ballungsräumen entstanden.

Die Externalisierung bzw. **Entstehung sozialer Kosten** äußert sich heute in der Minderung der Lebens- und Umweltqualität der Menschen insbesondere in Form der Ausbeutung der Natur, der Dritten Welt und der Frauen.

In zunehmendem Maße lassen sich diese externen Effekte aber nicht mehr stillschweigend übergehen, Vielmehr müssen Maßnahmen zu ihrer Eindämmung oder Verminderung getroffen werden. Diese werden von Dritten unfreiwillig übernommen. Das kann auf zweifache Weise geschehen:

- Die **Geschädigten** müssen Maßnahmen ergreifen, um ihre Schäden zu beseitigen. (Z. B. Kosten der Krankheitsbekämpfung (Medikamente, Kuren) aufgrund von industriellen Luftverunreinigungen).

- Der **Staat** ist aufgerufen, im Rahmen des öffentlichen Umlageverfahrens die Schadensbekämpfung bzw. -beseitigung vorzunehmen.

Damit wird ein immer größerer Teil des vordergründig wohlstandssteigernden Produktivitätsfortschrittes dadurch wieder aufgezehrt, daß diese sozialen Kosten

[27] Kapp, K.W., Soziale Kosten der Marktwirtschaft, Frankfurt 1979

davon bestritten werden müssen. Güter, denen es gelingt, einen Teil ihrer Kosten zu externalisieren, können weiterhin sehr preiswert angeboten werden, weil sie sich heimlich subventionieren lassen. Deshalb werden sie auch im Verhältnis zu umweltfreundlichen Produkten in zu großen Mengen nachgefragt.

Externe Effekte sind volkswirtschaftlich unerwünscht und deshalb nach Möglichkeit zu vermeiden. Das kann nur geschehen, indem **sämtliche** mit Produktion, Verwendung und Entsorgung von Gütern entstehenden Kosten erfaßt und **verursachungsgerecht** zugeordnet werden. Dazu gehört auch die vollständige Erfassung und Monetarisierung der Belastungen und Schädigungen Dritter sowie der Natur.

3.4 Systembezogene Ursachen der Umweltbelastung

Gemeint sind hiermit die Ursachenkomplexe, die auf der **marktwirtschaftlichen Systemlogik** basieren. Die Entwicklung ab 1990 zeigt deutlich, daß kapitalistische Systeme die Welt beherrschen.

Ordnungsvorstellungen zentralverwaltungswirtschaftlicher Art, wie sie den real existierenden Sozialismus kennzeichnen, können gegenwärtig wohl schon als historische Fehlentwicklung gekennzeichnet werden. Wenn bisher in diesen Ländern eine noch drastischere Umweltkrise festzustellen war, so sind auch dafür systemspezifische Ursachenkomplexe auszumachen. Diese sollen aber nicht Gegenstand dieser Darstellung sein.

Marktwirtschaftliche Systeme sind durch das **erwerbswirtschaftliche Prinzip** auf der Basis von **Privateigentum** gekennzeichnet. Lenkungsinstrument der individuellen Wirtschaftsplanung ist der **Marktmechnismus**, der den Knappheitsgrad der Wirtschaftsgüter über den **Preis** feststellt. Was für Unternehmen in diesem Zusammenhang die Gewinnmaximierung darstellt, gilt gleichermaßen für die Konsumenten in Form der Nutzenmaximierung.

Picot[28] hat nachgewiesen, daß bei der Unterstellung unternehmensegoistischer Ziele, so wie sie unsere Wirtschaftslogik vorsieht, sozial- und umweltverträgliches Handeln eines einzelnen Unternehmens unlogisch und damit unwahrscheinlich ist.

[28] Picot, A., Betriebswirtschaftliche Umweltbeziehungen und Umweltinformationen, Berlin 1977, S. 28ff

Freiwillige echte Sozialverantwortung der Unternehmung als spieltheoretisches Problem		
Unternehmung B A	**Strategie I** (auf langfristige freiwillige Lösung sozialer Probleme gerichtet)	**Strategie II** (nicht auf Lösung sozialer Probleme gerichtet)
Strategie I (auf langfristige freiwillige Lösung sozialer Probleme gerichtet)	11 A und B sorgen gemeinsam für die Bewältigung der Probleme. Gemeinsames sozialverantwortliches Handeln führt zur Problembewältigung.	12 B erzielt gegenüber A Rentabilitäts- und Wachstumsvorteile; Bedrohung für A. Soziale Probleme werden nur ansatzweise in Angriff genommen, langfristige Existenzabsicherung ist nicht gewährleistet.
Strategie II (nicht auf Lösung sozialer Probleme gerichtet)	21 A erzielt gegenüber B Rentabilitäts- und Wachstumsvorteile; Bedrohung für B. Soziale Probleme werden nur ansatzweise in Angriff genommen, langfristige Existenzabsicherung ist nicht gewährleistet.	22 A und B tun nichts für soziale Probleme, wodurch die Existenz beider langfristig bedroht ist. Die Nichtberücksichtigung sozialer Probleme verschärft dieselben.

Quelle: Picot, A., *Betriebswirtschaftliche Umweltbeziehungen und Umweltinformationen,* Berlin 1977, S. 28

"Fragt man nun, welche der drei idealtypisch herausgestellten Verhaltenskombinationen die wahrscheinlichste ist, so zeigt sich, daß vom Standpunkt einer einzelnen Unternehmung die Strategie II der Strategie I überlegen ist. Wählt eine Unternehmung nämlich Strategie I und kann sie nicht sicher sein (was unter Konkurrenzbedingungen und eingeschränkter Kommunikation bzw. Koordination stets anzunehmen ist), daß sich die anderen Unternehmungen der Strategie I in gleichem Ausmaß verpflichten, sondern eher zu Strategie II neigen, so läuft sie Gefahr, kurz- und mittelfristig marktlich verdrängt zu werden, ehe ihr sozialer Beitrag überhaupt der Gesellschaft und auch ihr selbst einmal zugute kommen kann.

Die unternehmensegoistischen Ziele (Gewinn, Marktanteil, Wachstum), deren permanente Erreichung für die Existenz privater Betriebswirtschaften entschei-

dend ist, können demnach durch eine Strategie vom Typ II mit größerer Erfolgswahrscheinlichkeit verfolgt werden als durch eine Strategie vom Typ I. Als Lösung des Spiels ergibt sich also unter den obigen Prämissen das Zusammenwirken von Strategie II in Feld 22. Diese Situation entspricht aber keineswegs den Zielvorstellungen derjenigen, die den Unternehmungen soziale Verantwortung über den Tag hinaus auferlegen wollen."

Es gäbe kein marktwirtschaftliches Umweltproblem, wenn der Knappheitsgrad der Umweltgüter ebenfalls über den Markt festgestellt würde. Das Verständnis von den **freien Gütern** und der **Externalisierung** der Umweltkosten führt aber dazu, daß im Bereich der Umweltnutzung die marktwirtschaftliche Logik offensichtlich nicht funktioniert.

Es existiert auch keine Theorie der Begrenzung des Ressourcenverbrauchs, die innerhalb der herrschenden Systemlogik Lösungen für die Umweltproblematik anbieten könnte. "Dem Gefühl, daß wir den Naturzusammenhang des menschlichen Lebens nicht zerstören sollten, entspricht also kein Wissen, daß und warum wir es nicht tun sollten. Wir zerstören die Natur, wenn wir es tun, demnach nicht einmal gegen die Stimme unseres Gewissens, ausgenommen die Erhaltung der Lebensbedingungen sei auch ein Gebot der Mitmenschlichkeit. Wir können uns nicht sagen, was beherrschbare Ressourcen und physikalische Systeme an sich wert sind, denn die Natur kommt in uns dazu nicht und somit eigentlich gar nicht zur Sprache."[29]

Jänicke[30] sieht eine Entwicklung hin zum **Superindustrialismus** als extreme Steigerung industriekapitalistischer Entwicklungstendenzen in folgenden Bereichen:

- Zentralisierung von Kapital und Entscheidungen
- Expansion in Form von Massenproduktion für immer größere Märkte
- Arbeitsteilung und Spezialisierung
- Rationalisierung
- Externalisierung
- Ausbeutung (Natur, Staatsfinanzen, zukünftige Generationen)

Diese superindustrielle Produktionsweise wird seit Beginn der 70er Jahre deutlich durch eine Akkumulation von Krisen (Rohstoffkrisen, Umweltkrisen, Beschäftigungskrisen, Finanzkrisen, Strukturkrisen, Akzeptanzkrisen, Legitimationskrisen).

---

[29] Meyer-Abich, K.M., Wege zum Frieden mit der Natur. Praktische Naturphilosophie für die Umweltpolitik. München 1984, S. 247

[30] Jänicke, M., Superindustrialismus und Postmaterialismus - Langzeitperspektiven von Umweltbelastung und Umweltschutz, in Jänicke, M. u.a. (Hrsg.), Wissen für die Umwelt, Berlin - New-York 1985, S. 239 ff

Nach Meyer-Abich wäre einer verschwenderischen Verwendung der natürlichen Lebensgrundlagen nur zu begegnen, wenn **Umweltstandards** festgelegt würden, die zur Internalisierung aller Kosten entsprechend dem Verursacherprinzip führen. Diese sind zwar weder ökonomisch noch naturwissenschaftlich zu begründen, ihre wie auch immer konkretisierte Festsetzung entspricht aber dem Gebot des kollektiven Überlebens.

Die Formulierung solcher Standards wird damit zur Gemeinschaftsaufgabe, die einen starken Staat erfordert. Dabei bleibt allerdings unbeantwortet, an welchen Kriterien "Umweltverträglichkeit" zu messen ist. Es gibt keine **objektive Instanz,** die Maßstäbe für eine entsprechende Wirtschaftstätigkeit festlegen kann. Staatliche Organe als demokratisch legitimierte Institutionen zur Harmonisierung von Gruppeninteressen können es jedenfalls nicht sein. Wo der Staat dennoch Standards festlegt, repräsentiert er lediglich eine subjektive Bereitschaft der Gesellschaft zur Einschränkung wirtschaftlichen Handelns.

Der Staat muß in der Lage sein, mit Hilfe von Sanktionsmechanismen Sorge dafür zu tragen, daß die Einhaltung dieser Einschränkungen wirtschaftlichen Handelns gewährleistet ist.

Damit befindet sich die marktwirtschaftliche Logik in einem inneren Widerspruch. Lehnen Wirtschaftssubjekte zum einen staatliche Eingriffe als systemfeindlich ab, so müssen sie auf der anderen Seite von der effektiven Ausnutzung ihrer Verwertungslogik durch hoheitliche Akte abgehalten werden.

Die gegenwärtige wirtschaftliche Praxis ist von diesem Widerspruch gekennzeichnet. So lautet z. B. eine Anklage der Unternehmer: *"Nicht der Markt hat beim Umweltproblem versagt, sondern die Instanzen, die für die 'freien Güter' als Gemeinschaftsgüter verantwortlich sind: die nationalen Staaten bzw. die Politiker und Verwaltungen, die sie leiten - oder auch die Bürger, die die Politiker wählen."*[31]

Im Gegensatz zur Anklage des Staatsversagens ist aber festzustellen, daß Unternehmen auf vielfältige Weise versuchen, auf die Gestaltung der Rahmenbedingungen **mäßigend** einzuwirken oder, wo das nicht den eigenen Vorstellungen entsprechend gelingt, sich durch Abwanderung in Länder mit geringeren Umweltstandards der Einschränkung ihres Handelns zu entziehen.

Wenn sich innerhalb dieser Ordnung dennoch Unternehmen - und zwar in steigender Zahl - bereitfinden, über das bestehende Maß hinaus "freiwillig" Umweltschutzmaßnahmen zu betreiben, die vordergründig dem erwerbswirtschaftlichen

---

[31] NN, Ethik und Marktwirtschaft, hrsg. von der Arbeitsgemeinschaft Selbständiger Unternehmer e.V., Bonn 1990, S. 24

Streben entgegenzustehen scheinen, so ist nach den Gründen dafür zu forschen. 3 Begründungskomplexe könne dabei angeführt werden:

1. Offensiver Umweltschutz antizipiert die staatlichen Auflagen von morgen und erhöht damit längerfristig die betriebswirtschaftliche Effizienz auf der Inputseite.

2. Umweltschutz wird zunehmend zum Marktargument. Mit entsprechenden Prädikaten versehene Produkte erhöhen die betriebswirtschaftliche Effizienz auf der Outputseite.

3. Unternehmer/Manager entwickeln ein umweltethisches Gewissen, welches erwerbswirtschaftliches Handeln einschränkt. (Erwerbswirtschaftliches Handeln unter Nebenbedingungen)

Die ersten beiden Begründungen liegen uneingeschränkt in der vorherrschenden Systemlogik. Sie stellen systemimmanente Anpassungsmechanismen an veränderte Umweltbedingungen dar. Die Folge ist eine **Industrialisierung des Umweltschutzes**. Umweltpolitische Maßnahmen führen zur Bildung von Wachstumsindustrien. Sie sollen soziale und ökologische Probleme gleichermaßen lösen. - Wachstum durch Umweltschutz!

Die dritte Begründung führt zu einer Modifikation der herrschenden Systemzustände. Jänicke spricht in diesem Zusammenhang von einer gesellschaftlichen Tendenz zum **Postmaterialismus**. Diese zeigt er in einer idealtypischen Gegenüberstellung.

Zwei historische Produktionsweisen	
Superindustrialismus	**Postindustrialismus**
höchstes Stadium des traditionellen, nicht erneuerbare Rohstoffe in Schadstoffe und Abfälle umwandelnden Industrialismus	Übergewicht der immateriellen Produktion von Informationen und Dienstleistungen
1. Quantitatives Wachstum "High volume"; langfristige Wachstumsgrenzen (diseconomy of scale)	1. Qualitatives Wachstum "High value"; Wachstum der Grenzen; Ressourcenökonomie
2. Starke Zentralisierung von Kapital und Macht durch Industrien des Nachkriegszyklus; Tendenz zu kapitalintensiven Großprojekten	2. Starke Bedeutung neuer Klein- und Mittelbetriebe; wissensintensive Produktion; mehr Dezentralität
3. Wachsende Rigidität ("Panzersyndrom")	3. Innovation; Flexibilität ("Fahrradsyndrom")
4. Übergewicht des Weltmarktes und der Supermächte	4. Stärkere Bedeutung regionaler Strukturen
5. Starke externe Problem-Effekte; Umwelt- und Unfallrisiken; große Abfallmengen	5. Angepaßtere Produktionsstrukturen; umweltfreundlichere Technologien und Wirtschaftsformen; geringere Abfallmengen
6. Wachsende Entsorgungssektoren; Industrie und Staat "leben" von Problemen des Industrialismus; Tendenz zur Symptombekämpfung	6. Mehr Vorsorge

Quelle: Jänicke, M., *Wissen für die Umwelt*, Berlin - NewYork 1985, S. 243; ähnliche Ansätze bei: Huber J., *Die Regenbogengesellschaft*, Frankfurt 1985

Die Probleme und Krisen der gegenwärtigen Industriegesellschaft erzeugen nach Jänicke postindustrielle Entwicklungstendenzen in der Wirtschaft und postmaterielle Wertvorstellungen in der Gesellschaft. In einer Relativierung der materiell geprägten Wertvorstellungen und Tendenzen zu einer stärker immateriell ausgeprägten Lebensqualität sieht er realistische Chancen zur Überwindung der Umweltkrise.

4 Allgemeine Prinzipien der Umweltpolitik

4.1 Prinzipiensysteme im Überblick

Praktische Umweltpolitik muß sich an konkreten Handlungsgrundlagen - Prinzipien - orientieren. In Literatur und Praxis existieren verschiedene Systeme von Prinzipien der Umweltpolitik.

Simonis[32] unterscheidet dabei:

1. **Das Kreislaufprinzip**
   Wirtschaften soll einen geldlichen **und** stofflichen Kreislaufprozeß darstellen, in dem darauf abgezielt wird, den Einsatz nicht erneuerbarer Rohstoffe drastisch zu verringern und die Entstehung nicht abbaufähiger Abfälle zu vermeiden.

2. **Das Prinzip der Nachhaltigkeit**
   hängt eng mit dem ersten zusammen. Es bezieht die Zukunft in die Ressourcennutzung mit ein und soll den Substanzverzehr verhindern.

3. **Das Prinzip der Verantwortung und Haftung**
   Das Rechtswesen soll danach von der **Umkehr der Beweislast** bestimmt sein. Schon die statistische Wahrscheinlichkeit soll danach genügen, um Umweltverschmutzer gesamtschuldnerisch zum Schadensersatz zu verpflichten.

Die **instrumentalen Ziele** des Umweltschutzes, so wie sie derzeit in der Bundesrepublik gesehen werden, beruhen auf einer anderen Systematik. Danach gelten als Gestaltungsprinzipien, die Grundlage für die Formulierung von Gesetzen, Programmen und Einzelmaßnahmen sein sollen, die 3 Handlungsprinzipien

- **Vorsorgeprinzip**
- **Verursacherprinzip**
- **Kooperationsprinzip**

Nur als Ausnahmeprinzip soll unter bestimmten Voraussetzungen das **Gemeinlastprinzip** zur Anwendung kommen.

---

[32] Simonis; U.E., Ökologische Orientierung der Ökonomie, in: Jänicke, M. u.a. (Hrsg.) Wissen für die Umwelt, a. a. O., S. 227

Die genannten Prinzipien stehen - wie sollte es auch anders ein - im Kontext mit dem herrschenden Ordnungssystem der marktwirtschaftlich orientierten Umweltpolitik. Auf diese Prinzipien soll im folgenden näher eingegangen werden.

4.2 Das Vorsorgeprinzip

4.2.1 Grundaussage

Dieses Prinzip ist in den Umwelt-Leitlinien der Bundesregierung (des Bundes-Umweltministeriums) an die erste Stelle gerückt worden. Grundlegende Zielsetzung ist es dabei, die Entstehung von Umweltbeeinträchtigungen von vorneherein zu vermeiden. Man könnte in diesem Sinne auch von **Vermeidungsprinzip** sprechen.

*"Verantwortung für die Umwelt bedeutet - über die Sanierung von Schäden der Vergangenheit hinaus - **Verpflichtung zu einer vorsorgenden Umweltpolitik**. Dabei versteht die Bundesregierung Vorsorge in einem weiten Sinne als:*

- *Gefahrenabwehr*
- *Risikovorsorge und*
- *Zukunftsvorsorge."*[33]

4.2.2 Gefahrenabwehr

Gefahrenabwehr bedeutet, daß der Staat schützend eingreift, wenn menschliche Eingriffe erkennbar geeignet sind, Schäden für Mensch und Umwelt herbeizuführen.

Die Problematik liegt dabei in der Feststellung, wann ein **Schaden** vorliegt, der staatliches, d. h. in der Regel ordnungsrechtliches Vorgehen legitimiert.[34] Als Schaden für eine polizeiliche Gefahrenabwehr gilt dabei eine nicht unerhebliche Beeinträchtigung eines Schutzgutes; bloße Belästigungen, Nachteile, Unbequemlichkeiten, und Geschmacklosigkeiten genügen nicht.

Grundsätzlich gilt für die Eintrittswahrscheinlichkeit einer Gefahr, je größer und folgenschwerer ein möglicherweise eintretender Schaden ist, umso geringer sind die Anforderungen, die an die Wahrscheinlichkeit gestellt werden. Im Bereich des

[33] Umweltpolitk, Ziele und Lösungen, Bilanz des Bundesumweltministers 1990, Bonn 1990, S. 15

[34] vgl. dazu: Prittwitz, V., Gefahrenabwehr - Vorsorge - Ökologisierung, Drei Idealtypen der Umweltpolitik, in: Simonis, U. E. (Hrsg.), Präventive Umweltpolitik, Frankfurt/New York 1988, S. 50

technischen Sicherheitsrechtes wird dabei auf die mit sachverständigem Urteil zu treffende Prognose zurückgegriffen.

Bei der Zulassung technischer Anlagen ist es problematisch, sämtliche Risiken für die Zukunft zu erkennen. Dabei ist der Staat nicht angehalten, alle auch nicht erkennbaren Risiken auszuschließen. Damit würde praktisch jede Zulassung neuer Techniken unmöglich. Das unentrinnbare Restrisiko muß deshalb von allen Bürgern getragen werden.

Was den Zeitpunkt betrifft, für den der Eintritt eines möglichen Schadens befürchtet wird, so reicht es aus, daß irgendwann, möglicherweise erst in Jahren, aber in überschaubarer Zukunft mit diesem Ereignis zu rechnen ist.

Das bundesdeutsche Umweltrecht ist heute stark vom Prinzip der Gefahrenabwehr gekennzeichnet, so in einer Reihe von Verordnungen für den Gefahren- und Katastrophenfall: z. B. Störfall-, Smog-, Gefahrstoffverordnung.

4.2.3 Risikovorsorge

Während die Gefahrenabwehr sich weitgehend auf Präventionsmaßnahmen an bestehenden Gefahrenquellen bezieht, also relativ kurzfristig wirkt, geht die **Risikovorsorge** darüber hinaus. Sie zielt darauf ab, durch vorausschauendes Handeln bereits dem Entstehen möglicher Umweltbeeinträchtigungen vorzubeugen.

"Sie handelt bereits im Vorfeld der Gefahren. Sie muß die Risiken für Mensch und Umwelt entsprechend dem Fortschreiten wissenschaftlicher Erkenntnisse und technischer Entwicklungen so gering wie möglich halten."[35]

Durch Anwendung dieses Prinzips sollen die Grundlagen menschlicher Existenz langfristig gesichert werden. Umweltbelange sollen schon vorausschauend bei jeder Planung und technischen Weiterentwicklung berücksichtigt werden. Wesentliche Leitlinie ist dabei die Beachtung der nach dem **Stand von Wissenschaft und Technik** möglichen Maßnahmen.

Bei der politischen Umsetzung dieses Zieles lassen sich allerdings erhebliche Defizite feststellen. Das Dilemma beginnt bei der Definition der zentralen Begriffe **Gefahr** und **Risiko**. Das Gebot der Risikovorsorge ist in verschiedenen Gesetzen verankert, ohne dort in entsprechende operative Inhalte umgesetzt zu werden.

[35] Bilanz des Umweltministers 1990, a. a. O., S. 15 f

Ein Ansatz zur stärkeren Durchsetzung des Gebotes der Risikovorsorge ist mit dem **Gesetz über die Umweltverträglichkeitsprüfung** 1990 eingeführt worden. Für die Durchsetzung von Umweltnormen bei Großinvestitionen muß dieses Gesetz aber noch als wenig zwingend angesehen werden.

4.2.4 Zukunftsvorsorge

*"Umweltpolitik als **Zukunftsvorsorge** soll neue umweltverträgliche technische Entwicklungen anstoßen und neue umweltverträgliche Wachstumsmöglichkeiten aufzeigen. Nicht nur Hemmung von ungewollten Entwicklungen, sondern vor allem auch aktive und konstruktive Zukunftsgestaltung ist Aufgabe der Umweltpolitik. Ziel der Umweltvorsorge ist es, die natürlichen Lebensgrundlagen zu schützen und zu entwickeln und im Sinne eines ökologischen Generationenvertrages zu sichern und neue zu schaffen."*[36]

Die in diesem Zusammenhang formulierte Forderung nach **integriertem Umweltschutz** soll eine Berücksichtigung aller Umweltmedien sowie **sektorenübergreifend** die Vernetzung aller Umweltbereiche sowie der verschiedenen Felder menschlicher Aktivitäten ermöglichen.

Eine Umsetzung in konkrete Handlungsfelder ist bei diesen Postulaten nur in wenigen Ansätzen erkennbar. Eine konkrete Abgrenzung zur Risikovorsorge gelingt nicht.

Bezeichnend ist, daß die Einbeziehung von Zukunftsaspekten unter der Maßgabe der Ordnungselemente **technische Entwicklung** und **Wirtschaftswachstum** erfolgt.

Prittwitz[37] sieht ein weitergehendes Prinzip der Vorsorge in der **strukturellen Ökologisierung**. Diese stellt den Versuch dar, sich grundsätzlich umweltfreundlicher und umweltgerechter zu verhalten und damit wieder zu einem ausgeglicheneren Verhältnis von Mensch und Natur zu kommen.

Danach müßte Umweltpolitik ausgehend von der Tradition der Ökologie als systemorientierter Wissenschaft interdisziplinär arbeiten. In neu zu bildenden wissenschaftlichen Institutionen müßten ökologische Zusammenhänge neu erfaßt werden, so z. B. in der Landschaftsplanung, der Öko-Architektur, der Öko-Technik oder der Öko-Medizin. Ziel dieses Politikverständnisses müßte das Einleiten eines Wertewandels mit grundsätzlichen Veränderungen der Lebens- und Arbeitsbedingungen sein.

---

[36] Ebenda, S. 17

[37] Prittwitz, V., a. a. O., S. 55 ff

Gefahrenabwehr, Vorsorge und Strukturelle Ökologisierung - Drei Idealtypen der Umweltpolitik im Vergleich			
	Gefahrenabwehr	**Vorsorge/ Prävention**	**Strukturelle Ökologisierung**
Legitimationsgrundlage	akuter Schaden/ akute Gefahr	Risiko	Wertvorstellung
Wichtigster Träger	Staatliche Behörden	Staat/ Helfende Berufe	Allgemeinheit
Reichweite	gering	mittelgroß	groß
Wirkungstiefe	gering	mittelgroß	groß
Bedingungen optimaler Wirkung	Akute, kurzfristig aufgetauchte Probleme; räumlich, zeitlich und sachlich eng begrenzte Schäden oder Gefahren	Verhaltensabläufe mit gut abschätzbarem Risiko; sich regelmäßig reproduzierende Risiken	Grundsätzliche Veränderungen der Lebens- und Arbeitsbedingungen

Quelle: Prittwitz, V., "Gefahrenabwehr - Vorsorge - Ökologisierung", in: Simonis, U. E. (Hrsg.), *Präventive Umweltpolitik*, Frankfurt - New York 1988, S. 57

4.3 Verursacherprinzip

Während das Vorsorgeprinzip direkt auf die Verbesserung der Umweltqualität zielt, wird durch das **Verursacherprinzip** bestimmt, wem einzelne Umweltbeeinträchtigungen zuzurechnen sind und wer für ihre Verminderung bzw. Beseitigung die Kosten zu tragen hat.

Das **Verursacherprinzip** gilt in der Marktwirtschaft als das wichtigste Prinzip einer effektiven Umweltpolitik. Der Umweltminister vermerkt dazu:

*"Das Verursacherprinzip im Umweltschutz ist **Kostenzurechnungsprinzip und ökonomisches Effizienskriterium**. Danach müssen grundsätzlich demjenigen die Kosten einer Umweltbelastung angelastet werden, der für ihre Entstehung verantwortlich ist. Das Verursacherprinzip entspricht damit dem Grundgedanken der Marktwirtschaft."*[38]

Aufgabe dieses Prinzips ist es, die Externalisierung von Produktions- und Konsumkosten zu verhindern und Sorge dafür zu tragen, daß **sämtliche** mit der Existenz eines Wirtschaftsgutes anfallenden Kosten von denjenigen zu tragen

[38] Bilanz des Umweltministers 1990, a. a. O., S. 19

sind, die sie verursacht haben. Man spricht in diesem Zusammenhang auch vom Gebot der **Internalisierung** der Kosten.

Gelingt eine vollständige Internalisierung der Kosten, so stimmen individualwirtschaftliche und volkswirtschaftliche Kosten überein.

Der Grundsatz der materiellen Verantwortlichkeit gilt allerdings nur mit Einschränkungen, denn das Verursacherprinzip läßt sich in der Praxis nur unter Schwierigkeiten realisieren. Zu den Umsetzungsproblemen im einzelnen:

1. Es fehlen detaillierte Kenntnisse, wer oder was einen Schaden verursacht hat. In vielen Bereichen herrschen wissenschaftliche Auseinandersetzungen über die genauen Ursache-Wirkungszusammenhänge bei komplexen Verursachungsgebieten.

2. Der oder die Verursacher eines Schadens können u. U. nicht direkt ausgemacht werden. Das gilt insbesondere, wenn mehrere potentielle Verursacher vermutet werden.

3. Sind mehrere Verursacher bekannt, so gelingt u. U. keine verursachungsgerechte Zuordnung der Schadensbeteiligung, so z. B. die Aufteilung zwischen Produzenten und Konsumenten.

4. Schädigungen sind häufig vielfältiger Art. Eine exakte monetäre Bewertung bestimmter Schadensformen ist schwierig oder unmöglich, so z. B. bei der Feststellung aller Schäden durch das Auto.

5. Schäden stammen aus der Vergangenheit. Ein Verursacher ist nicht mehr bekannt oder existiert nicht mehr. (Problem der Altlasten)

6. Bei grenzüberschreitenden Schädigungen befindet sich der Verursacher außerhalb des Einflußbereiches umweltpolitischer Maßnahmen.

Über diese Schwierigkeiten bei der Anwendung des Verursacherprinzips hinaus bestehen u. U. staatlicherseits Bedenken einer konsequenten Anwendung.

1. So könnte die Feststellung und Zuordnung von Schadenskosten für einen Hersteller möglicherweise eine plötzliche Zusatzbelastung mit sich bringen, die Wettbewerbsnachteile oder Arbeitsplatzverluste zur Folge haben könnte. Diese Effekte aber sind wiederum volkswirtschaftlich ebenfalls unerwünscht.

Dieses Argument gilt insbesondere, wenn sich Produzenten im internationalen Wettbewerb befinden und ausländische Konkurrenten diese Kostenbelastungen nicht zu tragen haben.

2. Gelingt es dem Verursacher (Produzenten), die Zusatzkosten über die Kalkulation an die Verwender (Konsumenten) weiterzugeben, so kann es hier insbesondere für einkommensschwache Käuferschichten zu sozialer Benachteiligung kommen.

3. Das Verursacherprinzip kann nur längerfristig wirken. Es ist nicht geeignet, akute Gefährdungen abzustellen.

4. Die Anwendung und Durchsetzung des Verursacherprinzips erfordert einen großen hoheitlichen Verwaltungsaufwand. Dieser umfaßt insbesondere die Feststellung von Schäden und die konsequente Überwachung der potentiellen Verursacher.

Um die dargestellten Schwierigkeiten zu bewältigen, ist in der Durchsetzung das Verursacherprinzip auf einen rein **instrumentellen Einsatz** reduziert worden. Danach wird ein Verursacher nicht für alle Schäden verantwortlich gemacht, die ihm zuzurechnen sind, sondern er wird nur mit dem belastet, was die staatliche Umweltpolitik für erforderlich hält.

Konkret wird in der Umweltpolitik dem Verursacherprinzip auf zweifache Weise Rechnung getragen:[39]

1. Durch **Interventionsmaßnahmen** wie Auflagen, Ge- und Verbote, Abgaben u. a. wird versucht, umweltschädliches Handeln auf das von Staats wegen zulässige Maß einzugrenzen.

2. Nach dem Prinzip der **Kostenzurechnung** hat der Verursacher die Kosten finanziell auszugleichen, die dadurch entstehen, daß ein bestimmtes Maß an Umweltbelastung vom Staat zugestanden wird. Dabei wird die Kostenbelastung i.d.R. unabhängig vom eigentlichen Ausgleichsgedanken in Form eines Entgeltes für die Inanspruchnahme eines knappen Umweltgutes erhoben.

Bei der Betonung des instrumentellen Charakters des Verursacherprinzips ist es dem Staat möglich, im Gestaltungsrahmen der Umweltpolitik Prioritäten zu setzen und sowohl **umwelt**- als auch **sozialverträgliche** Lösungen zu suchen. Erhebt man einen Anspruch auf einen Primat der Ökologie gegenüber der Ökonomie, so kann dieser Charakter des Verursacherprinzips nur als bedingt tauglicher Kompromiß verstanden werden.

---

[39] vgl. dazu. Schmidt, R., Einführung in das Umweltrecht, München 1989, S. 9

4.4 Kooperationsprinzip

"Das Kooperationsprinzip ist ein ***politisches Verfahrensprinzip****, das auf eine möglichst einvernehmliche Verwirklichung umweltpolitischer Ziele gerichtet ist. Dabei hat die Kooperation zwischen staatlichen und gesellschaftlichen Stellen Grenzen: So kann der Staat nicht auf die ihm von der Verfassung oder durch Gesetz zugewiesenen Kompetenzen verzichten."*[40]

Dieses Prinzip ist aus der Erkenntnis erwachsen, daß der Staat leichter und effektiver **gemeinsam mit** den gesellschaftlich relevanten Gruppen, insbesondere den Umweltorganisationen, der Wissenschaft und der Wirtschaft, umweltpolitische Ziele durchsetzen kann, als wenn das **gegen** deren Willen geschieht.

Mit dem Kooperationsprinzip verfolgt die Umweltpolitik insbesondere zwei Ziele:

1. Durch Beteiligung der Betroffenen sollen die politischen Entscheidungsträger **Hilfestellung** erhalten, umweltpolitische Ziele sachgerecht in politische Maßnahmen umzusetzen (Operationalisierung).

Das geschieht insbesondere durch parlamentarische **Anhörungsverfahren**, in denen Mitglieder von Verwaltungen, Wirtschaftsverbänden, Gewerkschaften, Wissenschaftler, Umweltbürgerinitiativen und Umweltverbände ihre Vorstellungen und Einwände zu bestimmten umweltpolitischen Maßnahmen im Vorfeld einbringen können. Dadurch sollen die vielfältigen Belange und Erkenntnisse der in der Regel komplexen Sachlagen von umweltpolitischen Entscheidungen berücksichtigt werden.

Daneben sind auch die Formen der Kooperation gemeint, in denen der Sachverstand privater Organisationen unmittelbar für den Umweltschutz nutzbar gemacht wird. Institutionen wie die Technischen Überwachungsvereine (**TÜV**) oder privatwirtschaftlich organisierte Ausschüsse wie das Deutsche Institut für Normung (**DIN**), der Verband Deutscher Elektrotechniker (**VDE**) oder der Verein Deutscher Ingenieure (**VDI**) übernehmen dabei staatliche Kontrollaufgaben auf dem Gebiet der technischen Sicherheit und des Umweltschutzes.

Weiter bestehen verschiedene Beratungsgremien wie der **Rat von Sachverständigen für Umweltfragen**, die **Reaktorsicherheitskommission** und die **Strahlenschutzkommission**, die insbesondere die Mitverantwortung von Wissenschaft und Wirtschaft für die Belange des Umweltschutzes dokumentieren sollen.

2. Darüber hinaus soll durch Kooperation das **Umweltbewußtsein** der Bürger allgemein gestärkt werden. Hier kommt den aus den sozialen Bewegungen der

[40] Bilanz des Umweltministers 1990, a. a. O., S. 20

70er Jahre entstandenen Bürgerinitiativen und Umweltschutzorganisationen (so z. B. **BBU, BUND, Greenpeace u. a.**) eine besondere Bedeutung zu. Durch Beteiligung an der Gestaltung umweltpolitischer Maßnahmen wird die gesellschaftliche Bedeutung dieser Interessenverbände gestärkt und gleichzeitig das Umweltbewußtsein breiter Gesellschaftsbereiche intensiviert.

Die Anwendung des Kooperationsprinzips beinhaltet allerdings die Gefahr, daß Harmonisierungsbestrebungen Kompromisse hervorbringen, die zu Lasten der Umwelt gehen. Insbesondere das Auftreten mächtiger Lobbygruppen der Wirtschaft birgt die Gefahr in sich, daß einseitig deren Interessen in Gesetzgebungsverfahren eingearbeitet werden. Die Interessen, die über keine institutionalisierten Befürworter verfügen, werden in diesem Falle möglicherweise ignoriert. So ist z. B. die Reaktorsicherheitskommission weitgehend mit Befürwortern eines weiteren Ausbaus der Kernenergie besetzt.

Deshalb kann Kooperation letztlich staatliche Regelungsbefugnis nicht ersetzen. Es muß dem Primat der Politik vorbehalten bleiben, bei Konflikten zwischen verschiedenen umweltpolitischen Zielen bzw. zwischen umweltpolitischen und gesamtwirtschaftlichen Zielen gesamtgesellschaftlich und ökologisch verträgliche Regelungen auch gegen die Forderungen von Einzelinteressen durchzusetzen.

4.5 Gemeinlastprinzip

Wie unter 4.3 festgestellt wurde, ist die konsequente Durchsetzung des Verursacherprinzips in der Praxis eingeschränkt. Deshalb hat die Bundesregierung ersatzweise den Einsatz des **Gemeinlastprinzips** vorgesehen. Danach sollen die **öffentlichen Haushalte** in bestimmten Fällen und Situationen die Kosten umweltpolitischer Maßnahmen tragen. Eine andere Form des Gemeinlastprinzips sieht vor, daß der Geschädigte die Kosten der Vermeidung der Schädigung tragen soll (Nutznießerprinzip).

4.5.1 Das allgemeine Gemeinlastprinzip

"Die öffentliche Hand soll grundsätzlich nur dann mit den Kosten für die Beseitigung von Umweltschäden belastet werden, wenn der Verursacher nicht oder nicht mehr festgestellt werden kann oder wenn akute Notstände beseitigt werden müssen und dies mit Instrumenten, die mit dem Verursacherprinzip in Einklang stehen, nicht rasch genug erreicht werden kann."[41]

In der Praxis ist festzustellen, daß diesem Prinzip in der Umweltpolitik nach wie vor eine wesentliche Bedeutung zukommt, obwohl mit seinem Einsatz der Hang

[41] Bilanz der Umweltministers 1990, a. a. O., S. 19

zur Externalisierung von Umweltbelastungskosten bei den privaten Wirtschaftssubjekten verstärkt wird.

Folgende Gründe können dafür verantwortlich gemacht werden:

1. Realpolitische Machtstrukturen insbesondere der Industrie haben Einfluß auf die Gestaltung der Umweltgesetzgebung. Dadurch wird die konsequente Anwendung des Verursacherprinzips außer Kraft gesetzt. Der Staat sieht sich deshalb veranlaßt, durch öffentliche Ausgaben eine Schadensbeseitigung bzw. -vermeidung herbeizuführen.

2. Bei der Durchsetzung umweltpolitischer Standards ergibt sich in vielen Bereichen ein Vollzugsdefizit. Insbesondere den unteren und mittleren Umweltbehörden fehlt es an Umsetzungsverordnungen und an qualifiziertem Personal, um die gegebene Gesetzeslage durchzusetzen.

3. In vielen Bereichen kann ein Schadensverursacher nicht oder nicht mehr ermittelt werden oder er steht zur Kostenübernahme nicht oder nicht mehr zur Verfügung.

Ein besonderes Problem solcher Altlasten ergibt sich in diesem Zusammenhang mit dem Übergang der ehemaligen DDR in bundesdeutsches Rechtsgebiet.

Die Übernahme von individuell verursachten Umweltschäden durch die Gemeinschaft kann auf verschiedene Weise erfolgen:

1. Staatliche Institutionen treten an die Stelle der Schadensverursacher und beheben oder verringern die Umweltschäden in eigener Regie mit Hilfe öffentlicher Mittel. Die Feststellung und Beseitigung von Boden-Altlasten durch die Kommunen und Länder ist ein Beispiel hierfür.

2. Der Staat gewährt privaten Wirtschaftssubjekten aus öffentlichen Mitteln **Anreize** für umweltgerechtes Handeln, insbesondere zur Durchführung von Umweltschutzinvestitionen. In der Umweltpolitik der Bundesrepublik steht dafür ein ganzes Bündel von Subventionsmaßnahmen zur Verfügung.[42]

3. Im weiteren Sinne kann man auch von der Anwendung des Gemeinlastprinzips sprechen, wenn auf Kosten der Gemeinschaft die Beseitigung oder Verringerung von Umweltbelastungen oder -schäden unterbleibt.

---

[42] vgl. dazu: "Investitionshilfen im Umweltschutz", hrsg. vom Bundes-Umweltministerium, Bonn 1986

In diesen Fällen haben die Geschädigten die Schäden oder Nachteile zu dulden oder auf ihre eigenen Kosten zu beseitigen. Das gleiche gilt für Schäden, deren gegenwärtige Beseitigung verschoben wird und damit zur Belastung zukünftiger Generationen führt.

4.5.2 Das Nutznießer- oder Geschädigtenprinzip

Dieses Prinzip stellt einen Sonderfall des Gemeinlastprinzips dar.[43] Danach zahlen die ehemals Geschädigten und damit Nutznießer einer umweltpolitischen Maßnahme eine Ausgleichsabgabe an diejenigen, die ehemals diese Schäden herbeigeführt haben.

Argumentiert wird bei diesem Verfahren, welches die Logik des Verursacherprinzips auf den Kopf stellt, damit, daß eine verursachungsgerechte Kostenbelastung den Schädiger existentiell gefährdet. Andererseits seien die Geschädigten bereit, für die Minderung der Belastungen oder Schädigungen einen Beitrag zu leisten. Damit sei das Nutznießerprinzip ökologisch sehr effizient.

Gegen die Anwendung dieses Prinzips spricht nicht nur, daß es dem Wertgefüge, speziell dem Gerechtigkeitssinn einer umweltbewußten Gesellschaft zutiefst widerspricht. Vielmehr würde eine vermehrte Durchsetzung dazu führen, daß die wirtschaftlich Stärkeren bei jeder von ihnen verursachten Umweltbelastung verlangen könnten, daß die Geschädigten für eine Unterlassung dieser Schädigung zu zahlen oder die Belastung zu dulden hätten.

Ein Einsatz dieses Prinzips erscheint allerdings sinnvoll. So ist festzustellen, daß insbesondere die ärmeren Länder des ehemaligen Ostblocks und die Dritte Welt ganz offensichtlich nicht in der Lage sind, im notwendigen Umfang und in absehbarer Zeit ihre existenzbedrohenden Umweltbelastungen aus eigenem Antrieb zu reduzieren. Wenn das Bild von der wechselseitig abhängigen Völkergemeinschaft stimmen soll, dann erscheint eine Finanzierung der Unterlassung von Umweltschäden durch die reichen Industrienationen im Sinne einer Effizienzsteigerung der grenzüberschreitenden Umweltpolitik durchaus sinnvoll.

Erste Vorschläge für internationale Hilfen zur Erhaltung der Regenwälder in Brasilien oder zur Sanierung der Ostsee deuten ein verstärktes Vorgehen in diese Richtung für die Zukunft an.

---

[43] vgl. dazu: Wicke, L.(1989), a. a. O., S. 137f

II Umweltpolitik als Systemkomponente

1 Umweltpolitik in der Marktwirtschaft

1.1 Grundelemente marktwirtschaftlicher Theorien

Gegen Ende des 18. Jahrhunderts begann der aufkommende Liberalismus die moderne Wirtschaftsweise zu prägen. Die Praxis der frühkapitalistischen Wirtschaftsformen steht in engem Verhältnis zur klassisch-marktwirtschaftlichen Theorie. In wechselseitiger Befruchtung erarbeitet die Theorie fundamentale Grundlagen gesellschaftlicher Veränderungsprozesse einerseits, andererseits entwickelt die Wirtschaftspraxis eine Eigendynamik, der die Theorie in nachträglichen Erklärungsversuchen folgt.

Wurden unter I.3.4 die systemabhängigen Ursachen der Umweltproblematik thematisiert, so soll hier ein systematischer Versuch unternommen werden, die Grundelemente marktwirtschaftlicher Ordnungsvorstellungen zu erfassen und die systemspezifischen Fähigkeiten zur Bewältigung von Umweltproblemen zu erörtern.

1.1.1 Klassische Theorie des Marktes

Die klassische Lehre von der Marktwirtschaft ist mit dem Namen Adam Smith (1776) verbunden. Seine Wirtschaftstheorie einer liberalen Gesellschaft bestimmte entscheidend die frühindustrielle Entwicklung des 19. Jahrhunderts.

Seine Grundannahme ist, daß die wirtschaftliche **Individualplanung** auf der Grundlage **erwerbswirtschaftlichen Strebens** automatisch zu einer **gesellschaftlichen Wohlfahrtsmaximierung** führt. Danach leiten die Kräfte des Marktmechanismus die einzelnen Wirtschaftssubjekte (Produzenten wie Konsumenten) bei Unterstellung rationalen Verhaltens dahin, ihren **individuellen Nutzen zu maximieren**. Die auf dem **freien Markt** sich bildenden Preise, die die **Knappheitsverhältnisse** wiedergeben, sind die Signale, an denen sich die individuelle Rationalität orientiert.

Der Ordnungsrahmen dieser klassischen Markttheorie sieht den **Staat** in der Rolle des zurückgezogenen **Nachtwächters**, der lediglich die Rahmenbedingungen des Individualstrebens setzt, selbst aber nicht aktiv in die Wirtschaft eingreift. Wesentliche Ordnungselemente eines solchen Gemeinwesen sind **Gewerbefreiheit**, **Vertragsfreiheit**, **Konsumfreiheit** und **Privateigentum**, auch und insbesondere an **Produktionsmitteln**.

Die Übertragung dieses Theoriegebäudes auf die Wirtschaftspraxis machte fundamentale Irrtümer deutlich. Die Industrialisierung des letzten Jahrhundert war eben gerade **nicht** durch allgemeine Wohlfahrtsmaximierung gekennzeichnet. Machtfaktoren innerhalb und außerhalb der Wirtschaft ließen die Idee vom freien Spiel der Kräfte zur Illusion werden. Die **systemimmanente Tendenz zur Kapitalakkumulation** förderte im Gegenteil die **Polarisierung der Gesellschaft**. **Machtzusammenballung** auf der einen Seite stand gegen fortschreitende **Massenarmut** auf der anderen. Diese Entwicklung in der Anwendung streng liberaler Wirtschaftsweisen schuf somit systemabhängig das **soziale Konfliktpotential** des Frühkapitalismus.

Das ökologische Defizit der klassischen Ökonomie wird in 2 Bereichen deutlich:[44]

1. **Natur** hat in diesem Ordnungssystem nur Bedeutung, wenn sie einen **Tauschwert** besitzt. Das wiederum setzt den **Gebrauchswert** eines Naturbestandteils für eine privatwirtschaftlich organisierte Ökonomie voraus. Damit dominiert in dieser Form der Ökonomie der **eindimensionale Gebrauch** der Waren. Nur was unter ökonomischen **Verwertungsgesichtspunkten** nützlich ist, hat einen Wert. Damit werden Bestandteile der Natur aus ihrem komplexen Systemzusammenhang gerissen mit vielfältigen Problemen für das Gesamtsystem "Natur".

2. Ein großer Teil der Natur besteht aus **freien Gütern**. Diese sind nicht teilbar und stehen allen Wirtschaftssubjekten kostenlos zur Verfügung. Sie unterliegen damit nicht privatwirtschaftlichen Vermarktungsmöglichkeiten. Für die Ökonomie haben sie damit keinen Tauschwert. Bei einem fehlenden Marktwert erscheinen diese freien Güter damit vermeintlich wertlos. Sie bedürfen keiner besonderen Pflege und Vorsorge. Der Konkurrenzmechanismus bewirkt einen ständigen Zwang zur Produktivitätssteigerung. In diesem spielt die Ausbeutung der freien Natur eine erhebliche Rolle. Die uneingeschränkte, kostenfreie Verfügung über Umweltmedien stellt einen wesentlichen Faktor der wohlstandssteigernden Produktivitätsfortschritte dar.

1.1.2 Keynesianische Geldökonomie

Die wirtschaftlichen Fehlentwicklungen bis in das erste Drittel dieses Jahrhunderts waren mit den klassischen Theorien des Wirtschaftsliberalismus nicht zu erklären. Die theoretisch zwingende Tendenz zum wirtschaftlichen Gleichgewicht bei Vollbeschäftigung entsprach nicht der realen Entwicklung.

Keynes erklärte, daß in fortgeschrittenen Marktwirtschaften eine Entwicklung zum **Ungleichgewicht** zwischen gesamtwirtschaftlicher Nachfrage und Angebot

---

[44] vgl. dazu: Hobbensiefken, G., a. a. O., S. 45ff

zu Rezessionen mit stagnierenden Volkseinkommen und steigender Arbeitslosigkeit führen würden.
Unter grundsätzlicher Beibehaltung der marktwirtschaftlichen Logik fordert er einen **starken Staat**, der im Rahmen einer **nachfrageorientierten Wirtschaftspolitik** aktiv in den Wirtschaftsablauf eingreift. Fehlende private Nachfrage soll in der Rezession durch staatliche Nachfragestimuli kompensiert werden. Dafür stehen dem Staat zwei Handlungsbereiche zur Verfügung.

1. Die Geldpolitik

Eine starke Zentralbank soll in die Lage versetzt werden, die Geldmenge den gesamtwirtschaftlichen Erfordernissen anzupassen. Unter Einsatz der geldpolitischen Instrumente soll dabei über die Regulierung der Zentralbankgeldmenge (primäres Geld) hinaus auch direkter Einfluß auf die Steuerung der Kreditschöpfung des Bankensektors (sekundäres Geld) genommen werden. Über die Geldmenge und den Grad der Liquidität soll damit die gesamtwirtschaftliche Kaufkraft gesteuert werden.

2. Fiskalpolitik

Durch Steuerung der Einnahmen und Ausgaben der öffentlichen Haushalte soll der Staat direkten Einfluß auf das Nachfrageverhalten nehmen. So soll er insbesondere in der Rezession durch Steuersenkungen die Kaufkraft vergrößern und Kaufanreize geben können. Daneben sollen öffentliche Investitions- und Beschäftigungsprogramme direkt auf die Nachfrage einwirken. Eine Finanzierung dieser Aktivitäten erfolgt über den Geld- und Kapitalmarkt (deficit spending) in Erwartung einer nachfolgenden Hochkonjunktur, die die öffentlichen Schulden wieder abbaut.

Der Ansatz der Nachfragesteuerung bezieht sich insbesondere auf die Investitionen. Über Multiplikator- und Akzeleratorwirkungen wird im Investitionsverhalten der Unternehmen der Schlüssel zur gesamtwirtschaftlichen Nachfrageentwicklung gesehen. In die bundesdeutsche Politik findet dieses Gedankengut der **Globalsteuerung** insbesondere in den 70er Jahren Eingang. Unter der Regie von Karl Schiller wird auf der gesetzlichen Grundlage des Stabilitätsgesetzes eine konsequente Umsetzung keynesianischer Theorien betrieben.

Eine Korrespondenz zur ökologischen Problematik ergibt sich aus der keynesianischen Wirtschaftspolitik insbesondere in 3 Bereichen:

1. Keynesianische Staatseingriffe sind darauf angelegt, Vollbeschäftigung in einer wachsenden Wirtschaft zu sichern. "**Angemessenes Wirtschaftswachstum**" wird damit zu einer tragenden Säule des magischen Vierecks im Stabilitätsgesetz.

Das erwerbswirtschaftliche Streben der Unternehmen unter Konkurrenzbedingungen führt zwangsläufig zu Produktivitätsfortschritten. Das bewirkt eine Unterbeschäftigung der Produktionsfaktoren, die durch staatliche Investitionsprogramme behoben werden soll. Steigende Investitionen führen zu Kapazitätserweiterungen. Das Gesetz der Massenproduktion zwingt zu Produktionssteigerungen.

Das Wachstumsstreben wird dabei **instrumentalisiert**, eine gesellschaftliche Begründung wirtschaftlicher Wachstumsprozesse ignoriert. Die Volkswirtschaft wird als ein mechanischer Apparat betrachtet, dessen wesentliche Aufgabe darin besteht, immer schneller zu laufen. Es bleibt dabei allerdings nebulös, wo das langfristige Ziel dieser Dynamik liegt. Soziale und ökologische Belange spielen nur insofern eine Rolle, als sie diesen mechanischen Prozeß nicht stören.

2. Wachstumsstreben um seiner selbst willen korrespondiert mit dem gesellschaftlichen Konsens über die **stetige Konsumsteigerung**. Wenn auch das Investitionsverhalten als die Schlüsselgröße der gesamtwirtschaftlichen Entwicklung betrachtet wird, so dient alles Wirtschaften im Endeffekt konsumptiven Zwecken.

Die fortschreitende Kapitalakkumulation mit Bildung oligopolistischer Angebotsstrukturen schafft die Voraussetzungen für den Massenkonsum mit billigen Konsumgütern bei hohen Löhnen und unter Einbeziehung von Teilzahlungskrediten.[45]

Die kapitalbestimmten Herrschaftsstrukturen verlangen spezifische Formen der Regulierung individueller Verhaltensweisen und reglementierte Konfliktlösungsmodelle. Die traditionelle Standesgesellschaft löst sich auf. *"Es entsteht eine weitgehend homogenisierte und individualisierte Massengesellschaft, die von geldvermittelten Sozialbeziehungen, fremdbestimmter Arbeits- und Funktionsteilung, Zeitökonomie und Bürokratisierung beherrscht wird."*[46] Parteien und Gewerkschaften bilden "Quasi-Institutionen", die nach gesellschaftskonformen Ritualen unter Beachtung von Wachstums- und Fortschrittsakzeptanz Interessengegensätze lösen.

3. Das keynesiansiche Wirtschaftsmodell ist darauf angelegt, Marktgleichgewichte durch die Manipulation der volkswirtschaftlichen Geldströme zu schaffen. Diese **Monetarisierung** gesellschaftlicher Prozesse erkennt soziale und ökologische Probleme nur dann als relevant an, wenn sie auf Geldströme zurückgeführt werden können. Natur wird dabei nur als **Instrument** und **Objekt** betrachtet.

Unter grundsätzlicher Anerkennung des privatwirtschaftlichen Planungs- und Abstimmungsverhaltens tritt der Staat nur komplementär zur Privatwirtschaft in Aktion, wenn die freien Marktkräfte versagen. Instrumente der Wirtschaftspolitik

---

[45] vgl. dazu: Hobbensiefken, G., a. a. O., S. 68ff
[46] ebenda, S. 69

dienen damit primär der Erreichung der definierten wirtschaftspolitischen Ziele (Stabilitätsgesetz). Die Logik der Individualplanung bleibt dabei unangetastet.

Zwar ist es diesem System gelungen, die sozialen Fragen weitgehend zu entschärfen, indem der Verteilungskampf ritualisiert wurde. Es bleibt aber mehr als zweifelhaft, ob die Erweiterung der wirtschaftspolitischen Ziele um das einer "umwelt- und sozialverträglichen Produktion" die Umweltproblematik lösen könnte. Unter Beibehaltung und Betonung individueller Rationalität bestehen keine Individualinteressen der Wirtschaftssubjekte zur Internalisierung der Ursachen der Umweltverschmutzung.

1.1.3 Neoklassische Markttheorie (Friedman)

Ende der 70er Jahre geriet die keynesianische Wirtschaftspolitik in die Krise. Staatliche Beschäftigungsprogramme zeigten keine Wirkung mehr, die Arbeitslosigkeit wuchs an, und die Staatsverschuldung stieg. Die vorher so hoch gelobten Instrumente der Globalsteuerung blieben ohne Einfluß auf den Konjunkturverlauf. Im Ergebnis wurde letztlich die sozialliberale Regierung als Verfechterin dieser Politik abgelöst. Die nachfolgende Regierung der CDU/CSU/F.D.P. versprach eine **Politik der Wende**, die sich insbesondere auch auf die Wirtschaftspolitik beziehen sollte. In der Gestaltung dieser Politik zeigen sich gewisse Tendenzen einer **neoklassischen** Ausrichtung.

Die neoklassische oder neoliberale Marktauffassung Friedmans[47] knüpft an das klassische Marktmodell an und modifiziert es für die wirtschaftlichen Bedingungen des ausgehenden 20. Jahrhunderts. Ausgangspunkt ist die Vorstellung vom **freien Spiel der Marktkräfte**, welches optimale Ressourcenverwertung und maximale Wohlfahrt ermöglicht. Es war nicht die Gestaltung und Manipulation der gesamtwirtschaftlichen Nachfrage wie bei Keynes, die zur Bildung von Marktgleichgewichten führen sollte. Im Gegensatz dazu führen nach dieser Vorstellung Staatseingriffe immer zu Ungleichgewichten, da sie in ihrer Intensität, der Wahl der Mittel und dem zeitlichen Einsatz als **Störgrößen** auf den Markt wirken.

Ziel des Staates muß es danach vielmehr sein, den **Anbietern** Bedingungen zu schaffen, die es ihnen ermöglichen, ohne störende Einflüsse von außen unter Wettbewerbsbedingungen ihr Angebot bei Beachtung individueller Nutzenkriterien optimal auf den Markt zu bringen. Das sollte geschehen, indem der Staat eine aktive Haushalts- und Geldpolitik **vermeidet**, um die **nicht-marktkonformen Belastungen** der Unternehmen möglichst gering zu halten. Ziel gegenwärtiger Politik müßte es demnach sein, staatliche Reglementierungen abzubauen. Das gilt insbesondere für die Fiskalpolitik.

---

[47] Friedman, M., Kapitalismus und Freiheit, Stuttgart 1971

Dennoch besteht hier nicht mehr die Vorstellung vom Nachtwächterstaat. Friedman sieht den Staat in einer starken Rolle, die jenseits ökonomischer Aktivitäten steht. Diese besteht insbesondere in der **Garantie der Rahmenbedingungen**, die den Individuen ihre Freiheitsrechte sichern.

Freiheit meint hier einmal die **politische** Freiheit, die die allgemeinen Grundrechte (Menschenrechte) garantiert. Zur Durchsetzung bedarf der Staat eines unangetasteten Gewaltmonopols. Dieses ist insbesondere auch dazu einzusetzen, um die **wirtschaftliche** Freiheit der Wirtschaftssubjekte zu ermöglichen und zu erhalten. Damit meint er die Freiheit der uneingeschränkten Verfügung über das Geld- und Produktivkapital. Fiskalische Maßnahmen werden dem Staat in dem Maße zugestanden, wie sie zur Wahrnehmung der hoheitlichen Staatsfunktionen notwendig sind.

Staatliche Wirtschaftspolitik reduziert sich auf eine **eingeschränkte Geldpolitik**. Die Geldmenge soll nicht als Störgröße auf die Marktkräfte negativ einwirken können. Deshalb soll die Zentralbank nur innerhalb eines fest umgrenzten Rahmens und gegebenen Regelwerkes die Geldmenge steuern. So soll die Zentralbank verpflichtet sein, die Geldmenge im Rahmen einer festgesetzten Wachstumsrate (3–5%) an die wachsende Wirtschaft anzupassen.

Umweltbelange im Sinne dieser Theorie werden damit über den Marktmechanismus unter Beachtung der staatlichen Rahmenbedingungen berücksichtigt. Menschliches Verhalten wird insgesamt unter den Aspekt der individuellen Nutzenmaximierung gestellt. Rationales Verhalten der Wirtschaftssubjekte beinhaltet danach auch Nützlichkeitserwägungen gegenüber der Erhaltung der natürlichen Existenzgrundlagen. So schafft die zunehmende Umweltbedrohung selbst neue Märkte für ehemals freie Güter (schadstofffreies Trinkwasser, gesunde Lebensmittel, etc.).

Wo eine Privatisierung und marktmäßige Zuordnung der Umweltprobleme nicht direkt möglich ist - etwa bei der industriell bedingten Luftverschmutzung - ist der Staat aufgefordert, neue Beziehungen über Eigentumsrechte an diesen Gütern zu institutionalisieren. So wird beispielsweise als wesentliches Element einer **ökologischen Marktwirtschaft** eine regionale Vermarktung von Schadstoffemissions-Zertifikaten im Rahmen staatlicher Grenzwertauflagen angesehen.

Ziel solcher Maßnahmen ist die Einbeziehung der Umwelt in ihrer Gesamtheit in das Wirtschaftssystem. Über den Markt soll erreicht werden, daß die größte ökonomische Effizienz mit dem geringsten Verzehr an Umweltgütern erreicht wird. Überall dort, wo über Produktion und Konsum Umweltbelastungen zum Problem von Individuen und Gruppen werden können, entstehen Interessengegensätze, die über **Verträge** zwischen diesen marktmäßig gelöst werden können.

Wenn die Marktwirtschaft bisher die Umweltproblematik nicht hinreichend gelöst hat, dann ist nach diesen Vorstellungen nicht die Logik des Marktes schuld daran, sondern vielmehr die Tatsache, daß bisher nicht alle Bereiche ökologischer

Defizite in den Marktmechanismus einbezogen worden sind. Ziel der Umweltpolitik muß es danach sein, über eine Umgestaltung der Rahmenbedingungen zu einer **Internalisierung** aller Umweltprobleme und damit zu einem über Märkte geregelten Interessenausgleich der Betroffenen zu gelangen. Dabei sind alle natürlichen und gesellschaftlichen Elemente und Zusammenhänge zu privatisieren und einer ökonomischen Verwertung zugänglich zu machen.

Eine Kritik an der Lösung ökologischer Probleme mit Hilfe des neoklassischen Ansatzes bezieht sich insbesondere auf die folgenden Bereiche:

1. Die Annahme der **vollständigen Internalisierung** ökologischer Problemlagen und entsprechend Problemlösungen über die Marktsteuerung muß Illusion bleiben. Ökonomische Prozesse wirken auf vielfältige Weise auf die Natur ein. Sie lassen sich nicht auf die einfachen Muster von Entnahme von Ressourcen und Rückgabe von Reststoffen reduzieren.

Die Komplexität ökologischer Systeme mit ihrer unüberschaubaren Fülle von Wechselwirkungen läßt eine Privatisierung und Monetarisierung aller Umweltbeziehungen nicht zu. Das gilt auch unter der Annahme eines anthropozentrischen Naturverständnisses. Die Vernetzung natürlicher Systeme mit wechselseitigen Abhängigkeiten läßt eine marktmäßige Erfassung und Zuordnung von Einwirkungen auf die Natur und Humaninteressen nur dort zu, wo sie offensichtlich sind. Bei subtileren Zusammenhängen versagt dieser Mechanismus. So lassen sich z. B. nicht alle direkten und insbesondere indirekten Folgen der Schadstoffemissionen des Autoverkehrs auf die Natur erfassen, bestimmten Interessen zuordnen und entsprechend monetarisieren.

2. Eng zusammen mit dieser vereinfachten Problembetrachtung des Umfanges im Einwirken ökonomischer Systeme auf die Natur ist die **zeitliche Dimension** des Einwirkens zu betrachten. Georgescu-Roegen[48] unterscheidet dabei zwei Zeitdimensionen. Die Zeit T ist die **historische** und **ökologische Zeit** von Entwicklungsprozessen in Natur und Gesellschaft, die in ihrer Gesamtdimension langfristig angelegt und damit für die ökonomischen Prozesse irreversibel ist. Die Zeit t stellt den Zeithorizont **ökonomischer** Entscheidungs- und Entwicklungsprozesse dar. Sie ist für diese gesellschaftlichen Prozesse erfaßbar und in ihren Ursache-Wirkungszusammenhängen in der ökonomischen Theorie überschaubar. Dabei unterstellt sie fälschlicherweise, daß die Beeinträchtigungen der Natur durch die ökonomische Tätigkeit reversibel, d. h. durch monetäre Transaktionen (Ausgleichszahlungen) in der Zeit t umkehrbar sind. Es bleibt unberücksichtigt, daß die Wirkungen menschlicher Eingriffe in die Natur tatsächlich in der Zeitdimension T zum Tragen kommen.

---

[48] Georgescu-Roegen, N., The Entropy Law and the Economic Process, Cambridge/London 1971

So werden die in ca. 50 Mio. Jahren entstandenen und seitdem in den fossilen Energieträgern gebundenen Kohlenstoffe in wenigen Jahrhunderten durch die Menschheit unwiderrufbar verbraucht und in umgewandelter Form wieder zurück in die Atmosphäre gegeben. Damit stehen sie zukünftigen Generationen nicht mehr zur Verfügung und verändern die Naturzusammenhänge in für menschliche Dimensionen unendlich langen Zeiträumen. Dieser Prozeß ist durch Monetarisierung nicht umkehrbar.

3. Ein Interessenausgleich verschiedener gesellschaftlicher Gruppen über die Monetarisierung der verursachten/erduldeten Umweltbelastungen setzt über das bisher Gesagte hinaus eine etwa gleiche Marktstärke der Beteiligten voraus. Diese ist in der Theorie in der Fiktion der **vollkommenen Konkurrenz** gegeben. Das bedeutet im einzelnen:

- polypolistische Angebotsstruktur,
- vollständige Markttransparenz für alle Marktteilnehmer,
- Produkthomogenität,
- das Fehlen persönlicher und sachlicher Präferenzen.

Die ökonomische Realität ist dagegen durch eine Entwicklung gekennzeichnet, die sich von diesem Idealzustand marktwirtschaftlicher Bedingungen immer weiter entfernt. So führt insbesondere eine ungebremste **Unternehmenskonzentration** zu einer Verlagerung der Marktmacht je nach den jeweiligen Strukturen entweder zu einer Dominanz des Angebotes oder der Nachfrage. Auf den Konsumgütermärkten ist durch die Oligopolisierung sowohl des Handels als auch der Produzenten in vielen Sparten die Machtverschiebung offensichtlich.

Diese Entwicklung mag zur Realisierung technologischen Fortschrittes durchaus angemessen und sinnvoll sein, zur Durchsetzung ökologischer Interessen erscheint sie aber eher kontraproduktiv. So zeigen diverse Beispiele aus der Vergangenheit, daß bei der Einführung umweltfreundlicher Technologien Kapitalinteressen Umweltbelange dominiert haben. Zu erwähnen ist in diesem Zusammenhang beispielsweise die Einführung phosphatfreier Waschmittel oder des PKW-Katalysators.

4. Damit wird ein weiteres Defizit deutlich. Der Zwang zur Monetarisierung von Problemen impliziert die **Ausrichtung an Kapital- und Renditeinteressen**. Die Umweltproblematik selbst bleibt dabei von der Betrachtung ausgeklammert. Die Bedrohung unserer Existenz wird damit zu einem Gegenstand eines mechanistischen Regelwerkes, welches sich nicht an der Problematik selbst orientiert, sondern lediglich an vordergründigen Kalkülen. Emotionen, Sinnlichkeit und Betroffenheit als wesentliche gesellschaftliche Kräfte zur Krisenbewältigung bleiben in dieser Wirtschaftswelt unberücksichtigt, ja sie stören die Funktionsfähigkeit des Systems. Da gesellschaftliche und speziell auch ökonomische Prozesse längerfristig auch das gesellschaftliche Bewußtsein beeinflussen, besteht die Gefahr der Verdrängung derjenigen Probleme, die durch eine ökonomische

Bearbeitung nicht erfaßt werden können. Insofern kann dieser Ansatz der Lösung von Umweltproblemen eher kontraproduktiv wirken.

1.2 Die ökologische Marktwirtschaft

1.2.1 Grundidee

Seitdem die Umweltproblematik im Bewußtsein der Mehrheit der Gesellschaft als ernsthafte Bedrohung erkannt worden ist, sind vielfältige Vorstellungen einer **systemkonformen Umgestaltung** der Wirtschaft formuliert worden. Diese in ihrer Gesamtheit unter dem Stichwort der **ökologischen Marktwirtschaft** diskutierten Ansätze sollen hier zusammenfassend dargestellt werden. In Anlehnung an die Friedmansche Kapitalökonomie stehen die Ansätze der ökologischen Marktwirtschaft unter dem generellen Vorzeichen der Betonung der **Aktivierung des Eigeninteresses** der Wirtschaftssubjekte. Unter der Formel "**Umweltschutz durch Eigennutz**" soll das Gewinn- und Eigennutzstreben von Unternehmen und Konsumenten zur Bewältigung von Umweltproblemen eingesetzt werden. Die Wahrung der **individuellen Vorteilsinteressen** soll dabei möglichst wenig durch staatliche Interventionen gestört werden.

Theoretische Grundlage dieser Vorstellung ist das **Coase-Theorem**[49]. Nach diesem Lehrsatz kann der gemeinsame Gewinn von Produzenten und Konsumenten dadurch gesteigert werden, daß auf dem Verhandlungswege zwischen Verursacher und Belastetem Wege der Verbesserung einer Umweltsituation **ausgehandelt** werden. Damit soll der Anreiz gegeben werden, externe Effekte zu internalisieren und eine verursachungsgerechte Zuordnung der Belastungsursachen zu erreichen.

Der Verhandlungsweg ist dabei durch 2 Eckpunkte gekennzeichnet:

1. Auf der einen Seite ist die Möglichkeit der Verursacher externer Effekte zu sehen, frei über deren Entstehung zu verfügen und zu entscheiden. In diesem Fall muß der Belastete dem Verursacher finanzielle Anreize vermitteln, die diesen freiwillig zur Internalisierung motivieren, d. h. er muß **Kompensationszahlungen zur Belastungsvermeidung** zahlen. Dieses Vorgehen entspricht der Logik des **Nutznießerprinzips**.

2. Das andere Extrem bildet die Vorstellung, daß der Verursacher einer Belastung nichts ohne die Zustimmung der Belasteten tun darf. Er muß entsprechend eine **Genehmigung** zur Bildung externer Effekte bei den Belasteten einholen.

[49] Coase, R., The problem of social cost, in: The Journal of Law and Economics 1960, S. 1-44. Vgl. dazu: Hobbensiefken, G., a. a. O., S. 171 ff

Diese wird ihm allerdings nur wiederum gegen Ausgleichszahlungen gegeben. Bei diesem Vorgehen kommt das **Verursacherprinzip** zur Anwendung.

Beiden Vorstellungen ist gemeinsam, daß die Umweltproblematik **privatisiert** und **monetarisiert** wird. Der Staat hat in die freiwilligen Vereinbarungen der Betroffenen nicht hineinzuregieren. Er hat lediglich die auf Privatisierung ausgerichteten Rahmenbedingungen zu setzen und zu garantieren.

Hobbensiefken hat die Grundvoraussetzungen zur Anwendung dieses Theorems formuliert:[50]

1. **Das Prinzip der Freiwilligkeit,**
   d. h. die beteiligten Wirtschaftssubjekte können nicht zu einem bestimmten Marktverhalten gezwungen werden.

2. **Die private Verfügungsgewalt über die gesamte Umwelt,**
   das bedeutet, auch die Teile der Natur, die bisher nicht in die private Verfügungsgewalt übergegangen sind, müssen einer privaten Monetarisierung zugänglich gemacht werden.

3. **Die Vorstellung der gesamtgesellschaftlichen Nutzensteigerung,**
   die unterstellt, die Beteiligung an solchen Verhandlungslösungen steigere den Nutzen der Beteiligten gegenüber dem vorhergehenden Zustand.

4. **Der Zusammenhang zwischen ökonomischer und ökologischer Nutzensteigerung,**
   der davon ausgeht, daß die Steigerung des ökonomischen Nutzens der Einzelakteure gleichzeitig den ökologischen Nutzen des Gesamtsystems repräsentiert.

Der Ausgangspunkt für eine Verhandlungslösung der Umweltproblematik kann sowohl bei den Produzenten wie auch bei den Konsumenten angesetzt werden.

Liegt der Anstoß zur Internalisierung bei den Produzenten, so kann man von einem **angebotsorientierten Umweltansatz** sprechen. Ziel ist es, bei der Erstellung des Angebotes die Belange des Umweltschutzes vollständig in die angebotene Leistung zu integrieren. Dieses Vorgehen kann als **ökologische Unternehmenspolitik** skizziert werden.

Auf der anderen Seite besteht die Möglichkeit, die Marktmacht der Abnehmer ökologisch auszurichten. Im Gegensatz zu oben kann man das dann als einen **nachfrageorientierten Umweltansatz** bezeichnen. Eine entsprechende **ökologische Verbraucherpolitik** (im Konsumgüterbereich) hat dabei zum Ziel, Umwelt-

[50] Hobbensiefken, G., a. a. O., S. 173

verträglichkeitskriterien bei der Formulierung der Nachfrage zu artikulieren und einzufordern.

Da der Ansatz der vollständigen Privatisierung der Umwelt und einer entsprechenden Internalisierung aller umweltbezogenen Effekte nach dem Prinzip der Freiwilligkeit in der Praxis nicht lösbar erscheint, wird die Möglichkeit des Einsatzes **systemkonformer Staatseingriffe** eingeräumt. Grundgedanke der staatlichen Gestaltung der Rahmenbedingungen ist es dabei, daß umweltfeindliches Verhalten sich nicht lohnen darf, während sich umweltfreundliches Verhalten auch wirtschaftlich auszahlen soll.

Der ehemaligen Bundesinnenminister F. Zimmermann formuliert dazu folgende **Leitlinien marktwirtschaftlicher Umweltpolitik**:[51]

- Stärkung des Eigeninteresses der Wirtschaft an der Verminderung der Umweltbelastungen und vermehrte Investitionsanreize durch mehr Marktwirtschaft im Umweltschutz,

- Erhöhung der Akzeptanz des Umweltschutzes durch eine stärkere Berücksichtigung der mittelständischen Wirtschaft und durch eine bessere Umweltinformation der Bürger,

- Beschleunigung des umweltfreundlichen Fortschritts durch marktwirtschaftliche Innovationsanreize.

1.2.2 Ökologische Unternehmenspolitik

Ziel einer ökologischen Unternehmenspolitik muß es hiernach sein, die Belange des Umweltschutzes mit dem Gewinnstreben der Unternehmen zu verbinden. Umweltbelastung muß danach **Kostenfaktor**, ihre Vermeidung **Ertragsfaktor** für das Unternehmen sein. Der Staat hat durch die Gestaltung der umweltpolitischen Rahmenbedingungen für die Unternehmen monetäre Anreize für umweltverträgliches Verhalten zu schaffen. Nicht staatliche Auflagen, die unternehmerisches Handeln einschränken, sondern Schaffung von Bedingungen, die umweltschonendes Verhalten durch Kostensenkungen oder Ertragssteigerungen belohnen, sollen die Umweltpolitik bestimmen.

---

[51] Zimmermann, F., Mehr Marktwirtschaft im Umweltschutz? in: Wirtschaftsdienst IV 1984, S. 159ff

Sprenger[52] erkennt drei Formen der Anpassung unternehmerischen Verhaltens an die durch Umwelteinflüsse veränderten Rahmenbedingungen:

1. Wettbewerbshandlungen

Hier entscheidet das jeweilige Unternehmen **selbständig** über Maßnahmen, die seine Marktstellung im Wettbewerb fördern sollen. Dazu zählt er im einzelnen

- Maßnahmen im Produktions- und Kostenbereich
- Verhandlungen mit den Vollzugsbehörden über den Umfang der einzuhaltenden Umweltschutzauflagen und/oder der zu entrichtenden Abgaben
- Forschungs-, Entwicklungs- und Innovationsaktivitäten zur Verringerung oder Vermeidung produktionsbezogener Umweltschutzkosten auf dem Gebiet der Fertigungs-, Verfahrens-, Energietechnik sowie des innerbetrieblichen Recycling
- Rationalisierungsaktivitäten
- Die Substitution eigener Umweltschutzaktivitäten durch Inanspruchnahme externer Umweltschutzleistungen und/oder die Substitution von Leistungen Dritter durch eigene Umweltschutzmaßnahmen
- Finanzierungspolitische Maßnahmen, insbesondere preispolitische Maßnahmen
- Produktionseinschränkungen oder -stillegungen
- Produktionsverlagerungen
- Maßnahmen zur Veränderung des Marktverhaltens
- Marktseitige Unterstützung der umweltschutzbedingten Anpassungen im Produktions- und Kostenbereich
- Einsatz von Marketing-Strategien unter Einsatz veränderter umweltpolitischer Rahmenbedingungen

2. Abgestimmte Verhaltensweisen

- Freiwillige Absprachen über umweltschutzbezogene, gemeinschaftliche Handlungsweisen
- Staatlich initiierte umweltschutzbezogene Selbstbeschränkungsabkommen
- Vereinbarungen umweltschutzbezogener Kooperation

3. Zusammenschlüsse oder Neugründungen

- Zielsetzung ist die gemeinsame Abfall- oder Abwasserbeseitigung
- Ziel ist gemeinschaftliche Abfallvermarktung

---

[52] Sprenger, R.-V., Umweltschutz und unternehmerisches Wettbewerbsverhalten, in: IfO-Schnelldienst, H. 1/2 1981

- Ziel ist die Verwertung gemeinschaftlicher Patente im Umweltschutzbereich
- Ziel ist die Diversifizierung
- Ziel ist die Gewinnung des erforderlichen umwelttechnologischen Wissens

Ein wesentliches Instrument zur Durchsetzung entsprechender Strategien wird in der Einführung von **Umweltlizenzen** oder **Schadstoffzertifikaten** gesehen.[53]

Die Idee besteht darin, über die Formulierung staatlicher Rahmenbedingungen die Gesamtemission einer Schadstoffbelastung mengenmäßig zu begrenzen. In Höhe der Gesamtemission wird den Unternehmen vom Staat (in Reinkultur durch eine **freiwillige Vereinbarung** aller Betroffenen) zu einem festgesetzten Preis ein Paket von Verschmutzungsrechten angeboten. Jedes Unternehmen kann über eine Umweltbörse diese Zertifikate erwerben oder bei Nichtbeanspruchung an andere Interessenten auch wieder veräußern. Ein umweltpolitischer Fortschritt könne in dieses System eingebaut werden, indem die zugelassene Schadstoffmenge jährlich um einen bestimmten Prozentsatz reduziert wird. Dadurch wird das einzelne Zertifikat teuerer und der Anreiz zur Schadstoffvermeidung gesteigert.

Voraussetzung zum Einsatz solcher Instrumente wäre die vollständige und verursachungsgerechte Erfassung und Zuordnung von Emissionen. Ob diese - auch unter dem Widerstand der Emittenten - durchsetzbar ist, muß nach dem gegenwärtigen Stand noch bezweifelt werden.

Wicke[54] sieht die Vorteile einer entsprechend ausgerichteten marktwirtschaftlichen Lösung mit der Orientierung an betrieblichen Eigeninteressen in folgenden Punkten:

- Durch den Verkauf von freiwilligen oder zusätzlichen Emissionsminderungen lassen sich Erlöse erzielen,

- durch Umweltschutzmaßnahmen lassen sich Umweltabgaben sparen oder bessere Verkaufserlöse erzielen

- und die wirtschaftlichen Risiken infolge möglicher Schadensersatzleistungen vermeiden.

Grundsätzlich erscheint an der marktwirtschaftlichen Umweltpolitik vorteilhaft, daß **Effizienzgesichtspunkte** die volkswirtschaftliche Umweltsituation bestim-

---

[53] vgl. dazu z.B.: Binswanger, H./ Bonus, H./Timmermann, M., Wirtschaft und Umwelt. Möglichkeiten einer umweltverträglichen Wirtschaftspolitik, Stuttgart 1981. oder Wicke, L. (1989), a. a. O., S. 209ff

[54] Wicke, L., (1989), a. a. O., S. 390

men. So liegt es nahe, daß die Umweltinvestitionen dort getätigt werden, wo sie den gesamtwirtschaftlich größten Nutzen stiften. Ein Beispiel mag das verdeutlichen:

Die Emissionswerte aller Müllverbrennungsanlagen eines Landes sind staatlich fixiert. Ziel ist es, die Gesamtemissionen zu minimieren. Dazu werden die zugelassenen Gesamtemissionen jährlich um einen bestimmten Prozentsatz reduziert. Die Rest-Reduzierung einer modernen Anlage um 1 weiteres Prozent verursacht dabei Kosten von 30 Mio DM, die Reduzierung der Emissionen einer Altanlage auf das Niveau der Neuanlage um 50% ebenfalls 30 Mio DM. Der teuere Erwerb von Emissionslizenzen macht bei der Altanlage den Investitionsaufwand zur Schadstoffreduzierung sinnvoll und durchsetzungsfähig. Eine weitere Reduzierung bei der Neuanlage ist zu diesem Zeitpunkt ineffektiv und deshalb nur gegen Widerstände durchsetzbar. Sie wird aber dann durchgesetzt werden, wenn die Emissionsrechte teuerer und der technische Entwicklungsstand dadurch bedingt weiter fortgeschritten sein werden, sodaß auch diese weitere Reduzierung einzelwirtschaftlich effizient erscheint. So treibt die am Eigeninteresse orientierte Innovationskaft den Umweltfortschritt voran.

Eine Beurteilung dieses umweltpolitischen Instrumentariums erfolgt später im Kapitel 4. Problematisch erscheint aber die uneingeschränkte gesamtwirtschaftliche Wachstumsorientierung. So muß bezweifelt werden, daß eine Schadstoffreduzierung beim Betrieb von Anlagen (z. B. in der Energieerzeugung) bei gleichzeitigem Wachstum des Energieverbrauchs grundsätzlich Umweltprobleme zu lösen vermag.

Dennoch ist anzuerkennen, daß durch die Innovationskraft erwerbswirtschaftlich orientierter Unternehmen in einem Teil bundesdeutscher Unternehmen Umweltprobleme offensiv angegangen werden. Wenn die Gestaltung der Rahmenbedingungen hierfür nicht als Begründung angeführt werden kann, so muß diese Entwicklung ihre Ursachen in Bereichen haben, die außerhalb von Internalisierungszwängen ihre Begründung haben. Letztlich scheint u. a. ein gewisser Wertewandel in den Leitlinien unternehmerischen Handelns außerhalb von monetarisierten Nutzenüberlegungen dabei eine Rolle zu spielen (vgl. auch Kapitel I.3.4).

1.2.3 Ökologische Verbraucherpolitik

Hinter der ökologischen Unternehmenspolitik steht die Absicht, über einen **push-Effekt** eine stärkere Umweltverträglichkeit der Wirtschaft durch eine entsprechende Gestaltung des Angebotes und der Angebotsbedingungen zu bewirken. Bei der **ökologischen Verbraucherpolitik** dagegenliegt die Zielsetzung im **pull-Effekt**. Durch Formulierung und Durchsetzung **umweltorientierter Verbrauchervorstellungen** soll die Nachfrageseite einen **Sog** bewirken, der Unternehmen veranlaßt, diesen Verbrauchervorstellungen ein entsprechendes Angebot gegenüberzustellen.

Letztlich dient die gesamte volkswirtschaftliche Produktion dem Konsum. Die marktwirtschaftliche Theorie unterstellt dabei die Fiktion der **Konsumentensouveränität**. Danach ist der Kunde der König, der auf dem Markt durch seine Kaufentscheidung über Erfolg oder Mißerfolg des einzelnen Anbieters entscheidet. In dem Maße, wie größere Konsumentengruppen ihre Kaufentscheidung an Umweltverträglichkeitskriterien ausrichten, entsteht für die Anbieter der Anreiz, entsprechende Waren oder Leistungen auf den Markt zu bringen. Auf der anderen Seite kann der angedrohte oder vollzogene Verbraucherboykott bestimmter Waren Hersteller in eine Veränderung ihres Angebotes zwingen.

Eine umweltbezogene Verbraucherorientierung setzt das Entstehen eines **ökologischen Bewußtseins** größerer Konsumentensegmente voraus. Dieses muß, um am Markt wirksam zu werden, folgenden Aspekte aufnehmen:[55]

- Markttransparenz (d. h. Informationen über die Umweltbezüge der Konsumproduktion),
- Einsicht in die Konsequenzen des Verhaltens,
- die Bereitschaft zu Verhaltensänderungen.

Meffert u. a.[56] haben 1985 ermittelt, daß das umweltorientierte Konsumentensegement mittlerweile 37,6% der Verbraucher umfaßt und sich damit seit 1977 verdoppelt hat. Die tatsächliche Entwicklung der letzten Jahre hat verschiedene, teilweise widersprüchliche Aspekte umweltverträglichen Verbraucherverhaltens verdeutlicht.

1. Konsumgüter mit vermeintlichen oder tatsächlich vorhandenen Attributen umweltgerechter Herstellung und mehr noch umweltverträglichen Konsums finden einen wachsenden Markt. Genaue Zahlen lassen sich nicht ermittelt, da keine eindeutigen Abgrenzungskriterien für dieses Marktsegment existieren.

2. Produkte mit umweltverträglichen Attributen sind in der Regel für die Konsumenten erheblich teuerer als solche ohne. Die Preisdifferenzen sind nur zum Teil durch höhere Herstellungskosten gerechtfertigt.

3. Käufer von umweltgerechten Konsumgütern sind insbesondere in den besserverdienenden Mittelstandsschichten zu finden. Neben dem höheren Einkommen spielt dabei das kritischen Bewußtsein im Verbraucherverhalten eine Rolle. Im

---

[55] Hopfenbeck, W., Allgemeine Betriebswirtschafts- und Managementlehre. Das Unternehmen im Spannungsfeld zwischen ökonomischen, sozialen und ökologischen Interessen, Landsberg a. L. 1989, S. 909

[56] Meffert, H./Bruhn, M./Schubert, F./Walter, T., Marketing und Ökologie - Chancen und Risiken umweltorientierter Absatzstrategien der Unternehmungen, in: Der Betriebswirt, Heft 2, 1986

unteren Bereich der sozialen Schichtung ist das Umweltbewußtsein noch relativ gering ausgeprägt.

4. Beim Konsum bestimmter Waren- und Leistungsgruppen sind die Konsumenten in der Masse noch relativ immun gegen eine stärkere Umweltorientierung. Dazu zählen z. B. Automobile, Genußmittel, Urlaubsreisen.

5. Auf dem Markt umweltverträglicher Produkte herrscht keine Markttransparenz. Konsumenten suchen deshalb nach Orientierungsmöglichkeiten, um "echte Umweltprodukte" von falschen unterscheiden zu können.

Gerade der letzte Punkt hat dazu geführt, daß Produkte, die mit Umweltverträglichkeitsauszeichnungen werben (Öko-, Bioprodukte, Zertifikate, Verbandsauszeichnungen, etc.), bei erhöhten Preisen zu Marktrennern geworden sind. Problematisch aus Verbrauchersicht ist dabei allerdings, daß es keine allgemeinverbindlichen Kriterien zur Nutzung solcher Auszeichnungen gibt. Damit lassen sich "echte" von "vermeintlichen" Umweltprodukten zur unzureichend unterscheiden. Als verläßliche Orientierungshilfe für umweltfreundlichen Konsum wird von vielen Konsumenten der vom Umweltbundesamt vergebene Blaue Engel angesehen. Die Behörde hat Kriterien für die Vergabe dieses Zeichens für umweltfreundliche Produkte erarbeitet. Danach erhalten Produkte den Blauen Engel befristet für jeweils drei Jahre, wenn sie sich

- im Vergleich zu anderen, dem selben Verbrauchszweck dienenden Produkten, bei einer ganzheitlichen Betrachtung, unter Beachtung aller Gesichtspunkte des Umweltschutzes (einschließlich des sparsamen Einsatzes von Rohstoffen) insgesamt
- durch besondere Umweltfreundlichkeit auszeichnen,
- ohne daß dadurch ihre Gebrauchstauglichkeit wesentlich verschlechtert oder ihre Sicherheit eingeschränkt wird.

Kritiker halten dem entgegen, daß der ganzheitliche Ansatz in der Praxis nicht zum tragen kommt, und teilweise zweifelhafte Einzelkriterien für die Vergabe des Zeichens ausreichten. So erhielten z. B. Bodenbeläge aus PVC nur deshalb das Umweltzeichen, weil sie nicht, wie sonst üblich, asbesthaltig waren. Die in diesem Fall bedeutsamere Entsorgungsproblematik von PVC blieb bei der Beurteilung aber unberücksichtigt.

Die **Stiftung Warentest** als öffentlich finanzierter Warentester genießt den Ruf weitgehender Objektivität der veröffentlichten Ergebnisse ihrer Warenuntersuchungen. Bis 1985 spielten Umweltverträglichkeitsgesichtspunkte bei den dortigen Untersuchungen keine Rolle, Produkte wurden lediglich nach ihrem Gebrauchswert beurteilt. Seitdem werden Gesichtspunkte des Umweltschutzes bei den Testmethoden in gewissem Umfang, allerdings immer noch untergeordnet einbezogen. Insbesondere spielen Untersuchungen über die Umweltverträglichkeit der Herstellung und Entsorgung keine wesentliche Rolle bei der Beurteilung. Eine strengere Ausrichtung an Umweltverträglichkeitskriterien findet sich in verschiedenen privatwirtschaftlich organisierten Projekten. Zwei Beispiele dazu:

- Die Zeitschrift **Öko-Test** bezieht die gesamte Umweltproblematik in ihre Untersuchungsmethoden mit ein
- Im Bereich der Lebensmittelversorgung garantieren die Erzeugervereinigungen **Demeter** und **Bioland** eine umfassende Berücksichtigung von Umweltverträglichkeitskriterien bei der Produktion.

Um der bisher noch weitgehend vorherrschenden Orientierungslosigkeit der Konsumenten in bezug auf die Beurteilung der Umweltverträglichkeit zu begegnen, sind allgemein anerkannte Kriterien hierfür zu entwickeln. Folgende Aspekte sollten dabei eine Rolle spielen:

- **Erweiterung des Gebrauchswertbegriffes**
  Neben der **Funktionalität** der Güter sind in die Beurteilung des Gebrauchswertes weitere Kriterien einzubeziehen wie **toxische Wirkungen der benutzten Materialien, Haltbarkeit/Lebensdauer, Reparaturfreundlichkeit**.

- **Beachtung der Mengen und Zusammensetzung der eingesetzten Rohstoffe und Energien**
  Im Zusammenhang mit dem erweiterten Gebrauchswertbegriff kann die relative Belastungs-Nutzen-Wirkung von Produkten ermittelt werden.

- **Einbeziehung der Entsorgungsproblematik**
  Vermehrt wird das Problem der Entsorgung am Ende des Produktlebens bzw. die Möglichkeit des umweltverträglichen Recyclings eine Rolle spielen.

- **Soziale Verträglichkeit des Konsums**
  Dem individuellen Nutzen von Produkten/Leistungen ist der gesellschaftliche Nutzen bzw. die gesellschaftliche Belastung gegenüberzustellen.

- **Öko-soziale Ansprüche an das Produktionsverfahren**
  Hier sind einmal die Auswirkungen der Produktion auf die Natur durch Emissionen einzubeziehen, zum anderen die physischen und psychischen Wirkungen des Produktionsprozesses auf die beteiligten Menschen.

- **Öko-soziale Verträglichkeit im internationalen Kontext**
  Eine umfassende Beurteilung darf nicht an den Grenzen der eigenen Gesellschaft stoppen, sie muß vielmehr länderübergreifende Wirkungen einbeziehen. So ist ein Konsum nur vordergründig umweltverträglich, wenn er z. B. zu Lasten der Ausbeutung der Natur oder der Menschen in anderen Teilen der Erde erreicht wird.

Eine in diesem umfassenden Sinne gestaltete Beurteilung von Konsumgütern/-Leistungen kann von den Konsumenten nicht individuell vorgenommen werden. Sie ist nur über eine **Institutionalisierung der Verbraucherinteressen** zu erreichen. Organisationen zur Wahrung der Verbraucherinteressen sind insbesondere die auf Länderebene angesiedelten **Verbraucher-Zentralen**. Deren Zielrichtung in der Aufklärungsarbeit für die Verbraucher ist in jüngster Zeit erweitert worden und soll in Zukunft stärker die Vermittlung von **Umweltverträglichkeitskriterien** berücksichtigen. Hier wird insbesondere die Propagierung des **qualitativen Konsums** gefördert. Darunter versteht man, daß in den Verbraucherberatungen neben Preis-Nutzen-Erwägungen die Beachtung ökologischer und sozialer Gesichtspunkte für die Kaufentscheidungen verstärkt vermittelt werden sollen.[57]

1.2.4 Umweltorientierung der Arbeitnehmerinteressen

Neben den Belangen der Unternehmen und der Verbraucher spielen bei der gesellschaftlichen Durchsetzung umweltpolitischer Maßnahmen die Interessen der Arbeitnehmer eine wichtige Rolle. Die Rolle der Arbeitnehmer und ihrer Organisationen ist dabei in der Vergangenheit häufig durch widersprüchliche Verhaltenstendenzen gekennzeichnet gewesen. Das begründet sich insbesondere aus der Tatsache, daß Arbeitnehmer neben ihrer Stellung als Produktionsfaktor noch andere gesellschaftliche Funktionen einnehmen, so z. B. als durch den Produktionsprozeß Belastete, Bürger und Konsumenten.

In den 80er Jahre haben die Gewerkschaften insbesondere durch eine Reihe von Skandalen (Neue Heimat, CO OP) auf sich aufmerksam gemacht. Es enstand ein Eindruck von **gewerkschaftlicher Krisensituation**. Diese wurde auf 2 Ebenen deutlich. Einmal schien ein Bruch zwischen den obersten Funktionärsebenen und der Basis der Mitglieder innerhalb der Gewerkschaften entstanden zu sein. Zum anderen stellte sich die Frage, ob die Gewerkschaften noch die offensichtlich gewandelten Interessen der Mehrheit der Arbeitnehmer/innen vertraten.

So sieht offensichtlich eine wachsende Zahl von Arbeitnehmern/innen in einem Großteil der DGB-Gewerkschaften ein überkommenes Klassenkampf-Bündnis, das in den Ritualen des kollektiven Verteilungskampfes schwindenden Einfluß hat. Begünstigt durch das hohe Maß an Arbeitslosigkeit ist Ende der 80er Jahre die Lohnquote auf einen neuen Tiefstand gesunken. Mit 64,8% (strukturbereinigt) liegt sie unter dem Stand von 1960. Die Unternehmergewinne sind damit ständig schneller gestiegen als die Arbeitnehmereinkommen.

Weiterhin führt der Ausbau qualifizierter Tätigkeiten in der Wirtschaft (white collar-Berufe) zu einer verstärkten Individualisierung der Interessen. Vermehrt

---

[57] vgl. dazu: Niesbach. P./Schell, U., Umweltorientierte Verbraucherarbeit der Verbraucher-Zentrale NRW. In: Verbraucher-Zentrale NRW e.V. (Hrsg.), Umweltökonomie und Umweltpolitik, Düsseldorf 1988, S. 83-96

sehen aufstiegsorientierte Arbeitnehmer/innen persönliche Vorteile in der Vertretung ihrer eigenen Interessen gegenüber den Arbeitgebern jenseits einer gewerkschaftlichen Bindung. Möglicherweise stößt die Haltung der Gewerkschaften zur Umweltproblematik ebenfalls auf wachsende Ablehnung in einer Gesellschaft, die postmaterielle Tendenzen aufweist. Bis 1972 spielte die Umweltproblematik in der Politik des DGB keine Rolle. Die Kriterien dieser Politik waren rein quantitativ ausgerichtet. **Vollbeschäftigung**, **soziale Sicherheit** durch materielle Absicherung und **Umverteilung** durch Erhöhung der Kaufkraft in Tarifverhandlungen waren die Eckpfeiler dieser Politik.

Das DGB-Grundsatzprogramm von 1981 stellte die Forderung nach einem **qualitativem Wachstum** in den Mittelpunkt der Umweltschutzüberlegungen. *"Eine qualitätsorientierte Wachstumspolitik muß die Förderung gesellschaftlich vorrangiger Bereiche in den Vordergrund stellen. Vorrang haben dabei humane Dienstleistungen und soziale Infrastruktur-Investitionen, die einheimische Rohstoff- und Energiesicherung und die Förderung zukunftsträchtiger Produktion."*[58]

Das 1985 verabschiedete Umweltprogramm des DGB "Umweltschutz und qualitatives Wachstum"[59] propagierte eine Umstrukturierung der Produktion und des Konsums im Sinne eines qualitativen Wachstums. Letztlich steht eine **Industrialisierung des Umweltschutzes** hinter diesen Forderungen.

- Wirksame Luftreinhaltung durch Maßnahmen in Industrie, Kraftwerken und Verkehr,
- Wasserreinhaltung durch Bau von Klärwerken und Gewässersanierung,
- moderne Abfallbeseitigung durch Bau von Abfallbeseitigungs- und Wiederverwertungsanlagen,
- Förderung von Umwelttechnologien,
- Wohnumfeldverbesserungen durch Bau von Lärmschutzanlagen und Grünflächen, etc.

Die Forderungen nach entsprechenden Maßnahmen nach Maßgabe von Verursacher- und Vorsorgeprinzip soll die traditionellen Gewerkschaftsforderungen nach Arbeitsplatzsicherung und Wohlstandssteigerung mit den Zielen der Umweltverbesserung verbinden.

In der Praxis führt diese Haltung häufig zu einem Dilemma der gewerkschaftlichen Haltung. Mit dem Kosten- und Wettbewerbsargument der Unternehmen werden Umweltschutz- investitionen zurückgestellt bzw. Abbau oder Verlagerung von Arbeitsplätzen angedroht. So entsteht dann das Problem der konkreten Abwägung von Interessen. Dazu F. Steinkühler von der IG-Metall:

---

[58] Grundsatzprogramm des DGB, 1981, S. 9

[59] DGB-Bundesvorstand (Hrsg.), Umweltschutz und qualitatives Wachstum, Düsseldorf 1985

"Aber ich will nicht verhehlen, daß es im Bereich des Umweltschutzes zu Konflikten zwischen den kurzfristigen Interessen um den Erhalt von Arbeitsplätzen einerseits und den langfristigen Interessen nach Erhalt der Lebensgrundlagen andererseits kommen kann. Die Gewerkschaften geraten dann in eine schwierige Lage. Einerseits erwarten die betroffenen Kolleginnen und Kollegen von uns zu Recht die Wahrnehmung ihrer Arbeitsplatzinteressen. Es ist mit dem Schutz- und Gestaltungsauftrag einer Gewerkschaft schlechterdings unvereinbar, einem Teil unserer Mitglieder zu sagen, ihre Arbeitsplatzinteressen seien minderwertiger als die von anderen. Andererseits haben wir als Gewerkschaft die Pflicht, die Arbeits- und Lebensinteressen aller Arbeitnehmer zu vertreten, und hierzu gehört zweifellos der Erhalt von Umwelt und Gesundheit."[60]

Zu diesem Dilemma gehört auch das Arrangement von Einzelgewerkschaften mit oligopolistisch strukturierten Industriebranchen. So sind z. B. in der Chemie-, Stahl- oder Bergbauindustrie Abhängigkeiten der Gewerkschaften und hier speziell ihres Funktionärsapparates von den Produktions- und Absatzinteressen der Großunternehmen deutlich. Dabei bewegen sich die konkreten umweltpolitischen Forderungen im Rahmen von Umweltreparaturmaßnahmen. Strukturelle Veränderungen oder die Forderungen nach Wachstumsbegrenzungen sind damit ausgeschlossen oder gehen über allgemeine Postulate nicht hinaus.

Was für die gewerkschaftliche Umweltorientierung notwendig wäre, ist im Detail sicherlich umstritten. Ein qualitativer Sprung sollte die folgenden Bereiche miteinbeziehen.

- **Förderung eines strukturellen Wandels**
  Die Gewerkschaftsbewegung dürfte sich einem Strukturwandel, der eine Entkoppelung von Ressourcenverbrauch und Wachstum zum Ziel hat, nicht weiter in den Weg stellen, sondern sollte offensiv an ihm mitwirken.

- **Produktionseinschränkungen**
  Strukturelle Veränderungen müssen das Wachstumsdiktat - auch das qualitative - durchbrechen und auch Produktionseinschränkungen und Konsumreduzierungen in umweltschädigenden Bereichen einbeziehen.

- **Prävention statt Reparatur**
  Strukturänderungen müssen sich am Vorsorgeprinzip orientieren und einen umweltgerechten Umbau des industriellen Systems zum Ziel haben.

---

[60] Steinkühler, F., Ökologisches Wirtschaften - Herausforderung an die Politik der Gewerkschaften, in: IG-Metall (Hrsg.), Umweltschutz zwischen Reparatur und realer Utopie, Köln 1988, S. 80

- **Umweltschutz nach dem Solidaritätsprinzip**
  Dieser Begriff muß über die traditionelle gewerkschaftliche Solidarität hinaus umfassender definiert werden. Der arbeitende Mensch muß sich danach solidarisch zeigen gegenüber allen lebenden Menschen auf der Welt, gegenüber zukünftigen Generationen sowie der außermenschlichen Natur.

- **Das Recht auf sinnstiftende Arbeit**
  Die Forderung nach einem Recht auf Arbeit muß erweitert werden. Nicht Arbeit um jeden Preis, sondern Arbeit, die den Interessen gegenwärtiger und zukünftiger Generationen insgesamt dient, ist gesellschaftlich durchzusetzen. Arbeit, die diesen Interessen widerspricht, ist dagegen abzulehnen. Das beinhaltet die Forderung nach qualitativ besseren Arbeitsplätzen.

- **Erweiterte Mitbestimmungsrechte im Umweltbereich**
  E. Schmidt sieht hier insbesondere 5 Arbeitnehmerrechte, die in Zukunft realisiert werden müßten:[61]

  - Ein Recht auf Information über die Belastungsschwerpunkte in der Produktion mit dem Ziel, ein Umweltkataster zu erstellen,
  - ein Recht auf Konsultation außerbetrieblicher Experten mit dem Ziel, eine betriebliche Umweltverträglichkeitsprüfung durch den Betriebsrat durchführen zu können,
  - ein Recht auf Reklamation gegen unzumutbare Arbeit bei nachweisbarer Gesundheitsgefährdung
  - das Recht auf Vorschläge zur Alternativproduktion, die vom Arbeitgeber gegebenenfalls erprobt werden müssen
  - das Recht einer betriebs- und professionsinternen Technikkritik, die technologischen Alternativen den Weg bahnen könnte.

Wenn die Gewerkschaften sich in Zukunft verstärkt in die umweltpolitische Diskussion einbeziehen wollen, so bedarf das sicherlich intensiverer Selbstfindungsprozesse. Dabei ist auch die weitgehend vorbehaltlose Orientierung am industriellen Wachstumsparadigma zu hinterfragen. Eine konstruktive und operationalisierbare Umwelthaltung der Gewerkschaften muß dabei zur innergewerkschaftlichen Solidarität zurückfinden. Allzu häufig haben in der Vergangenheit einzelgewerkschaftliche Partikularinteressen eine wichtigere Rolle gespielt als umweltorientierte Gewerkschaftssolidarität.

Darüberhinaus ist die gewerkschaftliche Einflußnahme auf den Betrieb wesentlich durch das kollektive Arbeitsrecht geregelt. Stärkere Berücksichtigung der Arbeitnehmerrechte in der betrieblichen Umweltorientierung setzt damit eine Stärkung der gesetzlichen Mitbestimmungsrechte in diesem Bereich voraus. Entsprechende

---

[61] Schmidt,E., Mitbestimmung in Umweltfragen, in: IG-Metall (Hrsg.), a. a. O., S. 135f

Forderungen nach Ausbau der Mitbestimmungsgesetze richten sich somit an den Gesetzgeber.

2 Systemüberwindende Vorstellungen der Krisenbewältigung

2.1 Vorüberlegungen

Zwar scheinen marktwirtschaftliche Prozesse zur Überwindung der ökologischen Krise unersetzlich zu sein, dennoch werden in der wissenschaftlichen und praktischen Diskussion die Erfolgsaussichten systemkonformer Umweltstrategien unterschiedlich beurteilt. Die Anwendung sozialistischer Gesellschaftsmodelle hat in der Praxis des real existierenden Sozialismus allerdings ebenfalls keine schlüssigen Lösungen hervorgebracht. Im Gegenteil, trotz formaler Betonung gesellschaftsbezogener Politikorientierung waren in den Ländern des Sozialismus die Umweltprobleme um ein Vielfaches schlimmer als in westlichen Marktwirtschaften.

Daraus kann die These abgeleitet werden, daß unabhängig von der Gesellschafts- und Wirtschaftsordnung bestimmte Bedingungen der industriellen Zivilisation zur Umweltkrise führen. Wesentliche Gemeinsamkeit ist dabei die Existenz hochentwickelter Formen der Produktivkräfte, insbesondere als Großtechnologien und -industrien. **Ullrich**[62] sieht die folgenden Merkmale der modernen Industriekultur, wie sie sich zwangsläufig unabhängig von den Produktions- und Eigentumsverhältnissen ergeben:

"• *Die Enteignung der Produzenten (Die Produzenten werden in vierfacher Form enteignet, und zwar über die Verfügungsmöglichkeit der von ihnen hergestellten Produkte, von der Verfügung über die eigene Zeit, von dem Besitz an Produktionsmitteln sowie dem Besitz der Fertigkeiten und des Wissens zur selbständigen Produktion (Spezialisierung, Arbeitsteilung));*

• *Die Zerlegung von Arbeiten in immer kleinere Einheiten, die im zweiten Schritt durch eine künstlich geschaffene, durch Kontrollen geprägte Organisation zu einem Prozeß zusammengefügt werden;*

• *Die Steuerung dieser Organisation durch den Willen der Produktionsmittelbesitzer (Spezifik des Kapitalismus);*

• *Die schrittweise Übertragung von Einzelfunktionen des Arbeitsvorganges auf Maschinen;*

[62] Ullrich, O., Weltniveau, Berlin 1979

- *Die Kasernierung der Menschen in der Nähe des Arbeitsplatzes oder in Wohnbereichen, von denen der Arbeitsplatz aus einigermaßen gut erreichbar ist;*

- *Die Konzentration von Herrschaft und Machtausübung von und in großen Organisationen (der einzelne verliert dabei die Verantwortung für das Ganze und die Verantwortlichkeit gegenüber dem Ganzen);*

- *Die Eigengesetzlichkeit großer Organisationen und Systeme, die sich in einer Tendenz zum Wachstum, wie Kapitalakkumulation, wachsender Anteil der Marinerie, Zunahme von Arbeitsteilung, Verwissenschaftlichung u.ä. ausdrückt;*

- *Großräumige Vernetzung (Güter, Energie, Wasser, Menschen usw. werden transportiert. Die Kommunikation zwischen Untereinheiten muß organisiert werden. Die Produktionssysteme werden in zunehmendem Maße rohstoffabhängig. Die Staatsmaschine muß immer mehr Daseinsbereiche kontrollieren und steuern usw.);*

- *Die Herausbildung und Verschärfung des Stadt-Land Gegensatzes sowie des Gefälles zwischen Industrie- und Entwicklungsländern."*

Wenn die These richtig ist, daß die Industriekultur die Umweltkrise unabhängig vom jeweiligen Ordnungssystem verursacht, dann müssen auch umweltpolitische Strategien existieren, die in allen industrialisierten Gesellschaften nach dem gleichen Muster anwendbar sind. Der Prager Wirtschaftsreformer Ota Sik[63] spricht in diesem Zusammenhang vom **dritten Weg**, der zwischen den ordnungspolitischen Vorstellungen in Ost und West quasi systemüberwindend die Ökologiekrise lösen soll.

Entsprechende Ansätze systemverändernder Strategien der Krisenbewältigung existieren in vielfältigen Formen und mit unterschiedlichen ideologischen Begründungen. Hobbensiefken[64] sieht dabei 2 grundsätzliche Ansätze der Systemüberwindung.

4. Ökologistische Ansätze

Unter dem Aspekt, die Natur als Selbstzweck zu betrachten, wird eine **reine Natürlichkeit** zum umweltpolitischen Ziel erhoben. Unter dem Begriff des **Physio-Zentrismus** wird der außermenschlichen Natur eine vom Menschen unabhängige Existenzberechtigung eingeräumt. In diese habe sich der Mensch als Bestandteil derselben Natur einzufügen.

[63] Sik, O., Ein Wirtschaftssystem der Zukunft, Berlin/Heidelberg/New York 1985
[64] Hobbensiefken, G., a. a. O., S. 192ff

Die Begründungen für eine solche Haltung sind vielfältig. So existieren Vorstellungen von einer "globalen Pflichtgemeinschaft" (A. Schweitzer), einer "Rechtsgemeinschaft mit der Natur" (Meyer-Abich) oder einem "christlich fundierten Verständnis von Mitkreatürlichkeit" (Altner).

5. Sozialistische Ansätze

Abstrahierend vom real existierenden Sozialismus wird in der marxistischen Theorie ein grundsätzlich geeignetes Instrument zur Erklärung der ökologischen Krise aus dem Gesellschaftszusammenhang gesehen. Wesentliche Ursache der Krise wird in der industriekapitalistischen Produktionsweise gesehen, die es zu überwinden gilt.

Moderne sozialistische Ansätze versuchen, die Umweltproblematik in ein erweitertes Theoriekonzept über die Thematisierung der modernen Mensch-Natur--Beziehungen einzubinden. Zentraler Punkt dieser Überlegungen ist die Fragestellung, in welcher Form und in welchem Umfang Natur in die Wertbildung einzubeziehen ist.

In den 80er Jahren ist eine unüberschaubare Fülle von Vorstellungen entwickelt worden, auf welche Weise die gegenwärtige Industriekultur durch neue Gesellschaftsmodelle überwunden werden könnte. Im folgenden sollen daraus 2 wesentliche Richtungen in einer groben Zusammenfassung unterschieden werden. Innerhalb dieser bestehen wiederum im Detail recht differenzierte Vorstellungen einzelner Autoren.

Die eine Richtung von systemmodifizierenden Vorstellungen sieht die primäre Notwendigkeit in der **Veränderung** der formalen Strukturen des herrschenden Systems. Sie kann unter dem Titel "**Umbau der Industriegesellschaft**" umschrieben werden. Die andere Richtung entwickelt Vorstellungen der Etablierung eines zweiten informellen Sektors, der neben den formalen Wirtschaftsstrukturen in größerem Maße gesellschaftliche Aufgaben übernehmen soll. Diese Vorstellung findet sich unter dem Leitmotiv der **Alternativwirtschaft** wieder.

2.2 Umbau der Industriegesellschaft

Sicher oder doch höchstwahrscheinlich ist, daß auch in absehbarer Zukunft bestimmte formale Strukturen in der Wirtschaft fortbestehen werden, d. h.

- der überwiegende Teil der benötigten Waren und Leistungen wird in Unternehmen unter erwerbswirtschaftlichen Kriterien hergestellt werden,
- der Markt wird hierbei als Verteilungsmechanismus eine dominierende Rolle behalten,

- die Eigentumsverhältnisse an den Produktivkräften werden auch weiterhin Arbeitnehmer und Arbeitgeber unterscheiden.

Wenn in der herrschenden marktwirtschaftlichen Logik keine Mechanismen zur Überwindung der ökologischen Krise gesehen werden, so sind nach diesen Vorstellungen gesellschaftliche Umwälzungen notwendig. Diese haben Veränderungen der herrschenden Strukturen derart durchzusetzen, daß sie geeignet sind, umweltzerstörende Produktions- und Konsumweisen zu unterbinden.

Die Zukunft ist dabei gewiß. Es gilt zu hinterfragen, welche Gestaltung der Zukunft erstrebenswert erscheint. Robertson hält dabei grundsätzlich fünf verschiedene Szenarien der Zukunftsentwicklung für möglich:[65]

1. Die alles-wie-gehabt-Version

Sie stellt eine Extrapolation der Vergangenheit und Gegenwart in die Zukunft dar. Danach wird sich am Auftauchen von Krisen und Katastrophen und der Art der Bewältigung nichts ändern.

2. Der Zusammenbruch

Die Zukunft ist ohne Perspektiven. Der Untergang der Menschheit ist nicht mehr aufzuhalten. Die Krisensymptome werden sich ständig verdichten. Lediglich die Art des endgültigen Kollapses ist noch offen.

3. Die Konservativ-Totalitäre Zukunft

Die Krisensymptome werden sich durch das unverantwortliche Verhalten liberaler Gesellschaften weiter verstärken. Nur ein starkes, autoritäres Regime ist in der Lage, unter dem Diktat der Aufgabe individueller Freiheiten die notwendigen Maßnahmen durchzusetzen.

4. Die Hyper-Expansionistische Zukunft

Die ökologische Krise wird mit Hilfe des menschlichen Geistes überwunden werden. In einem gewaltigen Kraftakt werden die Industrienationen unter geballtem Einsatz naturwissenschaftlicher Methoden Strategien entwickeln, die einen technologischen Durchbruch bewirken. Dadurch werden in Zukunft die engen Barrieren der gegenwärtigen planetarischen Begrenzung gesprengt.

---

[65] Robertson, J., Die lebenswerte Alternative. Wegweiser für eine andere Zukunft, Frankfurt 1979, S. 12ff

5. Die Vernünftige, Menschliche und Ökologische Zukunft

Eine Krisenbewältigung ist durch einen grundlegenden gesellschaftlichen Richtungswechsel möglich. Ziel ist dabei die Herstellung von Harmonie - in der innermenschlichen Natur, - in zwischenmenschlichen Beziehungen- sowie zwischen den Menschen und der äußeren Natur. Dazu sind Strategien zu entwickeln, die den einzelnen in die soziale und ökologische Verantwortung nehmen und so ein Höchstmaß an Selbstverwirklichung und partizipativer Verantwortung bieten. Gefragt ist eine lernende und planende Gesellschaft.

Im folgenden sollen Kriterien herausgestellt werden, die dem letztgenannten Zukunftsszenario am nächsten kommen. Dieses hält eine Option auf eine selbstbestimmte und eigenverantwortliche Krisenbewältigung für möglich. Es entspricht damit der Sichtweise einer optimistischen, engagierten, nachdenklichen und zukunftsbejahenden Gesellschaft.

Bei verschiedenen Autoren tauchen die dargestellten Bausteine einer umweltorientierten Systementwicklung in verschiedenen Versionen und unterschiedlicher Zusammensetzung auf. Hier erfolgt ein generalisierender Überblick der am häufigsten genannten Kriterien:

1. Relativierung der Wachstumsziele

Die Orientierung am Bruttosozialprodukt zur Feststellung des gesellschaftlichen Wohlstandes begründet das Wachstumsstreben und gilt damit als wesentliche Ursache der ökologischen Krise. Die Verpflichtung staatlicher Wirtschaftspolitik zur Gewährleistung ständigen Wachstums (Stabilitätsgesetz) fragt nicht nach dem gesellschaftlichen Sinn der Produktionssteigerung, sie berücksichtigt rein quantitativ jede Form von Produktion unabhängig von ihrem gesellschaftlichen Nutzen.

Gefordert wird deshalb eine neue Ausrichtung der Wirtschaftspolitik, welche die gesellschaftliche Produktion an **sozialer Bedürfnisbefriedigung und ökologischer Verträglichkeit** orientiert. Nicht alles, was unter Ausnutzung externer Effekte am Markt absetzbar ist, soll danach auch produziert werden.

Die Feststellung ökosozialer Kriterien der Produktion setzt ein anderes, qualitativ ausgerichtetes Informationsinstrumentarium voraus. Die volkswirtschaftliche Gesamtrechnung ist dabei so zu erweitern, daß sie die ökologischen und sozialen Schäden der Produktion miteinbezieht. Über diese **qualitative** Erfassung wirtschaftlicher Tätigkeiten in einem **Ökosozialprodukt** können effektiver wirtschafts- und umweltpolitische Maßnahmen ergriffen werden.

Gemeinsames Ziel dieser Maßnahmen ist unter der Existenz eines starken Staatswesens, durch ein umweltpolitisches Instrumentarium den Auswüchsen individuell-erwerbswirtschaftlich orientierter Produktionsweisen Einhalt zu gebieten. Das soll auch mit marktkonträren Auflagen und Ge- und Verboten geschehen. Dadurch soll der gesellschaftliche Konsum qualitativ ausgerichtet werden, d. h. längerfristige gesellschaftliche Interessen sollen in der Konsumausrichtung berücksichtigt werden (Ressourcenverbrauch, Gebrauchstüchtigkeit, Umweltbelastung bei Produktion, Konsum und Entsorgung, soziale Verträglichkeit).

2. Strukturelle Dezentralisation

Mit dem Abschied vom quantitativen Wachstum wird die Tendenz zur Konzentration und Zentralisation wirtschaftlicher Macht in Großunternehmen in Frage gestellt. In der Existenz multinationaler Konzerne ohne regionale Bindungen wird ein wesentlicher Grund der Umweltproblematik gesehen. Strukturelle Dezentralisation beinhaltet dabei vier Aspekte:

Zum einen bestehen Vorstellungen, die globalen Industriestrukturen mit einer gesteigerten **Weltmarktabhängigkeit** der Unternehmen zu **entflechten**. Klein- und Mittelbetriebe sollen dabei wieder eine größere Bedeutung erlangen.

Zweitens soll ein Wandel der Strukturen die Produktion stärker am **regionalen und kommunalen Bedarf** orientieren. Damit werden die umweltverbrauchenden Logistiksysteme globaler Verteilung überflüssig. Die Ausbeutung der Ressourcen der Dritten Welt könnte damit reduziert werden.

Drittens muß der **gesellschaftliche Konsum am individuellen Versorgungsniveau** ausgebaut werden. Nicht mehr die Steigerung des individuellen Warenverzehrs, sondern der Ausbau **kollektiver Bedürfniserfüllung** (Wohnumfeldverbesserung, Naturerhaltung, Ausbau der Sozialbeziehungen, etc.) muß Ziel des strukturellen Wandels sein. Der Ausbau des tertiären gegenüber dem sekundären Sektor weist in diese Richtung.

Viertens sollen die **Lebensbereiche Wohnen und Arbeiten wieder stärker zusammengeführt** werden. Damit würde für den öffentlichen Bereich ein großer Teil von Infrastrukturmaßnahmen überflüssig. Gleichzeitig könnten die arbeitenden Menschen auf einen Teil ihres Konsums ohne Wohlstandverluste verzichten, der ausschließlich durch die räumlich Trennung von Wohnung und Arbeitsplatz initiiert ist.

3. Demokratisierung der Wirtschaft

Durchsetzungsstrategien einer ökosozialen Produktion und Dezentralisierung setzen in der Regel an der Einschränkung der Kapitalinteressen an und fordern eine stärkere Demokratisierung der Produktionsstrukturen und -prozesse. *"Das Problem der unternehmerischen Initiative in der marktwirtschaftlich-privatkapitalistischen Ordnung steckt darin, daß die Mehrheit der den Produktionsprozeß tragenden Menschen von dieser Initiative und einem persönlichen Interesse daran weitgehend ausgeschlossen sind."*[66]

Demokratisierungsprozesse können dabei auf 2 Ebenen ansetzen. Zum einen bedeutet Demokratisierung mehr Mitbestimmung der Beschäftigten in den Betrieben. Diese kann sich auf die Erreichung von Umwelt- und Sozialverträglichkeit sowohl der Produktionsverfahren als auch der Produkte beziehen. G. Szell[67] sieht dabei 3 **Bedürfniskategorien** der abhängig Beschäftigten:

- Das Bedürfnis nach Erhalt des Arbeitsplatzes,
- das Bedürfnis nach sinnvoller Arbeit,
- das Bedürfnis nach Selbstverwirklichung

Der Entfremdungsprozeß moderner Industrieproduktion läßt in der Regel wenig Raum zur Erfüllung der Bedürfnisse der 2. und 3. Kategorie. Unternehmensdemokratische Strukturen sind darauf angelegt, die Kapitalinteressen einzuschränken. Sik sieht die Form der **Mitarbeitergesellschaft** als zur Durchsetzung geeignet an. *"Ihre Grundidee ist die Mitverantwortung der Arbeitnehmer durch ihre Beteiligung an Kapital und Gewinn sowie der Mitbestimmung auf der Ebene des Arbeitsplatzes und der Unternehmung. Dazu wird das Kapital neutralisiert, d. h. es wird von allen Mitarbeitern der Unternehmung zur Verfügung gestellt."*[68]

Bei dieser Form der Selbstverwaltung wird unterstellt, daß vermehrt ökologisches Gedankengut in die Produktion eingebracht wird. Vorschläge für Rüstungskonversion und alternative Produktionen, wie sie in verschiedenen Großunternehmen durch freiwillige Arbeitnehmer-Zirkel erarbeitet worden sind, weisen bereits einen Weg in diese Richtung.[69]

Über die **Demokratisierung der Arbeitswelt** hinaus gehen Ansätze, die die **Einbeziehung der Interessen aller Betroffenen** in die betrieblichen und politischen Entscheidungsprozesse erreichen wollen. So fordert Pfriem z. B. die Einrichtung kommunaler Komitees engagierter Bürger, die Einfluß auf die Integration ihrer ökologischen, sozialen und ökonomischen Interessen nehmen

---

[66] Pfriem, R.(1985), Marktwirtschaft, Planwirtschaft oder was? In: Beckenbach, F. u.a. (Hrsg.), Grüne Wirtschaftspolitik. Machbare Utopien, Köln 1985, S. 65

[67] Szell, G., Kritik der herrschenden Technik und Arbeitsorganisation sowie der Bedürfnisse und des Bedürfnisbildungsprozesses als Herausforderung für Alternativproduktion. In: Briefs, U.(Hrsg.). Anders produzieren, anders arbeiten, anders leben. Köln 1986, S. 28ff

[68] Sik, O., Dritter Weg und grüne Wirtschaftspolitik. In: Beckenbach, F.(Hrsg.), a. a. O., S. 358

[69] Verschiedene Beispiele dafür finden sich in: Briefs, U. (Hrsg.) a. a. O.

sollen.[70] Diese sollten als institutionalisierte Keimzellen dezentraler Selbststeuerung ökologische Reformen der in ihrem Gebiet angesiedelten Produktionsbetriebe durch äußeren Druck initiieren. Weitergehende Vorstellungen wollen die Interessen der außerbetrieblichen Gruppen durch direkte Beteiligung in den Entscheidungsgremien der Unternehmen berücksichtigt wissen.

Der Druck, der durch soziale Bewegungen in den letzten Jahren auf Politik und Unternehmen ausgeübt worden ist, deutet bereits die potentielle Macht der Betroffenen an.

Pfriem[71] sieht als Ziel dieser Demokratisierungsbestrebungen die ökologische Reform der stofflichen Produktionsstruktur:

- Schrittweiser **Abbau** giftiger, schädlicher, überflüssiger Produktionen bei ausreichender sozialer Versorgung und Qualifikationserweiterungsmöglichkeiten für die dort Beschäftigten;

- **Umbau** auf sinnvolle Produktion dort, wo die technischen und qualifikatorischen Voraussetzungen betriebliche Produktionsumstellungen gestatten;

- **Neubau** im Feld von Produktionen, wo gegenwärtig Unterversorgung besteht, zum Teil dadurch, daß ökologisch weniger verträgliche Lösungen den Vorzug bekommen haben.

Zur Realisierung dieser Veränderungen sind im Rahmen einer stringenten Ordnungspolitik die staatlichen Rahmenbedingungen zu verändern.

4. Ökosoziale Integration

Es besteht unter den Vertetern des gesellschaftlichen Umbaus weitgehender Konsens darüber, daß eine ökologisch ausgerichtete Umgestaltung der Gesellschaft nicht zu Lasten einer sozialen Orientierung geschehen darf. Opielka[72] und andere fordern deshalb eine **ökologische Solidarität** in Form der gesellschaftlichen **Umverteilung von Arbeit, Einkommen und Vermögen**. Kernpunkte dieser Vorstellungen sind:

- radikale Arbeitszeitverkürzung mit vollen Lohnausgleich,
- Recht auf Einkommen auch ohne Erwerbsarbeit oder ein garantiertes Mindesteinkommen.

---

[70] Pfriem, R.(1985), a. a. O., S. 60f

[71] Pfriem, R.(1985), a. a. O., S. 61f

[72] Opielka, M., Vom Sozialstaat zum ökologischen Gemeinwesen - für eine neue Sozialpolitik. In: Beckenbach, F. u.a.(Hrsg.), a. a. O., S. 206ff

Mit der Vorstellung einer oberhalb der Armutsgrenze liegenden **Grundsicherung** ohne Zwang zur Erwerbsarbeit werden gleich mehrere Erwartungen verknüpft.

- So ist die Idee damit verbunden, das Maß an Industriearbeit zu reduzieren und einem gesellschaftlich verträglichen Konsum anzupassen. Damit würden gleichzeitig die ungeschützten, schlecht bezahlten Arbeitsverhältnisse unbesetzt bleiben, die teilweise unterhalb der Sozialhilfesätze liegen.

- Bei einem individualbezogenen Grundeinkommen würde insbesondere die Haushaltstätigkeit der Frauen gesellschaftlich aufgewertet und deren ökonomische Abhängigkeit abgebaut. Das würde zu einer Enthierarchisierung der sozialen Beziehungen in der Familie führen.

- Mit der Befreiung vom ökonomischen Zwang zur Erwerbsarbeit entstehen größere Freiräume zur Leistung gesellschaftlich notwendiger Arbeiten. So wäre eine Reaktivierung sozialer Beziehungen möglich, die durch die Anpassungszwänge industrieller Produktionsweisen zerstört worden sind. Zu denken ist dabei z. B. an Kindererziehung, Altenpflege, Integration von Randgruppen und andere soziale Dienste.

Die Solidarität beschränkt sich beim Umbau der Industriegesellschaft nicht auf nationale Betrachtungsweisen. Vielmehr werden in der Regel supranationale Lösungen angestrebt, die insbesondere die Ausbeutungsmechanismen gegenüber der Dritten Welt abbauen sollen. Ziel ist es dabei, die vielfältigen Weltmarktverflechtungen und -abhängigkeiten durch eine stärkere **Binnenmarktorientierung** abzulösen.[73]

Die Kritik an der Exportfixierung der deutschen wie auch anderer hochindustrialisierter Wirtschaften bedient sich verschiedener Argumente:

- Im intra-industriellen Handel mit konkurrierenden Gütern bedeutet die Schaffung von Arbeitsplätzen hier gleichzeitig die Vernichtung von Arbeitsplätzen bei den Importländern. Unsere Leistungsbilanzüberschüsse schaffen dort Defizite und Schulden.

- Der Export von High-Tech-Produkten in Entwicklungs- und Schwellenländer hat dort die Verschuldungssituation drastisch erhöht. Dadurch werden diese Länder durch eine erzwungene Exportorientierung in den Weltmarkt zwangsintegriert. So ist eine eigenständige, perspektivische Entwicklung nicht möglich.

[73] vgl. dazu. Stratmann, E., Made in Germany - Vom Weltmarkt zum Binnenmarkt. In: Beckenbach, F. u.a.(Hrsg.), a. a. O., S. 327ff

- Die Exportabhängigkeit der Dritten Welt bezieht sich zum einen auf mineralische und fossile Rohstoffe. Die Weltmarktpreise dieser Güter werden weitgehend von den Industrienationen bestimmt. Sie schaffen den Wohlstand der Industrienationen zu Lasten der unterentwickelten Länder.

- Die Exportabhängigkeit bezieht sich zum anderen auf unveredelte Agrarprodukte. Diese führen zu einer Unterversorgung an Nahrungsmitteln in der Dritten Welt bei gleichzeitiger Überschußproduktion in den Industrieländern.

- Diese Form der internationalen Arbeitsteilung zwischen erster und Dritter Welt führt zu erheblichen ökologischen Schäden auf beiden Seiten. Die Produktionsverfahren bzw. Produkte der exportstarken Industrien (Chemie, Kfz, Teile des Großanlagenbaus) in den Industrieländern sind in besonderem Maße ökologisch bedenklich, sowohl bei der Produktion hier wie auch beim Konsum hier und dort. Die Ausplünderung der Rohstoffvorräte sowie die agrarischen Monostrukturen in der Dritten Welt gehen darüber in den Gefährdungspotentialen noch hinaus, bestehen dort doch in der Regel keine ernstzunehmenden Interessenvertretungen für eine ökologische Orientierung.

Eine stärkere **Binnenmarktorientierung** bedeutet nicht, daß eine vollständige **Autarkie** angestrebt wird. Vielmehr sollen die staatlichen Rahmenbedingungen so umgestaltet werden, daß die Import- und Exportströme reduziert werden. Ziel ist dabei, daß die wirtschaftspolitischen Maßnahmen stärker an binnenwirtschaftlichen Zielen orientiert werden. Aspekte der **Eigenversorgung** müssen dabei stärker berücksichtigt werden. Über eine verringerte Importabhängigkeit ist auch eine Einschränkung der Exporte sozial und ökonomisch vertretbar.

Bei den gegebenen Weltmarktstrukturen müßte ein solcher Prozeß durch massive Hilfen für die Dritte Welt begleitet sein. Ziel muß dabei der Aufbau eigener Veredelungskapzitäten in diesen Ländern und damit eine Ablösung der einseitigen Abhängigkeiten sein. Auf diesem Wege soll schrittweise ein Abbau des Wohlstandsgefälles erreicht werden.

Die dargestellten Kriterien eines Umbaus der Industriegesellschaft klingen utopisch. Ob eine Realisierung in der dargestellten Richtung wünschenswert ist, ist gesellschaftlich umstritten. Schritte in die angegebene Richtung setzen in jedem Falle zweierlei voraus:

1. Die Veränderung der Rahmenbedingungen erfordert einen **starken Staat**, der insbesondere in der Lage ist, die Kapitalinteressen zurückzudrängen und zu kanalisieren.

2. Grundlegende Veränderungen können nur in einem **gesellschaftlichen Konsens** realisiert werden. Dazu bedarf es eines umfassenden Bewußtseins- und Wertewandels. Ein solcher Paradigmenwechsel muß die grundlegende Logik

herrschender Produktions- und Konsumlogik gesellschaftlich hinterfragen und verändern.

Ob Staat und Gesellschaft zu solchen Kraftanstrengungen mit dem Ziel eines fundamentalen Wandels von Einstellungen und Gewohnheiten fähig sind, ist zumindest zweifelhaft. Er ist um so eher durchsetzbar, je stärker der Leidensdruck durch eine sich verstärkende ökologische Bedrohung wächst.

2.3 Alternativwirtschaft

Im Laufe der 70er Jahre entstanden in den westlichen Industrieländern Arbeitsmarktprobleme, die schnell den Begriff der **Krise der Arbeitsgesellschaft** aufkommen ließen. *"Geht der Arbeitsgesellschaft die Arbeit aus?"*, lautete die gängige Frage dazu.

Die vordergründigen Ursachen dieser Entwicklung lagen insbesondere in zwei Bereichen. Einmal war die wirtschaftliche Entwicklung der 70er Jahre durch sinkende Wachstumsraten gekennzeichnet. Zum zweiten veränderte sich die demographische Situation durch den Einstieg geburtenstarker Jahrgänge in das Berufsleben. In der Folge stieg die Arbeitslosigkeit trotz eines teilweise gleichzeitigen Anstiegs der Zahl der Erwerbstätigen.

Als Antwort auf diese Entwicklung entstand eine kulturelle Vielfalt von Gegenbewegungen, die pauschalisierend unter dem Begriff **neue soziale Bewegungen** zusammengefaßt werden. Hierzu werden insbesondere die **Alternativbewegung, Ökologie-, Friedens- und Frauenbewegung** subsumiert.

Alternativen entstehen immer aus der Kritik am Bestehenden. Die Kritik der hier näher zu untersuchenden Alternativbewegung richtet sich insbesondere gegen die Fixierung der Gesellschaft auf die vorherrschende Dominanz der **Erwerbsarbeit** (fremdbestimmte Arbeit gegen Lohn zur Sicherung der Existenz).

Konkret richtet sich die Kritik auf verschiedene Entwicklungstendenzen:

- Die fortschreitende Unternehmenskonzentration führt zu einem ständigen Zwang zur Rationalisierung mit dem Abbau von Arbeitsplätzen. Insbesondere die Randgruppen des industriellen Produktionsprozesses werden dabei schnell von der Erwerbsarbeit ausgegrenzt.

- Die Abhängigkeit ganzer Regionen von der Prosperität einzelner Großunternehmen breitet sich aus. Damit wird die Abhängigkeit der Gesellschaft vom Funktionieren dieser Konzerne immer größer. (Wenn Fiat hustet, ist Turin erkältet)

- Die Mechanisierung und Automation der Produktionsverfahren vernichtet handwerkliches Wissen und Können.

- Die Arbeit im industriellen Sektor wird vielfach als sinnentleert empfunden. So wird häufig zwischen Arbeit und "dem wahren Leben" in der Freizeit differenziert.

- Der Einfluß der industriellen Erwerbsarbeit hat die Gesellschaft auch in anderen Lebensbereichen verändert. Die vielfältigen Formen der **Subsistenzwirtschaft** (Versorgung durch Eigenarbeit) sind größtenteils verlorengegangen, insbesondere auch im Bereich der sozialen Dienste. Als Ersatz werden dafür Marktleistungen beansprucht.

- Die industrielle Produktionsweise führt zur Naturzerstörung. Ein in Jahrhunderten entwickelter und bewährter, schonender Umgang mit der Natur wird durch auf kurzfristige Effizienzsteigerung bedachte Produktionsformen verdrängt.

Diese Zweifel an dem herrschenden Rationalitätsmuster wirtschaftlicher Prozesse führen zum Entstehen gesellschaftlicher **Protestpotentiale**, zu einer **kulturellen Gegenbewegung.** Diese Alternative hat verschiedene Namen bekommen, je nachdem welche Schwerpunkte ihrer Daseinsformen in den Mittelpunkt gerückt werden. Die gängigsten Bezeichnungen:

- **Alternativwirtschaft**
  Sie ist anders als die vorherrschende Industrielogik.

- **Schattenökonomie**
  Sie befindet sich im Schatten der vorherrschenden industriellen Produktionslogik.

- **Informeller Sektor**
  Neben dem formalen Sektor soll ein zweiter, informeller Sektor in der Wirtschaft etabliert werden.

- **Dualwirtschaft**
  Die volkswirtschaftlichen Aktivitäten verteilen sich auf zwei Wirtschaftsbereiche, den formalen Sektor konventioneller Erwerbsarbeit und den informellen Sektor mit alternativen Lebens- und Arbeitsformen.

- **Aussteigerkultur**
  Wirtschaftende Menschen steigen aus dem vorherrschenden Erwerbsleben aus in neue Formen des Lebens und Arbeitens.

Das Ziel dieser Gegenkultur liegt in zwei Bereichen: Darin[74],

- den technorganischen Bereich in seiner Ausdehnung zu begrenzen, ihn demokratisch umzugestalten, seine Techno-Struktur zu revolutionieren und ihn auf natur- und sozialökologische Ziele hin auszurichten,
- den sozialen Bereich zu erneuern und auszudehnen, was mit tiefergehenden Veränderungen unserer alltäglichen Lebensweise verbunden ist.

Huber[75] sieht schlagwortartig folgende Kennzeichen derartiger Strategien:

- **De-Institutionalisierung,**
- **De-Professionalisierung,**
- **De-Industrialisierung,**
- **De-Monetarisierung.**

Huber[76] unterscheidet folgende Bereiche des informellen Sektors:

- die illegale Untergrundwirtschaft (Schwarzarbeit)
- die unentgeltliche Arbeit (Organisationen der freiwilligen Selbsthilfe, Haushaltswirtschaft)
- Selbstversorgungsaktivitäten (Do-it-yourself) und Selbsthilfeökonomie (Nachbarschaftshilfe)
- Alternativbetriebe (alternative Betriebe, Projekte und Genossenschaften)

Die konkrete Ausgestaltung dessen, was im weiteren Sinne als **Alternativbetriebe** bezeichnet wird, ist durch eine Sammlung verschiedener, teilweise recht heterogener Gruppierungen und Projekte gekennzeichnet wie Alternativzeitungen, Buchläden, Arbeitslosenselbsthilfegruppen, Naturkostläden, Jugend- und Kommunikationszentren, Landkommunen, selbstorganisierte Tagungshäuser, Handwerksbetriebe, etc.[77]

Angesichts der Heterogenität der Formen kann als Gemeinsamkeit lediglich festgestellt werden, daß sie durch veränderte Formen des Arbeitens, Zusammenlebens und Handelns außerhalb der vorgegebenen Institutionen und Verhaltensmuster gekennzeichnet sind.

---

[74] Huber, J.(Hrsg.), Anders arbeiten - anders wirtschaften. Dual-Wirtschaft: Nicht jede Arbeit ist ein Job, Frankfurt 1979, S. 25

[75] Ebenda, S. 25f

[76] zitiert bei Hopfenbeck,W., a. a. O., S. 923

[77] vgl. dazu: Berger, J./Domeyer, V./Funder, M./Voigt-Weber, L.,Alternativen zur Lohnarbeit? Selbstverwaltete Betriebe zwischen Anspruch und Realität, Bielefeld 1985, S. 12

Hopfenbeck[78] sieht die folgenden Charakteristika als mögliche Kennzeichen von Alternativunternehmen:

- Prinzip der demokratischen Selbstverwaltung: Keine Hierarchieebenen, gleichberechtigte Teilnahme an allen Entscheidungsprozessen (herrschaftsfreie Arbeitsverhältnisse);
- Primat der Dezentralität: Kleine und überschaubare Projektgröße; die Durchschaubarkeit und Selbstverwaltungsfähigkeit soll erhalten bleiben;
- Prinzip der kollektiven Eigentumsverhältnisse;
- Prinzip der Selbstbestimmung der Arbeit: Überwindung der Arbeitsteilung und der Trennung in Kopf- und Handarbeit bzw. qualifizierte und unqualifizierte Tätigkeiten; Aufhebung der geschlechtsspezifischen Arbeitsteilung;
- Rotationsprinzip;
- Prinzip der organischen Zusammenfügung von Arbeit, Leben und Freizeit;
- Prinzip der Einkommensgerechtigkeit, d. h. gleicher Lohn für alle und Bedarfsentlohnung;
- Prinzip der Kostendeckung, d. h. Gewinnverwendung nur für Rücklagenbildung;
- Prinzip der gesellschaftlich nützlichen und ökologisch verträglichen Produktion.

Die Beschäftigungswirkungen der Alternativwirtschaft können wegen der Heterogenität und fehlender amtlicher Statistiken nur geschätzt werden. Verschiedene Erhebungen kommen zu einer Anzahl von 4.000 bis 14.000 Projekten mit mehr als 100.000 Beschäftigten.[79] Zu den bekanntesten Projekten zählen die Berliner "tageszeitung" (taz) und die Frankfurter "Ökobank".

Vom Umfang her konnten die Erwartungen von Anfang der 80er Jahre nicht erfüllt werden, die der Alternativökonomie in Form selbstverwalteter Betriebe für die Zukunft ein größeres Gewicht in der Gesellschaft einräumten. Zu Beginn der 90er scheint eher eine Stagnation eingetreten zu sein.

Die Probleme, denen sich solche Alternativbetriebe gegenübersehen, sind dabei vielfältig:[80]

- Konkurrenz der "normalen" Betriebe
- Grenzen in den Beschäftigten selbst (bedingt durch deren Arbeitssozialisation und langjährige Abhängigkeitserfahrungen)
- Bereitschaft zum persönlichen finanziellen Risiko
- durch Gesetze gegebene Grenzen (siehe Ökobank)
- extremer Kapitalmangel in Verbindung mit fehlenden Sicherheiten

---

[78] Hopfenbeck, W., a. a. O., S. 924

[79] So z.B. Kleiner Wirtschaftsspiegel der Sparkassen, 1987

[80] Hopfenbeck, W., a. a. O., S. 925

- überdurchschnittlich hohe Arbeitszeiten
- niedrige Entlohnung, hohes Maß an Selbstausbeutung
- psychosoziale Gruppenprobleme
- rege Fluktuationsprozesse
- umständliche Entscheidungsfindung
- fehlendes Spezialistentum
- permanenter Innovationsdruck
- mangelnde betriebswirtschaftliche Kenntnisse

Des weiteren ist festzustellen, daß häufig Projekte, die sich erfolgreich etablieren konnten, wesentliche Strukturen und Verhaltensweisen von Alternativbetrieben aufgegeben und sich zu "normalen" erwerbswirtschaftlichen Unternehmen entwickelt haben.

An dieser Stelle bleibt die Frage, welche Bedeutung die Alternativwirtschaft heute noch für einen ökologischen Wandel hat. Dabei muß nach Ansicht des Verfassers der Ansatz, neben der formalen Wirtschaft einen zweiten bedeutenden Wirtschaftsbereich zu entwickeln, im wesentlichen als gescheitert betrachtet werden. Möglicherweise erfüllen diese Projekte aber eine gewisse innovative Funktion für die formale Wirtschaft.

"Fast meint man, die Kollektive wären lediglich Stichwortgeber für die Unternehmensstrategien der 90er Jahre gewesen und die Kapitalisten hätten mehr gelernt aus der Geschichte der Selbstverwaltung als ihre Akteure selbst. Das Kapital hat die corporate identity, das Wir-Gefühl des Unternehmens entdeckt und macht viele Anstrengungen, Bereiche, in denen es auf die Motivation der Beschäftigten ankommt, dezentral zu organisieren und Vielfalt und Kreativität zu erzeugen. Der Kapitalismus probt die Menschlichkeit, natürlich nicht am Fließband, aber überall dort, wo mit der Ganzheitlichkeit der abhängig Beschäftigten Profit zu machen ist. Flexible Arbeitszeiten, Langzeiturlaube und zusätzliche Sozialleistungen, all diese Pluspunkte der undogmatischen Selbstverwalter, gibt es jetzt bei normalen Unternehmen auch: und die Einkommen liegen einige Gehaltsklassen höher."[81]

Die Gründe der Stagnation in der Alternativwirtschaft selbst liegen wohl insbesondere darin, daß der informelle Sektor sich in erheblichem Maße in gesellschaftlichen und ökonomischen Abhängigkeiten vom formalen Sektor befindet, und zwar erstens durch die Verflechtung in nach wie vor erwerbswirtschaftlich geprägte Marktverhältnisse, und zweitens die Anpassungszwänge an nach wie vor kapitalistisches Produktionsverhalten.[82]

---

[81] Nowakowski, G., Frust als Chance. In: Contraste, Nov. 1983, S. 3

[82] Pfriem, R. (o.J.), Soziale und ökologische Produktionspolitik. In: Berger, J. u.a., Kongress Zukunft der Arbeit, Bielefeld o.J., S. 93

Zu Beginn der 90er Jahre scheint sich unter Tendenzen zur Renaissance neoklassischer Wirtschaftsvorstellungen dagegen ein von der Alternativbewegung eher ungewollter Trend zur Ausweitung des informellen Sektors in anderen Bereichen zu ergeben.

Mit der Ausweitung des tertiären Sektors (Dienstleistungsgesellschaft) ergeben sich vielfältige Verflechtungen zur informellen Ökonomie, insbesondere in der Form der **Haushaltswirtschaft**, **Selbstversorgungswirtschaft** und der **Selbsthilfeökonomie**.[83]

Bei **konsumbezogenen Dienstleistungen** werden auf vielfältige Weisen Tätigkeiten aus der formalen Wirtschaft auf die Haushalte übertragen. Dazu werden von den Unternehmen des sekundären Sektors entsprechende Problemlöser in Form von Produkten angeboten. Unterhaltungselektronik ersetzt z. B. Kino und Theater, die Waschmaschine die Wäscherei, Möbelaufbau erfolgt in Eigenarbeit, ebenso werden Haushaltsreparaturen in Eigenleistung durchgeführt oder Do-it-yourself im Heimwerkerbereich. Gleiches gilt für **distributive Dienstleistungen** insbesondere in den sich erheblich ausweitenden Formen diverser Selbstbedienungszwänge im Handel. Das Konzept der dualen Abfallentsorgung, wie es die Wirtschaft realisiert hat, ist ebenfalls in diesem Bereich anzusiedeln.

Von besonderer volkswirtschaftlicher Bedeutung ist die Verlagerung von Dienstleistungen in den informellen Sektor bei den **personenbezogenen Dienstleistungen**. Eine grobe Einteilung unterscheidet hier psychosoziale (Pflege, Betreuung, Erziehung, Gesundheitsdienste) und mentale (Information, Bildung) Leistungen. Ihre Erledigung wird in unserer Gesellschaft in weiten Bereichen durch den öffentlichen Sektor vorgenommen. Unter dem Diktat der leeren Kassen bzw. bei einer z. T. gewollten Reduzierung öffentlicher Sozialleistungen (Sozialabbau) werden insbesondere große Teile der psychosozialen Dienste in die Haushalte zurückverlagert bzw. Selbsthilfeorganisationen überlassen. Das gilt insbesondere für Kinderbetreuung, Alten- und Krankenpflege sowie Langzeitbetreuung. Teichert[84] stellt fest, daß ein Fünftel der 40 Mio erwachsenen Bundesbürger mit ca. 1,6 Mrd Stunden jährlich in ehrenamtlichen Positionen oder in Selbsthilfeorganisationen tätig sind. Diese Verlagerungen in den informellen Sektor gehen insbesondere zu Lasten von Frauen, die auf diese Weise als Manövriermasse dem überlasteten formalen Arbeitsmarkt entzogen werden sollen.

---

[83] Teichert, V., Auf dem Weg in die Dienstleistungsgesellschaft? In: Wirtschafts-Spiegel, Heft 2 1990, S. 4ff
[84] Ebenda, S. 5

Ein weiterer Bereich des informellen Sektors weitet sich gegen die erheblichen Anstrengungen des Gesetzgebers ständig aus - die **Schwarzarbeit**. Nach verschiedenen Schätzungen umfaßt der Wert dieser illegalen Tätigkeiten 400 - 600 Mrd.DM/Jahr und beträgt damit mehr als 20% des offiziellen Bruttosozialproduktes.

Folgende Gründe können für die Ausweitung des Phänomens "Schwarzarbeit" angeführt werden:

- Hohe Lohnnebenkosten, die teilweise mehr als 100% der eigentlichen Lohnkosten betragen,
- hohe Dauerarbeitslosigkeit,
- Arbeitsverbote für Asylbewerber,
- hohes Lohngefälle zwischen der ehemaligen DDR und der Alt-BRD.

Neben dem hohen Steuerausfall für die öffentlichen Kassen ist hier aus gesellschaftlicher Sicht insbesondere die fehlende soziale Absicherung der in diesem Bereich Tätigen nachteilig, die in einigen Jahren höheren Bedarf an Sozialhilfeleistungen wahrscheinlich macht.

III Umweltpolitik in der Bundesrepublik Deutschland

1 Der Staat als umweltpolitischer Akteur

1.1 Vorüberlegungen zu den Staatsfunktionen

Jede Gesellschaft schafft sich ihre eigene Staatsautorität, transponiert ihre gemeinschaftlichen Ansprüche an diese und erwartet deren Realisierung. Der Staat als Institution repräsentiert so die gesellschaftlichen Ziele - **jede Gesellschaft hat ihren Staat zu verantworten.**

Andererseits gewinnt die Institution "Staat" eigene Konturen, tritt aus der Gesellschaft heraus und steht ihr zumindest in Teilbereichen gegenüber. Insbesondere in einer pluralistischen Gesellschaft mit verschiedenen Weltanschauungen repräsentiert der Staat in der Regel nur **eine** Sichtweise, möglicherweise, aber nicht zwingend die der Mehrheit der Bevölkerung.

Staatswesen nach dem bundesdeutschen Zuschnitt werden dabei insbesondere von zwei Ebenen bestimmt. Die **Legislative** stellt die nach dem Mehrheitsprinzip gewählte Repräsentanz der Gesellschaft dar. Das primäre Ziel der hierbei konkurrierenden Gruppierungen ist die **Wiederwahl** und damit die **Erhaltung** bzw. **Gewinnung** der **Regierungsmacht**. Dieses Ziel wird auf zwei Wegen angestrebt.

- Einmal geschieht es durch die Formulierung von Politikstrategien, die des Volkes mehrheitliche Einstellungen wiedergeben. Das macht ein gewisses Maß an **Populismus** notwendig, das sich häufig an kurzfristigen Strömungen und Stimmungen in der Bevölkerung orientieren muß und zu Lasten einer langfristig-strategischen Politikausrichtung geht.

- Andererseits versuchen politische Gruppierungen zunehmend Freiräume gegenüber dem Wählerwillen zu gewinnen. Das geschieht vor allem durch eine massive Beeinflussung. Der Begriff der **Mediendemokratie** gehört in diesen Zusammenhang. Über die Vereinnahmung der Medien gelingt es Regierung und Parteien, gesellschaftsrelevante Informationen zu filtern oder zu verdichten und darüber die eigenen Vorstellungen mehrheitsfähig zu machen. Die Wahlkämpfe verkommen unter diesem Gesichtspunkt immer mehr zu inhaltsarmen Reklamefeldzügen, die ausschließlich nach den Erkenntnissen der Werbepsychologie konzipiert werden. WählerInnen werden zu "Stimmvieh" degradiert, das einmal pro Legislaturperiode zu funktionieren hat.

Nach unserem allgemeinen Staatsverständnis stellt die **Exekutive** den instrumentellen Unterbau des Staates dar. So existiert noch immer die allgemeine Vorstellung vom **Staatsdiener** in den staatlichen Verwaltungen, der loyal die Politikvorstellungen der Legislative in die Tat umsetzt bzw. als Dienstleistungsinstitution dem Volk zur Verfügung steht.

Parkinson[85] hat den Nachweis dafür geliefert, daß Verwaltungen vor allem auch staatlicher Institutionen in den letzten Jahren eine Eigendynamik entwickelt haben, die verschiedene Tendenzen aufweist:

- Verwaltungsapparate suchen nach neuen Aufgabenbereichen, vereinnahmen diese und vergrößern sich dabei. Mit zunehmender Größe wird die Aufgabenbearbeitung unübersichtlicher, der Personalaufwand größer und die Verwaltung der Verwaltung als Aufgabe bedeutender als der Inhalt.

- Problembereiche werden verwissenschaftlicht und einer wissenschaftlichen Bearbeitung unterworfen. Emotionen und Laienwissen werden ausgegrenzt. Die Institutionen werden mit Expertenmacht ausgestattet und gegenüber der Bevölkerung isoliert.

- Die Problembearbeitung wird systematisiert und bürokratisch zerlegt. Die Effizienz einer Problemlösung liegt dabei häufig mit der systematischen Verwaltung im Streit. Verwaltungen werden nach wie vor von Juristenmonopolen beherrscht.

- Verwaltungsakte werden somit sehr zeitaufwendig. Die Aufblähung der Verwaltung nach dem o. a. Schema führt zur Arbeitsüberlastung und zeitlichen Verzögerung bei der Aufgabenbewältigung.

Die dargestellten Tendenzen führen dazu, daß starke Verwaltungen zumindest in Teilbereichen die heimliche Macht im Staat darstellen. Die Legislative kann nur noch **das** problematisieren, was die Verwaltungsmacht zuläßt. Andererseits gelingt es so der Legislative häufig, unangenehme Problemlagen auf die Verwaltungsebene abzuschieben und ihnen die aktuelle Brisanz zu nehmen. Insofern besteht u. U. eine **heimliche Arbeitsteilung zwischen Legislative und Exekutive** zur gemeinsamen Machterhaltung bzw. -absicherung, die sich dabei möglicherweise auch über das Gemeinwohl hinwegzusetzen vermag.

---

[85] C. N. Parkinson hat in den sogen. Parkinsonschen Gesetzen nachgewiesen, daß Verwaltungen eine Tendenz zur Vergrößerung und Verselbständigung unabhängig von den anfallenden Aufgaben haben.
Vgl. Parkinson, C. N., *Parkinsons Law and other Studies in Administration*, Boston 1957.

Ein weiterer Problemableitungs- und -verdrängungsmechanismus ergibt sich durch verschiedene Zuständigkeiten der einzelnen Politikebenen. So erweist sich der Hinweis auf die Zuständigkeit der jeweils anderen Ebene (Gemeinde, Land, Bund, EU) für die Schuldzu- und -abweisung durchaus als hilfreich.

Hinzu kommt, daß es vielfältige Verbindungen und Interessenüberschneidungen zwischen staatlichen Institutionen und anderen gesellschaftlich relevanten Gruppen gibt. Das Gemeinwohl setzt sich immer aus einer Vielzahl von Partialinteressen zusammen. Es gilt als legitim, daß einzelne Lobby-Gruppen ihren Einfluß auf staatliche Institutionen ausüben, solange dadurch die Wahrnehmung persönlicher Interessen der Umworbenen nicht im Vordergrund steht (Vorwurf der Korruption).

VertreterInnen der Legislative sind aber auch immer Angehörige anderer gesellschaftlicher Gruppen, die sie möglicherweise repräsentieren. Damit wird die Vertretung des Gemeinwohls in der parlamentarischen Tätigkeit u. U. problematisch. Die Formel der Verantwortlichkeit vor dem eigenen Gewissen mit ihrer ganzen Fragwürdigkeit wird in der Praxis dabei weitgehend vom Fraktionszwang beherrscht, der wiederum die dominierenden Interessen repräsentiert. In bezug auf die Umweltpolitik ist dabei festzustellen, daß Umweltinteressen in der Regel nicht die primären Interessen der Mehrheit sind.

Tendenzielle Einflüsse auf die Staatsfunktionen

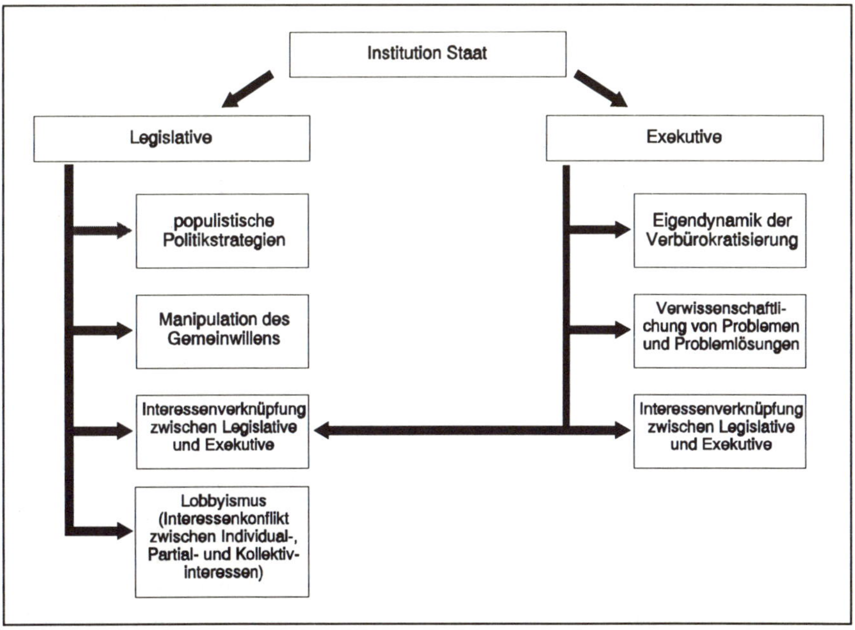

Die Feststellung dieser Zusammenhänge der Staatsfunktionen scheint notwendig zu sein, um Möglichkeiten und Grenzen der Umweltpolitik in der Bundesrepublik darstellen und verstehen zu können.

1.2 Zum Stellenwert der Umweltpolitik

Umweltpolitik ist ein neuer Politikbereich, der aus der Not der Umweltbedrohung geboren wurde. Die Gesellschaft hat dabei einen Teil ihrer Interessen an den Staat delegiert. Das Interesse an einer **Strategie** zur "Bearbeitung" der Umweltbedrohung ist dabei äußerst diffus und in seinen konkreten Ausprägungen gesellschaftlich umstritten.

Der Grund dafür liegt in der Konstruktion der Gesellschaft mit der **Dominanz der Individualität**. So schafft unser Rechtssystem Spielräume für **individuelle** Freiheit und überschaubare Formen der Vergesellschaftung. Unser Grundgesetz erfaßt die Grundrechte jedes einzelnen, sie spart aber die **Sinnstiftung** und inhaltliche Ausgestaltung der **Zusammensetzung der Individuen zu einer Gesellschaft** aus. Individualität wird zum Maßstab an sich erhoben, gesellschaftliche Ziele tabuisiert. *"Gerechtigkeit wird auf Rechtssicherheit im Sinne von Regelungen reduziert, die meßbar und vollstreckbar sein müssen."*[86] Die existentielle Frage nach dem Wert der Natur und die Bedeutung ihrer Erhaltung wird in dieser Gesellschaft nicht gestellt. Es werden lediglich Regelungen erlassen, die die Funktionszusammenhänge für einen begrenzten Zeitraum aufrechterhalten.

Im Mittelpunkt dieser individualisierten Gesellschaft steht das individuelle Erwerbsstreben. Dieses wird beherrscht von der Vorstellung, daß die Ausrichtung aller einzelnen Menschen auf Maximierung ihres persönlichen Nutzens das Gemeinwohl am effektivsten zu optimieren vermöge. So entspricht die kostenlose Nutzung des Kollektivgutes "Natur" uneingeschränkt der individuellen Rationalität. Andererseits muß das Gemeinwesen - und damit letztlich jedes Individuum - vor der konsequenten Ausnutzung dieser Rationalität bewahrt und geschützt werden. Dieser logische Bruch der Gesellschaftsauffassung setzt letztlich die Existenz unserer gesamten Spezies aufs Spiel.

Hier setzt die Funktion der Umweltpolitik an. Ihre Aufgabe ergibt sich somit aus dem Paradoxon, daß die Gesellschaft Instrumente entwickeln und durchsetzen muß, um vor sich selbst geschützt zu werden. **Umweltpolitik** kann aus dieser Systemlogik heraus nur **geduldetes Übel** sein, das dort seine Grenzen hat, wo der Leidensdruck der Gesellschaft endet. Vor diesem Hintergrund darf von einer systemimmanenten Umweltpolitik nicht zu viel erwartet werden. Sie kann immer nur die Freiräume nutzen, die der gesellschaftliche Grundkonsens bzw. die Realpolitik ihr lassen. Sind die mehrheitlichen Vorstellungen hier kurzfristig

---

[86] Hobbensiefken, G., a. a. O., S. 115

ausgerichtet, so kann die Umweltpolitik auch nur kurzfristig orientierte Ziele angehen.

Ansatzmöglichkeiten der Umweltpolitik

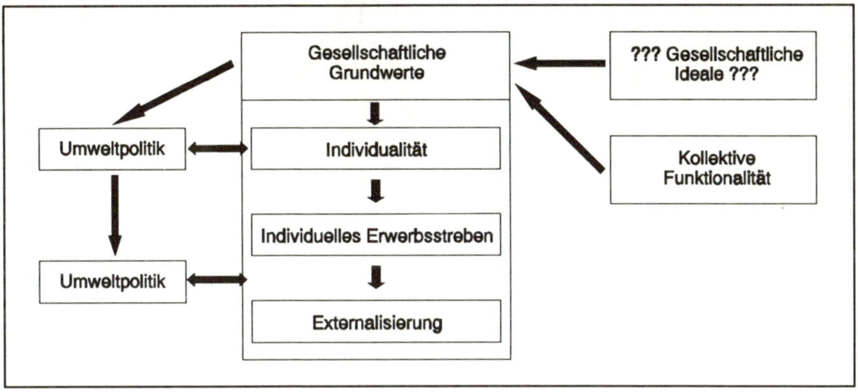

Eine systemtranszendierende Umweltpolitik ist zwar grundsätzlich denkbar. Sie setzt aber den **mehrheitlichen Willen** zur Veränderung der gesellschaftlichen Grundbedingungen voraus. Dabei hat sie gegen die verfestigten Machtstrukturen des Establishments zu kämpfen, die an der Erhaltung des Status-quo interessiert sind. Hier handelt es sich hauptsächlich um individuelle Wirtschaftsinteressen. Wesentliche Bereiche der Politik in Legislative wie in Exekutive so wie die bedeutenden Medien sind diesen herrschenden Strukturen aber auf die eine oder andere Weise verpflichtet. Eine systemverändernde Opposition, die systembedingte Ursachen der Umweltbelastung beseitigen will, erhält so nur schlechte Voraussetzungen zur Politikumsetzung eingeräumt.

1.3 Phasen der Umweltpolitik in der Bundesrepublik

Vor dem unter 1.2 festgestellten Hintergrund ist die Entwicklung der Umweltpolitik in der Bundesrepublik zu betrachten. Die dargestellten Phasen lassen sich nicht exakt gegeneinander abgrenzen. Verschiedene Entwicklungen überlagern sich und verschieben sich zeitlich gegeneinander. Deshalb sind die Angaben der Zeiträume nur als grobe Anhaltspunkte zu betrachten.

- **Die 1. Phase bis 1961**

Hier spielt Umweltpolitik im heutigen Sinne noch keine Rolle. Die Gestaltungsrolle der Politik richtet sich hauptsächlich auf den Wiederaufbau des zerstörten Landes. Der Wiedererrichtung von Schlüsselstrukturen, die Schaffung von Arbeitsplätzen und die Mehrung des individuellen Wohlstandes sind wesentliche Kennzeichen dieser Politik. Umweltprobleme bestehen zwar auch hier, sie werden aber nicht als existentielle Bedrohung aufgefaßt, sondern eher als hinzunehmende Begleiterscheinungen der Wohlstandssteigerung.

- **Die 2. Phase 1961-69**

Die Umweltprobleme in den industriellen Ballungszentren können nicht mehr ignoriert werden. Die SPD führt 1961 den Bundestagswahlkampf mit dem Slogan: "Der Himmel über der Ruhr muß wieder blau werden." Eine erste Strukturkrise mündet in eine große Koalition, die ein "Stabilitätsgesetz" zur Verstetigung der Wirtschaftsentwicklung erläßt. Hier wird das Eingreifen des Staates in den Wirtschaftsablauf zur Erreichung gesamtwirtschaftlicher Ziele festgelegt.

Umweltpolitik spielt im Stabilitätsgesetz als gesamtwirtschaftliches Ziel keine Rolle. Erste umweltrelevante Verordnungen und Gesetze werden erlassen. Hier sind insbesondere die Emissionsschutzgesetze zu erwähnen, die den Terminus "Stand der Technik" zum Maßstab für die umweltschützende Ausrüstung einer Produktionsstätte machen.

- **Die 3. Phase 1969-81**

Die Zeit der sozial-liberalen Koalition ist in der Rückschau durch mehrere Entwicklungen gekennzeichnet:

- Stärkere Betonung des sozialen Ausgleichs in der Politik,
- Versagen der antizyklischen Wirtschaftspolitik mit Zunahme der Staatsverschuldung,
- das uneingeschränkte Wachstumsstreben gerät in eine erste Sinnkrise,
- heftige Auseinandersetzungen zwischen Staatsapparat und "neuen sozialen Bewegungen".

Gerade der letzte Punkt hat starke Auswirkungen auf die Umweltpolitik. Das Wachstumsdenken wird insbesondere von der Jugend in Zweifel gezogen. Wachsende Umweltbedrohungen führen zu einer stärkeren Umweltsensibilisierung in der Bevölkerung. Der Begriff des **Umweltschutzes** wird in den allgemeinen Sprachgebrauch aufgenommen.

In bezug auf den Umweltschutzgedanken ragt aus den sozialen Bewegungen insbesondere die Anti-AKW-Bewegung heraus. Heftige, teilweise gewalttätige Auseinandersetzungen können aber nicht verhindern, daß die Kernkraft als Energiequelle weiter an Boden gewinnt.

Der Umweltschutzgedanke gewinnt eine so große Bedeutung, daß 1980 die sozialen Bewegungen mit den GRÜNEN eine eigene Partei gründen, die mit den Anspruch antritt, systemüberwindende Gesellschaftsmodelle zu entwickeln, um der Umweltbedrohung zu begegnen. International wohl das bedeutendste Ereignisse dieser Zeit ist Veröffentlichung der Studie "Grenzen des Wachstums" von Meadows 1972 für den Club of Rome, in dem erstmalig die Begrenztheit der Ressourcen und der Erde als Lebensraum einer breiten Öffentlichkeit verdeutlicht wird. "Global 2000, der Bericht an den Präsidenten" aus dem Jahre 1980 ist eine umfassendere und fundiertere Studie über die Entwicklung der Erde bis zum Jahr 2.000, die die schlimmen Befürchtungen der ersten Studie bestätigt, teilweise noch übertrifft.

1971 wird ein Umweltprogramm der Bundesregierung verabschiedet. Hier werden erstmalig Aufgaben einer staatlichen Umweltpolitik formuliert.

Durch Grundgesetzänderung von 1971 und 72 erhält der Bund die Zuständigkeit für den Tierschutz sowie die Abfallbeseitigung, die Luftreinhaltung und die Lärmbekämpfung. In der Folge wird eine Fülle von Bundesgesetzen zur einheitlichen Regelung dieser Bereiche verabschiedet.

- **4. Phase ab 1981**

Die 80er Jahre sind durch eine Reihe von Umweltkatastrophen gekennzeichnet (Tschernobyl, Sandoz, Robbensterben, Algenpest, etc.). Daneben werden die Grenzen der Umweltbelastung durch den Normalbetrieb unserer Industriegesellschaft immer deutlicher. Waldsterben, Müllnotstand, biologisch tote Gewässer, Bodenvergiftung, Trinkwasserbelastungen, Klimaveränderungen sind Anzeichen dafür.

Mit dem Eintritt der GRÜNEN in den Bundestag 1983 wird eine politische Kraft parlamentarisch aktiv, die Umweltschutz zu der wesentlichsten Aussage ihrer Politik gemacht hat. Nicht zuletzt wegen dieser Entwicklung gewinnt Umweltpolitik bei den sogenannten etablierten Parteien zunehmend an Bedeutung. 1986 werden die auf dem Gebiet des Umweltschutzes bisher von der Bundesregierung auf verschiedene Ressorts verteilten Zuständigkeiten in einem eigenständigen **Umweltministerium** gebündelt.

National wird eine Fülle von Gesetzen, Verordnungen und Anleitungen novelliert und verschärft. Zentrale Aufgabe ist dabei die Festlegung von Grenz- und Richtwerten für Emissionen und Immissionen sowie die Formulierung von Anforderungen an den Betrieb bestimmter Anlagen.

International findet eine Reihe von Konferenzen auf der Ebene von Ministern und Regierungschefs statt, da Umweltbedrohung zunehmend als grenzüberschreitendes Problem erkannt wird. Wirksame und nachhaltige Vereinbarungen werden dabei aber insgesamt nur in geringem Umfang getroffen.

1.4 Kennzeichen des gesellschaftlichen Umweltschutzes

1.4.1 Typischer Ablauf der Behandlung eines Umweltproblems

Die unter 1.2 festgestellte Individualisierung innerhalb der Gesellschaft mit der Betonung des erwerbswirtschaftlichen Strebens hat bestimmte Charakteristika hervorgebracht, wie die Gesellschaft insgesamt mit der wachsenden Umweltbedrohung umgeht.

Simonis[87] hat den typischen Ablauf der Behandlung eines Umweltproblems treffend charakterisiert:

- 1. Phase: Gesellschaftliche Tabuisierung

Große Teile der Bevölkerung, die staatstragenden Parteien und Teile der meinungsführenden Medien verweigern die Wahrnehmung einer Umweltbedrohung.

- 2. Phase: Meßstreit

Ein Schädigung ist grundsätzlich nicht mehr auszuschließen bzw. zu ignorieren. Wissenschaftler werden bemüht, eine Belastung festzustellen, andere, diese zu bezweifeln. Die Diskussion wird verwissenschaftlicht und entemotionalisiert. Sie befaßt sich mit technischen Details.

- 3. Phase: Gesellschaftliche Kontroverse

Das Problem ist nicht mehr zu ignorieren. Die Ursachenforschung beginnt. Potentielle Verursacher weisen ihr Verschulden ab auf andere potentielle Verursacher. Ein wissenschaftlicher Streit beginnt, der sich auf eine naturwissenschaftlich-technische Ebene begibt. Es werden Gutachten und Gegengutachten erarbeitet. Langsam werden erste Lösungsversuche vorgestellt und durchgesetzt.

Am Beispiel Waldsterben können diese Phasen nachvollzogen werden. Auch hier wurde das Problem lange Zeit verdrängt (Warme Sommer, Borkenkäferplage, etc.). Als diese Verdrängung nicht mehr möglich war, begann der Wissenschaftlerstreit über die Frage, ob Schwefeloxid, Stickoxid oder Blei die auslösenden Faktoren sind. Im nächsten Schritt wurde damit begonnen, die schon entstandenen Schäden systematisch zu erfassen (Waldschadensberichte). Erst dann wurden Zusammenhänge zu bestimmten industriellen Aktivitäten hergestellt und entsprechende Regelungen erlassen: Großfeuerungsanlagenverordnung und Ent-

---

[87] Simonis, U.E., Ökologische Orientierung der Ökonomie. In: Jänicke, M. u.a. (Hrsg.),Wissen für die Umwelt, a. a. O., S. 218

schwefelung von Großkraftwerken. Danach setzte die langandauernde Diskussion über Sinn und Einsatz des Katalysators beim PKW ein, die schließlich ebenfalls zu einer Regelung führte. Die gesellschaftliche Auseinandersetzung über die Einführung von Tempolimits hält immer noch an.

Ähnliche Abläufe ließen sich ohne Schwierigkeiten auf andere Umweltbelastungen übertragen. Das Schema des Vorgehens beinhaltet bestimmte **Charakteristika**, wie sie in der gesellschaftlichen Behandlung von Umweltproblemen in Deutschland wie auch in anderen Industrienationen deutlich werden.

Diese Kennzeichen können 3 grundlegenden Entwicklungslinien zugeordnet werden:

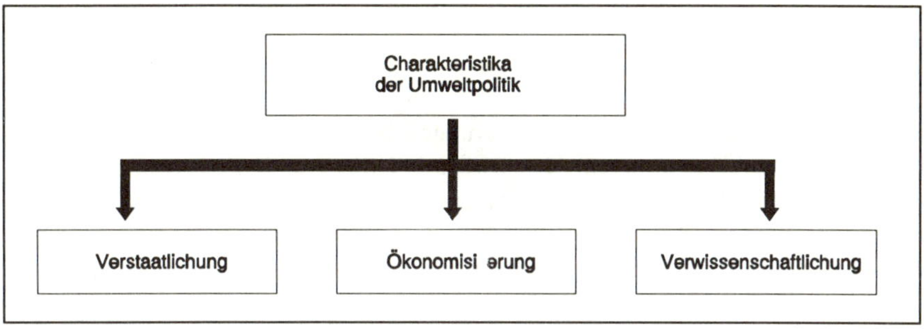

1.4.2 Verstaatlichung von Umweltproblemen

Eine Gesellschaft, die plötzlich mit Problemen konfrontiert wird, für deren Lösung sie keine Mechanismen oder Strategien parat hat, hat grundsätzlich die Möglichkeit, **systemüberwindend** nach neuen Gesellschaftsmodellen zu suchen **oder innerhalb des herrschenden Systems** Regularien zu entwickeln, die bisheriges Verhalten ändern. Hat die erste Strategie eher den Charakter von Freiwilligkeit, so haftet der 2. Möglichkeit ein gewisser Zwangscharakter an, der Verhaltensänderungen mit Hilfe eines gesellschaftlichen Sanktionsapparates einfordert.

Eine systemkonforme Strategie, wie wir sie in Deutschland vorfinden, benötigt einen entsprechenden gesellschaftlichen Rahmen. Der Staat muß zum Hüter und Beschützer der Umwelt und Natur gegenüber partiellen Interessen in der Gesellschaft werden. Die Verstaatlichung von Umweltproblemen weist dabei drei Merkmale auf:

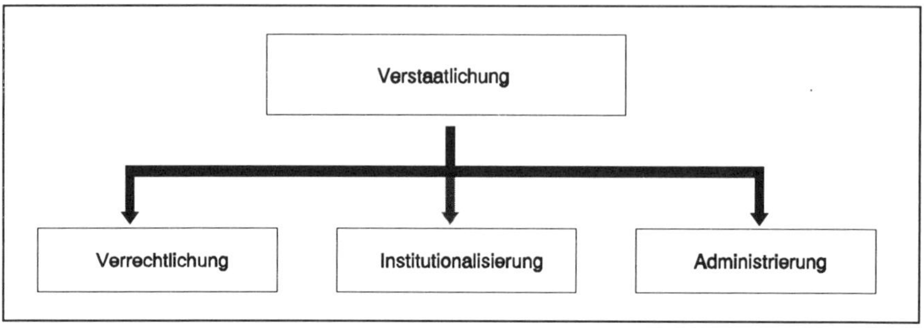

1.4.2.1 Verrechtlichung

Verhaltenseinschränkungen und -änderungen müssen für die Gesellschaft verbindlichen Charakter erhalten. Das wird mit Hilfe von **Gesetzen** und **Verordnungen** erreicht. Mit Beginn der 70er Jahre ist eine Flut von Rechtsverordnungen für den Umweltschutz erlassen worden. Ziel ist es dabei insgesamt weniger, umweltgerechtes Verhalten zu bewirken. Vielmehr sollen Umweltschäden auf ein definiertes Maß reduziert werden.

Das geltende Umweltrecht in der Bundesrepublik Deutschland basiert im wesentlichen auf einem **ordnungsrechtlichen System**. Darunter wird ein **imperatives Vorgehen** des Staates verstanden, ein Handeln durch **Auflagen**.[88] Auflagen im juristischen Sprachgebrauch sind Nebenbestimmungen zu einem begünstigenden Verwaltungsakt, "durch die dem Begünstigten ein Tun, Dulden oder Unterlassen vorgeschrieben wird" (§ 36, Abs. 2, Nr. 4 Verwaltungsverfahrensgesetz).

Die Instrumente dieses Rechtssystems gehören zum Polizeirecht, Gewerberecht, Baurecht sowie dem Allgemeinen Verwaltungsrecht. Zu den klassischen administrativen Kontroll- und Eingriffsinstrumenten gehören dabei insbesondere:[89]

- Anmelde- und Anzeigepflichten,
- gesetzliche Vorbehalte von Gestattungsakten wie Genehmigungen, Erlaubnissen, Bewilligungen und Planfeststellungen,
- dabei zu treffende Nebenbestimmungen (z. B. Schutzauflagen),
- nachträgliche Anordnungen zur Beschränkung gültiger Gestattungsakte,
- deren Rücknahme oder Widerruf,

---

[88] Breuer, R., Grundprobleme des Umweltschutzes aus juristischer Sicht. In: Wenz, E.M. u.a. (Hrsg.), Ökologie, Ökonomie und Jurisprudenz, München 1987, S. 26.

[89] Ebenda, S. 27

- repressive Untersagungs-, Stillegungs- und Beseitigungsverfügungen,
- laufende administrative Überwachungen bestimmter Anlagen und Tätigkeiten, verbunden mit behördlichen Messungen, Untersuchungen und Einsichtnahmen,
- Meß-, Buchführungs-, Nachweis-, Auskunfts- und Anzeigepflicht der Eigentümer bzw. Unternehmer.

Die Ausgestaltung dieses komplexen Regelwerkes weist einige Besonderheiten auf, die bei der Beurteilung der Effizienz zu berücksichtigen sind:

1. Die bisherigen Umweltgesetze sind weitgehend auf einzelne Umweltmedien ausgerichtet (Boden, Wasser, Luft). Die Vernetzung ökologischer Systeme bzw. die Wirkungen auf die Natur insgesamt bleiben weitgehend unberücksichtigt.

2. Der Interessenschutz orientiert sich überwiegend, teilweise ausschließlich am Schutz des Lebens, der Gesundheit und dem Wohlbefinden von **Menschen**, weniger am Wert und der Erhaltung der Natur an sich.

3. Das Regelwerk ist weitgehend auf **Gefahrenabwehr** ausgerichtet. Die Formulierung von Umweltstandards (Grenzwerten) orientiert sich dabei insbesondere an Schädlichkeitsschwellen, sowie sie nach dem aktuellen wissenschaftlichen Stand feststellbar sind.

4. In Teilbereichen trägt die Umweltgesetzgebung dem förderativen Aufbau der Bundesrepublik Rechnung. So haben die Länder für Naturschutz, Landschaftspflege und den Wasserhaushalt eigene Gesetzgebungskompetenzen. Dadurch kommt es teilweise zu unterschiedlichen Regelungen innerhalb der Bundesrepublik.

5. Nationales Recht unterliegt den Einschränkungen der Anwendung auf nationale Lösungen. Umweltprobleme zeigen sich aber vermehrt als **grenzüberschreitende Erscheinungen**.

Die Beurteilung des bundesdeutschen Umweltrechtes in seiner aktuellen Form ist differenziert zu betrachten. Unterschiedliche Interessengruppen kommen zu verschiedenen Gesamturteilen.

- Die Bundesregierung und die sie tragenden Parteien verweisen auf den hohen Standard, die dynamische Weiterentwicklung und Verschärfung von Umweltstandards und damit den Vorbildcharakter für andere Länder insbesondere im Wege einer EU-Harmonisierung.

- Die bundesdeutsche Wirtschaft schränkt ein, daß die differenzierte Ausgestaltung des Ordnungsrechtes flexible und ökonomisch verhältnismäßige

Lösungen nicht zulasse. Weitergehende innovatorische Vorgehensweisen im Umweltschutz, die betriebs- und volkswirtschaftlich umweltschonender, effizienter und kostengünstiger wären, würden dadurch verhindert.

- Naturschutz- und Umweltverbände verweisen auf die weiter fortschreitenden Schäden an der Natur in ihren vielfältigen Daseinsformen, denen ein anthropozentrisch ausgerichtetes Rechtssystem nicht wirksam begegnen.

- Allgemein wird ein **Vollzugsdefizit** beklagt. D. h. Gesetze werden von der Exekutive nicht in hinreichendem Maße zu einem Vollzug geführt. Dafür mangelt es z. T. an operationalisierbaren Verwaltungsvorschriften, zum anderen ist häufig qualifiziertes Personal nicht im ausreichenden Maße vorhanden. In Teilbereichen ist auch festzustellen, daß aus **ökonomischen Gründen** Behörden darauf verzichten, einschränkende Maßnahmen gegenüber Unternehmen zur Anwendung zu bringen.

Storm[90] sieht den Beginn einer zweiten "legislativen Phase", die die Regeln des Umweltrechtes qualitativ verbessern sollen. Am Ende könnte dabei die Schaffung eines einheitlichen Umweltgesetzbuches stehen.

Breuer[91] hat neuere Fortentwicklungen des bundesdeutschen Umweltrechtes in 10 Punkten festgestellt. Dabei ist anzumerken, daß deren Erfüllung sich allerdings erst in fragmenthaften Anfängen zeigt. Die Tendenzen:

1. Vom anthropozentrischen zum ressourcenökonomischen und ökologischen Interessenschutz, (Neben dem Schutz von Menschen soll der gesonderte Schutz von Tieren, Pflanzen und anderen Sachgütern gewährleistet sein.)

2. von der freien Nutzung zur öffentlichen Bewirtschaftung der Umweltgüter, (Bestimmte Medien, z. B. Gewässer, dürfen prinzipiell nur im Rahmen öffentlichrechtlicher Sondernutzungen genutzt werden.)

3. vom rein medialen zum medienübergreifenden Umweltschutz, (Ausbau von Schutzrechten, die sektoren- und medienübergreifend geschlossene Ökosysteme erfassen.)

4. von der bloßen Gefahrenabwehr zur Risikovorsorge, (Stärkere Berücksichtigung der Vorsorge unabhängig bzw. unterhalb von definierten Schädlichkeitsschwellen).

---

[90] vgl. Storm, D.-C., Einführung zur dtv-Sammlung "Umwelt-Recht", München 1989, S. 11

[91] Breuer, R., a. a. O., S. 32ff

5. von der primären Immissionsbegrenzung zur Emissionsbegrenzung, (Ausgangspunkt von Umweltschutzüberlegungen soll die Quelle der Umweltbelastungen und nicht erst die Auswirkungen umweltbelastender Tätigkeiten in den Umweltmedien sein.)

6. von statischen zu dynamischen Anforderungen, (dabei geht es insbesondere um die Berücksichtigung von neuen Erkenntnissen und Bewertungen sowie die Verschärfung von Anforderungen an genehmigte Altanlagen).

7. vom Maßstab allgemein anerkannter Regeln der Technik zu den verschärften Anforderungen des Standes der Technik oder des Standes von Wissenschaft und Technik,

8. vom konkret-individuellen zum generalisierenden Maßstab der Verhältnismäßigkeit, (gebotene Abwägungen sollen nicht für einen Einzelfall, sondern für den gesamten Anwendungsbereich einer Emission gelten.)

9. von der durchgehenden Fiktion der einzig richtigen rechtlichen Lösung zur differenzierten Anerkennung naturwissenschaftlich-technischer Erkenntnisspielräume und administrativer Standardisierungsspielräume (tendenziell soll die verwaltungsgerichtliche Kontrolle zugunsten größerer Entscheidungsspielräume exekutiver Bereiche unter Hinzuziehung der Wissenschaften verringert werden).

10. von ausschließlich fixen zu teilweise variablen Handlungsgeboten. (Abweichungen von normativen Forderungen sollen erlaubt sein, wenn z. B. Kompensationslösungen bestehen und dadurch marktwirtschaftlich effizientere Lösungen erreicht werden).

1.4.2.2 Institutionalisierung und Administrierung

Das Umweltrecht kann nur den Rahmen für Einschränkungen umweltbelastenden Verhaltens setzen. Wie erfolgreich die **Umsetzung** ist, wird von der Exekutive und den Wirtschaftssubjekten bestimmt. Rechtliche Regelungen werden durch die Legislative initiiert, erarbeitet und verabschiedet - zumindest formal. Ein Großteil der notwendigen Arbeiten erfolgt aber in den zuständigen Fachbehörden (insbesondere den Fachministerien durch Erarbeitung von Referentenentwürfen). Insofern ergeben sich beiderseitige **Wechselwirkungen zwischen Gestaltung und Vollzug** des Umweltrechtes.

Mit der Formulierung des Umweltprogrammes der Bundesregierung von 1971 wird Umweltpolitik erstmalig definiert. Die Zuordnung der umweltpolitischen Kompetenzen wird zum Streitobjekt innerhalb der Bundesregierung. Umweltbelastungen werden als Folge menschlichen Fehlverhaltens interpretiert, Umweltschutz entsprechend als Schutz der inneren Sicherheit der Gesellschaft angesehen und damit folgerichtig weitgehend dem Bundesministerium des Inneren zugeordnet.[92]

Es findet die folgende Ressortaufteilung der Umweltkompetenzen des Bundes statt:

Ressortaufteilung in der Umweltpolitik	
Ressort	**Federführung**
Luft (Reinhaltung der Luft)	BMI
Wasserwirtschaft	BMI
Offenes Meer einschl. Ölverschmutzung (Hohe See und Küstengewässer)	BMV
Lärm (Lärmbekämpfung)	BMI
Saubere Technologien und Produkte (Umweltfreundliche Technik)	BMBW
Biozide und Schadstoffe (Umweltchemikalien und Biozide)	BMJFG
Strahlenbelastung und Strahlenschutz (Umweltradioaktivität und Strahlenbelastung)	BMBW
Abfallbeseitigung	BMI
Naturschutz und Landschaftspflege	BML
Raumordnung und Städtebau	BMI
BMI:	Bundesministerium des Innern
BMV:	Bundesministerium für Verkehr
BMBW:	Bundesministerium für Bildung und Wissenschaft
BMJFG:	Bundesministerium für Jugend, Familie und Gesundheit
BML:	Bundesministerium für Ernährung, Landwirtschaft und Forsten

Quelle: Hobbensiefken, G., a. a. O., S. 120

1986 wird das Bundesministerium für Umwelt, Naturschutz und Reaktorsicherheit (BMU) gebildet. Es erhält die Zuständigkeit für die folgenden Bereiche:[93]

- Luftreinhaltung
- Lärmbekämpfung,
- Wasserwirtschaft und Gewässerschutz,
- Abfallwirtschaft,
- Naturschutz und Landschaftspflege,
- Bodenschutz,
- Chemikalien,

[92] vgl. Hobbensiefken, G., a. a. O., S. 119f
[93] Umweltpolitik. Bilanz des BMU, Bonn 1987, S. 13

- gesundheitliche Belange des Umweltschutzes,
- Sicherheit kerntechnischer Anlagen,
- Strahlenschutz.

Bei der Erfüllung seiner Aufgaben wird das BMU durch folgende ihm nachgeordneten Behörden unterstützt:

- das Umweltbundesamt (UBA) in Berlin,
  ihm obliegt u. a. die wissenschaftliche Unterstützung des Bundesumweltministeriums insbesondere bei der Erarbeitung von Gesetzen und Verordnungen
- die Bundesforschungsanstalt für Naturschutz und Landschaftsökologie (BFANL) in Bonn,
- das Bundesamt für Strahlenschutz (BfS) in Salzgitter.

Da der Umweltschutz ein Querschnittsbereich ist, werden auch nach wie vor andere Bundesministerien von Umweltaufgaben tangiert. Wicke hat die wichtigsten Kompetenzverteilungen aufgelistet[94]:

Der Bundesminister für Ernährung, Landwirtschaft und Forsten ist für Landschaftspflege und Tierschutz zuständig. Weiterhin besitzt er die Federführung für das Bundeswald-, Pflanzenschutz-, Futtermittel- und Düngemittelgesetz.

Der Bundesminister für Raumordnung, Bauwesen und Städtebau ist für die Raum- und Siedlungspolitik, Raumordnungsplanung, Stadtentwicklungsplanung und Bauleitplanung zuständig.

Der Bundesminister für Verkehr ist für die Realisierung umweltpolitischer Ziele im Bereich des Verkehrs zuständig, insbesondere beim Verkehrswegebau (Bundesfernstraßen, Bundeswasserstraßen, Schienenwege und Flughäfen) sowie bei der Reduzierung von Gefahren und Belästigungen durch den Verkehr.

Der Bundesminister für Jugend, Familie, Frauen und Gesundheit nimmt human- und veterinärmedizinische Aspekte des Umweltschutzes wahr. Der Bundesminister für Forschung und Technologie ist für die Forschungs- und Technologiepolitik verantwortlich. In diesem Rahmen fördert er die Entwicklung umweltfreundlicher Technologien und die Weiterentwicklung des "Standes der Technik" bei der Vermeidung und Beseitigung von Umweltgefahren.

Der Bundesminister für Wirtschaft ist für Fragen der Rohstoff- und Energiepolitik zuständig. Außerdem ist er federführend für gewerberechtliche Gesetze, die häufig Belange des Umweltschutzes tangieren. Zur Koordinierung der Berüh-

[94] Wicke, L. (1989), a. a. O., S. 150

rungspunkte einzelner Ministerien existiert ein **Kabinettsausschuß für Umweltfragen**.

Neben dieser Aufteilung des Umweltschutzes auf die Umweltmedien erfolgt eine Kompetenzenverteilung auf die verschiedenen Zuständigkeitsebenen der **Exekutive**. Wenn die Umweltgesetze weitgehend der Kompetenz des Bundes zugeordnet sind, so sind die Länder vor allem durch ihre Zuständigkeit für den **Vollzug** der Umwelt-Rechtsvorschriften des Bundes und der Länder eingebunden. Die Länder bestimmen die Einrichtung der Behörden und die Verwaltungsverfahren, soweit nicht Bundesgesetze mit der Zustimmung des Bundesrates etwas anderes vorsehen. Die Koordinierung der Aktivitäten zwischen Bund und Ländern erfolgt auf der **Umweltministerkonferenz**, die unter Leitung des Bundes-Umweltministers einberufen wird.

Der Vollzug der Länderkompetenzen wird auf die einzelnen Verwaltungsebenen und Regionen verteilt, von den Landesbehörden über die Regierungsbezirke und Kreise bis zu den Gemeinden. Den Kommunen kommt in diesem System eine besondere Bedeutung zu. So bilden sie einmal die untere Ebene des Vollzugs von Bundes- und Landesgesetzen (z. B. Untere Landschaftsbehörden), andererseits kommt ihnen im Rahmen der **kommunalen Selbstverwaltung** auch eine erhebliche gestalterische Aufgaben im Umweltschutz zu.

So gehören vor allem folgende Aufgaben zum **kommunalen Umweltschutz**:

- Bauleitplanung,
- Verkehrs- und Grünplanung
- Stadtreinigung und Abwasserbeseitigung,
- Ausbau der Abfallverwertung,
- Sanierung von Altlasten,
- Sanierung alter Kanalisationsnetze,
- Sanierungs- und Vorsorgemaßnahmen im Lärmschutz,
- Intensivierung von Naturschutz und Landschaftspflege,
- Beachtung der Umweltverträglichkeit bei der Energieversorgung.[95]

Die ordnungsrechtlichen Aufgaben des Staates im Bereich des Umweltschutzes sind in den 80er Jahren kontinuierlich gewachsen. Die Gesetzeslage kann mit Abstrichen im internationalen Vergleich durchaus als befriedigend betrachtet werden. Große Mängel werden allerdings im Bereich des **Vollzuges** gesehen. Dafür gibt es mehrere Gründe:

- Es fehlen operationalisierbare Verwaltungs- und Vollzugsvorschriften auf der Maßnahmenebene,
- es herrscht Kompetenzenstreit zwischen den verschiedenen Politikebenen,

[95] vgl.: Bilanz des Umweltministers 1990, a. a. O., S. 38

- viele Behörden verfolgen neben Umweltschutzaufgaben solche, die **ökonomische** Ansprüche an die Umwelt zu vertreten haben und geraten damit in einen **Interessen-** und **Abwägungskonflikt** (so z. B. Verkehrs-, Landwirtschafts- oder Wirtschaftsministerien),
- es fehlt an Vollzugs- und Kontrollinstitutionen bzw. an qualifiziertem Personal,
- es werden nicht die nötigen Finanzmittel für entsprechende Institutionen bereitgestellt,
- es fehlt am **politischen Willen** zur Durchsetzung von Gesetzen und Verordnungen. So verzichten Behörden z. T. auf den Vollzug von Umweltschutzregelungen bei Unternehmen aus ökonomischen und arbeitsmarktpolitischen Gründen als Beitrag zur regionalen Wirtschaftsförderung.

Die Aufsplitterung des Umweltschutzes auf einzelne Umweltmedien mit deren Bearbeitung durch verwaltungstechnisch organisierte Ressortkompetenzen beherrscht die bundesdeutsche Umweltpolitik. Umweltschutz wird so **verwaltbar** gemacht.

1.4.3 Ökonomisierung von Umweltproblemen

1.4.3.1 Bedingungen der Ökonomisierung

Die Tatsache der Existenz des Menschen an sich wie insbesondere seine produktiven und konsumptiven Aktivitäten sind Ursachen für die Naturbelastung. Umweltökonomen vermitteln das Idealbild einer vollständig monetarisierten Umwelt, in der die Nutzung aller Umweltgüter über Zahlungsvorgänge geregelt ist. Über Verhandlungen auf Umweltmärkten ließe sich - so die Vorstellung - ein Gleichgewicht der Umweltnutzung herbeiführen. Voraussetzung einer solchen Idealvorstellung wäre die vollständige Internalisierung aller Belastungen.

Die Realität ist aber durch drei Einschränkungen gekennzeichnet, die die konsequente Anwendung dieses Prinzips verhindern:

1. Nicht alle Bestandteile und Belange der Natur lassen sich in ökonomischen Größen erfassen.
2. Nicht alle Umweltbelastungen lassen sich bestimmten Verursachern eindeutig zuordnen.
3. Das individuelle Erwerbsstreben im Wettbewerb zwingt Wirtschaftssubjekte zur Externalisierung von Umwelteffekten.

Folglich wird nur **ein Teil** der Natur ökonomisch erfaßt und behandelt, nämlich in den vielfältigen Formen des **Produktionsfaktors Boden als Objekt der Produktion.**

Die Einflußnahme des Staates auf das umweltrelevante Verhalten der Wirtschaftssubjekte ist damit durch folgende ökonomischen Aspekte gekennzeichnet:

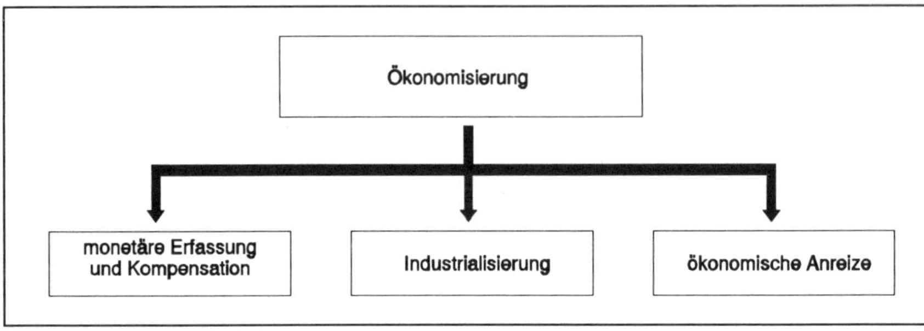

1.4.3.2 Monetäre Erfassung und Kompensation

Ein Weltbild, welches die Ökonomie zum beherrschenden Maßstab des Lebens gemacht hat, ist bemüht, auch die Natur selbst und unser Verhältnis zu ihr ökonomisch zu erfassen. Die populärsten Werke der Umweltökonomie der letzten Jahre beschäftigen sich damit, die menschlichen Einflüsse auf die Natur zu **ökonomisieren**, d. h. zu quantifizieren und monetär zu erfassen.

Für Wicke ist die Kenntnis der ökonomischen Dimension der Umweltbelastung sowie der Umweltschäden von größter Bedeutung.[96] Sein Werk "Die ökologischen Milliarden"[97] versucht erstmalig, die Umweltbelastungen in ihrer Gesamtheit zu erfassen, zu quantifizieren und monetär zu bewerten. Er kommt dabei für das Jahr 1984 zu rechenbaren Schäden für die Bundesrepublik Deutschland in Höhe von 103,5 Mrd. DM. Es sei allerdings schon an dieser Stelle vermerkt, daß monetäre Bewertung auf erhebliche Schwierigkeiten stößt, die den Wert der ermittelten Zahlen relativieren.

Eine neuere Studie des Umwelt- und Prognose-Institutes Heidelberg (UPI) kommt für 1989 auf eine Gesamtschadensbelastung von 475 Mrd. DM. Damit belaufen sich die ökologischen und sozialen Kosten der Umweltbelastung auf ca. 20% des Bruttosozialproduktes. Die Erfassung der ökologischen Schäden soll Hinweise auf die **Ausrichtung** und **Dringlichkeit** der **Schadensbeseitigung** geben. Damit soll die **Umweltpolitik** konkrete Anhaltspunkte erhalten, in welchen Bereichen und mit welcher Intensität sie in das wirtschaftliche Geschehen eingreifen soll.

[96] Wicke. L. (1989), a. a. O., S. 109

[97] Wicke, L., Die ökologischen Milliarden, München 1986

Leipert hat die Untersuchung der Umweltschutz- und Schadenskosten in 5 verschiedene Kategorien eingeteilt:[98]

- **1. Kategorie: Defensive und kompensatorische Kosten**
  Hierunter sind Vermeidungs-, Schutz- und Umstellungskosten zu verstehen. Charakteristisch für diese Kosten ist, daß sie zu direkten ökonomischen Belastungen der Wirtschaftssubjekte führen.

- **2. Kategorie: Zusätzliche Transferkosten**
  Gemeint sind die staatlich regulierten Umverteilungen der Einkommen, z. B. Lohnfortzahlungen im Krankheitsfall für Menschen, die Umweltbelastungen ausgesetzt waren. Solchen Zahlungen stehen keine ökonomischen Aktivitäten gegenüber.

- **3. Kategorie: Produktions- und Einkommensverluste**
  Dabei handelt es sich um Verluste, die eine Verschlechterung bzw. Zerstörung der Existenz bestimmter Wirtschaftszweige durch Umweltbelastungen zur Folge haben

- **4. Kategorie: Vermögensverluste**
  Hier gilt das gleiche wie unter 3 mit der Maßgabe des Substanzverlustes vorhandener Vermögenswerte.

- **5. Kategorie: Wohlfahrts- und Naturverluste**
  Der Wert eigentlich nicht quantifizierbarer Daseinsaspekte des einzelnen und der Gesellschaft (Lebenserwartung, Gesundheit, Lebensfreude, etc.) sowie der Wert der Natur (einzelne Arten, unbelastete Umweltmedien, zukünftiger Wert der Naturressourcen, etc.) läßt sich nur mit hypothetischen Hilfskonstruktionen ermitteln.

Die Problematik der monetären Schadenserfassung sei noch einmal am Beispiel des Waldsterbens aufgezeigt. Wesentliche Ursachen der Waldschäden werden in Luftverunreinigungen gesehen. Dabei ist allerdings umstritten, welche Stoffe mit welchen meßbaren Anteilen an der Schädigung beteiligt sind (1. Schwierigkeit).

Geht man einmal davon aus, daß der CO_2-Ausstoß eine der wesentlichen Ursachen ist, wie er bei fossilen Verbrennungsvorgängen entsteht, so ist nach den Verursachern zu fragen. Hier erfolgt eine Einteilung in 4 Gruppen: Industrielle Anlagen, private Haushalte, Kraftwerke zur Stromerzeugung und Kraftfahrzeuge. Die Verursacher dieser Schäden werden mit Aufwendungen belastet, die u. a. der Vermeidung ihrer Emissionen dienen sollen. Diese sind erfaßbar und können zugeordnet werden. Problematisch ist allerdings die Zurechenbarkeit der Auf-

[98] Leipert, Chr., Die heimlichen Kosten des Fortschritts. Wie Umweltzerstörung das Wirtschaftswachstum fördert. Frankfurt/M. 1989, S. 109f

wendungen zur Vermeidung der **Waldschäden**, da durch diese Umweltschäden auch noch andere Medien beeinträchtigt werden (2. Schwierigkeit).

Lassen sich auf der einen Seite die **Vermeidungsaufwendungen der Verursacher** feststellen, so sind es auf der anderen Seite die **ökonomischen Schadensfolgen bei den Geschädigten**. Hier lassen sich direkt 3 Schadenskategorien feststellen:[99]

- Ertragsminderungen
- Vermögensverluste
- Aufwandssteigerungen

Diese ökonomischen Folgen der direkt Betroffenen (Waldbesitzer) sind relativ einfach zu ermitteln, wenn es um eine kurzfristige Betrachtungsweise geht. Bei einer langfristigen Schadensanalyse fehlen in der Regel Prognosen über langfristige Schadensfolgen (3. Schwierigkeit).Neben den direkten **ökonomischen** Folgen, die sich aus der **wirtschaftlichen Funktion** des Waldes als Holzproduzent ergeben, hat der Wald weitere **gesellschaftliche** und **ökologische Funktionen**.

Vester[100] beschreibt z. B. zahlreiche Funktionen der rund 20 Milliarden Bäume in der Bundesrepublik:

- Sie besitzen einen Holzwert,
- sie dienen als Photosynthesemaschine,
- sie liefern organisches Material,
- sie dienen als Wasserspeicher,
- sie führen dem Boden wichtige Nährstoffe zu,
- sie schaffen für Tiere Lebensräume,
- sie dienen der Lebensgemeinschaft (Symbiose),
- sie dienen als Staubfangfläche (Filter) und Frühwarnsystem (Bioindikator),
- sie spenden Schatten und schützen vor Wind und Sonne (Aufenthaltsort),
- sie nützen als Vorbild für eine biologisch orientierte Technik (Bionik),
- sie stellen ein Sammel- und Jagdrevier dar,
- sie dienen als Klimaregler,
- sie sorgen für einen funktionsfähigen Wasserkreislauf,
- sie produzieren Humus und Nahrung,
- sie dienen der Artenvielfalt,
- sie dienen als Lärm- und Sichtschutz,

---

[99] Leipert, C. (1989) a. a. O., S. 203

[100] Vester, E., Ein Baum ist mehr als nur ein Baum. Ein Fensterbilderbuch. München 1985. Zitiert bei Wicke, L. (1986), a. a. O., S. 13f

- sie schützen vor Erosion und Lawinen,
- sie schaffen in der Holzwirtschaft Arbeitseinkommen,
- sie besitzen einen Freizeit- und Erholungswert.

Werden durch Umweltbelastungen diese Funktionen ganz oder teilweise aufgehoben, so lassen sich die daraus entstehenden Schäden nur bedingt direkt erfassen und zurechnen (4. Schwierigkeit). Ohne diese Problematik an dieser Stelle zu vertiefen, soll die Schwierigkeit an einem Beispiel verdeutlicht werden. Vester[101] unternimmt dabei den Versuch, den Wert eines Vogels zu ermitteln.

Leistungen eines Vogels	**Geldwert in DM**
Materiallieferant	0,15
Augenweide und Ohrenschmaus	150,00
Insektenvertilger	300,00
Pflanzenverbreitung durch gefressene Samen	100,00
Bioindikator für Umweltbelastungen	500,00
Nutzen durch Symbiose mit anderen Lebewesen	182,50
Vorbild für die Technik (Bionik)	8,00
Nutzen für Erholung und Streßabbau	60,00
Fördert die Artenvielfalt	40,00
Entscheidungshilfe für Umweltpolitik	2,50
Hilft die Umwelt schützen	50,00
Reduziert die finanzielle Belastung des Staatshaushaltes	15,00
Unterstützt die Regeneration	7,50
Stabilisiert das Gesamtsystem Natur	91,25
Summe	**1357,90**

Sollte dem Vogel der Lebensraum Wald entzogen werden, so müßte entsprechend der ermittelte Wert der Summe aller Vögel eines Waldes in die Schadensrechnung mit einbezogen werden. An dieser Stelle wird die Problematik der monetären Schadenserfassung deutlich.

Die Ökonomisierung der Natur hat für die Umweltpolitik nun eine zweifache Bedeutung. Einmal soll durch die **Schadenserfassung** eine **Signalwirkung** für die Schwerpunkte staatlichen Eingreifens gegeben werden. Dort wo besonders hohe Schäden feststellbar sind, wird der Gesellschaft besonders hoher Handlungsbedarf signalisiert. Daneben - und das scheint hier von besonderer Bedeutung - wird mit der monetären Schadenserfassung der Eindruck vermittelt, die Entgeltung dieser Schäden durch die Gesellschaft ermögliche eine Strategie, die zu einer

[101] Vester, E., Der Wert eines Vogels. Ein Fensterbilderbuch. München 1983

Kompensation des Naturverlustes führe. Hobbensiefken vermerkt dazu: *"Analog zum Labor-Experiment wird eine künstliche Natur unterstellt. Man tut so, als sei ihr Verhalten durch Ausschaltung von Störfaktoren wissenschaftlich kontrollierbar und beherrschbar. Die monetäre Isolierung von Umweltschäden und -sünden impliziert, daß der ökonomisch entgoltene und technisch kalkulierbar gemachte Naturverlust aus einem eigenen Entstehungs-, Struktur- und Entwicklungszusammenhang herauszureißen und als solcher reproduzierbar zu machen ist."*[102]

Das Handeln in der Gesellschaft und die begrenzenden Umweltprogramme des Staates orientieren sich dann nicht an der grundsätzlichen **Schonung der Natur,** sondern an Maßnahmen einer möglichst **rationellen Gestaltungen der Naturbeherrschung**. Die Umweltpolitik muß sich damit ökonomischen Sachzwängen unterwerfen und darf nicht primär naturgesetzlichen Zusammenhängen Chancen geben.

Noch einmal ein Beispiel dazu: Die Erhaltung des Lebensmittels Nr. 1 - Trinkwasser - wird möglicherweise zum dringlichsten Umweltproblem der nächsten Jahre. Die Versorgung der Bevölkerung mit sauberem Wasser aus Grundwasserbeständen wird immer schwieriger, in einigen Regionen ist sie schon jetzt unmöglich. Hauptverursacher der Wasserverunreinigung sind die Chemische Industrie und die Landwirtschaft. Deren Kostenrechnung zufolge ist es gesamtwirtschaftlich günstiger, in zusätzliche Wasseraufbereitungsanlagen zu investieren, als ihre Produktion umweltverträglicher zu gestalten. Das hat den weiteren gesamtwirtschaftlichen Effekt der Ausweitung von Industriekapazitäten entsprechender Umweltechnologien.

Diese Entwicklung stößt aber auf den erheblichen Widerstand der Wasserwirtschaft. Von den Wasserwerken wird das Problem einer tickenden Zeitbombe dargestellt, die durch Kumulation hunderter verschiedener Gifte die Aufbereitung zu schadtstofffreiem Wasser für die Zukunft fast unmöglich erscheinen läßt. Zumindest wird der Aufwand, der an die Verbraucher weitergegeben werden wird, für die nächste Zukunft erhebliche Steigerungen mit sich bringen. Dabei ist es nicht das Ziel, rückstandsfreies Wasser zu erzeugen, sondern lediglich die an gesundheitsgefährdenden Kriterien **und** wirtschaftlicher Verträglichkeit orientierten Grenzwerte der Schadstoffbelastung einzuhalten. *"Es scheint gegenwärtig jedoch nahezu ausgeschlossen, daß die Wasserwirtschaft einen Anspruch auf eine Mindestqualität ihres Rohstoffes Wasser gegen die Verschmutzungsinteressen anderer durchsetzen kann."*[103] Die nach der UPI-Studie für 1989 festgestellten Schäden durch Wasserverschmutzung in angenommener Höhe von 58,5 Mrd. DM vermitteln damit den falschen Eindruck, daß durch mögliche Zahlung dieses Betrages die Umweltbelastungen beseitigt wären. Vielmehr ist richtig, daß - in

---

[102] Hobbensiefken, G., a. a. O., S. 140

[103] Leipert, Chr. (1989), a. a. O., S. 190

welchem Ausmaß auch immer - für die Zukunft irreparable Beeinträchtigungen der Natur und der Wohlfahrt zukünftiger Generationen bestehen bleiben.

1.4.3.3 Industrialisierung

Der Schutz der natürlichen Umwelt wird in der Gesellschaft weitgehend als eine technologische Aufgabe gesehen, die durch Anpassungs- und Entwicklungsleistungen der Industrie zu erreichen ist.[104] Wesentliches Moment dieser Konzeption ist die Formulierung von Emissionsstandards. Diese sollen ein bestimmtes Qualitätsniveau der Umweltmedien sichern und Grenzen für die umweltbelastenden Aktivitäten der Wirtschaftssubjekte setzen. Zur Durchsetzung solcher Umweltstandards stehen mehrere umweltpolitische Strategien zur Verfügung. Vom grundsätzlichen Vorgehen her läßt sich **nachsorgender** und **vorsorgender** Umweltschutz unterscheiden. Jänicke differenziert Umweltstrategien folgendermaßen:[105]

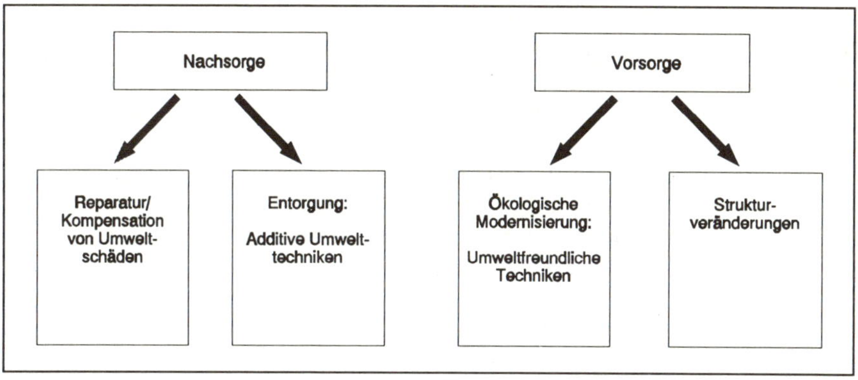

Das Beispiel "Verkehrslärm" soll die verschiedenen Strategien erläutern. Die Kompensation von Lärmschäden könnte danach durch Ausbau der medizinischen und psychologischen Versorgung von Lärmopfern erfolgen. Entsorgung geschieht durch Installation von Lärmschutzbarrieren an Straßen und Autobahnen. Eine ökologische Modernisierung könnte durch Konstruktion leiserer Motoren und lärmschluckender Straßenbeläge geschehen. Schließlich wären Strukturveränderungen möglich z. B. durch Verlagerung von Gütertransporten auf die Bahn oder Ausbau des Öffentlichen Personennahverkehrs.

---

[104] vgl. Gerau, J., Zur politischen Ökologie der Industrialisierung des Umweltschutzes. In: Jänicke, M. (Hrsg.), Umweltpolitik. Beiträge zur Politologie des Umweltschutzes. Opladen 1978, S. 115ff

[105] Jänicke, M., Ökologische Modernisierung. Optionen und Restriktionen präventiver Umweltpolitik. In: Simonis, U. E. (Hrsg.), Präventive Umweltpolitik, Frankfurt/M. 1988, S. 15

Kennzeichen zumindest der ersten drei Varianten, zum Teil auch der vierten ist eine **Industrialisierung des Umweltschutzes.** Diese soll nach herrschendem Verständnis eine zweifache Wirkung haben: Sie soll die Umweltbelastungen reduzieren **und** sie soll gleichzeitig den materiellen Wohlstand der Gesellschaft durch Sicherung der Beschäftigung gewährleisten. Diese Harmonisierung von Ökonomie und Ökologie wird insbesondere durch **industrielle Entsorgung** verfolgt. Seit Beginn der 80er Jahre boomt es auf dem Markt der Entsorgungstechnologien:

- Abfallbeseitigung (Verbrennungsanlagen, Deponietechnik),
- Luftreinhaltung (Filtertechnik, Entschwefelungsanlagen),
- Wasserschutz (Klärwerke, Filteranlagen),
- Lager- und Transporttechnik (insbesondere für gefährliche Stoffe),
- Regel-, Meß- und Überwachungstechnologien.

Gemeinsames Kennzeichen dieser "Umweltschutzindustrie" ist nicht so sehr die Zugehörigkeit zu einer bestimmten Branche als vielmehr die Partizipation an Märkten, die durch sogenannte "Umweltschutzinvestitionen" gebildet werden. Dabei ist die Abgrenzung gegenüber sonstigen Investitionen ohne Umweltbezüge schwierig. Letztlich lassen sich viele Investitionsausgaben unter der Maßgabe des Umweltschutzes erfassen. Insofern sind die Angaben der Industrie über ihre Umweltschutzinvestitionen zu relativieren. Von den angegebenen Ausgaben von 18 Mrd.DM für das Jahr 1988 ist sicherlich ein beträchtlicher Teil zu berücksichtigen, der nur komplementär zum Umweltschutz besteht, d. h. daß diese Ausgaben auch ohne Umweltschutzabsichten angefallen wären.

Der sogenannten Umweltschutzindustrie werden glänzende Zukunftsaussichten prognostiziert. Sogenannten "grünen" Aktien werden gute Gewinnprognosen gegeben. In den USA existieren bereits grüne Aktienfonds mit überdurchschnittlichen Renditen. Der überwiegende Teil der Umweltindustrie wird dabei von Großunternehmen gebildet, die ihre Hauptaktivitäten in der konventionellen Investitionsgüterindustrie, speziell im Anlagenbau besitzen (z. B. Dt. Babcock, Lurgi, Krupp, Thyssen u. a.).

Kreative Neugründungen in der Umweltindustrie sind ebenfalls vermehrt zu verzeichnen, z. T. unterstützt im Rahmen der regionalen Wirtschaftsförderung durch Technologieparks. Dabei ist die Durchsetzung echter Innovationspotentiale durch Existenz-Neugründungen mehrfach erschwert. Neben grundsätzlichen Liquiditätsproblemen wird die Kommerzialisierung von Innovationen im Umweltschutz häufig auch durch administrative Beschränkungen behindert. Möglicherweise reichen die Arme der Großindustrie soweit, daß lästige Wettbewerber auf diese Weise behindert bzw. blockiert werden.

Im folgenden gilt es, das strategische Entsorgungskonzept unter umweltpolitischen Aspekten zu betrachten. Dabei bestehen unterschiedliche Ausgangsvoraussetzungen zwischen Staat und Industrie bei der Wahl eines Problemlösungskonzeptes zur Erreichung eines umweltpolitischen Zieles. Der Staat hat danach die Wahlmöglichkeit zwischen den Strategien der Entsorgungsvariante, technischen Innovationen und strukturpolitischen Veränderungsoptionen. Die Industrie dagegen hat - aus Gründen des Eigenerhaltes - lediglich die Möglichkeit der Wahl zwischen den 2 Varianten des technologischen Umweltschutzes: Entsorgungsvariante oder Innovationsvariante. Systemimmanente Zwänge führen danach dazu, daß sich in der Industrie die entsorgende Technikvariante durchsetzt und der Staat diese Strategie letztlich stützt.

"Die identitätswahrende Tendenz kapitalistischer Industriegesellschaften besteht im Wirtschaftswachstum. Wachstumskonformität fungiert demnach als Kriterium der Selektion umweltpolitischer Strategien. Vom politischen bzw. industriellen Entscheidungsprozeß bleiben wachstumshemmende Strategien von vorneherein ausgeschlossen. Ein solcher Selektionsprozeß muß strukturpolitischen Umweltschutz, der auch als ökologisch-selektive Wachstumsbeschränkung bezeichnet werden kann, für beide Strategieträger diskriminieren. ... Daß eine ökologisch begründete Schrumpfung für umweltbelastende Branchen keine Optionsmöglichkeit darstellt, bedarf keiner Erläuterung. Aber auch der Staat muß sich dem Diktat der Wachstumskonformität beugen, bildet doch Wachstum nach wie vor die Legitimationsbasis seiner Politik."[106]

Entsorgung fördert also in stärkerem Maße das Wirtschaftswachstum als die **innovative Technikgestaltung**, bildet sie doch eine zusätzliche Stufe des Produktionsprozesses. Innovation dagegen ist auf **Vermeidung** ausgerichtet, will also eher wirtschaftliche Aktivitäten reduzieren.

Bei der Durchsetzung der Entsorgung kommt der **Umweltschutzindustrie** eine entscheidende Rolle zu. Sie kann dabei folgende Argumente ins Feld führen:

- Entsorgender Umweltschutz dient der gesellschaftlichen und ökologischen Absicherung der weiteren Wohlstandsentwicklung im Rahmen des herrschenden Paradigmas,

- Umweltschutz schafft Einkommen und Arbeitsplätze,

- Umweltschutz sichert die längerfristige internationale Wettbewerbsfähigkeit durch technologischen Vorsprung bei wachsender Umweltbedrohung,

- die Kosten der belasteten Industrien können durch staatliche Anpassungshilfen abgemildert werden. Damit kann die Gefahr des Umweltschutzes als Jobkiller reduziert werden.

---

[106] Jänicke, M. (1988), a. a. O., S. 127

Diesen offensichtlichen volkswirtschaftlichen Vorteilen der Entsorgungsstrategie stehen allerdings erhebliche strukturelle Defizite gegenüber.[107]

- Die volkswirtschaftlichen Gesamtkosten der Entsorgungsvariante liegen in der Regel höher als die echter Innovationslösungen. Insbesondere ist dabei problematisch, daß bei ständigem Wachstum der Produktion der Aufwand zum Erhalt eines bestimmten Belastungsniveaus zu einer permanenten Reduktionsrate der Schadstoffemissionen führen muß. Daraus ergeben sich zwangsläufig 2 Lösungswege. Entweder die aufzubringenden Umweltschutzkosten steigen ständig oder das Belastungsniveau nimmt zu.

- Ein weiterer Kostenfaktor ergibt sich aus der Spezialisierung der Entsorgungstechnologien. Großanlagen, die zur Beseitigung eines einzigen Schadstoffes installiert werden (z. B. Rauchgas-Entschwefelungsanlagen), lassen dennoch die Emissionen anderer Schadstoffe zu. Hierzu müssen weitere entsprechende Anlagen nachgeschaltet werden. Ursachenbezogene, emissionsverhindernde Umweltechniken sind in der Regel kostengünstiger.

- Die schadstoffspezifische Leistungsfähigkeit der Entsorgungstechnik relativiert sich vor dem Hintergrund der Betrachtung von **Gesamtwirkungen**. Häufig ergibt sich lediglich eine Problemverschiebung. Wirksame Kläranlagen beispielsweise steigern den Anfall und die Entsorgungsnotwendigkeit von toxischen Klärschlämmen, dazu werden u. a. Verbrennungsanlagen benötigt, die wiederum Emissionsfilter benötigen, wobei wieder die hochtoxischen Filterstäube deponiert werden müssen, usw...

- Zwischen Kosten und Wirksamkeit der Entsorgungstechnik besteht eine "legitimatorische Problematik". Die Unternehmen der Entsorgungstechnik sind in Regel kapitalmäßig aus sogenannten Altindustrien hervorgegangen (Stahl, Bauwesen, Chemie). Ihre Förderung bedeutet damit zwangsläufig eine Begünstigung und Erhaltung von Industriestrukturen, die unter Umweltgesichtspunkten kritisch zu betrachten sind.

- Entsorgender Umweltschutz hemmt die Innovationsfähigkeit der Wirtschaft in bezug auf **präventive** Umweltschutzmaßnahmen. Wirtschaftliche Macht in Verbindung mit administrativen Beschränkungen hindert innovative Newcomer an der Verbreitung und Durchsetzung strukturverändernder Problemlösungen.

Jänicke wirft dem Staat Versagen bei der Durchsetzung effektiverer Innovationsstrategien vor.[108] Die Industrieinteressen beherrschen danach die Gestaltung der

---

[107] vgl. dazu auch: Jänicke, M. (1988), a. a. O., S. 20ff

[108] Jänicke, M., Staatsversagen. München 1986, S. 193ff

Umweltpolitik, der Staat ist zu schwach, um dagegen zu intervenieren. An folgenden Indizien ist diese Schwäche erkennbar:

- am Ausmaß, in dem der Staat Kostenexternalisierungen hinnimmt,
- an der Abhängigkeit von der Bereitschaft der Industrie zur Steuerzahlung und zu Investitionen,
- den (demutsvollen) Verhaltensweisen und hohen staatlichen Vorleistungen im Wettbewerb um Industrieansiedlungen,
- der Größenrelationen multinationaler Großindustrien zu öffentlichen Haushalten und der davon ausgehenden Machtverteilung,
- dem begrenzten Interventionsradius nationalstaatlicher Einflüsse bei globalen ökonomischen und ökologischen Problemlagen.

Damit bleibt dem Staat nur die Möglichkeit, innerhalb eng gesetzter Grenzen gegen die rentabilitäts- und wachstumsorientierte Entwicklung von Industrieunternehmen zu intervenieren.

Umweltbelastende Technikentwicklungen der Industrie können erst dann zu staatlichen Reaktionen führen, wenn das Stadium der Investition erreicht wurde. Damit setzt sich die Problemexternalisierung durch. Umweltprobleme werden **nachträglich** verstaatlicht und dem Gemeinlastprinzip entsprechend zur Gemeinschaftsaufgabe gemacht.

Jänicke sieht aber über die Staatsschwäche gegenüber der Industrie hinaus auch **gemeinsame Interessen** zwischen Industrie und Staatsbürokratie in der Gestaltung von Umweltschutzstrategien. So stellt er folgende Analogien fest:

a. Dies beginnt mit dem Interesse am Problemstand. Es widerspricht aller historischen Erfahrung, daß Organisationen, deren Zuständigkeit und Bedeutung sich aus problemträchtigen Strukturen ergibt, diese ihre 'Geschäftsgrundlage' durch kausale Strategien untergraben.

b. Dies bringt beide Organisationsformen dazu, daß sie die ihnen überlassenen Probleme dort aufgreifen, wo sie regelmäßig anfallen, wo sie offensichtlich sind und 'öffentliche Nachfrage' über publizistische Alarmmeldungen erzielen und entsprechende Budget-Erweiterungen legitimieren.

c. Bürokratische wie industrielle Organisationen zeichnen sich dadurch aus, daß sie sich vorrangig solchen Vorgängen widmen, die durch routinemäßige 'Massenproduktion' zu bearbeiten sind bzw. in großer Zahl und Gleichförmigkeit anfallen. Vorsorgemaßnahmen aber setzen das Gegenteil von Routine voraus.

d. Bürokratische wie industrielle Organisationen sind durch ein hohes Maß an Arbeitsteilung gekennzeichnet. Komplexe Problemlagen kollidieren mit ihrem jeweiligen Spezialisierungsgrad. Hingegen ist die spezialistische Behandlung von regelmäßig anfallenden bekannten Symptomen - wie die Hervorbringung spezieller Vorschriften, Gesetze, Diagnosegeräte oder Reinigungsanlagen - ihre unbestreitbare Stärke.

e. Beide Organisationsformen haben schließlich auch eine Präferenz für kostenträchtige Maßnahmen: Bei der Staatsbürokratie, weil dies Etaterweiterungen ermöglicht, bei der Industrie aus naheliegenden Gewinninteressen. Der kostengünstige Eingriff am Ursprung problematischer Kausalketten - dort, wo ökologische und ökonomische Schäden bzw. Folgekosten vermieden werden können (optimal im Forschungsstadium) - widerspricht diesem Interesse."[109]

Vor dem dargestellten Hintergrund erscheint nur unter Schwierigkeiten die volkswirtschaftlich und ökologisch sinnvollere Strategie eines innovativen und präventiven Umweltschutzes durchsetzbar zu sein. Da weder der Staatsapparat noch die etablierten Industrien an einem solchen Wandel Interessen haben, ist der notwendige Druck dazu von anderer Seite zu erzeugen.

Der **gesellschaftliche Druck** wird durch **Umweltkrisen** vergrößert. Je lauter sich Umweltschutzinteressen in der Gesellschaft artikulieren, desto eher wird der Staat bereit sein, dem nachzugeben und innovativen Technikstrategien oder auch Strukturanpassungen der Wirtschaft zum Durchbruch zu verhelfen.

1.4.3.4 Ökonomische Anreize

Die Verantwortlichen in der Industrie beklagen in der Umweltpolitik insbesondere die starke **Reglementierung** wirtschaftlicher Aktivitäten durch einschränkende Umweltgesetze.

"Auflagen schaffen keinerlei ökonomische Anreize zur Vermeidung von Umweltschutzbelastungen, sie schnüren den Entscheidungsspielraum der Wirtschaft durch ein engmaschiges Netz bürokratischer Vorschriften ein. Auflagen orientieren sich am Stand der Technik und dämpfen damit die technische Weiterentwicklung im Umweltschutz. Wenn der vorgeschriebene Umweltstandard erreicht ist, besteht kein Anreiz mehr für noch bessere technische Lösungen."[110]

Die Wirtschaft setzt deswegen stärker auf sogenannte **marktwirtschaftliche Instrumente**. Gemeint sind damit Maßnahmen der Umweltpolitik, die das Eigeninteresse der Unternehmen ansprechen. Diese Instrumente sind in der deutschen

[109] Jänicke, M. (1988), a. a. O., S. 20
[110] Voss, G., Argumente und Fakten zur Umweltpolitik. Köln 1981, S. 93f

Umweltpolitik nur in Ansätzen erkennbar. Auf Druck der Wirtschaft wird aber mit einer Weiterentwicklung in diese Richtung zu rechnen sein.[111] Grundsätzlich lassen sich zwei Gruppen von Instrumenten in diesem Zusammenhang unterscheiden:

- **der Handel mit Belastungsrechten**

- **fiskalische Maßnahmen**

Der Handel mit Belastungsrechten ist bereits an anderer Stelle angesprochen worden. Sowohl die Ausgabe von Emissionszertifikaten wie auch Kompensationslösungen spielen in der bisherigen deutschen Umweltpolitik keine wesentliche Rolle. (Ausnahmen sind die flexible Sanierungsklausel und die Kompensationsklausel in der TA-Luft). Die Wirksamkeit eines solchen Handels mit Emissionsrechten setzt allerdings die lückenlose Erfassung und Zuordnung aller Emissionen einer bestimmten Art voraus. Inwieweit sich solche Regelungen in der Praxis bewähren können, kann hier nicht vorweggenommen werden. Sie scheinen dort am ehesten durchsetzbar und praktikabel zu sein, wo kein internationaler Wettbewerbsdruck herrscht. Das könnte z.B in der Energiewirtschaft mit den herrschenden Gebietsmonopolen vermutet werden.

In der bisherigen Praxis der Umweltpolitik kommt damit den **fiskalischen** Instrumenten eine größere Bedeutung zu. Anreize bietet der Staat dabei auf drei verschiedene Weisen:

- durch Erhebung von Abgaben,
- durch Steuererleichterungen,
- durch direkte Subventionen

*"Durch die **Erhebung von Lenkungsabgaben** auf Emissionen sowie durch eine verstärkte Berücksichtigung ökologischer Aspekte bei der Gestaltung von **Steuern** können wichtige ökonomische Anreize zur Verringerung der Umweltbelastungen gesetzt werden."*[112]

Als Beispiele dafür können die nach Bleigehalt differenzierte Mineralölsteuer oder die Befreiung schadstoffarmer Autos von der Kfz-Steuer angesehen werden. Eine weitere typische Emissionsabgabe ist die Abwasserabgabe nach dem Abwasserabgabengesetz, die für die Existenz bestimmter Stoffe in Abwässern feste Abgabensätze vorsieht. Eine Kohlendioxid-Abgabe auf die Emissionen der Energieerzeuger ist zur Zeit in der Diskussion. Auf diese Weise soll der Anreiz zur Vermeidung der erhöhten Abgaben, die für die Unternehmen Kosten dar-

---

[111] vgl. auch: Bilanz des Umweltministers 1990, a. a. O., S. 96ff.(wirtschaftliche Anreize)

[112] Bilanz des Umweltministers 1990, a. a. O., S. 96

stellen, vergrößert werden. Steuererleichterungen haben bis zum Jahre 1990 im Rahmen des Einkommenssteuergesetzes eine Rolle gespielt. Danach wurden seit 1983 Umweltschutzinvestitionen in Höhe von 27 Mrd. DM erhöht abgeschrieben. Profitiert hat davon insbesondere die Großindustrie. Ab 1991 ist dieses Gesetz ausgelaufen.

Eine wesentliche Rolle zur Förderung von Umweltschutzinvestitionen spielen staatliche **Zinssubventionen**. Hierzu steht eine größere Zahl von zinsverbilligten Kreditprogrammen zur Verfügung, insbesondere die der Kreditanstalt für Wiederaufbau, der Deutschen Ausgleichsbank sowie das ERP-Sondervermögen. Neben der Förderung durch Subventionen des Bundes bestehen weitere länderspezifische Förderprogramme. Neben Zinsverbilligungen werden für bestimmte Projekte nicht-rückzahlbare **Zuschüsse** gewährt. So werden mit einem **Investitionsprogramm zu Verminderung der Umweltbelastungen** Demonstrationsprojekte durch das Bundesumweltministerium gefördert. In NRW z.B existiert eine Technologieförderung, die Existenzgründungen - auch im Bereich von innovativen Umweltschutztechnologien - in Technologieparks bis zu 50% unterstützt.

Wenn die teilweise unüberschaubare Vielfalt von Subventionsprogrammen insbesondere der Wirtschaft und hier vornehmlich Großunternehmen zugute kommt, so existieren auch vor allem auf kommunaler Ebene Förderprogramme zur Subventionierung des Einsatzes regenerativer Energien für private Haushalte. Allerdings sind diese nur mit bescheidenen Mitteln ausgestattet, die keine wesentlichen Anreize bieten.

Nach Bekunden der Wirtschaft sind die fiskalischen Anreizinstrumente nur bedingt geeignet, umweltgerechtes Handeln in der Wirtschaft zu initiieren.

"Umweltabgaben entziehen den Unternehmen Finanzierungsmittel, die dort auch für Umweltschutzinvestitionen eingesetzt werden könnten. Auf der anderen Seite wird der Staatsanteil erhöht und es besteht die Gefahr, daß Umweltabgaben als Finanzierungsinstrument des Staates mißbraucht werden.

Subventionen und Steuererleichterungen 'belohnen' die Verursacher von Umweltbelastungen, wenn sie ihre Belastungen abbauen. Das widerspricht dem Verursacherprinzip. Zudem fehlen dem Staat Marktkriterien zur Verteilung von Subventionen und Steuererleichterungen."[113]

Diese Kritikpunkte sind durchaus zutreffend und ernstzunehmen, besonders der Vorwurf der zusätzlichen Einnahmenbeschaffung. Andererseits ist die Durchsetzung für den Staat relativ einfach und die Wirkung zumindest kurzfristig offensichtlich. Sinnvoll wäre aber eine gezielte Verwendung der Mittel zur

[113] Voss, G., a. a. O., S. 115

Durchsetzung eines strukturellen Wandels der Wirtschaft hin zu mehr präventiver Umweltverträglichkeit.

1.4.4 Verwissenschaftlichung von Umweltproblemen

Ein wesentlicher Leitgedanke einer systemimmanenten Umweltpolitik im Rahmen eines Industriestaates besteht in der **Fortentwicklung** einer entsprechenden **Umwelttechnik**. Der Sachverständigenrat für Umweltfragen vermerkt dazu in seinem Umweltgutachten von 1987:

"Nur mit den Mitteln der technisch-industriellen Zivilisation können die Probleme, die diese Zivilisation geschaffen hat, erkannt und überwunden werden. Sich dieser Aufgabe zu stellen, ist schwieriger, anspruchsvoller, aber auch undankbarer, als die Haltung eines Rigorismus einzunehmen, der die wirklichen Probleme - Entscheidung über die Güterkollisionen, Bewertung von Nutzen und Risiken einzelner Techniken, Entwurf und Durchsetzung kalkulierbarer, realistischer Handlungskonzepte - hinter den unerfüllbaren Forderungen nach Null-Emissionen versteckt. Kernstück einer solchen Umweltpolitik sind Grenz- und Richtwerte, die angesichts der Risiken der technisch-industriellen Zivilisation unersetzlich sind, insbesondere für eine Umweltvorsorge, die an der Emissionsminderung orientiert sein muß."[114]

Grundlage der Entwicklung einer so skizzierten "technisch- industriellen Zivilisation" ist ein Wissenschaftsparadigma, daß sich im ausgehenden Mittelalter mit dem kopernikanischen Weltbild sowie den Lehren von Newton und Galilei herausgebildet hat. Kennzeichen einer solchen Wissenschaft ist die Zerlegung der Komplexität des Daseins in überschaubare Teilelemente, für die wissenschaftliche Disziplinen gebildet werden. In diesen werden quantifizierbare Ursache-Wirkungszusammenhänge hergestellt, die zu allgemeingültigen Gesetzen erhoben werden, quasi Beweise der Daseinsgestaltung darstellen.

Die so herausgebildeten **Technik-Wissenschaften** betonen ihre Objektivität und Wertneutralität. Objektiv in diesem Sinne ist aber nur das Meßbare, was in reproduzierbaren Experimenten unter vorher definierten Hypothesen nachvollziehbar ist. Dieses Vorgehen führt zu einer eingeschränkten Wirklichkeitswahrnehmung. Natur in ihrer Gesamtheit wird in Einzelaspekte zerlegt und isoliert. Wechselseitige Bezüge und der Gesamtzusammenhang der Natur in ihrer Komplexität werden dabei vernachlässigt. Diese eingeschränkte Rationalität mit ihrer vermeintlichen Objektivität betont die Wertfreiheit und Unabhängigkeit ihres Vorgehens, die selbstlose Freude der Wissenschaftler am Erforschen und Wissen. Die Praxis aber zeigt einen entgegengesetzten Einsatz der Wissenschaften, den der **Verfügungsdisziplinen**. Danach sind Technik und Wissenschaften nur

[114] Der Rat von Sachverständigen für Umweltfragen: Kurzfassung des Umweltgutachtens 1987, Bonn 1987, S. 8

Hilfsmittel, die je nach vorgegebenem **Zweck** eingesetzt werden. *"Sie erleichtern die Auseinandersetzung des Menschen mit der Natur und machen sie ökonomisch ergiebiger."*[115]

Die Wissenschaften werden dabei dazu eingesetzt, das zu ermitteln, was Menschen ihnen als Ziel vorgeben und das wiederum ergibt sich aus subjektiven Bedürfnissen, die in der Regel individualisierte ökonomische Hintergründe haben. Eine so **relativierte Objektivität** verbindet sich mit der Verbreitung eines sozialen **Fortschritts- und Machbarkeitsglaubens**. Danach ist der Einsatz der Wissenschaften synonym für Wohlstandssteigerung, Erhöhung der Lebensqualität, Sieg über Krankheit, Hunger, Armut etc. Technisch-wissenschaftliche Verwertungserkenntnisse werden damit zu Mitteln der sozialen Entwicklung hochstilisiert.

*"Mit dem technisch-wissenschaftlichen Rationalismus verbindet sich die Quantifizierung, Formalisierung, Verdinglichung und damit die Enthumanisierung des menschlichen Geschehens im Sinne einer **Ideologie** zur Entideologisierung des gesellschaftlichen Bewußtseins. Wo sich eine solche Mentalität breitmacht, verlieren ethische Normen, menschliche Bedürfnisse und subjektive Maßstäbe ihre Anerkennung. Das Ideologische liegt auch im **Tatsachenfetischismus**, dessen Macht nicht zuletzt deshalb so groß ist, weil das Effektivitäts- und Sicherheitsdenken im Rahmen empirisch überprüfbarer Hypothesen durch die **Methode des Beweises** so ungemein sicher, überzeugend und unangreifbar erscheint. Der Mensch fühlt sich entlastet, nicht nur von der Reflexion über die mit dieser Technik und Wissenschaft verbundenen Interessen und Zwecke, sondern auch vom Nachdenken über sich selbst, den Sinn seines Tuns und seine gesellschaftliche Zukunft. In der gesellschaftlichen Praxis wird die Einengung auf programmierbare Denkstrukturen, kontrollierbare Verhaltensformen sowie kalkulierbare Kultur- und Sozialtechniken bewußt als politisches **Instrument zur Entpolitisierung** der Massen eingesetzt. Sie wird immer dann aktuell, wenn es um die Restauration von Herrschaftsverhältnissen geht, die in eine Krise geraten und mit Hilfe struktureller Gewalt überleben wollen."*[116]

Die Dominanz der Naturwissenschaften in der gesellschaftlichen Entwicklung hat auch erheblichen Einfluß auf die Gestaltung der Umweltpolitk. Diese Zusammenhänge lassen sich an verschiedenen Gestaltungselementen der gegenwärtigen Umweltpolitik zeigen.

---

[115] Hobbensiefken, G., a. a. O., S. 226
[116] Hobbensiefken, G., a. a. O., S. 228

1. Die wissenschaftliche Logik der isolierten Betrachtung von Einzelphänomen wird auf die mediale und sektorale Strategieschiene der Umweltpolitik übertragen. Dazu werden Umweltprobleme quantifizier- und meßbar gemacht.

2. Umweltbelastung und Umweltschutz werden auf der Ebene der naturwissenschaftlich lösbaren Technikgestaltung behandelt. Staatlich initiierte oder geförderte Technikentwicklungen sollen eine naturverträgliche Weiterentwicklung der modernen Industriegesellschaft sichern.

3. Systembedingte Ursachen der Umweltbelastung und deren Überwindung werden aus den Politikstrategien ausgeklammert. Soziale und politische Hintergründe werden nicht ausreichend hinterfragt. Die Sozial- und Naturverträglichkeit des Ausbaus der Verwertungswissenschaften wird nicht in ausreichendem Maße überwacht, und wahrscheinlich ist das auch gar nicht möglich, so wie die Dinge liegen.

4. Wissenschaftliche Weiterentwicklungen dringen in immer schmalere und tiefere Spezialgebiete vor. Die Ausrichtung und Zielsetzung der Erkenntnisgewinnung wird zunehmend von den ökonomischen Interessen der Industrie bestimmt. Die damit beschäftigten Experten werden so zwangsläufig zu deren Interessenvertretern. Die Politik ist aber zur Beurteilung der Umwelt- und Sozialverträglichkeit der industriell-wissenschaftlichen Entwicklungen auf die Elite genau dieser Experten angewiesen.

   Technologiefolgenabschätzung oder Umweltverträglichkeitsprüfungen als Instrumente der Umweltpolitik werden damit von interessengeleiteten Expertenmächten beherrscht. Wissenschaftlicher Sachverstand wird als "Macht- und Legitimationsinstrument"[117] eingesetzt.

5. Eine absolute Wertfreiheit der Wissenschaften existiert nicht. Wissenschaftlich begründete Belastungsgrenzwerte haben damit eine vordergründige Legitimationsfunktion für Umweltbelastungen. Daß solche auf Einzelbelastungen bezogenen Grenzwerte weniger ökologischen als häufig vielmehr ökonomischen Verträglichkeitskriterien zu genügen haben, ist an einer Reihe von Beispielen nachgewiesen (z. B. u. a. Asbestbelastungen in der Atemluft).

Zusammenfassend kann daraus abgeleitet werden, daß sich die Umweltpolitik gezwungenermaßen in einer tiefen Abhängigkeit von den Erkenntnissen von Wissenschaft und Technik befindet. Dabei sind die formal wertfreien Wissenschaften real existierenden ökonomischen Herrschaftszwängen untergeordnet. Unter diesen Aspekten sind die folgenden Aussagen eines hohen Umweltschutz-Beamten zu reflektieren.

---

[117] Hobbensiefken, G., a. a. O., S. 232

"Umweltentlastender wissenschaftlicher und technischer Fortschritt muß in der gesamten Breite umweltpolitischer Aufgabenstellungen initiiert und aktiviert werden. Dabei geht es vor allem um folgende Teilaspekte:

- *Technischer Fortschritt ist erforderlich für die Verminderung von Umweltbelastungen aus Produktion und Konsum, und zwar insbesondere auch, soweit diese Umweltbelastungen in der Vergangenheit entstanden sind und heute die Umweltpolitik als Altlasten vor besonders schwierige Aufgaben stellen.*

- *Wissenschaftlichen und technischen Fortschritt benötigen wir in besonderem Maße in der Wirkungsforschung und der Ökosystemforschung. Denn die Entschlüsselung von Ursache-Wirkungs-Zusammenhängen ist eine wesentliche Voraussetzung für das Erkennen von Gefahrenquellen für Menschen, Tiere, Pflanzen, aber auch für die Verbesserung der Treffsicherheit von Umweltschutzmaßnahmen.*

- *Technischer Fortschritt ist schließlich dort erforderlich, wo technische Anlagen in bezug auf ihre Sicherheit für die dort arbeitenden Menschen und für die Umwelt optimiert werden müssen.*

Forschung und technologische Entwicklung leisten damit einen unverzichtbaren Beitrag für die Verbesserung der Voraussetzungen und für die Erweiterung der Handlungsspielräume einer vorsorgenden Umweltpolitik."[118]

Angesichts der vielfältigen ökonomischen Abhängigkeiten der "etablierten" Wissenschaften auch in den Hochschulen hat sich eine **wissenschaftliche Gegenkultur** entwickelt. Außerhalb von Universitäten und von Industrie und Staat abhängigen Einrichtungen haben vor allem jüngere WissenschaftlerInnen unabhängige Forschungseinrichtungen gegründet, die sich in den letzten zehn Jahren zu einer unüberhörbaren **Gegenmacht** entwickelt haben.

Beispiele:

- Öko-Institut, Freiburg
- Institut für Umweltrecht, Bremen
- Institut für ökologische Wirtschaftsforschung, Berlin
- Katalyse-Umweltgruppe, Köln
- Institut für Umweltanalysen, Bielefeld
- Institut für Baubiologie, Rosenheim

---

[118] Vieregge, R., Entwicklungsleitlinien staatlicher Umweltpolitik. In: Verbraucherzentrale NRW (Hrsg.), Umweltökonomie und Umweltpolitik, Düsseldorf 1988, S. 107. Anmerkung: Der Verfasser ist Ministerialrat im Bundesministerium für Umwelt, Naturschutz und Reaktorsicherheit

In der Regel geht es diesen WissenschaftlerInnen nicht darum, Technik und Naturwissenschaften generell abzuschaffen. Vielmehr soll die Entwicklung der Wissenschaften im Rahmen einer paradigmatischen Wende oder Modifikation betrieben werden.

Kennzeichen dieses neuen Wissenschaftsbildes sind:

- ökonomische Unabhängigkeit mit besonderer Berücksichtigung von Sozial- und Umweltorientierung,
- Rückbesinnung auf Interdisziplinarität und Vernetzung,
- Entwicklung von "sanften" Techniken mit geringer Entropie und hoher Fehlerfreundlichkeit,
- Publikation einer wissenschaftlichen Gegenöffentlichkeit,
- zum Teil Einbeziehung von Parawissenschaften.

Es ist erkennbar, daß diese institutionalisierte Gegenbewegung zunehmend in der wissenschaftlichen Begleitung der Umweltpolitik Berücksichtigung findet, zumindest in dem Maße, daß ihre Erkenntnisse mit in die Kalküle der Umweltpolitiker einbezogen werden.

2 Die Umweltpolitik der Bundesregierung

2.1 Umweltpolitische Zielsetzungen

Die gegenwärtige Bundesregierung, die von einer bürgerlichen Mehrheit getragen wird, betont die besonderen Bedeutung des Schutzes der Naturgrundlagen, der den gleichen Rang besitzen soll wie die anderen großen öffentlichen Aufgaben. Die 1987 durch eine Regierungserklärung bekundete Absicht, den Umweltschutz zum **Staatsziel** zu erheben, ist aber bisher auf Bundesebene noch nicht realisiert worden. Die geplante Aufnahme des Umweltschutzes in Artikel 20a GG soll nach Ansicht der Bundesregierung "den Schutz der natürlichen Lebensgrundlagen des Menschen" beinhalten. Dieser "erweiterte" anthropozentrische Ansatz bezieht sich auf den Schutz aller Elemente der Umwelt, die im Interesse des Menschen und seiner Existenz erhaltenswert sind.[119] Die Bundesregierung will damit die gesamte **staatliche Tätigkeit** ansprechen, die bindende Bestimmungen für ihre Aufgabenerfüllung erhalten soll. Für die **Bürger** wäre damit **kein subjektiv einklagbares Recht** auf Umweltmaßnahmen verbunden. Der Opposition geht die vorgeschlagene Regelung in diesem rechtstheoretisch schwierigen Bereich nicht weit genug. Deshalb ist die für eine Grundgesetzänderung notwendige Zweidrittelmehrheit bisher noch nicht erreicht worden. Es besteht also kein explizites

[119] vgl. Bundestags-Drucksache Nr. 11/885

Grundrecht auf Erhaltung oder Schaffung einer sauberen Umwelt für die Bürgerinnen und Bürger.

In den "Leitlinien der Bundesregierung zur Umweltvorsorge durch Vermeidung oder stufenweise Verminderung von Stoffen"[120] wird festgestellt, daß eine auf die Verantwortung für die Schöpfung gegründete Umweltpolitik die Natur als Lebensgrundlage des Menschen schützen soll. Sie schützt Tiere, Pflanzen und Ökosysteme aber auch um ihrer selbst willen. Der Bundes-Umweltminister stellt dazu erweiternd fest:[121]

"Die Umweltpolitik muß den Zustand der Umwelt so erhalten und verbessern, daß

- *bestehende Umweltschäden vermindert und beseitigt werden;*
- *Schäden für Menschen und Umwelt abgewehrt werden;*
- *Risiken für Menschen, Tiere und Pflanzen, Natur und Landschaft, Umweltmedien (Luft, Wasser, Boden) und Sachgüter minimiert werden;*
- *Freiräume für die Entwicklung zukünftiger Generationen sowie Freiräume für die Entwicklung der Vielfalt von wildlebenden Arten und Landschaftsräumen erhalten bleiben und erweitert werden."*

Auf dieser generalisierenden Ebene trifft die Umweltpolitik auf einen breiten gesellschaftlichen Konsens. Problematischer in der Gestaltung eines umfassenden Umweltzielsystems ist aber die operationale Ebene. Eine konkrete Ausgestaltung des o. a. Zielkataloges fehlt. Eine Konkretisierung wird ersatzweise auf zweifache Weise vorgenommen.

Zum einen formuliert die Bundesregierung instrumentelle Rahmenziele:[122]

- Eine langfristige Umweltplanung,
- die Durchsetzung des Verursacherprinzips,
- die Realisierung einer umweltfreundlichen Technik,
- Verbesserung und Verstärkung des Umweltbewußtseins in möglichst allen Teilen der Bevölkerung,
- Verstärkung der internationalen Zusammenarbeit in der Umweltpolitik.

Dieser Katalog ist 1990 insbesondere erweitert worden um die Betonung der Intensivierung der wissenschaftlichen Ökosystem-Forschung. Hier sollen im Rahmen einer **Umweltvorsorgepolitik** Kenntnisse über die Wechselwirkungen zwischen den einzelnen Bestandteilen der Natur sowie zwischen den einzelnen

---

[120] Bundestags-Drucksache Nr. 10/6028

[121] Bilanz des Umweltministers 1990, a. a. O., S. 26

[122] Rat von Sachverständigen für Umweltfragen, Umweltgutachten 1974. Stuttgart/Mainz 1974

Belastungsarten und deren Gefährdungspotentiale gewonnen werden. Daneben ist auf der Ebene der einzelnen Umweltbereiche eine umfassende Darstellung bisheriger Tätigkeit der vorhergehenden Regierungen seit 1982 erfolgt sowie die erwarteten bzw. geplanten Weiterentwicklungen.[123] Danach ergeben sich für die angegebenen Umweltbereiche die folgenden Planungen der Bundesregierung:

1. Schutz vor Gefahrstoffen

- Beobachtung und mögliche Weiterentwicklung des Chemikaliengesetzes.
- Weiterentwicklung der Gefahrstoffverordnung (Umsetzung der EU-Richtlinie für gefährliche Zubereitungen), (Einstufung von Stoffen als umweltgefährlich, Entwicklung von Gefährlichkeitsmerkmalen).
- Systematische Aufarbeitung von Altstoffen.
- Ergreifen von Maßnahmen zur Kennzeichnung, Verpackung, Beschränkung oder zum Verbot gefährlicher Stoffe.
- Einwirken auf die Wirtschaft, um Einschränkungen oder Selbstverpflichtungen in den Bereichen zu erreichen, die durch EU-einheitliche Rechtssetzung verzögert werden.
- besondere Berücksichtigung von Gefahren, die aus der Innenraumbelastung entstehen.

2. Luftreinhaltung

- Energieeinsparung, rationelle und ressourcenschonende Energienutzung. Die Entwicklung und der Einsatz umweltfreundlicher erneuerbarer Energien sind als energiebezogene Maßnahmen notwendig.
- Erarbeitung einer Konzeption zur Festlegung von nationalen CO_2-Reduktionszielen für die Sektoren Haushalte und Kleinverbraucher, Industrie und Verkehr sowie Energieerzeugung.
- Verstärkter Einsatz von wirtschaftlich wirkenden Instrumenten wie Kompensationslösungen, Benutzervorteilen und Selbstverpflichtungen der Wirtschaft.
- Die Möglichkeit der Einführung einer schadstofforientierten Lenkungsabgabe.
- Entwicklung gebietsbezogener Handlungskonzepte. (Dritte Novelle zum Bundes-Immissionsschutzgesetz).
- Weiterentwicklung ganzheitlicher Problemlösungen, die nicht die Probleme in andere Umweltmedien verlagern.
- Forcierung der internationalen Zusammenarbeit zur Lösung globaler Umweltbelastungen wie Treibhauseffekt und Ozonloch.

3. Anlagensicherheit

[123] Der Bundes-Umweltminister hat dazu in seiner Bilanz von 1990 in 7 Bänden die wichtigsten Umweltbereiche detailliert beschrieben.

- Das vorhandene Regelwerk ist den aktuellen Erkenntnissen anzupassen. Weiter sind anlagenspezifische, dem Stand der Sicherheitstechnik entsprechende technische Regelwerke zu entwickeln. Hierfür sind eine Störfall-Kommission und ein Technischer Ausschuß für Anlagensicherheit einzusetzen.
- Vorrangige Aufgabe ist der Vollzug der bestehenden Regelungen in der Praxis.
- International bemüht sich die Bundesregierung um Verschärfung des Störfallrechtes innerhalb der EU sowie entsprechende Regelungen im Rahmen der KSZE in bezug auf die Länder Osteuropas.

4. Lärmbekämpfung

- Minderung des Verkehrslärms gemäß dem Dreistufenplan der EU zur Geräuschgrenzwertsenkung für Kraftfahrzeuge.
- Verbesserung des Schutzes vor Lärm durch Industrie- und Gewerbebetriebe durch Novellierung der TA-Lärm. (Insbesondere Einbeziehung nicht genehmigungsbedürftiger Anlagen).
- Neuregelungen der gesetzlichen Bestimmungen für Sportanlagen.
- Ergänzung der Baumaschinenlärm-Verordnung.
- Verfassung ergänzender Regelungen für den Freizeitsektor.
- Reduzierung des Fluglärms im Zivilbereich durch Umsetzung der EU-Richtlinie und im militärischen Bereich.
- Festsetzung gebietsbezogener Lärmminderungspläne analog den Luftreinhalteplänen.

5. Gewässerschutz

- Weitere Reduzierung der Schadstoff- und Nährstoffkonzentrationen in kommunalen und industriellen Abwässern.
- Ergänzung der Emissionsnormen durch Qualitätsnormen.
- Stärkere Berücksichtigung der ökologischen Erfordernisse (möglichst viele Oberflächengewässer sollen dabei mindestens die Gewässergüteklasse II erreichen).
- Aufforderung an die Länder, den Ausbau der kommunalen Kläranlagen um eine dritte Reinigungsstufe und die Sanierung alter Kanalisationen voranzutreiben.

6. Naturschutz

- *"Im Naturschutz besteht noch erheblicher Handlungsbedarf (...) Ziel ist, dem Schutz von Natur und Landschaft bei der notwendigen Abwägung mit anderen Belangen ein stärkeres Gewicht zu verleihen. Naturschutz wird zu einer Kulturaufgabe des Menschen mit hohem Rang."*
- Vorrangige Aufgabe ist die Erhaltung noch vorhandener natürlicher und naturnaher Gebiete und Restbestände selten gewordener Biotope, deren Ver-

größerung, Vermehrung und Vernetzung durch Renaturierungsmaßnahmen. Dafür ist ein Anteil von 5–20% der nicht besiedelten Flächen bereitzustellen.

- Ausbau der trilateralen Zusammenarbeit zum Schutz des Wattenmeeres.
- Schutz der Alpenregion durch Verabschiedung einer Alpenschutzkonvention.
- Unterstützung von Entwicklungsländern bei ihren Naturschutzaufgaben.
- Neuorientierung in der Landwirtschaft durch Flächenstillegung und evtl. Naturschutzabgaben.
- Aufbau einer ökologischen Umweltbeobachtung (Biomonitoring).

7. Bodenschutz

- Beseitigung vorhandener Gefahrenquellen durch Festlegung von Sanierungswerten für Boden und Standortbelastungen, bei deren Überschreitung Maßnahmen ausgelöst werden, um unmittelbare Gefahren abzuwenden.
- Vermeidung zukünftiger Risiken durch Angabe von Schwellenwerten für nicht vermeidbare Belastungen und Zustandsänderungen von Böden.
- Erhaltung natürlicher Fließgleichgewichte durch Ermittlung von Qualitätsstandards, bei deren Einhaltung die Fließgleichgewichte des Naturhaushaltes langfristig möglichst wenig beeinflußt werden.

8. Abfallvermeidung/Abfallentsorgung

- Das Konzept der Abfallvermeidung und -verwertung muß fortentwickelt und umgesetzt werden.
- Es muß eine umweltverträgliche Entsorgungsinfrastruktur auf hohem technischen Niveau geschaffen werden.
- Der Verwertungsanteil bei Hausmüll und Industrieabfall ist deutlich zu steigern. Eine Konkretisierung erfolgt z. T. in der Novelle des Abfallgesetzes.
- Wo möglich, werden die Instrumente der Zielfestlegung und der Selbstverpflichtung der Wirtschaft dem Instrument der Rechtsverordnung vorgezogen.

9. Strahlenschutz und Reaktorsicherheit

- Die Entsorgung der Kernkraftwerke und die geordnete Beseitigung der radioaktiven Abfälle gehört auch in Zukunft zu den wichtigsten Aufgaben, um die Kernenergie auch weiterhin für friedliche Zwecke nutzen zu können. Dabei gibt es keine Alternative zu dem von der Bundesregierung verfolgten Entsorgungskonzept mit der Wiederaufarbeitung als integrativem Bestandteil.
- Wesentliche Aufgabe für die Zukunft ist vor allem noch die Fertigstellung der in der Verantwortung des Bundes zu errichtenden und zu betreibenden Endlager für radioaktive Abfälle an den Standorten Salzgitter und Gorleben.

Diese Zielsetzungen sind insgesamt so allgemein gehalten, daß sich daraus nur in einigen Bereichen handlungsorientierte und operationelle Verpflichtungen der

Bundes- und Länderregierungen ableiten lassen. Allerdings sind in einigen Bereichen durchaus Konkretisierungen für einzelne Problemfelder vorgenommen worden oder in Vorbereitung, so z. B. in der Großfeuerungsanlagen-Verordnung oder in der Verpackungsverordnung.

Problematisch in der grundsätzlichen Zielausrichtung der Umweltpolitik des Bundes erscheinen dabei folgende Aspekte:

- In den meisten Aufgabenfeldern bestehen **keine verbindlichen Zielperspektiven** und **keine konkreten Handlungsaufträge**,

- es fehlt eine umfassende **Überprüfung und Einhaltungsverpflichtung** dort, wo Planziele vorhanden sind,

- die perspektivischen Vorstellungen beziehen sich auf **einzelne Umweltbereiche**; eine Vernetzung der Einzelprobleme bleibt weitgehend unberücksichtigt,

- die Bundesregierung tut sich schwer mit der **Durchsetzung struktureller Veränderungen**; vermeintliche ökonomische Zwänge verhindern häufig die Realisierung notwendiger umweltpolitischer Maßnahmen

In einer unveröffentlichten Studie **"Vergleichende Analyse der Umweltpolitik der konservativ-liberalen Koalition zwischen 1983 und 1987 mit der SPD/-F.D.P. Regierung"** für das Bundes-Umweltministerium kommt H. Weidner 1988 insgesamt zu dem Ergebnis, daß Kontinuität die Umweltpolitik bestimmt.[124] Nach wie vor dominiert das **Reagieren** im Einzelfall gegenüber einer Vorausplanung im Ganzen. Zwar habe in den 80er Jahren eine Verschärfung von Regelung stattgefunden, aber der Problemdruck habe sich ebenfalls verschärft, wodurch die Rahmenbedingungen für die Durchsetzung einer strengeren Umweltpolitik besser geworden wären.

Als Meßlatte zur Beurteilung der Umweltpolitik erhebt Weidner die **Prinzipien-Trias**. Zwar werde das **Vorsorgeprinzip** in den Reglementierungen stärker berücksichtigt, es sei aber weder in rechtlicher noch in tatsächlicher Weise vollständig. Auch das **Verursacherprinzip** sei in Teilbereichen stärker durchgesetzt (z. B. in der Luftreinhaltepolitik), insgesamt würden aber verursacherorientierte ökonomische Instrumente nur sehr eingeschränkt eingesetzt. Vielmehr dominiere das **Gemeinlastprinzip**, womit Umweltkosten auf die Allgemeinheit übertragen würden.

Ähnlich sieht der Autor die Situation bei der Realisierung des **Kooperationsprinzips**. Hier sei die Wirtschaft bei Willens- und Entscheidungsprozessen in der

---

[124] vgl. dazu: Handelsblatt vom 17.12.88, S. 5

Gestaltung der Umweltpolitik gegenüber Gewerkschaften und Umweltschutzverbänden immer noch begünstigt.

Als Fazit gilt, daß weder die sozial-liberale noch die konservativ-liberale Koalition auch nur **eines** der offiziellen umweltpolitischen Prinzipien in substantieller Weise umgesetzt hätten. Einen qualitativen Sprung in der Umweltpolitik hat die Bundesregierung mit der Novelle des Abfallgesetzes und speziell mit der Verabschiedung der **Verordnung über die Vermeidung von Verpackungsabfällen (Verpackungsverordnung)** erreicht. Zwar ist es der gewerblichen Wirtschaft gelungen, ihren Einfluß auf die Gestaltung der Verordnung durchzusetzen. So wurde die im ersten Entwurf vorgesehene generelle Rücknahmepflicht von Verpackungen durch den Handel ergänzt durch das von der Wirtschaft in einer gemeinsamen Aktion verschiedener Wirtschaftszweige erarbeitete Konzept des **Dualen Entsorgungssystems.** Dennoch lassen sich im Rahmen der Anwendung bestimmte strukturelle Veränderungen für die Wirtschaft erwarten. Als wesentliche Aspekte der qualitativen Veränderung können folgende Punkte gelten:

- Der Verkäufer einer Verpackung ist auch für deren Entsorgung verantwortlich. Gleiches soll in Zukunft auch für bestimmte Güter selbst gelten, z. B. Kraftfahrzeuge. Hier wird erstmalig eine spürbare Umweltverantwortung an die gewerbliche Wirtschaft übertragen (Verursacherprinzip).

- Produkte, für die keine umweltfreundliche Entsorgung nachgewiesen werden kann, sollen zukünftig verboten werden (Vorsorgeprinzip).

- Die stoffliche Verwertung (Recycling, Kompostierung) soll Vorrang vor der Verbrennung oder Deponierung haben. Damit ist ein erster Schritt zu geschlossenen Materialkreisläufen eröffnet (Vorsorgeprinzip).

- Das Funktionieren der Selbstverpflichtung der Wirtschaft im Rahmen des Dualen Abfallkonzeptes wird differenziert behördlich überprüft. Eine Nichteinhaltung der Vorgaben führt zu Sanktionierungen (Kooperationsprinzip).

Wenn durch diese Maßnahmen das Ideal einer geschlossenen Kreislaufwirtschaft auch noch nicht erreicht werden kann, so ist doch zu erwarten, daß erhebliche Verhaltensänderungen in der Wirtschaft erfolgen.

2.2 Umweltpolitik für die neuen Bundesländer

Mit der Eingliederung der fünf neuen Bundesländer in die Rechtshoheit der Bundesrepublik Deutschland ergeben sich neue, brisante Probleme für die Umweltpolitik. Wenn der Industriestandort "alte Bundesrepublik" auch mit erheblichen Umweltbelastungen zu kämpfen hatte, so wurde mit der Öffnung der Grenzen deutlich, daß in der ehemaligen DDR der Schutz der natürlichen Lebensgrundlagen so gut wie **keinen Stellenwert** besaß. Die Ausweitung der Industrieproduktion bei gleichzeitigen Autarkiezwängen wegen chronischen Devisenmangels hatten 40 Jahre lang eine zunehmende Vergiftung aller Umweltmedien bewirkt. Alleine die Bestandsaufnahme der Umweltschädigungen wird erhebliche Anstrengungen erfordern.

Die Umweltproblematik für die neuen Bundesländer ist unter verschiedenen Aspekten zu betrachten:

- Übertragung der bundesdeutschen Umweltschutz-Anforderungen auf die neuen Länder,
- Sanierung der Altlasten,
- Umweltverträgliche Modernisierung der Wirtschaft,
- Chancen eines Neubeginnes mit der Möglichkeit der Vermeidung von Fehlern der "alten Bundesrepublik".

Im Rahmen der **Umweltunion** wurden die bundesrepublikanischen Umweltgesetze 1990 praktisch ohne Veränderungen für die neuen Bundesländer übernommen. Das Ziel ist dabei, bis zum Jahre 2.000 die dann herrschende Umweltqualität der alten Bundesrepublik auch für die neuen Länder zu erreichen. Schon im ersten Staatsvertrag vom Mai 1990 wurde bestimmt, daß für Neuinvestitionen in der ehemaligen DDR ab 01.Juli 1990 die strengen Umweltschutzanforderungen der Bundesrepublik bzw. der EU gelten. Im **Umweltrahmengesetz** wurden für den Betrieb von Altanlagen Übergangsfristen festgesetzt.

Diese Übertragung der Regelungen auf ein Land mit eklatanten Umweltbelastungen im Rahmen der herrschenden Industrie- und Energieproduktion muß erhebliche strukturelle Veränderungen zur Folge haben. So ist das Sterben ganzer Industrieregionen nicht nur auf die erheblichen Produktivitätsnachteile gegenüber westdeutschen Unternehmen zurückzuführen, sondern auch auf die neuen umweltrechtlichen Einschränkungen. Das gilt z. B. für die Chlorchemie, die Carbidproduktion oder die Förderung von Braunkohle zur Verstromung bzw. Brikettproduktion. Die Bundesregierung fordert in diesem Zusammenhang auch ganz offen - unterstützt durch den Sachverständigenrat zur Begutachtung der gesamtwirtschaftlichen Entwicklung - die konsequente Stillegung von ökologisch nicht mehr verantwortbaren Produktionsstätten.

Es bleibt gegenwärtig noch unbeantwortet, inwieweit der **Vollzug** der Umweltgesetze und Verordnungen in der ehemaligen DDR gewährleistet sein wird. Mit der o. a. Auflösung ganzer Industriezweige und -regionen wird diese Problematik in einer allerdings sozial sehr brisanten Weise behandelt. Auf der anderen Seite wird es eine Reihe von Jahren dauern, um funktionsfähige Umweltbehörden zu etablieren, wo das bisher in den alten Bundesländern nicht einmal befriedigend gelöst worden ist.

Mit der Harmonisierung der Umweltstandards auf westdeutschem Niveau bis zum Jahre 2.000 ergibt sich eine weitere Gefahr. So ist es als sinnvoll zu erachten, daß ein Großteil staatlicher Mittel für den Umweltschutz in den nächsten Jahren in die neuen Bundesländer fließt, da die Wirkungen zur Verbesserung der Umweltsituation bei den immensen Problemen dort größer sein werden. Damit könnten allerdings die Ansprüche an eine notwendige Weiterentwicklung westdeutscher Standards gehemmt werden. Angesichts hoher Haushaltsdefizite zwingt das nach Ansicht des Sachverständigenrates die Bundesregierung zu einer konsequenteren Anwendung des Verursacherprinzips bei der Weiterentwicklung der gesamtdeutschen Umweltstandards.

Mit der Anwendung neuer, strengerer Umweltnormen für die ehemalige DDR ist das **Problem der Altlasten** allerdings noch nicht gelöst. Eine unübersehbare Fülle von Emissionen hat in den letzten 40 Jahren dazu beigetragen, daß große Flächenanteile der fünf Länder hochgradig belastet und vergiftet sind. Nach einer Studie des Ifo-Institutes[125] über die Kosten der ökologischen Modernisierung Ostdeutschlands bestehen dort ca. 50.000 gefährliche und sanierungsbedürftige Altlasten-Verdachtsflächen. 42% der Fließgewässer und 24% der stehenden Gewässer sind z. B. für die Trinkwasseraufbereitung in keinem Fall verwendungsfähig.

Inwieweit eine echte **Sanierung**, d. h. eine nachhaltige Entgiftung der belasteten Umweltmedien überhaupt möglich ist, kann hier nicht erörtert werden. Bei der Komplexität der Belastungsmengen und -formen müssen Zweifel an der Vorstellung einer umfassenden Entlastung angemeldet werden. Für eine echte Sanierung der großflächigen und vielfältigen Bodenbelastungen bestehen z. B. überhaupt noch keine wissenschaftlich und technisch fundierten Problemlösungen. Wenn in der gegenwärtigen Umweltpolitik von Sanierung die Rede ist, kann damit immer nur eine **relative Begrenzung** der zukünftigen Belastungen für Mensch und Natur gemeint sein, nicht aber die vollständige **Beseitigung** von Schädigungen. Neben der ungeklärten Eigentumsfrage haben potentielle Investoren in der Vergangenheit immer die Altlastenproblematik als Hemmnis für Investitionen in den neuen Bundesländern aufgeführt. Nach geltendem Recht der Bundesrepublik haftet der Erwerber eines Grundstückes für vorhandene Bodenkontaminationen.

Zur Erleichterung von Investitionen und zur Beschleunigung der Privatisierung vorhandener Produktionsstätten sind Möglichkeiten zum Haftungsausschluß im Umweltrahmengesetz eingeräumt worden. Nach § 4 Abs. 3 Umweltrahmengesetz kann der Erwerber einer Immobilie bei den zuständigen Behörden die Freistellung von den öffentlich-rechtlichen Ansprüchen beantragen, die sich aus den möglichen Gefahren von Altlasten ergeben. Privatrechtliche Ansprüche können damit allerdings nicht ausgeschlossen werden.

---

[125] Ifo-Institut, Die Kosten der ökologischen Sanierung Ostdeutschlands. München 1990

Da eine Anwendung des Verursacherprinzips aufgrund der historischen Gegebenheiten nicht greifen kann, ist die Finanzierung der Altlastensanierung damit weitgehend vom Staat zu tragen. Nach dem Einigungsvertrag liegt die Verantwortung zur Sanierung der Altlasten in der ehemaligen DDR bei den neuen Bundesländern. Diese werden aber nicht in der Lage sein, die dafür notwendigen Mittel aufzubringen. Nach Auffassung des ehemaligen Verbandes der chemischen Industrie der DDR sind in den nächsten 5 Jahren alleine 13 - 15 Mrd.DM zur Sanierung der Altlasten der Chemieindustrie notwendig. Andere Schätzungen gehen von dem doppelten Betrag aus.[126] In der Diskussion ist deshalb die Einrichtung eines **Altlastenfonds**, der aus Solidarbeiträgen der westdeutschen Industrie sowie aus gesetzlichen Abgaben auf chemische Grundstoffe finanziert werden soll. Darüberhinaus sollen Mittel aus dem Vermögen der Treuhandanstalt verwendet werden, die auch formal für die Altlasten haftet.

Trotz weitreichender Zugeständnisse des Staates in der Altlastenproblematik an potentielle Erwerber von bestehenden Gewerbebetrieben setzt sich die Tendenz zur Neugründung von Unternehmen durch. Westliche Investoren üben sanften Druck auf Kommunen zum Ausweis neuer, unbelasteter Gewerbeflächen aus und locken dabei mit einem Arbeitsplatzangebot. In der ersten Phase entstehen dabei hauptsächlich Verbraucher- und Baumärkte, Freizeit- und Sportanlagen auf der grünen Wiese. Dabei besteht die Gefahr einer Zersiedelung der Landschaft mit weitreichenden ökologischen Folgen.

Führende Bundespolitiker betonen die Chance einer ökologischen Sanierung und industriellen Modernisierung der ehemaligen DDR nach dem Modell des Wirtschaftswunders der Nachkriegs-Bundesrepublik. So werden z. B. nach Einschätzungen Willy Brandts die fünf neuen Bundesländer am Ende des Jahrzehnts "der modernste Teil" des vereinten Deutschlands sein.[127] Die tatsächlichen Probleme zeigen sich aber nach der Vereinigung in der mangelnden Bereitschaft des Privatkapitals zu Investitionen. Inwieweit die Investitionshemmnisse in den nächsten Jahren abgebaut werden können, bleibt abzuwarten. Es lockt jedenfalls ein erhebliches Investitionsvolumen. So kostet die ökologische Modernisierung Ostdeutschlands nach Berechnungen des Ifo-Institutes[128] ca. 211 Mrd. DM, wovon alleine mehr als die Hälfte zum Aufbau einer ordentlichen, dem Stand der Technik angepaßten Abwasserbeseitigung notwendig sind.

Die in der o. a. Studie aufgeführten Investitionsmaßnahmen beziehen sich lediglich auf den Aufbau von Kapazitäten eines notwendigen Entsorgungspotentials (Abwasserbeseitigung, Luftreinhaltung, Abfallentsorgung). Das angestrebte Wirtschaftswachstum soll aber mit einem Aufbau moderner, wettbewerbsfähiger

---

[126] Meyerhoff, J., Altlasten als Investitionshemmnis in der ehemaligen DDR? In: IÖW-Informationsdienst, Nr. 5 1990, S. 7f

[127] Meldung der Nachrichtenagentur Reuter vom 10.05.91 aus New York

[128] Ifo-Institut, a. a. O. 1990

Industrien erreicht werden. Hier besteht die Gefahr, daß gerade unter dem wachsenden Zwang der kurzfristigen Schaffung von Beschäftigungsmöglichkeiten die langfristig zu betrachtende Notwendigkeit der Ausrichtung der Produktion an einem vorsorgenden, integrierten Umweltschutz vernachlässigt wird.

Damit ergibt sich letztlich die Frage nach den ökologischen Chancen eines Neubeginns der Wirtschaft in den neuen Bundesländern mit möglichen Synergien für die gesamte Bundesrepublik. In der Euphorie der ersten Stunden der Zusammenführung wurde von verschiedenen Seiten betont, es bestehe die historische Chance, Fehlentwicklungen des Aufbaus der Bundesrepublik zu vermeiden. Dabei standen insbesondere zwei strukturelle Besonderheiten der ehemaligen DDR in der Diskussion, deren Übernahme und Weiterentwicklung für ökologisch sinnvoll erachtet wurde.

Zum einen handelte es sich dabei um das **SERO-Recyclingsystem**. In der DDR gehörte dieses flächendeckende Netz zu einem notwendigen System der planwirtschaftlichen Rohstoffbeschaffung unter Devisenknappheit. Dementsprechend war es möglich, im Rahmen einer reinen Binnenwährung Recyclinganreize über relativ hohe Rücknahmepreise zu schaffen.

Mit der Einrichtung der Währungsunion und dem Anschluß an die westlichen Konsumgütermärkte brach dieses System kurzfristig zusammen. Heute hat das Konsum-Nachholbedürfnis der BürgerInnen eine nicht mehr zu bewältigende Abfallproblematik geschaffen. Dem sich in kürzester Zeit verdoppelten Hausmüllvolumen stehen keine geeigneten Entsorgungskapazitäten gegenüber. In verschiedenen Regionen der ehemaligen DDR versuchen westdeutsche Entsorgungsunternehmen, Müllverbrennungsanlagen und Deponien aufzubauen, die der hauptsächlichen Entsorgung westdeutschen Mülls dienen sollen. Kommunen und Kreise mit hoher Arbeitslosigkeit bewerben sich sogar um die Errichtung von Müllverbrennungsanlagen. Hier fehlt offensichtlich noch das notwendige ökologische Bewußtsein, um die langfristigen Folgen solcher Investitionen für die Entwicklung einer Region abzuschätzen. Der notwendige Aufbau kommunaler Entsorgungseinrichtungen ist hier in besonderem Maße durch Einrichtungen des dualen Abfallsystems zu ergänzen. Die Chance der Erhaltung der Strukturen der SERO wurde wohl bereits vertan.

Eine weitere Chance der ökologischen Erneuerung wurde anfangs in den vorhandenen **Verkehrsstrukturen** der DDR gesehen. Der Schwerpunkt der Güterbeförderung auf Schienen (1988 76% des gesamten Güterverkehrs) sowie die vergleichsweise geringe Dichte und der schlechte Zustand der Straßen ließen die Hoffnung entstehen, hier könne ein zukunftsweisendes kollektives Verkehrssystem entstehen. Der Run der neuen Bundesbürger auf den PKW sowie die finanziellen Schwierigkeiten eines zügigen Ausbaus der alten Reichsbahnstrecken hat aber auch hier in kurzer Zeit erahnen lassen, daß die negativen Entwicklungen der Bundesrepublik mit Verkehrskollaps, Straßenbau, autogerechten Innenstädten etc. sich zu wiederholen scheinen. So ist nach den Sanierungsplänen der Deutschen Reichsbahn damit zu rechnen, daß höchstens ein Drittel des dichtesten Schienennetzes in Europa übrigbleiben werden. Gleichzeitig soll mit einem **Beschleunigungsgesetz** unter Einschränkung von Einspruchsrechten der Straßenbau angekurbelt werden.

Eher positiv ist die zukünftige **Entwicklung der Energieerzeugung** und des Energieverbrauchs zu beurteilen. Auf der einen Seite wird die im Wesentlichen auf der umweltschädlichen Braunkohle basierende Energieerzeugung größtenteils relativ kurzfristig auf andere Energieträger (Braunkohlenanteil an der Primärenergieverbrauchsbilanz 1987 ca. 70%) umgestellt oder durch westdeutsche Überkapazitäten ersetzt werden. Dazu sind die sicherheitstechnisch bedenklichen Kernkraftwerke aus dem Verkehr gezogen worden. Andererseits bestehen erhebliche Energiesparpotentiale in Unternehmen und Haushalten. Allerdings besteht auch hier in der Stromversorgung (Stromvertrag) die Gefahr, daß durch die Zulassung westdeutscher Stromerzeugungsunternehmen in den neuen Bundesländern Versorgungsstrukturen aufgebaut werden, die aufgrund ihres erwerbswirtschaftlichen Charakters an der nachhaltigen Stromeinsparung keine Interessen haben können.

Im Bereich des Freizeitverhaltens wird ebenfalls eine erhebliche ökologische Schlechterstellung zu erwarten sein. So ist mit einer starken Ausweitung von Freizeitflächen unter Aspekten der Kommerzialisierung der Freizeit zu rechnen (Freizeitparks, Golfplätze, etc.) Dabei ist von einer noch gering ausgeprägten Sensibilität der neuen Bundesbürger für Aspekte des Natur- und Landschaftsschutzes auszugehen. Hinzu kommt eine zunehmende Privatisierung von erhaltenswerten Landschaftsteilen durch westdeutsche und Berliner Bürger, die in landschaftlich reizvollen Lagen Freizeiteinrichtungen und Zweitwohnungen und -häuser errichten werden.

Das Bundes-Umweltministerium hat 1990 in einer umfassenden Studie **"Eckwerte der ökologischen Sanierung und Entwicklung in den neuen Ländern"**[129] umweltpolitische Leitlinien für die neuen Bundesländer vorgestellt. Darin wird neben einer umfassenden Bestandsaufnahme der vorgefundenen Umweltsituation und der bereits eingeleiteten Maßnahmen ein Zielkatalog zukünftiger Entwicklungen im Umweltbereich dargestellt. Dieses Werk ist unter verschiedenen Aspekten bemerkenswert:

1. Unter Bezug auf die desolate Umweltsituation in der DDR wird die Umweltpolitik der Bundesrepublik als Referenzmodell idealisiert. So heißt es u. a.:

[129] Eckwerte der ökologischen Sanierung und Entwicklung in den neuen Ländern, hrsg. vom Bundes-Umweltministerium, Bonn 1990

"In Deutschland kann das marktwirtschaftliche System erneut den Beweis erbringen,

- *daß wirtschaftliche Stabilität ohne Gefährdung der natürlichen Lebensgrundlagen erreichbar ist,*
- *daß eine Entkopplung von wirtschaftlichem Wachstum einerseits und Umweltbelastung, Energieverbrauch und Ressourcenverzehr andererseits möglich ist,*
- *daß der ökologische Generationenvertrag und weltweite ökologische Sicherheitspartnerschaft keine Utopie, sondern realistische Visionen sind." (S.13)*

2. Der anzustrebenden Maßnahmenkatalog beschreibt in weiten Bereichen idealisierende Vorstellungen, die auch in der alten Bundesrepublik nicht oder nur eingeschränkt realisiert sind (z. B. Lenkungsabgaben, UVPs, Förderung einer umweltorientierten Unternehmensführung, Einrichtung von Energiedienstleistungsunternehmen oder umweltverträgliche Verkehrssysteme).

3. Zur Realisierung eines umweltfreundlichen Strukturwandels wird fast ausnahmslos auf Privatisierung gesetzt, und zwar auch in solchen Bereichen, die in der alten BRD öffentlich organisiert sind. Damit wird offen eingestanden, daß keine Chance gesehen wird, die neuen Länder mit den für einen solchen Strukturwandel notwendigen öffentlichen Mitteln auszustatten.

Zusammenfassend ist festzustellen, daß zum Teil richtungweisende Vorschläge für einen umweltverträglichen Wandel vorgestellt werden, allerdings bestehen erhebliche Diskrepanzen zwischen diesen Ideen und der Realisierungsmöglichkeit im Rahmen der vorherrschenden Gesamtpolitik.

3 Die Umweltpolitik der Europäischen Union

Das Zusammenwachsen Europas - oder zumindest eines großen Teils davon - eröffnet Visionen einer friedlichen und wohlhabenden Völkergemeinschaft. Dennoch sind Probleme bei diesem Prozeß nicht zu übersehen, die sich aus unterschiedlicher Historie, Mentalität und unterschiedlichen Vorstellungen über die Ziele und Funktionen eines geeinten Europas ergeben. Letzteres gilt sowohl zwischen den verschiedenen Mitgliedsstaaten als auch für innerstaatliche Auseinandersetzungen

Die **Umweltpolitik** ist für die Weiterentwicklung eines der größten geschlossenen Wirtschaftsräume der Erde von großer Wichtigkeit. Sie stößt aber auch auf große Schwierigkeiten. Einmal sind die umweltpolitischen Vorstellungen der einzelnen Mitgliedsstaaten verschieden, zum Teil setzen sie aufgrund unterschiedlicher heimischer Umweltprobleme auch verschiedene Prioritäten. Zum anderen muß sich die Umweltpolitik in den Mitgliedsstaaten und der EU mit anderen Politikfeldern auseinandersetzen, vor allem mit den wirtschaftlichen und sozialen Zielen. Dabei ist festzustellen, daß Umweltschutz häufig in der praktischen Politik keine Prioritäten besitzt.

Das europäische Umweltschutzrecht geht auf eine Konferenz der Staats- und Regierungschefs der EU-Mitgliedsländer im Jahr 1972 zurück, bei der die Notwendigkeit der Verwirklichung einer gemeinsamen Umweltpolitik festgelegt wurde. Seitdem sind alleine bis zum Jahr 1986 105 Gemeinschaftsrechtsakte (EU-Richtlinien) für den Umweltschutz verabschiedet worden.

1987 trat eine **Einheitliche Europäische Akte**[130] in Kraft, in der Umweltschutz zum ersten Mal im **EU-Vertrag** abgesichert wurde. Damit wird Umweltschutz eine **originäre Aufgabe** der Gemeinschaft. Wesentliche Inhalte der in den Artikeln 130 r-t enthaltenen Umweltschutzbestimmungen sind das Prinzip, nachdem Umweltbeeinträchtigungen vorzubeugen ist und diese nach Möglichkeit an ihrem Ursprung zu bekämpfen sind, das Verursacherprinzip und die Erfordernis, daß der Umweltschutz als Bestandteil der anderen Politikfelder der Gemeinschaft zu betrachten ist.

Wichtigste **Instrumente** des EU-Rechtes im Umweltschutz sind **EU-Richtlinien**. Diese sind an die EU-Mitgliedsstaaten gerichtet und verpflichten die Regierungen, sie in geeigneter Weise in nationales Recht umzusetzen, d. h. in Gesetze, Verordnungen und Verwaltungsvorschriften. EU-Richtlinien dominieren damit die Gesetzgebung von Bund und Ländern in den entsprechenden Bereichen.

Den Rahmen für die Gesetzgebung bilden die verschiedenen **Aktionsprogramme**, die jeweils für 4 Jahre verabschiedet werden. Das 4. Aktionsprogramm (1987 - 1991) z. B. hält an der vorbeugenden Strategie der vorhergehenden Aktionsprogramme fest, erhebt aber erstmalig den Umweltschutz zu einem wesentlichen Bestandteil **jeder** Wirtschafts- und Sozialpolitik der EU (im Sinne der Erweiterung des EU-Vertrages). Weiterhin werden dort als Schwerpunkte die **Förderung von Umweltvorhaben** durch Mittel der EU-Fonds und der Europäischen Investitionsbank angesehen, sowie eine Verbesserung der Informationen und eine Verstärkung der **Kontrolle** der nationalen Umsetzung der EU-Richtlinien.

EU-Richtlinien entstehen auf folgende Weise.[131] Zunächst legt die EU-Kommission einen Richtlinienentwurf vor. Dieser Entwurf wird von drei Instanzen vorab begutachtet: Vom Europäischen Parlament, vom Wirtschafts- und Sozialausschuß der EU sowie vom Ausschuß der Ständigen Vertreter der Mitgliedsländer. Wenn alle Stellungnahmen vorliegen, kann der Ministerrat, bestehend aus den Um-

---

[130] vgl. Europäisches Parlament und Umweltschutz, hrsg. vom Europäischen Parlament, Bonn 1990, S. 3

[131] vgl.: Umweltbewußtes Europa; eine Broschüre des Presse- und Informationsdienstes der Bundesregierung. Bonn 1990, S. 14

weltministern der Mitgliedsländer, die Richtlinie beschließen. Dabei ist generell Einstimmigkeit vorgesehen, doch kann der Rat bei entsprechendem politischen Willen nach Artikel 130 s auch Beschlüsse mit qualifizierter Mehrheit fassen (54 von 76 Stimmen, die in unterschiedlicher Zahl auf die einzelnen Mitgliedsstaaten entfallen). Ist die Richtlinie verabschiedet, so überwacht die EU-Kommission die Umsetzung und Einhaltung in den einzelnen Mitgliedsstaaten. Aber auch jeder Bürger eines Mitgliedslandes kann die Einhaltung von EU-Recht überwachen. Stellt er ein Fehlverhalten fest, so hat er das Recht, es der EU-Kommission anzuzeigen.

Trotz der gemeinsam getroffenen Umweltschutzvereinbarungen können einzelne Mitgliedsstaaten weitergehende **produktbezogene Regelungen** in eigener Regie treffen, wenn dieses aus umweltpolitischer Sicht für notwendig erachtet wird. Solche Maßnahmen sind der EU-Kommission anzuzeigen. Sie dürfen nicht als verschleierte Handelshemmnisse eingesetzt werden.

Eine notwendige Verschärfung des EU-Umweltrechtes ist bisher allzu häufig am Veto einzelner, insbesondere der wirtschaftsstarken Mitgliedsländer gescheitert. Die ursprüngliche Intention der **Wirtschafts**gemeinschaft dominiert nach wie vor die gemeinsamen Interessen des Zusammenschlusses. Im Ergebnis werden zum Teil notwendige Richtlinien nicht erlassen oder lediglich in einer abgeschwächten Form, die zum Teil hinter nationalen Normen zurückbleibt. Das gilt z. B. u. a. für den Erlaß von Richtlinien zur Einschränkung der Luftverschmutzung durch Kraftfahrzeuge.

Weiterhin ergeben sich Probleme bei der **Umsetzung** der Richtlinien in nationales Recht. So führt der 4. Jahresbericht der Kommission an das Europäische Parlament über die Kontrolle der Anwendung des Gemeinschaftsrechtes aus, daß 1986 von den 198 dem Umwelt- und Verbrauchsschutz zuzurechnenden Richtlinien 55 Probleme bei der Umsetzung in nationales Recht mit sich bringen. Bei der Umsetzung ergaben sich für die Bundesrepublik Defizite zum Teil in Verschleppungen, zum Teil in einer mangelhaften Durchführung, die nicht dem Sinn der EU-Richtlinien entsprachen. In diesem Zusammenhang ist u. a. die Umsetzung der EU-Richtlinie zur Umweltverträglichkeitsprüfung zu nennen. Insgesamt sind über 20 Verfahren wegen fehlender oder ungenügender Umsetzung von EU-Richtlinien alleine gegen die Bundesrepublik Deutschland vor dem Europäischen Gerichtshof anhängig.

Für die zukünftige Entwicklung der Europäischen Integration kommt dem Jahr 1992 eine besondere Bedeutung zu. So setzt es Termine für die Durchführung einer Reihe von Maßnahmen zur Beseitigung von Handelshemmnissen, die in einem Weißbuch von der Kommission ausführlich dargelegt wurden. Damit wurde die formale Voraussetzung der Vollendung des Binnenmarktes ab 01.Januar 1993 geschaffen - die EU bildet somit einen **einheitlichen Wirtschaftsraum**. Gleichzeitig sollten die Voraussetzungen zur Weiterentwicklung der sozialen

Dimension in der Gemeinschaft geschaffen werden, die unter anderem den Schutz und die Verbesserung der Umwelt einschließt.

Die Vereinheitlichung des EU-Binnenmarktes ab 1993 weckte große ökonomisch orientierte Hoffnungen in den Mitgliedsländern. Folgende Maßnahmen wurden damit in Kraft gesetzt:

- Aufhebung der Grenzkontrollen
- das Konzept zur Harmonisierung technischer Normen und Vorschriften
- die Harmonisierung der Steuern
- die Erleichterung des Marktzuganges
- die Liberalisierung des öffentlichen Auftragswesens

Als bedeutender Effekt dabei wird die Beschleunigung des Wirtschaftswachstums erwartet. Nach Schätzungen des Ceccini- Berichtes (Europa 92 - Der Vorteil des Binnenmarktes) liegt das potentielle Wirtschaftswachstum in der Gemeinschaft bis zum Jahre 2.000 zwischen 4,5 und 7% des Bruttoinlandsproduktes der Gemeinschaft. In der Folge wird ein Abbau der Arbeitslosigkeit sowie eine erhöhte Innovationsbereitschaft und wirtschaftliche Effizienzsteigerung erwartet, zusammenfassend also eine Verbesserung der Wettbewerbsfähigkeit auf den internationalen Märkten.

Allerdings bestehen auch erhebliche **Befürchtungen**, daß der größere wirtschaftliche Nutzen auf der anderen Seite mit erheblichen nachteiligen Effekten erkauft werden muß - vor allem durch eine stärkere Umweltbelastung. Aus dieser Besorgnis hat die EU-Kommission eine Task-Force einberufen, welche die Umweltwirkungen untersuchen sollte, die sich aus der Vollendung des EU-Binnenmarktes ergeben werden.[132] Dieses aus unabhängigen Sachverständigen zusammengesetzte Gremium untersuchte dabei insbesondere die **Zusammenhänge zwischen Wirtschaftswachstum und Umweltbelastung** in der Folge der Schaffung des Binnenmarktes.

Der Bericht artikuliert Befürchtungen, die zum Teil alarmierend sind und politische Korrekturen notwendig erscheinen lassen:[133]

- Es besteht die Gefahr eines weitreichenden 'Abfalltourismus';
- Das Fehlen von gemeinschaftlichen Produktregeln könnte dazu führen, daß überall in der Gemeinschaft Erzeugnisse aus Ländern, in denen es keine strengen Produktkontrollen gibt, in den Verkehr gebracht werden können;

---

[132] vgl. Task-Force-Bericht: Umwelt und der Binnenmarkt. Manuskript der EG-Kommission, o. Jg. (Deutsche Fassung 1992)

[133] Task-Force-Bericht, a. a. O., S. 4f

- Die gegenwärtigen Vorschläge zur Steuerharmonisierung könnten die Anwendung von steuerlichen Maßnahmen im Umweltschutz erheblich einschränken und einen umweltbelastenden Energieverbrauch fördern;

- Die Aufhebung der Kontrollen in bezug auf Grundstückskäufe könnte zur Folge haben, daß bei der Landnutzung Entwicklungen mit erheblichen Umweltkonsequenzen gefördert werden.

In Modellrechnungen hat die Task-Force die Analysen der wirtschaftlichen Auswirkungen des Binnenmarktes auf die davon ableitbaren Folgen für Energienachfrage und Emissionsmengen konkretisiert. Die Ergebnisse im einzelnen:

- Anstieg der Emissionen von SO_2 um 8–9% und NO_x um 12–14% bis zum Jahr 2.010.
- Anstieg des grenzüberschreitenden Lastwagenverkehrs um 30–50%,
- Zunahme des Flugverkehrs bis zum Jahr 2.000 um 100%,
- in erheblichem Umfang werden Abfallmengen, Elektrizitäts- und Papierverbrauch steigen. Bereits 1991 produziert die EU jährlich 160 Mio Tonnen an Industrieabfällen, davon 25 Mio Tonnen gefährlichen Sondermülls, wofür keine angemessenen Aufbereitungs- oder Entsorgungskapazitäten zur Verfügung stehen,
- es besteht die Gefahr, daß der Anteil der (als besonders risikoreich eingeschätzten) Kernenergie von 30% an der Elektrizitätserzeugung und 15% des gesamten Energieverbrauchs weiter ausgedehnt wird,
- die bereits bestehenden demographischen und wirtschaftlichen Konzentrationen in Ballungsräumen werden noch verschärft werden.

Diese aus umweltpolitischer Sicht sehr pessimistischen Zukunftserwartungen werden verbunden mit der Hoffnung, daß ein neues Instrumenten-Mix der EU-Umweltpolitik entwickelt wird, welches in der Lage zu sein hat, Wirtschaftswachstum und Umweltbelastungen zu **entkoppeln**. Dazu müssen nach Ansicht der Kommission wirtschaftliche Instrumente wie **Umweltabgaben**, **handelbare Emissionslizenzen**, **Vereinbarungen** zwischen Industrie und Regierungen, aber auch traditionelle ordnungspolitische Maßnahmen, wie Emissions- und Produktnormen entwickelt und eingesetzt werden.

Die Volksabstimmungen in Dänemark und Frankreich 1992 mit jeweils sehr knapper Ablehnung bzw Bestätigung der Maastrichter Verträge (Verträge zur weiteren wirtschaftlichen und währungspolitischen Integration) zeigen, daß offensichtlich vielfältige Ängste in den Bevölkerungen der einzelnen Mitgliedsländer bestehen - vor dem Verlust regionaler und nationaler Identitäten gegenüber einer übermächtigen zentralen Bürokratie.

4 Die Umweltprogramme der Parteien

Die Analyse programmatischer Aussagen der einzelnen Parteien zur Umweltpolitik stößt auf Schwierigkeiten. Zum einen ist gerade dieses Politikfeld von einer starken Dynamik gekennzeichnet, sodaß einige Vorstellungen bei der Drucklegung möglicherweise schon wieder überholt sind. Zum anderen ist bei einer vergleichenden Betrachtung festzustellen, daß einzelne Politikfelder von den Parteien nach Darstellungsweise und Umfang höchst unterschiedlich behandelt werden. Weiter ist bemerkenswert, daß Parteien, die in Bund oder Ländern in der Regierungsverantwortung stehen, zum Teil erhebliche Abweichungen zwischen ihren programmatischen Vorstellungen und der realen Politikgestaltung zeigen.

Für die folgende Darstellung sollen die programmatischen Vorstellungen nach dem Stand zur Bundestagswahl 1990 zugrunde gelegt werden. Auf eine historische Betrachtung der Entwicklung der umweltpolitischen Ziele in den einzelnen Parteien wird weitgehend verzichtet.

4.1 Die Umweltpolitik der CDU

Da die CDU die größte Partei der gegenwärtigen Regierungskoalition ist, stimmen auch ihre programmatischen Ziele in wesentlichen Punkten mit dem Regierungsprogramm überein. Ausgangspunkt aller umweltpolitischen Leitlinien der CDU ist die positive Würdigung des Erreichten seit Übernahme der Regierung 1982. Dabei wird der erhebliche Fortschritt in der Gestaltung umweltpolitischer Maßnahmen gegenüber der vorhergehenden sozialliberalen Koalition betont.

"Die Regierung Helmut Kohl hat die Bundesrepublik Deutschland zur weltweiten Vorreiterin im Umweltschutz gemacht; sie hat seit dem Regierungswechsel im Oktober 1982 rasch und erfolgreich gehandelt.

- *1982 gab es keine einzige Anlage zur Entschwefelung von Rauchgas - heute gibt es 165 (...)*

- *1982 gab es keine Autos mit Drei-Wege-Katalysator - heute haben bereits über vier Millionen PKW diese Einrichtung zur Abgasreinigung (...)*

- *1982 wurden über 50.000 Tonnen Fluor-Chlor-Kohlenwasserstoffe (FCKW) allein aus Sprühdosen freigesetzt; 1989 waren es nur noch rund 2.500 Tonnen (...)*

- *Anfang der achtziger Jahre wurden noch insgesamt 1,5 Mio Tonnen Dünnsäure in die Nordsee eingeleitet; 1989 hat die Bundesrepublik Deutschland als erstes Land damit Schluß gemacht (...)"*[134]

Nach Ansicht der CDU ist die Bundesrepublik das im Umweltschutz führende Land in der Welt. Es hat die schärfsten Umweltgesetze in der EU geschaffen. Aus der Darstellung der bisherigen Umweltpolitik spricht eine nicht gerechtfertigte Selbstgefälligkeit, wenn der Bundesumweltminister feststellt: "Wir haben 1989 die Umwelt und die Wirtschaft in Ordnung."[135]

Programmatische Grundlage der aktuellen umweltpolitischen Vorstellungen der CDU ist der Parteitagsbeschluß zur Umwelt- und Energiepolitik des 37. Bundesparteitages 1989 in Bremen unter dem Titel **"Unsere Verantwortung für die Schöpfung."**[136]

Wie die Überschrift vermuten läßt, wird das umweltpolitische Handeln aus einem christlich geprägten Menschenbild abgeleitet, dessen Zielsetzung die umweltverträgliche Beherrschung der Natur ist. Die **Verantwortung** für die Schöpfung wird dabei auf 3 Bereiche bezogen: **Verantwortung für kommende Generationen, Verantwortung für die Probleme der Menschen in der Dritten Welt und Verantwortung im Umgang mit der Technik.** Ökologischer Generationenvertrag, globale Umweltpartnerschaft und Sicherheitskultur in der Industriegesellschaft sind die Eckpunkte dieser Politik.[137] Dabei wird der Erfolg zukünftiger Umweltpolitik an weiteres **Wirtschaftswachstum** gekoppelt:

"Es ist richtig, es gibt kein grenzenloses Wachstum. Aber ohne Wachstum können wir unseren hohen wirtschaftlichen und sozialen Standard nicht halten, der Dritten Welt nicht helfen und auch die Kosten für mehr Umweltschutz nicht bezahlen. Allerdings brauchen wir ein verantwortungsbewußtes Wachstum."[138]

Dazu soll die Leistungsfähigkeit und Innovationskraft der **Sozialen Marktwirtschaft** verstärkt in den Dienst der Umwelt gestellt werden. Im Sinne einer weiteren Industrialisierung des Umweltschutzes sollen dabei über eine Forcierung der Umweltpolitik weiteres Wachstum und zusätzliche Arbeitsplätze geschaffen werden. Dadurch soll die internationale Wettbewerbsfähigkeit längerfristig verbes-

---

[134] Umweltpolitik der CDU. Eine Leistungsbilanz 1982 - 1990. CDU-Dokumentation 23/1990, Bonn 1990, S. 2f

[135] Töpfer, K., Einführungsrede zum Leitantrag des 37. Parteitages, CDU-Dokumentation 29/1989, S. 9

[136] Unsere Verantwortung für die Schöpfung. CDU-Dokumentation 29/1989 zum 37. Parteitag der CDU in Bremen, Bonn 1989

[137] Töpfer, K., Einführungsrede zum Leitantrag des 37. Parteitages, CDU-Dokumentation 29/1989, S. 5

[138] aus einer Broschüre "Was sagt die CDU zum Thema Umwelt", Bonn 1990

sert werden. *"Rund 500.000 Arbeitsplätze sind, angeregt durch die Umweltpolitik der Bundesregierung in den letzten Jahren geschaffen oder gesichert worden."*[139]

Das Politikmodell der CDU baut dabei auf 2 Säulen auf[140]:

- auf einem klaren Rahmen von Gesetzen, Ge- und Verboten;
- auf einem System marktwirtschaftlicher Anreize für mehr Umweltvorsorge.

Zum ersten Punkt wird festgestellt, daß eine ökologische Marktwirtschaft klare Gesetze benötigt. *"Es geht also darum, den Ordnungsrahmen zu ergänzen und zu vervollständigen."*[141] Der vermeintliche Widerspruch zwischen staatlichen Restriktionen und individueller Freiwilligkeit wird aufgelöst in einer Synthese:

"Der Staat muß den rechtlichen Rahmen schaffen, in dem die Kreativität des einzelnen für den weiteren ökologischen Aufbruch verstärkt mobilisiert wird. Markt und Paragraphen, Anreize und Gebote, müssen die Triebkräfte dynamischer Umweltpolitik in einer Ökologischen und Sozialen Marktwirtschaft sein."[142]

Dabei wird - zumindest in dieser generalisierenden Form - auf die strikte Anwendung des Verursacherprinzips und des Vorsorgeprinzips verwiesen. Auf dieser Basis wird an die Wirtschaft appelliert, Umweltschutz als Herausforderung zu betrachten. *"Die CDU will die Kreativität und das Eigeninteresse der Wirtschaft für den Umweltschutz nutzen, will die Kraft des Marktes für die Erhaltung der Umwelt aktivieren."*[143]

Steuerliche Förderungen und Investitionshilfen, eine ökologisch geleitete Gestaltung des Steuersystems, Lenkungsabgaben, ein neu zu schaffendes Umwelthaftungsrecht mit einer verschuldensunabhängigen Gefährdungshaftung sind wesentliche Instrumente dieser Politik. *"Marktwirtschaftliche Steuerung muß die Kooperation zwischen Staat und Wirtschaft durch freiwillige Selbstverpflichtungen nutzen."*[144]

Wird auf der einen Seite auf die **"gelenkte" Freiwilligkeit** der **Unternehmen** zu einem umweltverträglichen Verhalten gesetzt, so ist es auf der anderen Seite die Vorstellung vom **mündigen Bürger** und **Verbraucher**. *"Verbraucher sollen bei*

---

[139] Ebenda
[140] Ebenda
[141] Töpfer, K., a. a. O., S. 11
[142] "Beschluß zur Umwelt- und Energiepolitik im Wortlaut" des 37. Bundesparteitages der CDU in Bremen, CDU-Dokumentation 29/189, S. 25
[143] Ebenda, S. 26
[144] "Beschluß zur Umwelt- und Energiepolitik im Wortlaut" a. a. O., S. 29

der Auswahl von Konsumgütern diejenigen bevorzugen, die sich durch umweltfreundliche Produktion und umweltfreundliche Verpackung auszeichnen."[145]

Die CDU setzt stark auf eine **globale Umweltpartnerschaft.** Dabei wird festgestellt, daß isolierte nationale Umweltlösungen keine nachhaltige Wirkungen haben können. Ziel einer solchen Internationalisierung der Umweltpolitik ist die Erarbeitung internationaler Umweltschutzvereinbarungen. Hierzu muß die Überzeugungskraft für international solidarisches Handeln abhängig gemacht werden von der Konsequenz des eigenen Handelns, d. h. von der konsequenten Weiterentwicklung der nationalen Standards.

"Dabei verlangt Solidarität mehr als nur Appelle und wohlfeile Forderungen. Umweltpartnerschaft schließt die Verlagerung von Umweltbelastungen von Nord nach Süd aus. Die Länder der Dritten Welt erwarten zu Recht von uns alternative und umweltfreundliche Produkte und Verfahrenstechniken ohne unzumutbare Kosten."[146]

Nach den Vorstellungen der CDU gehört dazu die Verabschiedung eines ökologischen "Marshallplanes" für die Länder Osteuropas und die Entwicklungsländer. Kernpunkt dieser Entwicklung muß eine gemeinschaftliche Umweltpolitik in Europa sein. *"In Europa muß eine neue, umweltverträgliche Industriekultur konkret Gestalt annehmen. Umweltgerechtes Wirtschaften und die größte Sicherheit im Umgang mit modernen Techniken hat Vorrang vor kurzfristigem Wachstumserfolg. Diese Industriekultur muß zum Markenzeichen werden, dem andere nacheifern."*[147]

Eine klar umrissene ökologische Zielformulierung ist im Umweltprogramm der CDU nicht erkennbar. Vielmehr sind Veränderungsvorschläge weitgehend pragmatisch orientiert, ohne die Absicht von strukturellen Brüchen. Überall dort, wo die Freiwilligkeit der Regelungen nicht zu Verbesserungen der Umweltsituation führt, hält die CDU auch den Einsatz von Ge- und Verboten für gerechtfertigt.

In der Realisierung dieser Programmatik befindet sich die CDU in einem Dilemma. Zum einem wächst der gesellschaftliche Druck auf die größte Regierungspartei, im Umweltschutz nachhaltige Verbesserungen herbeizuführen. Auf der anderen Seite stehen die Nähe und entsprechende Verpflichtungen gegenüber der Wirtschaft und deren partikularen Interessen. Diese befürchtet ein einseitiges Vorpreschen der deutschen Umweltpolitik bei gleichzeitiger Gefährdung der internationalen Wettbewerbsfähigkeit. Schließlich besteht eine Rücksichtnahme gegenüber den Interessen der Koalitionspartner. Hier bestehen teilweise heftige innerparteiliche Interessenkollisionen, die zunehmend auch zu Fraktionsbildungen

---

[145] "Beschluß zur Umwelt- und Energiepolitik im Wortlaut", a. a. O., S. 24

[146] Ebenda, S. 31

[147] Ebenda, S. 34

innerhalb der CDU führen. Dabei genießt die Umweltpolitik häufig nicht Priorität.

4.2 Umweltpolitische Vorstellungen der CSU

Als bayerische Schwesterpartei der CDU liegt die CSU in weiten Bereichen ihrer umweltpolitischen Programmatik nahe den christlich-demokratischen Vorstellungen. In ihrem 1976 verabschiedeten Grundsatzprogramm findet der Umweltschutz bereits Berücksichtigung. 1984 wurde auf Antrag der CSU Umweltschutz als Staatsziel in die Bayerische Verfassung aufgenommen.

Umweltgerechtes Verhalten der Gesellschaft wird im Sinne eines Wertkonservatismus als **Kulturaufgabe** verstanden, die "als verantwortliche Treuhänderschaft für die Schöpfung" verstanden wird. Auf der Grundlage solchermaßen christlicher Vorstellungen wird eine Verpflichtung gegenüber der Natur formuliert. *"Wir verstehen den Menschen als Teil der Schöpfung. Er ist berufen, die Schöpfung zu nutzen und zu gestalten; er ist aber auch verpflichtet, sie zu bewahren und zu erhalten."*[148] In diesem Sinne wird Umweltschutz zuallererst als **Naturschutz** betrachtet, der die Probleme der modernen Industriegesellschaft außen vor läßt.

Anders als in anderen Parteien spielt hierbei eine **Raumordnungspolitik** eine zentrale Rolle. Diese differenziert zwischen urbanen Ballungsräumen und der landwirtschaftlich geprägten Fläche. Naturschutz bezieht sich dabei insbesondere auf den *"Aufbau eines Biotopenverbundsystems, das ein Netz miteinander verbundener ökologischer Zellen darstellt, damit der heimischen Tier- und Pflanzenwelt ausreichende Lebensgrundlagen bietet und die biologische Leistungsfähigkeit des gesamten Naturhaushaltes sichert."*[149] Diese Sichtweise wird mit dem metaphysisch verklärten Begriff der **Heimat** gekoppelt. *"Umweltschutz ist Heimatschutz"*.[150]

Die umweltpolitischen Vorstellungen der CSU orientieren sich stärker an dem Ideal einer freien Marktwirtschaft ohne staatliche Gängelung. **Entstaatlichung** und **Privatisierung** sind Schlagworte, die die Vorstellungen einer Reinkultur ökologischer Marktwirtschaft skizzieren. Dazu gehört auch die Vorstellung weiteren Wirtschaftswachstums.

"Eine sozial ausgerichtete Marktwirtschaft verbindet persönliche Freiheit, soziale Gerechtigkeit und ökonomische Leistungsfähigkeit zu einem wirkungsvollen gesellschaftlichen System. Die soziale Marktwirtschaft ist auch am ehesten

---

[148] Leitantrag zum CSU-Parteiausschuß am 17.02.1990 in Augsburg, S. 3
[149] Ebenda, S. 3
[150] Dringlichkeitsantrag zum CSU-Parteiausschuß vom 17.02.1990 in Augsburg

geeignet, die umweltpolitischen Ziele auf gleichermaßen ökologisch und ökonomisch effiziente Weise zu erreichen:

- *In keinem anderen Wirtschaftssystem erfolgt die Anpassung von Produzenten und Verbrauchern an ökologische Forderungen so rasch und umfassend wie in der Marktwirtschaft.*

- *Nur aus intensivem Wettbewerb resultiert wirtschaftliche Effizienz, die dafür sorgt, daß bei insgesamt hohem Versorgungsniveau Vergeudung und Verschwendung von Grund und Boden, Materialien, Rohstoffen und Energie weitgehend vermieden und somit die Umwelt geschont wird.*

- *Private Initiative im Wettbewerb fördert die Innovationsbereitschaft und die technische Entwicklung auch im Umweltbereich, die sich in vielfältigen technischen und unternehmerischen Leistungen der Wirtschaft zeigt.*

Damit der Markt in der Lage ist, seine große ökonomische Effizienz voll zum Schutz der Umwelt einzusetzen, muß der Umweltschutz noch besser in die Marktwirtschaft integriert werden. Die Entkoppelungsstrategie garantiert Wohlstand in einer gesunden Umwelt."[151]

In der Wahl der umweltpolitischen **Instrumente** setzt die CSU noch stärker auf **Freiwilligkeit**, **Belohnung** und **Benutzervorteile** als ihre Schwesterpartei. Dabei wird auf die Verantwortlichkeit einer freiheitlichen Gesellschaft gesetzt, insbesondere auf ein verändertes Verbraucherverhalten. *"Die Förderung einer entsprechenden Umweltethik und umweltbewußten Konsumkultur ist Aufgabe der gesellschaftlichen Kräfte, der Kirchen, Parteien und Verbände. Es geht dabei nicht darum, durch Konsumverzicht die Kreisläufe der Wirtschaft zu lähmen, sondern durch verantwortungsbewußten Umgang mit den Gütern neue Akzente zu setzen."*[152]

Die praktische Umsetzung der umweltpolitischen Vorstellungen der CSU in Bayern im Rahmen der absoluten Mehrheit hat im vergangenen Jahrzehnt eine gewisse Sogwirkung auf die Wirtschaft der Bundesrepublik ausgeübt. So waren in der Wirtschaftsentwicklung Bayerns überdurchschnittliche Wachstumsraten zu verzeichnen, insbesondere in Wirtschaftsbereichen, die allgemein als zukunftsträchtig angesehen werden (High-Tech-Industrien). Diverse Großprojekte, die von der bayerischen Landesregierung besonders gefördert wurden, haben dabei den entschiedenen Widerstand von Umwelt- und Naturschützern herausgefordert.

---

[151] Leitantrag zum CSU-Parteiausschuß, a. a. O., S. 4

[152] Ebenda, S. 2f

4.3 Die umweltpolitischen Vorstellungen der F.D.P.

Die F.D.P nimmt für sich in Anspruch, 1981 als erste Partei ein Umweltschutzprogramm erarbeitet zu haben. Ebenso beansprucht sie das Urheberrecht für die heute allgemein anerkannten drei Prinzipien der Umweltpolitik - das Vorsorge-, das Verursacher- und das Kooperationsprinzip. Ebenso wie die anderen Parteien der gegenwärtigen Regierungskoalition setzt die F.D.P. auf eine Doppelstrategie der Umweltpolitik: Beibehaltung und Weiterentwicklung des **Ordnungsrahmens** und verstärkter Einsatz **ökonomischer** und **flexibler Instrumente**.

"Das ordnungsrechtliche Instrumentarium mit seinem auf staatlicher Weisung beruhenden Steuerungsmechanismus durch Ge- und Verbote ist auch in Zukunft unverzichtbar, gerade auch unter Berücksichtigung des grenzüberschreitenden Umweltschutzes. Das Ordnungsrecht ist auch in Zukunft weiterzuentwickeln und wo nötig zu ergänzen."[153]

Im Gegensatz zur CSU, die Umweltpolitik tendenziell stärker als kulturelle Aufgabe betrachtet, sind die umweltpolitischen Vorstellungen der F.D.P. vornehmlich durch eine nüchterne **Wissenschaftsorientierung** einer modernen Industriekultur gekennzeichnet. *"Der Schutz und die Sanierung der Umwelt ist ohne modernste Technologien nicht möglich."*[154]

Die Formulierung von Umweltstandards (ökologischen Eckwerten) ist dabei mit anderen Politikfeldern sowie im internationalen Rahmen zu harmonisieren. *"Die ökologischen Eckwerte sind Qualitätszielbeschreibungen und Grenzwerte, bei deren Einhaltung Gefahren für die Gesunderhaltung des Menschen und eine irreversible Schädigung der Natur nicht zu gewärtigen sind. (...) Ökologische Eckwerte markieren die Grenzen, an denen der Abwägungsprozeß zwischen Ökologie und Ökonomie endet und die Ökologie absoluten Vorrang haben muß. (...) Wo eine Bestimmung der Eckwerte nach wissenschaftlich unumstößlichen Beweisen nicht oder noch nicht möglich ist, muß ihre Festlegung nach dem Grundsatz der größtmöglichen Sicherheit für Mensch und Natur erfolgen. Umweltqualitätsziele und Umweltstandards sind nach den Erkenntnissen der Umweltforschung von Zeit zu Zeit fortzuschreiben."*[155]

Nach Vorstellungen der F.D.P. soll der staatliche Ordnungsrahmen nur die Minimalstandards der Umweltpolitik bilden. Deren Unterschreitung soll durch ökonomische Anreiz- und Belohnungsinstrumente erreicht werden. Hierzu gehören insbesondere: Abgabenlösungen mit umweltpolitischer Zielsetzung, Kom-

---

[153] F.D.P.: Ökologisches Programm für die 90er Jahre, Beschluß der Bundeshauptausschüsse Kassel und Bonn 1990, S. 37

[154] aus einer Wahlbroschüre der F.D.P. zur Bundestagswahl 1990

[155] Ökologisches Programm für die 90er Jahre, a. a. O., S. 36f

pensationslösungen, Zertifikatslösungen, freiwillige Vereinbarungen, steuerliche Anreize, Einräumen von Benutzervorteilen. Den Umbau des Steuersystems zu einem reinen Öko-Steuersystem lehnt die F.D.P. ab.

Ganz im Sinne des herrschenden Wirtschaftsparadigmas setzt die F.D.P. dabei auf Wirtschaftswachstum. *"Im Wachstumsprozeß erneuert sich der Produktionsapparat schneller. Das beste ökonomische Instrument der Umweltpolitik ist eine Politik, die für ein dynamisches, qualitativ ausgerichtetes wirtschaftliches Wachstum sorgt und so den technischen Fortschritt fördert."*[156]

Zu den Vorstellungen einer liberalen Gesellschaft gehört die Stärkung der Eigenverantwortlichkeit. In bezug auf den Umweltschutz sieht die F.D.P. hier Aufgaben für das Bildungssystem. In Schulen und Hochschulen soll das Bewußtsein für Umweltfragen gefördert werden. Der gesellschaftliche Kenntnisstand soll durch Förderung der Umweltforschung und Umwelttechnologie gehoben werden. Die ehrenamtliche Interessenvertretung im Umweltbereich sowie der Einsatz von Umweltverbänden und Bürgerinitiativen ist zu fördern und deren Rechte zu stärken.

Die umweltpolitischen Vorstellungen der F.D.P. entsprechen weitgehend neoliberalem Gedankengut. Der Staat zieht sich dabei auf die Position des Nachtwächters zurück, der die wissenschaftlich begründeten Rahmendaten für selbstverantwortliches Handeln der privaten Akteure setzt.

4.4 Die SPD

Mit dem Godesberger Programm hat sich die SPD nachhaltig von einer Klassenkampforganisation zu einer reformistischen Volkspartei gewandelt. Zwar sieht sie immer noch ihre Hauptaufgabe in der Verbesserung der Lebens- und Arbeitsbedingungen der Arbeitnehmerschaft, erkennt dabei aber grundsätzlich die Bedeutung von Markt und Wettbewerb zur Wohlstandsmehrung an. Dem ungehemmten, freien Spiel der Wettbewerbskräfte setzt die SPD die Vorstellung einer **Wirtschaftsdemokratie** entgegen.

"In der Wirtschaftsdemokratie haben gesellschaftliche Ziele Vorrang vor den Zielen privatwirtschaftlicher Kapitalverwertung. Nicht wirtschaftliche Macht oder marktbeherrschende Unternehmen dürfen der Politik den Handlungsrahmen vorgeben, sondern demokratisch legitimierte Entscheidungen müssen im Interesse des Gemeinwohls Rahmen und Ziele für wirtschaftliches Handeln setzen."[157]

[156] Ebenda, S. 38

[157] Grundsatzprogramm der SPD v. 20.12.1989 in Berlin, S. 41

Zwar wird die Notwendigkeit des Einsatzes von Markt und Wettbewerb anerkannt, deren uneingeschränktes Wirken soll aber durch Setzen staatlicher Rahmenbedingungen reglementiert werden. *"Wettbewerb soweit wie möglich - Planung soweit wie nötig!"*[158] Eine Ausweitung der Mitbestimmung und Arbeitnehmerbeteiligung am Produktivvermögen sind Eckpunkte der Demokratisierung der Wirtschaft. Im Sinne keynesianischer Wirtschaftsvorstellungen bedarf es aber insbesondere eines **starken Staates**, der die ungewollten Entwicklungen der Wettbewerbswirtschaft korrigieren soll.

"Der Staat soll Demokratie und soziale Gerechtigkeit in Gesellschaft und Wirtschaft verwirklichen und die dafür notwendige Offenheit der Entscheidungsabläufe garantieren. ... Der Staat muß Aufgaben da übernehmen, wo einzelne oder Gruppen die gesellschaftlich erforderlichen Verpflichtungen nicht von sich aus eingehen oder Leistungen, die für das Gemeinwohl notwendig sind, auf andere Weise nicht erbracht werden."[159]

"Ein wichtiges Instrument zur Steuerung der Wirtschaft sind die öffentlichen Finanzen. Steuern und Abgaben, Haushaltspläne und finanzielle Anreize, öffentliche Aufträge und Investitionen, Geld- und Kreditpolitik müssen so aufeinander abgestimmt werden, daß sie politischen Zielsetzungen dienen."[160]

Demokratische Strukturen in allen Lebensbereichen unter der Obhut eines starken Sozialstaates sind insbesondere dem Grundwert der **Solidarität** verpflichtet. Damit grenzt sich die SPD tendenziell gegen die stärker individualistisch ausgerichteten bürgerlichen Parteien ab.

Ein gewisses Dilemma ergibt sich für die SPD aus der gesellschaftlichen Entwicklung der 80er Jahre. So driftet die traditionelle Wählerschaft der SPD auseinander. Die Arbeiterschaft schrumpft zu einer Restgröße. Dagegen wachsen schnell neue, wohlhabende und gut ausgebildete Mittelstands-Arbeitnehmerschichten mit stärker individuell geprägten Bedürfnissen und Interessen. Gleichzeitig vergrößert sich das Potential der sogenannten "neuen Armen", jener Gruppen von Unausgebildeten, Alten oder sonstwie für den dynamischen Wirtschaftsprozeß Ungeeigneten.

Das Schlagwort von der **Zweidrittel-Gesellschaft** umreißt diese Situation. Die SPD sieht sich dabei in dem Problem verhaftet, die Interessen des einen Drittels der Armen und Unterprivilegierten mit denen der neuen Aufstrebenden programmatisch zu vereinen. Diese Problematik wird im Grundsatzprogramm explizit nicht gelöst.

---

[158] Ebenda, S. 42
[159] Ebenda, S. 46
[160] Grundsatzprogramm der SPD, a. a. O., S. 44

Umweltpolitik ist bei der SPD untrennbar mit **Sozialpolitik** verbunden. Der scheinbare Antagonismus beider Politikbereiche wird aufgelöst. "**Umweltschutz schafft Arbeitsplätze**", so lautet die Devise der SPD. *"Unsere Vorschläge zum ökologischen Umbau der Industriegesellschaft werden Ökologie und Ökonomie zusammenbringen. Sie tragen gleichzeitig dazu bei, die Umwelt zu schützen und die Arbeitslosigkeit abzubauen. Umweltinvestitionen stärken unseren Wohlstand, sie fördern den ökologischen Strukturwandel und schaffen Arbeitsplätze."*[161]

Dieser Umbau auf der Grundlage einer nachfrageorientierten Wirtschaftspolitik wird auf eine Fülle von Staatseingriffen verteilt:

- Erhebung von **Ökosteuern** bei gleichzeitiger Senkung von Lohn- und Einkommenssteuern,

- Erhebung von **Umweltabgaben** für betriebliche Umweltbelastungen,

- Verschärfung des Umweltordnungsrechtes mit vielfältigen Reglementierungen (Verbote und Grenzwerte),

- Förderung des ökologischen Strukturwandels durch ein staatliches Investitionsprogramm. Dazu soll insbesondere ein Sondervermögen "Arbeit und Umwelt" bei der Kreditanstalt für Wiederaufbau aufgelegt werden. Damit sollen zinsverbilligte Umweltkredite an Private und Kommunen vergeben werden.

Ziel des Umbaus ist ein staatlich initiierter Strukturwandel: *"Strukturwandel kommt nicht von alleine. Strukturpolitik muß Richtung und Geschwindigkeit struktureller Veränderungen so beeinflussen und steuern, daß vor allem folgende Ziele erreicht werden:*

- *ökologischer Umbau der Industriegesellschaft,*
- *Beseitigung von Massenarbeitslosigkeit,*
- *Verbesserung der Arbeitsverhältnisse,*
- *Erhaltung der wirtschaftlichen Leistungsfähigkeit,*
- *Herstellung gleichwertiger Lebensverhältnisse in den Regionen,*
- *Abrüstung und Umstellung der Produktion auf zivile Güter."*[162]

In der Praxis läuft diese Vorstellung von Umweltschutz auf eine stark **technisch** orientierte Umweltschutzvariante hinaus. Das Beispiel Nordrhein-Westfalen zeigt, daß sich hier unter der Förderung der alleinherrschenden SPD-Landesregierung eine mittlerweile blühende Umweltschutzindustrie (hauptsächlich in der Entsor-

[161] Offensive für ein modernes Deutschland. Arbeitsbericht der Arbeitsgruppe 'Fortschritt 90', S. 12

[162] Grundsatzprogramm, a. a. O., S. 39

gungsvariante) entwickelt hat. Die staatliche Förderung neuer Technologien wird damit zum Synonym für ökologischen Strukturwandel. *"Die Qualität des Industriestandortes Bundesrepublik steht und fällt mit der Qualität der Arbeit und der Innovationskraft unserer Gesellschaft, die durch private und öffentliche Forschung vorangetrieben wird. Wir wollen daher die Forschung ausbauen und in den Dienst der ökologischen Zukunftsaufgaben stellen."*[163]

Die SPD ist **die** Partei, die am ehesten in Verbindung gebracht wird mit der Vorstellung vom **qualitativen Wirtschaftswachstum.** Verstanden wird darunter ein insgesamt weiteres Anwachsen des Bruttosozialproduktes. Dabei wird allerdings differenziert nach Bereichen, in denen Wachstum erwünscht ist und entsprechend gefördert werden soll und anderen, deren weitere Entfaltung behindert werden soll, weil sie als gesellschaftlich schädlich eingestuft werden.

"Nicht jedes Wachstum ist Fortschritt. Wachsen muß, was natürliche Lebensgrundlagen sichert, Lebens- und Arbeitsqualität verbessert, Abhängigkeiten mindert und Selbstbestimmung fördert, Leben und Gesundheit schützt, Frieden sichert, Lebens- und Zukunftschancen für alle erhöht, Kreativität und Eigeninitiative unterstützt. Schrumpfen oder verschwinden muß, was die natürlichen Lebensgrundlagen gefährdet, Lebensqualität mindert und Zukunftschancen verbaut.

Eine Politik, die Wachstumsfelder auswählt, muß die Wünsche, Bedürfnisse, Sorgen, Unsicherheiten und Zukunftsängste der Menschen ernst nehmen. Diese Politik muß die Strukturen in der Produktion und im Verteilungssystem, im Recht, in der Kultur und im Bildungssystem verändern."[164]

Gerade in diesem letzten Punkt hat die SPD allerdings Probleme der Umsetzung ihrer Programmatik. So stehen weitere materielle Wohlstandssteigerung und industrielles Wachstum - wenn auch in definierten Feldern - in Spannungen zu einer ressourcenschonenden und emissionsvermeidenden Produktionsweise. Bei der Steinkohlenförderung, der Chemieproduktion oder im Automobilbau zeigt sich, wie schwierig es ist, prosperierende, aber umweltbelastende Wirtschaftszweige mit einer wachstumshemmenden Politik zu belegen. Hier befindet sich die SPD in einem ähnlichen Dilemma wie die Gewerkschaften. Letztlich setzen beide auf die weitere Förderung von Großunternehmen und Großtechnologien, die unter Änderung der Rahmenbedingungen umwelt- und sozialverträglich weiterentwikkelt werden sollen.

---

[163] Offensive für ein modernes Deutschland. a. a. O., S. 14
[164] Grundsatzprogramm, a. a. O., S. 39

4.5 Die GRÜNEN

Die Stellung der GRÜNEN in der Parteienlandschaft weicht auf vielfältige Weise - besonders aber in bezug auf die Umweltpolitik - von der der anderen Parteien ab:

- Die GRÜNEN gelten als **die Umweltpartei**. Ihr Entstehen Ende der 70er Jahre entsprach dem gesellschaftlichen Bedürfnis der Formulierung und Umsetzung von Strategien gegen die zunehmend als bedrohlich empfundenen Umweltbelastungen.

- Die GRÜNEN verstehen sich nicht nur als Partei im klassischen Sinne, sie sehen sich vielmehr als Sammlung verschiedener sozialer Bewegungen der 70er Jahre: Friedens-, Frauen-, Dritte-Welt-, Gesundheits-, Anti-AKW und div. Umweltbewegungen. Damit vereint sie Menschen mit zum Teil sehr unterschiedlichen politischen Biographien - von Wertkonservativen bis hin zu orthodoxen Kommunisten.

- Der Weg in die Parlamente gilt nur als **eine** Form der politischen Auseinandersetzung (parlamentarisches Spielbein). Daneben gilt eine Verankerung in der **Gegenmacht** der sozialen Bewegungen als zweite wichtige Form der politischen Kultur. Hieraus ergab sich in der Vergangenheit insbesondere eine innerparteiliche Auseinandersetzung über das Gewaltmonopol des Staates.

- Grüne Politik postuliert einen **neuen Lebensstil** in einem veränderten Gesellschaftsmodell jenseits der vorherrschenden Konsumorientierung. *"Der Verabsolutierung der Ökonomie und der allgegenwärtigen Ausbeutungsorientierung der Erwerbswirtschaft setzen die Grünen das Konzept einer Relativierung der Ökonomie und einer* ***Entökonomisierung*** *von Gesellschaft und Natur, der unkontrollierten Wachstumsdynamik und dem Größenwahn des Industrialismus das Konzept einer ökologischen und sozialen Begrenzung der Wirtschaft bzw. der Wiedereinbindung in das ökologische System und in soziale Lebenszusammenhänge entgegen."*[165]

- Damit sind die GRÜNEN die Partei, die am ehesten von der Grundauffassung her **systemtranszendierende Züge** aufweist. Das grüne Gesellschaftsmodell ist dabei vornehmlich **antikapitalistisch** geprägt. Grüne Wirtschaftspolitik ist im Gegensatz zu der der anderen Parteien auf eine **Begrenzung des Wirtschaftswachstums** angelegt. An die Stelle des Wachstums werden andere Kriterien der wirtschaftlichen Entwicklung

[165] Leipert, Chr., Die Grünen auf der Suche nach einem ökonomischen Leitbild. In: Beckenbach, F. u.a.: Grüne Wirtschaftspolitik, a. a. O., S. 24

gestellt. Orientierungspunkte sind dabei die "wahren" gesellschaftlichen Bedürfnisse jenseits von ökonomischen Zwängen.

Die GRÜNEN fordern deshalb einen **Umbau der Industriegesellschaft,** dessen Zielsetzung mit den Schlagworten **ökologisch, sozial und basisdemokratisch** umrissen wird:

"Wir GRÜNEN setzen uns für eine Wirtschaftsordnung und Wirtschaftsweise ein, die ihrer Verantwortung gegenüber den Lebensbedürfnissen der Menschen hier und in der 3. Welt, sowohl der jetzt lebenden als auch der zukünftigen Generationen, gerecht wird. Diese Wirtschaftsweise muß daher

- ***ökologisch** sein, weil die unvermeidbaren Eingriff der menschlichen Produktion in die Natur in einer Art und Weise erfolgen müssen, die die Gesetzmäßigkeiten des Naturhaushalts unserer Erde berücksichtigt und die Natur, unsere Lebensgrundlage, schützt;*

- ***sozial**, weil die Art der Arbeit und die Verteilung der Produkte die Grundlage sein muß für eine real gleichberechtigte Persönlichkeitsentfaltung aller Gesellschaftsmitglieder;*

- ***basisdemokratisch**, weil die sozialen und kulturellen Lebens- und Arbeitsinteressen der Menschen nur dann zur vollen Geltung kommen können, wenn die Selbstbestimmung der Belegschaften und demokratische Übereinkünfte über den Wirtschaftsablauf ausgebaut werden und an die Stelle von privat- oder staatswirtschaftlicher Verfügungsmacht und Fremdbestimmung treten.*

Zur Verwirklichung einer ökologischen, sozialen und basisdemokratischen Wirtschaft haben sich sowohl die kapitalistischen als auch die sogenannten realsozialistischen Gesellschaftssysteme als untauglich erwiesen: beide Systeme sind Varianten einer entfremdeten Fabrik- und Bürogesellschaft, die die Ausbeutung von Menschen und Natur zur Grundlage hat. Um unsere langfristigen Ziele zu erreichen, warten wir nicht auf den Tag X, um auf einen Schlag die Gesellschaft völlig umzugestalten. Sondern wir wollen einen Prozeß des Umbaus einleiten, der die industriekapitalistische Wirtschaftsweise schrittweise überwindet. Unsere Politik will daher dort grundlegende Reformen durchsetzen, wo sie nach dem Stand der gesellschaftlichen und parlamentarischen Kräfteverhältnisse möglich ist."[166]

Die gesamte Tragweite innerparteilicher Spannungen wird aus dem o. a. Programmzitat deutlich. So ist die Entwicklung der Partei in den 80er Jahren durch eine ständige Auseinandersetzung zwischen sogenannten "Fundis" und "Realos"

---

[166] Umbau der Industriegesellschaft. Programm der GRÜNEN von 1986, S. 9

gekennzeichnet. Geht es der erstgenannten Parteiströmung vornehmlich um die radikale Aufrechterhaltung dessen, was als ökologische und antikapitalistische Gegenkultur entwickelt wurde, so begeben sich die anderen auf einen eher reformistischen Weg der real- und machtpolitischen Teilhabe und Mitgestaltung, hauptsächlich über die Parlamentsarbeit.

Das Erlahmen der sozialen Bewegungen und eine gewisse gesellschaftliche Restauration ließen die fundamentalistischen Gruppierungen innerparteilich in die Defensive geraten. Auf dem Parteitag 1991 in Neumünster beschlossen sie ihren Auszug aus der Partei. Inwieweit sich die GRÜNEN nun auf dem Weg zur Entwicklung hin zu einer "etablierten" Partei befinden, läßt sich noch nicht abschließend beurteilen. So ist es mittlerweile auch das erklärte Ziel grüner Programmatik, das Wirtschaftssystem zu einer ökologischen Marktwirtschaft umzubauen. *"Wir GRÜNEN halten den Marktmechanismus für ein wichtiges Mittel zur Steuerung der Wirtschaft."*[167]

Im Unterschied zu anderen Parteien setzen die GRÜNEN dabei auf eine stärkere Abkehr von der Großindustrie und Großtechnologien, Dezentralisation, Binnenorientierung, regionaler Versorgung und neuen gesellschaftlichen Formen des Eigentums. Dabei soll die Abhängigkeit der Menschen von der Erwerbsarbeit gelöst und Arbeit als freie, selbstbestimmte Tätigkeit außerhalb des Erwerbslebens gefördert werden. Weitere Kennzeichen dieser Ausrichtung sind eine breit angelegte Frauen- und Frauenförderungspolitik sowie die Öffnung der Gesellschaft zu einer multikulturellen Entwicklung.

In der **Gestaltung** der umweltpolitischen Maßnahmen und Instrumente unterscheiden sich die GRÜNEN nicht grundsätzlich von anderen Parteien. So fordern sie ebenso wie die anderen Parteien eine Doppelstrategie beim Einsatz umweltpolitischer Instrumente. Neben einer Verschärfung der Umweltrahmendaten (Verbote, Genehmigungen, Kontrollen) gehört dazu ein Ausbau des Systems der Umweltabgaben, welche die wirtschaftlichen Ströme umweltgerecht umleiten sollen. Die Maßnahmen der GRÜNEN sehen allerdings im Verhältnis zu den anderen Parteien in der Regel radikalere Eingriffe in den Wirtschaftsablauf vor. Wurde grüne Umweltpolitik von den anderen Parteien, den Medien und einem Großteil der Gesellschaft seit ihrem Bestehen tendenziell in den Bereich des Utopischen, Skurrilen und Realitätsfremden verwiesen, so läßt sich heute feststellen, daß mit einiger Zeitverzögerung wesentliche Impulse der GRÜNEN von den anderen Parteien verinnerlicht wurden. Insofern hat grüne Umweltpolitik mehr erreicht als die Wahlergebnisse ausdrücken.

[167] Programm der GRÜNEN, a. a. O., S. 11

IV Umweltpolitische Instrumente

1 Systematisierung der Instrumente

Im vorhergehenden Kapitel wurden **Instrumente der Umweltpolitik** bereits bei der Darstellung der programmatischen Vorstellungen der Parteien eingeflochten. Hier soll der Versuch einer Systematisierung und umfassenden Darstellung und Beurteilung vorgenommen werden.

Dabei ergeben sich zwei Problembereiche, die sich nicht voneinander trennen lassen:

- **Definition** und Eingrenzung umweltpolitischer Instrumente,

- **Systematisierung** und **Kategorisierung** der verschiedenen Instrumente.

Den wohl umfassendsten Überblick über das umweltpolitische Instrumentarium bietet Wicke.[168] Der Umfang seiner Darstellung ergibt sich z. T. aus der schon sehr breit angelegten Definition. So versteht Wicke unter umweltpolitischen Instrumenten *"diejenigen Maßnahmen des Staates, mit denen dieser seine umweltpolitischen Vorstellungen durchsetzen will."*[169]

---

[168]Wicke, L. (1989), a. a. O., S. 165 - 423
[169]Ebenda, S. 165

Danach ergibt sich folgende Gesamtübersicht über das Instrumentarium:

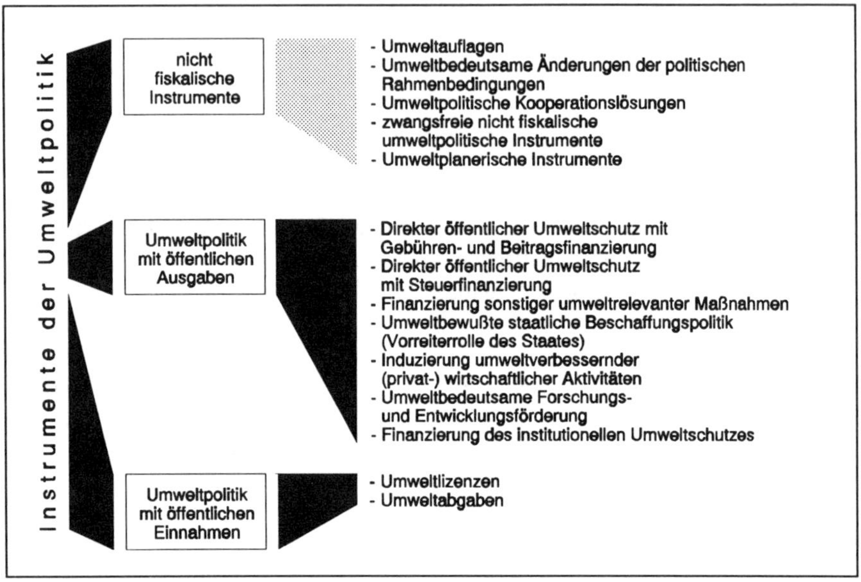

Nicht-fiskalische Instrumente sind danach solche, die **nicht** über **Einnahmen oder Ausgaben des Staates** umweltpolitische Ziele erreichen sollen. Dazu gibt Wicke eine breiten Überblick.[170]

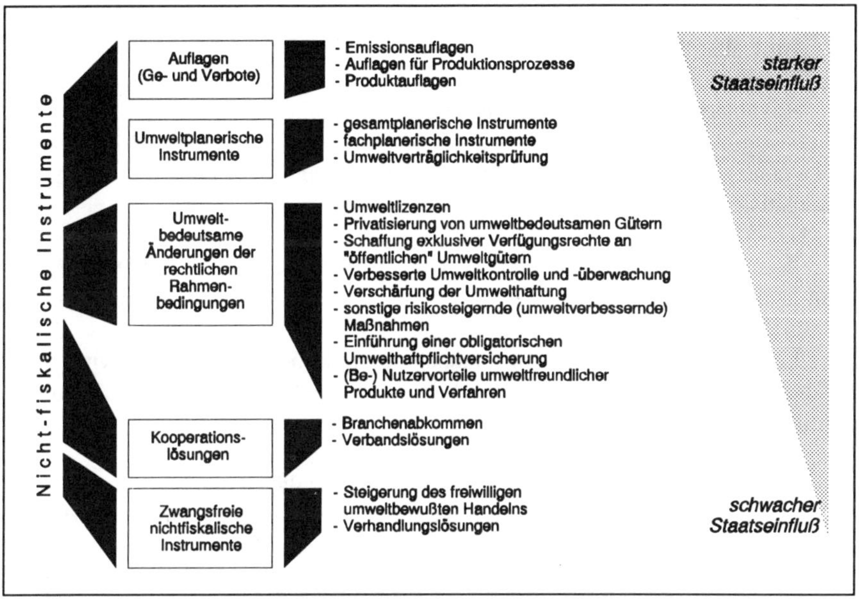

Wicke betrachtet hier **sämtliche** Aktivitäten des Staates im Bereich des Umweltschutzes entsprechend seiner Definition als umweltpolitische Instrumente. Knüppel[171] dagegen unterscheidet zwischen **umweltpolitischen Instrumenten** und **allgemeinen staatlichen Maßnahmen auf dem Gebiet des Umweltschutzes**. Er definiert enger: *"Ein **umweltpolitisches Instrument** ist ein Mittel, das der Staat einsetzt, um die Produzenten und Konsumenten zu veranlassen, entsprechend den politisch fixierten umweltpolitischen Zielen Maßnahmen zur Vermeidung, Verringerung oder Beseitigung von Umweltbelastungen zu ergreifen."*[172]

---

[170]Wicke, L. (1989), a. a. O., S. 168

[171]Knüppel, H., Umweltpolitische Instrumente: Analyse der Bewertungskriterien und Aspekte einer Bewertung. Baden-Baden 1989, S. 32

[172]Ebenda, S. 33

Knüppel gelangt damit zu folgender - wenn auch keinem erkennbaren Ordnungsprinzip folgenden - Klassifizierung:

1. Umweltsubventionen
2. Umweltabgaben
3. Umweltauflagen
4. Umweltlizenzen
5. Privatisierung umweltbezogener Eigentumsrechte.

Der Versuch, sogenannte *"umweltpolitische Instrumente"* einzugrenzen und zu systematisieren, ist problematisch.

1. Wenn kein geschlossenes Zielsystem staatlicher Umweltpolitik existiert, so kann auch kein Maßnahmen- oder Instrumentensystem vorhanden sein.

2. Letztlich hat jede politische Maßnahme direkt oder indirekt Auswirkungen auf die Umwelt, auch Regelungen z. B. in der Verteidigungs- oder Entwicklungspolitik.

In der Vergangenheit ist es zu einer Fülle von Vorschlägen aus Wissenschaft und Politik gekommen, wie über eine veränderte Politik umweltgerechteres Verhalten erreicht bzw. initiiert werden könnte. Im wesentlichen beschränkten sie sich auf die Darstellung und Beurteilung von Maßnahmen zur Umweltverbesserung in bestimmten Umweltmedien (Maßnahmen zur Luftreinhaltung, Abfallvermeidung, etc.) In den letzten Jahren kann in bezug auf bestimmte Umweltinstrumente schon von einem Modethema gesprochen werden. Dabei lassen sich die verschiedenen Vorschläge nach ganz unterschiedlichen Kriterien systematisieren:

1. a) Ordnungsrechtliche Maßnahmen (Auflagen)
   b) Marktwirtschaftliche Maßnahmen (ökonomische Anreize)
2. a) Monetär wirkende Maßnahmen
   b) Nicht-monetär wirkende Maßnahmen
3. a) Fiskalische Maßnahmen
   b) Nicht-fiskalische Maßnahmen
4. a) Maßnahmen der Privatisierung des Umweltschutzes
   b) Maßnahmen der Verstaatlichung
5. a) Direkt umweltschützende Maßnahmen
   b) Indirekt umweltschützende Maßnahmen
6. a) Maßnahmen, die sich am Verursacherprinzip orientieren
   b) Maßnahmen, die sich am Gemeinlastprinzip orientieren
7. a) Theoretische Maßnahmen
   b) Praktisch durchführbare Maßnahmen

Die wichtigsten Maßnahmen, so wie sie gegenwärtig diskutiert werden, lassen sich nicht gemeinsam in eines dieser Ordnungsschemata (oder auch in ein mögliches weiteres) eindeutig klassifizieren. Daran mangelt es allen systematischen Darstellungsversuchen.

Für die folgende Darstellung und Analyse soll deshalb auf eine Klassifizierung verzichtet werden. Vielmehr werden die wichtigsten Instrumente untersucht, die in der Vergangenheit im direkten Zusammenhang mit der Reduzierung von Umweltbelastungen diskutiert worden sind.

- Ordnungsrechtliche Instrumente
- Flexibilisierung des Ordnungsrechtes
- raumbezogene Planung
- wirtschaftliche Anreize
- Selbstverpflichtungen und Zusagen
- umwelterzieherische Maßnahmen
- umweltorientierte Strukturpolitik.

2 Ordnungsrechtliche Instrumente der Umweltpolitik

2.1 Auflagen (Ge- und Verbote)

2.1.1 Übersicht

Entgegen den Beteuerungen der Bundesregierung sind **Umweltauflagen** immer noch das wichtigste Instrument der Politik, um umweltgerechtes Verhalten zu erreichen. Der Grund dafür liegt in dem der Wettbewerbsordnung innewohnenden Zwang zur Externalisierung, dem mit ordnungsrechtlichen Maßnahmen Einhalt geboten werden soll.

Umweltauflagen sind **direkte umweltbezogene Verhaltensvorschriften** für Produzenten und sonstige die Umwelt beeinträchtigende Wirtschaftssubjekte.[173] Das Umweltgutachten von 1974 unterscheidet dabei 2 Hauptformen:[174]

1. Unterlassungsauflagen (**Verbote**)
   (z. B. das Verbot, eine bestimmte umweltbelastende Technologie anzuwenden)
2. Verwendungsauflagen (**Gebote**)
   (z. B. das Gebot, eine bestimmte umweltverträglichere Technologie einzusetzen)

---

[173]vgl. Wicke, L. (1989), a. a. O., S. 169

[174]Rat von Sachverständigen für Umweltfragen, Umweltgutachten 1974, Stuttgart/Mainz 1974, S. 161

Ansatzpunkte zur differenzierten Betrachtung von Umweltauflagen geben Wicke/-Schafhausen.[175]

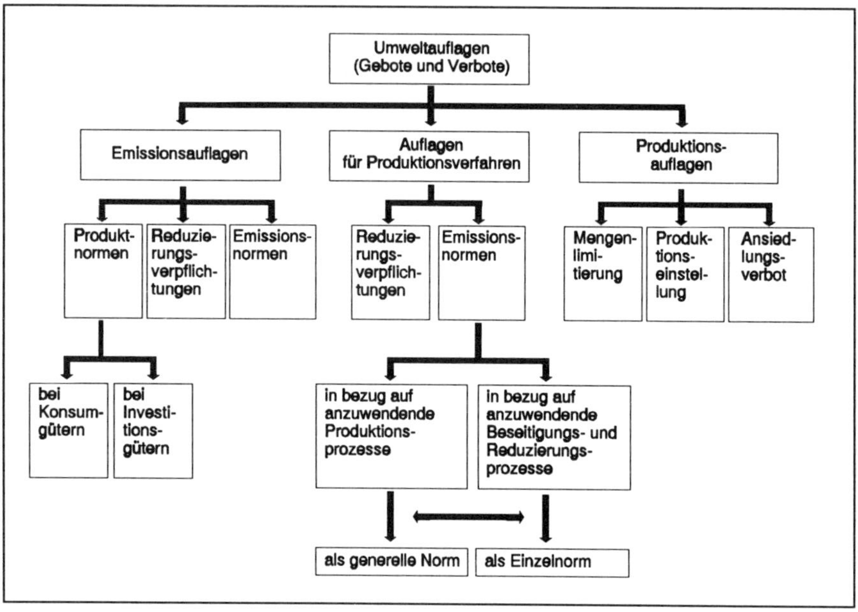

Wenn diese Klassifizierung auch nicht überschneidungsfrei und eindeutig ist, so soll sie für die weitere Systematisierung dennoch herangezogen werden.

2.1.2 Emissionsbezogene Auflagen

2.1.2.1 Produktnormen

Produktnormen sind generell Auflagen, die die von produzierten Gütern (Konsum- oder Investitionsgüter) ausgehenden Umweltbelastungen einschränken bzw. ausschließen sollen.

Produktnormen können

- Grenzwerte für die Mengen von Schadstoffen festlegen, die in Konsum- oder Investitionsgütern vorhanden sein dürfen oder Inhaltsstoffe grundsätzlich verbieten.
  Beispiele: Schadstoff-Höchstmengenverordnung für Lebensmittel, PCP-Verbotsverordnung

[175] Wicke, L./Schafhausen, F.J., Instrumente zur Durchsetzung des Umweltschutzes. In: WISU, 11. Jg. 1982, S. 411

- Grenzwerte für die Emission von Schadstoffen bei der Nutzung von Produkten festlegen.
  Beispiel: Grenzwerte für Konzentrationen von Formaldehyd in Spanplatten nach der Gefahrstoffverordnung

- Auflagen für die Beseitigung von Produkten festlegen.
  Beispiel: Rechtsverordnung für die Altölentsorgung

- bestimmte Eigenschaften oder Merkmale von Produkten festlegen.
  Beispiel: Tensidverordnung zum Wasch- und Reinigungsmittelgesetz

- bestimmte Verwendungsmodalitäten vorschreiben.
  Beispiel: Rasenmäherlärm-Verordnung

- bestimmte Kennzeichnungspflichten von Produkten vorschreiben.
  Beispiel: Kennzeichnungspflicht für gefährliche Stoffe nach der Gefahrstoffverordnung

2.1.2.2 Emissionsnormen und Reduzierungsverpflichtungen

Emissionsnormen legen Grenzwerte für die maximale Höhe der zulässigen Emission einzelner Schadstoffe fest, die beim Betrieb ortsansässiger Anlagen nicht überschritten werden dürfen (anlagenbezogene Regelungen). Solche Anlagen können z. B. Klärwerke, Kraftwerke oder Industriebetriebe sein.

Beispiele:

- Kleinfeuerungsanlagen-Verordnung nach dem Bundesimmissionsschutzgesetz,
- Großfeuerungsanlagenverordnung,
- Verwaltungsvorschriften für die höchstzulässigen Einleitungen für Gemeinden und Betriebe nach § 7a Wasserhaushaltsgesetz

Während die Grenzwerte für die Luftreinhaltung nach dem BImSchG einheitlich für alle Betriebe gelten, sind die Grenzwerte für Abwassereinleitungen branchenspezifisch differenziert geregelt.

Staatliche Stellen haben auch die Möglichkeit, unter bestimmten Voraussetzungen Betreiber von Anlagen zu verpflichten, ihre Schadstoffemissionen um einen einheitlichen Betrag oder bestimmten Prozentsatz zu senken (Reduzierungsverpflichtung).

Beispiel: Nach §§ 47/49 BImSchG können staatliche Stellen bei der Aufstellung von Luftreinhalteplänen Betriebe bei bestimmten Wetterlagen verpflichten, durch geeignete Maßnahmen Emissionen zu reduzieren.

2.1.2.3 Exkurs: Die Problematik der Festlegung von Grenzwerten

Die staatliche Umweltpolitik bedient sich, wie oben ausgeführt wurde, insbesondere der Formulierung sogenannter **Umweltstandards,** um Umweltbelastungen einzuschränken. Diese lassen sich in zwei Kategorien einteilen:

- **Wirkungstandards** bestimmen die **Grenzen** gerade noch zulässiger Umweltbelastungen,
- **technische Standards** beschreiben **technische Regeln** für Maßnahmen zur Vermeidung oder Einschränkung von Belastungen.

Grenzwerte werden definiert als rechtsverbindlichen Normen, deren Überschreitung Maßnahmen zu ihrer Einhaltung erfordern. Sie sind damit Wirkungsstandards.

Von Grenzwerten zu unterscheiden sind **Richtwerte**, die die Qualität von **wünschenswerten** Belastungsobergrenzen (Zielwerte) angeben, auch wenn diese aktuell nicht erreichbar sind. Beispiel: WHO air quality guidelines.

Anhaltswerte sind Orientierungshilfen für die Bevölkerung. Sie können mit Verhaltensempfehlungen verbunden werden. Beispiel: Vermeiden von anstrengenden Tätigkeiten bei Vorliegen bestimmter Ozon-Konzentrationen in der Luft.

Verbindliche Grenzwerte werden insbesondere vom Gesetz- oder Verordnungsgebern aufgestellt. Daneben hat auch die Grenzwertbestimmung durch private Normierungsverbände (z. B. TÜV, VDI) Bedeutung.

Maximal zulässige Belastungen werden in der Regel nicht durch **Gesetze** bestimmt, sondern durch **Verwaltungsvorschriften** oder private Normierungsverbände.

Dem Umweltrecht stellt sich bei der Festlegung von Grenzwerten das grundsätzliche Problem, den unbestimmten Rechtsbegriff der **schädlichen Umwelteinwirkungen** zu konkretisieren. Dabei besteht das naturwissenschaftliche Problem darin, den Grenzverlauf zwischen schädlichen und unschädlichen Umwelteinwirkungen exakt zu definieren.[176]

[176]vgl. dazu. Pich, A., Grenzwerte und Grenzwertfindung. In: Umwelt, Zeitschrift des Vereins Deutscher Ingenieure für Immissionsschutz/Abfall/Gewässerschutz, Hefte 3/4 1991, insbes. Heft 3, S. 122

Von der Wirkung her ist zu unterscheiden zwischen

- organischen/anorganischen toxischen Substanzen mit der Existenz von Schwellenwerten, unterhalb derer Umweltbeeinträchtigungen nicht nachzuweisen sind,
- kanzerogenen Substanzen, für die **keine** wirkungsfreien Belastungen bestehen.

Bei der Grenzwertbestimmung orientiert man sich in der Regel an angenäherten Berechnungen von Erkrankungsrisiken bei Menschen und Tieren.[177]

Für toxische Substanzen mit der vermuteten Existenz von Schwellenwerten orientiert man sich an tierexperimentell oder epidemiologisch bestimmten Minimalkonzentrationen (NOEL = no observed effect level, LOEL = lowest observed effect level, FEL = frank effect level). Aus diesen werden Grenzwerte ermittelt (ADI = acceptable daily intake, MIK = maximale Immissions-Konzentrationen), wobei zusätzliche Sicherheitsfaktoren verwendet werden, um experimentelle Unsicherheiten und unterschiedliche Empfindlichkeiten zu berücksichtigen.

Bei Stoffen ohne Schwellenwerte (Kanzerogene) werden stochastische Modelle eingesetzt, z. B. die Ermittlung der Wahrscheinlichkeit einer zusätzlichen Erkrankung an Lungenkrebs bei einer bestimmten Asbestbelastung der Raumluft (Zahl der Fasern pro Kubikmeter Raumluft).

Die Formulierung und rechtsverbindliche Festlegung von Umwelt-Grenzwerten stößt in der gesellschaftlichen Diskussion auf eine Fülle **kritischer Anmerkungen**. Die wichtigsten Kritikpunkte sollen hier dargestellt werden.

1. Reaktives Verhalten des Staates

Die Formulierung von Umweltstandards ist das Ergebnis der Feststellung vorhergehender Belastungen, auf die der Staat mit Einschränkungen reagiert. Grenzwerte dienen damit alleine der **Gefahrenabwehr**, sie leisten keinen Beitrag zur Durchsetzung des Vorsorgeprinzips.

2. Duldung umweltbelastender Tätigkeiten

Auflagen mit Grenzwerten weisen Emittenten bestimmte Nutzungs- und damit auch Verschmutzungs**rechte** zu. Damit sanktioniert der Staat einen gewissen Grad an Umweltbelastung positiv. Bei der Emission von Kanzerogenen wird aber die Formulierung von Grenzwerten und damit das grundsätzliche Zulassen von Belastungen oder Schädigungen moralisch fragwürdig. Es bestehen deshalb

[177] Ebenda, S. 122

Forderungen, solche Stoffe vollständig aus der Umwelt zu verbannen (Forderung nach Null-Emission).

3. Hemmung von Innovationen

Die Einhaltung von Grenzwerten vermittelt dem Emittenten den Eindruck, einen ausreichenden Beitrag zum Umweltschutz geleistet zu haben. Es besteht kein Anreiz, über das zulässige Maß der Grenzwerte hinaus Emissionen zu vermeiden. Damit wird das innovatorische Potential der Wirtschaft nicht in der möglichen und notwendigen Weise angeregt, weitergehende Reduzierungen zu ergreifen. Umweltschutz wird damit zu einer statischen Größe.

4. Fragwürdigkeit der wissenschaftlichen Grenzwertbestimmung

Aufgabe der Naturwissenschaften bei der Grenzwertbestimmung ist es, für bestimmte Stoffe die Grenze zwischen unschädlichen und schädlichen Wirkungen exakt zu definieren. Eine absolute Exaktheit in bezug auf die analytischen Methoden sowie die umfassende Kenntnis von Wirkungen existiert aber nicht, die Wissenschaften werden mit dieser Aufgabe überfordert. Eine ständige Weiterentwicklung der Analysemethoden stellt zunehmend bisher unbekannte Ursache-Wirkungszusammenhänge fest.

5. Betrachtung isolierter Einzelwirkungen

Grenzwerte beziehen sich auf die schädigende Wirkung **einzelner** Stoffe in bestimmten Umweltmedien. Dabei wird zweierlei außer acht gelassen. Einmal beziehen sich Grenzwerte in verschiedenen verbindlichen Auflagen immer nur auf eine ausgesuchte Zahl der vermeintlich wesentlichsten Belastungsstoffe. Gleichzeitig werden aber andere Stoffe aus der Betrachtung ausgeschlossen, obwohl von ihnen auch Belastungen ausgehen. So legt z. B. das deutsche Wasserrecht keine Belastungsgrenzen für hochtoxische zinn- und nickelorganische Verbindungen fest. Hinzu kommt, daß die Industrie ständig eine Fülle neuer chemischer Verbindungen schafft, deren toxische Wirkung in der Regel nicht von vorneherein bekannt ist. Zum zweiten besteht in der Belastung einzelner Umweltmedien durch mehrere Stoffe das Problem von **Synergismen**. Grenzwerte legen aber nur Belastungsgrenzen nach den wissenschaftlichen Erkenntnissen monokausaler Ursache-Wirkungszusammenhänge fest. Die Feststellung der unendlich vielfältigen Kombinationsmöglichkeiten von Substanzen und der sich daraus ergebenden Belastungswirkungen stellt die Naturwissenschaften gegenwärtig vor unüberwindliche Probleme.

6. Grenzwerte als Spielball gesellschaftlicher Auseinandersetzungen

Wenn es der Wissenschaft nicht gelingt, dem Staat eindeutige Kriterien maximal zulässiger Belastungswerte zu liefern, wird deren Formulierung Gegenstand gesellschaftspolitischer Auseinandersetzungen im vorparlamentarischen Raum oder in Form von Einflußnahme auf die Verordnungsbehörden. Dabei stehen sich auf der einen Seite die Forderungen verschiedener Bevölkerungsgruppen nach möglichst **weitgehender Reduzierung** von Belastungen und die Interessen der Wirtschaft nach möglichst **unbeeinträchtigter Produktion** gegenüber.

Hierbei spielt die Berücksichtigung wirtschaftlicher Interessen bzw. die Durchsetzbarkeit von Normen gegen Produzenteninteressen eine wichtige Rolle. Der Druck industrieller Interessen auf die normengebenden Institutionen hat dabei für eine möglichst **kostenneutrale Behandlung** von Umweltbelastungen zu sorgen, um die internationale Wettbewerbsfähigkeit nicht zu gefährden.

Des weiteren ist nicht auszuschließen, daß die politikberatenden Naturwissenschaftler bei der Formulierung von wissenschaftlich begründeten Umweltstandards ökonomischen Interessen verpflichtet sind. (vgl. dazu auch Abschnitt III.1.4.4)

7. Vollzugsdefizite bei Kontrolle und Überwachung

Unter Fachleuten herrscht weitgehende Einigkeit darüber, daß die Einhaltung von Grenzwertvorgaben nicht auch schon deren Einhaltung sicherstellt. Unternehmen werden zwar oft erhebliche Schadstoffminderungsverpflichtungen über Bescheide und Genehmigungen auferlegt, deren Einhaltung wird aber zu selten oder z. T. nur mit Vorankündigungen überprüft. Dadurch kommt es zu häufigen Überschreitungen der Normen, ohne daß für die verantwortlichen Unternehmen die Gefahr der Rechenschaft entsteht. Hier besteht sicherlich eine der ganz großen Ursachen der ständigen Zunahme der Umweltbelastungen trotz ständiger Verschärfung der Normen.

Die deutsche Industrie sperrt sich beharrlich gegen eine Verschärfung der Kontrollen. Mit Schlagworten wie "Meßorgien", "Überwachungsstaat" oder "Gängelung" opponierte beispielsweise der Bundesverband der Deutschen Industrie gegen eine relativ geringe Verschärfung der Meß- und Kontrollvorschriften in der TA-Luft.[178]

Gründe für das Vollzugsdefizit lassen sich auf 2 verschiedenen Ebenen orten.[179] Auf der **gesetzgeberischen Ebene** ist ein Defizit bei der Formulierung von eindeutigen Vorgaben in Konfliktsituationen zwischen Vollzug und wirtschaftlichen Interessen feststellbar. Durch die Politik nicht gelöste Konflikte werden damit auf die Verwaltungsebene verlagert, die damit aber überfordert ist. Weiter-

[178]Wicke, L., Umweltpolitik in der Praxis - Thesen zur Diskussion. In: Wenz, E.(Hrsg.), Ökologie, Ökonomie und Jurisprudenz. Law and Economics, Band 5, München 1987, S. 103

[179]vgl. dazu: Lorenz, A., Vollzugsdefizite im Umweltrecht. In: Umwelt- und Planungsrecht, Zeitschrift für Wissenschaft und Praxis, Heft 7 1991, S. 253ff.

hin wird durch die Formulierung unbestimmter Rechtsbegriffe und Generalklauseln den Vollzugsbehörden ein Ermessensspielraum eingeräumt, den sie in Auseinandersetzungen mit wirtschaftlichen Interessen nicht im Sinne eines vorsorgenden Umweltschutzes erfüllen können. Letztlich wird das Instrumentarium der Umweltnormen immer umfangreicher, inhaltlich differenzierter und so kompliziert, daß es selbst für Experten zunehmend unüberschaubar wird.

Auf der **administrativen Ebene** wird allgemein die unzureichende personelle und sachliche Ausstattung der Vollzugsbehörden moniert. Daneben ist die Organisation des Vollzugssystems mit der Aufspaltung in verschiedene Teilbereiche des Umweltschutzes mit unterschiedlichen Zuständigkeiten sowie die Trennung in fachtechnische Aufgaben und Vollzugsaufgaben ineffizient. Letztlich befinden sich die Behörden in einer schwachen Position den Betreibern gegenüber, da diese häufig Widerstand gegen den Vollzug leisten und die behördlichen Sanktionsmöglichkeiten beschränkt sind.

Zur Steigerung der Kontrolleffizienz wir deshalb eine **kontinuierliche Kontrolle** der Emittenten gefordert. Diese kann auf verschiedene Weise erfolgen:

- Kontrollen durch vereidigte Analyseinstitute nach behördlich festgelegten Zyklen (vor allem bei kleineren Emittenten bzw. bei Indirekteinleitern),

- Stichprobenentnahmen durch verplombte Entnahmeautomaten (z. B. bei der Abwasserkontrolle und -analyse), die bei Überschreiten von Grenzwerten Signale geben, Behörden informieren oder Produktionsprozesse stoppen können,

- Fernüberwachungssysteme insbesondere für Großemittenten mit einer Vernetzung zu den Überwachungsbehörden.

In einem industriell geprägten Wirtschaftssystem ist die grundsätzliche **Forderung nach Null-Emissionen** eine unrealistische Utopie. Deshalb wird auch zukünftig die Formulierung von Umweltstandards in Form von Grenzwerten unverzichtbar sein. Für eine umweltgerechtere Produktionsweise ist aber durch den Gesetzgeber anzustreben, die Zahl der Emissionsstoffe zu begrenzen, deren Ursache-Wirkungszusammenhänge erkenn- und kalkulierbar zu gestalten und die Einhaltung der Grenzwerte sicherzustellen.

2.1.3 Verfahrensbezogene Auflagen

Verfahrensbezogene Auflagen beziehen sich auf Vorschriften zur Gestaltung des Produktionsprozesses. Wicke unterscheidet dabei 2 Kategorien:

1. Input-Auflagen
2. Prozeßnormen

2.1.3.1 Input-Auflagen

Hierbei wird den Betreibern von Anlagen vorgeschrieben, welche Roh- oder Betriebsstoffe sie ausschließlich beim Betrieb ihrer Anlagen verwenden dürfen, um Umweltbelastungen zu vermeiden. (Hier bestehen Überschneidungen zu Produktnormen).

Beispiel: Verordnung über Schwefelgehalt von leichtem Heizöl und Dieselkraftstoff - 3. BImSchV

2.1.3.2 Prozeßnormen

Diese auch als **Technologienormen** bezeichneten Auflagen legen fest, welche Technologie in einem Produktionsprozeß einzusetzen ist bzw. auf welche Art eine bestimmte Technologie anzuwenden ist, um Umweltbelastungen zu vermeiden (Verwendungsauflage). Es existieren auch Normen, die die Anwendungen bestimmter Technologien ausschließen (Unterlassungsauflagen).

Bauartnormen regeln in diesem Zusammenhang die zulässigen Eigenschaften zur Planung und Errichtung von Anlagen, Geräten und Vorrichtungen. Entsprechende Einrichtungen benötigen zum Betrieb eine behördliche Genehmigung oder Zulassung.

Beispiel:Ermächtigungsvorschriften für die Errichtung und den Betrieb von Anlagen zur Erzeugung, Bearbeitung oder Verarbeitung von Kernbrennstoffen nach dem Atomgesetz

Betriebsnormen regeln die anzuwendenden Verfahren im Produktionsprozeß.

Beispiel:Die Technische Anleitung zur Reinhaltung der Luft (TA-Luft) enthält Vorschriften für den Betrieb verschiedener genehmigungsbedürftiger Anlagen (z. B. Müllverbrennungsanlagen, Raffinerien, chemische Fabriken, Anlagen der Stahlerzeugung und -verarbeitung, der Glas- und Nahrungsmittelherstellung, Zementwerke)

Für die Definition von Technologienormen spielt der sogenannte **Stand der Technik** eine wesentliche Rolle. Er soll gewährleisten, daß jeweils die fortschrittlichsten erprobten Technologien zum Schutz der Umwelt eingesetzt werden sollen (vgl. Abschnitt 2.1.3.3).

Prozeßnormen sind in der Regel **generelle Normen**, d. h. sie gelten für alle Anlagen und Prozesse in einem bestimmten Wirtschaftsgebiet. Daneben haben aber auch **Einzelfallanordnungen** eine wichtige Funktion. Hierbei spielen die **gesetzlichen Verbote mit Erlaubnis- oder Genehmigungsvorbehalt** eine wichtige Rolle. Verbote untersagen hier generell die Errichtung oder den Betrieb von Anlagen im Interesse des Umweltschutzes, bei Vorliegen bestimmter Voraussetzungen kann aber eine Erlaubnis oder Befreiung erteilt werden.

2.1.3.3 Exkurs: Problematik "Stand von Wissenschaft und Technik"

Im Umweltrecht der Bundesrepublik Deutschland spielt die Formel ***"Stand der Technik"*** eine wesentliche Rolle.

Das Bundes-Immissionsschutzgesetz schreibt für die Errichtung genehmigungspflichtiger Anlagen vor: *"Vorsorge gegen schädliche Umwelteinwirkungen getroffen wird insbesondere durch die dem Stand der Technik entsprechenden Maßnahmen zur Emissionsbegrenzung."* (§ 5 Abs. 1 Satz 2 BImSchG).

"Stand der Technik im Sinne dieses Gesetzes ist der Entwicklungsstand fortschrittlicher Verfahren, Einrichtungen oder Betriebsweisen, der die praktische Eignung dieser Maßnahme zur Begrenzung von Emissionen geeignet erscheinen läßt. Bei der Bestimmung des Standes der Technik sind insbesondere vergleichbare Verfahren, Einrichtungen oder Betriebsweisen heranzuziehen, die mit Erfolg im Betrieb erprobt worden sind" (§ 3 Abs. 6 BImSchG).

Neben diesem Rechtsbegriff bestehen 2 weitere, ähnlich gelagerte Formulierungen im Umweltrecht, die allerdings für die Praxis von minderer Bedeutung sind.

Der Stand von Wissenschaft und Technik gebietet, daß die jeweils fortschrittlichsten Umweltschutz- und Sicherheitstechniken eingehalten werden müssen. Diese Regelungen gelten vor allem für den Bau von Kernkraftwerken nach dem Atomgesetz. Auch Altanlagen können hierbei auf dem Verordnungswege mit Techniken nach dem neuesten wissenschaftlichen Stand nachgerüstet werden.

Das Wasserhaushaltsgesetz und andere Umweltgesetze benutzen den Terminus der **allgemein anerkannten Regeln der Technik.** Gemeint sind damit Verfahren des technischen Umweltschutzes, die die Mehrzahl der Betreiber bestimmter Anlagen bereits benutzen. *"Die Bundesregierung erläßt mit Zustimmung des Bundesrates allgemeine Verwaltungsvorschriften über Mindestanforderungen, die den allgemein anerkannten Regeln der Technik entsprechen"* (§ 7a WHG).

Der **Stand der Technik** ist ein unbestimmter Rechtsbegriff. Welche konkreten Anforderungen an die jeweils einzusetzende Technik bei der Genehmigung von

Neuanlagen zu stellen sind, bestimmen Verwaltungsvorschriften (z. B. die TA--Luft). Hierbei spielt allerdings die Berücksichtigung des jeweiligen Einzelfalles eine wesentliche Rolle.

Die Absicht des Gesetzgebers mit dem Einsatz dieses Rechtsbegriffes lag darin, dem technischen Regelwerk eine **dynamische Komponente** zu geben. Da die technische Entwicklung ständig voranschreitet, sollen die jeweils neuesten gesicherten Erkenntnisse technischer Weiterentwicklungen bei der Genehmigung von Neuanlagen, aber auch bei der Nachrüstung von Altanlagen Berücksichtigung finden.

Mit dieser Absicht sind allerdings auch gleichzeitig vielschichtige Probleme verbunden, die die Umsetzung des Anliegens in der Praxis problematisch erscheinen lassen. Wesentliche Problembereiche sollen hier skizziert werden:

1. Die Formulierung *"Stand der Technik"* ist in sich widersprüchlich.[180] Es ist konstitutives Kennzeichen des Industriezeitalters, daß technische Weiterentwicklung nie zu einem Stillstand kommt. Der Gesetzgeber zementiert mit diesem Begriff also etwas, was schon bald überholt sein wird. Dem wird entgegengewirkt, indem der jeweils operationalisierbare Stand der Technik nicht in der Rechtsnorm selbst festgelegt wird, sondern in Richtlinien, Rechtsverordnungen oder rechtsverbindlichen "Technischen Anleitungen". Diese werden von der Exekutive im Benehmen mit den jeweiligen Fachexperten ermittelt und festgelegt und bei Veränderungen des Standes der Technik entsprechend angepaßt.

Damit erhält die Exekutive einen Ermessens- und Entscheidungsspielraum gegenüber der Legislative und auch den Verwaltungsgerichten, der sehr schwierige Fragen der Rechtssetzung und des Rechtsvollzuges aufwirft.

2. Es soll hier nicht der falsche Eindruck entstehen, Behörden wären in der Lage, den jeweiligen Stand der Technik zu fixieren. Was technisch möglich ist und was realisiert werden soll, bestimmen ausschließlich die im technischen Umweltschutz tätigen **Unternehmen**. Die Strukturen der Industrialisierung des Umweltschutzes wurden unter Abschnitt III.1.4.3.3 näher skizziert. Danach ist vorstellbar und wird von Kritikern z. T. auch belegt, daß die im Umweltschutz engagierten Großunternehmen aus einzelwirtschaftlichen Gründen an einer möglichen Weiterentwicklung emissionsmindernder Anlagen zu einem bestimmten Zeitpunkt kein Interesse haben und mögliche Umweltschutzverbesserungen damit verzögern oder verhindern können. Man spricht in diesem Zusammenhang allgemein vom sogenannten "Schweigekartell der Oberingenieure".

---

[180]vgl. auch: Kimmnich, O., Umweltschutz - Prüfstein der Rechtsstaatlichkeit. Linz 1987, S. 129

3. Die Fixierung des jeweiligen Standes der Technik z. B. nach dem BImSchG bzw. den nachgeordneten Verordnungen benötigt in der Regel einen längeren Umsetzungsprozeß. Damit kommt es zu zeitlichen Verzögerungen zwischen neuestem Erkenntnisstand und der Umsetzung und Anwendung.

Die Novellierung der "Zweiten Verordnung zur Durchführung des Bundes-Immissionsschutzgesetzes" (Verordnung zur Emissionsbegrenzung von leichtflüchtigen Halogenkohlenwasserstoffen) von 1974 benötigte 12 Jahre, obwohl schon Anfang der 80er Jahre neuere Erkenntnisse über die Gesundheitsschädlichkeit einiger Stoffe vorlagen (z. B. Perchlorethylen bei der chemischen Reinigung von Textilien).

4. Die jeweiligen Anforderungen gelten grundsätzlich für die Errichtung von **Neuanlagen**, aber auch für die Nachrüstung von Anlagen, die bereits vor Inkrafttreten der entsprechenden Verordnung betrieben wurden. Für die Nachrüstung werden Fristen eingeräumt, deren Länge von der Gefährlichkeit der Emissionen und der Höhe der Grenzwertüberschreitung abhängig ist.

Es bleibt aber zweifelhaft, ob die Einhaltung solcher Fristen gegen die teilweise übermächtigen Interessen der Wirtschaft und deren Drohung mit Arbeitsplatzverlusten und Gewerbesteuereinbußen in jedem Falle durchsetzbar ist.[181] Überall dort, wo verantwortliche Politiker oder Spitzenbeamte den exakten Vollzug der Umweltauflagen öffentlich einforderten, kam es zu heftigen Widerständen in der Wirtschaft.

5. Eine eher philosophische Kritik an der Anwendung des Rechtsbegriffes formuliert Kimmnich.[182] In der Einbindung des Standes der Technik in das Normengefüge wird die Technik (und damit die Techniker) in den Dienst des Umweltschutzes gestellt. Damit entsteht ein Spannungsverhältnis zwischen Technik und Umweltrecht. *"Das Recht kann dabei auftretende Konflikte nur lösen, wenn das Ethos, das in den Rechtsnormen zum Ausdruck kommt, akzeptiert und in die Verhaltensstruktur der für die Entwicklung und den Einsatz der Technik Verantwortlichen eingegangen ist."*[183] Es wird aber bezweifelt, ob ein ausgesprochener homo technologicus willens und in der Lage ist, den Primat der Ethik vor der Technik zu akzeptieren und einzulösen.

Hier wird der grundsätzliche Machbarkeitsglaube eines technizierten Daseinsverständnisses angezweifelt und ein neues Technikethos eingefordert, das der **Technik** eine stärker **dienende Stellung** einräumen will.

---

[181]Wicke, L.(1989), a. a. O., S. 177
[182]Kimmnich, O., a. a. O., S. 130
[183]Ebenda, S. 130

2.1.4 Produktionsbezogene Auflagen

Produktionsbezogene Auflagen schränken die Produktion unter bestimmten Bedingungen ein. Sie stellen eine Erweiterung der verfahrensbezogenen Normen dar. Danach lassen sich zwei Arten von Normen unterscheiden:

1. Die **Einschränkung der Produktionsmenge** ist dabei in der Regel an das Vorhandensein bestimmter äußerer Bedingungen geknüpft, die nur vorübergehend sind (z. B. Produktionseinschränkung bei Smoglagen). **Produktionsverbote** können erlassen werden, wenn bestimmte äußere Bedingungen vorliegen oder Anlagen bestimmte Emissionsnormen nicht erfüllen.

2. Generelle **Ansiedlungsverbote** können für bestimmte Gebiete erlassen werden, die eines besonderen Schutzes vor schädlichen Umwelteinwirkungen bedürfen (z. B. Wasserschutzgebiete, Belastungsgebiete für Luftverunreinigungen).

2.1.5 Zusammenfassende Beurteilung staatlicher Auflagen in der Umweltpolitik

Die vorhergehenden Ausführungen haben bereits deutlich gemacht, daß die Formulierung von staatlichen Umweltstandards und deren Durchsetzung unter umweltpolitischen Effizienzgesichtspunkten erhebliche Probleme aufweist.

Danach ist die Festlegung von **Emissionsgrenzwerten** und die Kontrolle ihrer Einhaltung mit diversen Problemen verbunden (vgl. Abschnitt IV.2.1.2.3). Die Genehmigung zur Errichtung und zum Betrieb von umweltbeeinträchtigenden Anlagen nach dem jeweiligen **Stand der Technik** ist in der praktischen Umsetzung ebenfalls mit erheblichen Schwierigkeiten belastet (vgl. dazu Abschnitt IV.2.1.3.3).

Einen weiteren Nachteil staatlicher Auflagenpolitik sieht Wicke in der fehlenden volkswirtschaftlichen Effizienz.[184] So führen generelle Auflagen bei Unternehmen mit unterschiedlicher Kostenstruktur zu unterschiedlichen finanziellen Belastungen. Dabei werden Kleinbetreiber in der Regel gegenüber Großanlagen mit relativ höheren Kosten belastet. Hierbei können Wettbewerbsverzerrungen mit der Tendenz zu einer weiteren Unternehmenskonzentration gefördert werden.

Das bedeutet andererseits, **differenzierte Auflagen** unter Berücksichtigung der jeweiligen Kosten-Nutzen-Relationen würden u. U. zu einer gleichen Umweltentlastung bei gleichzeitig niedrigeren Gesamtkosten führen. So könnten z. B. strengere Grenzwerte für Groß-Klärwerke bei gleichzeitiger Reduzierung der

[184]Wicke, L.(1989), a. a. O., S. 175ff.

Anforderungen für kleinere Anlagen den gleichen Entlastungseffekt bei geringeren Gesamtkosten bewirken.

Weiterhin sind Auflagen nicht **marktgerecht**. Die unternehmerische Entscheidungsfreiheit, bestimmte Maßnahmen zur Umweltentlastung auf eine betriebsindividuelle und damit eventuell betriebswirtschaftlich effizientere Weise zu erreichen, werden nicht zugelassen. Unternehmer/Manager sind bei der unternehmerischen Entscheidungsfindung an Kosten- und Ertragsgrößen orientiert. Das gilt auch für Maßnahmen des betrieblichen Umweltschutzes. Auflagen für kostenverursachende Umweltschutzmaßnahmen widersprechen damit betriebswirtschaftlichen Erfolgskalkülen und führen deshalb zu Widerständen bei den Betroffenen.

Diese Argumentation vernachlässigt allerdings, daß Unternehmen betriebliche Umweltschutzmaßnahmen, die Zusatzkosten verursachen, weitgehend nicht freiwillig betreiben und damit die **gesellschaftliche Verantwortung des Unternehmertums** ignorieren. Umweltschutz ist in der unternehmerischen Zielhierarchie häufig noch nachgeordnet. Ohne generelle Auflagen geschieht dann eher **nichts** zur Umweltentlastung.

Eine **differenzierte Auflagenpolitik,** die z.T von Umweltbehörden auch praktiziert wird, bewirkt letztlich eine Subventionierung derjenigen, die die strengen Auflagen nicht erfüllen. Sie hemmt damit die sicherlich notwendigen Entlastungen der Umwelt.

Wenn eine Auflagenpolitik also generell mit erheblichen Problemen behaftet ist, die ihre Praktikabilität und Effizienz einschränken, so kann andererseits auch längerfristig auf ihren Einsatz und die weitere Zunahme von Regelungen **nicht verzichtet werden**. Die Flut von ständig neuen Regelungen auf der Ebene von Bund, Ländern und Gemeinden zeigt diese Entwicklung auch deutlich an.

Folgende Gründe können dafür angeführt werden:

- In bestimmten kritischen Belastungssituationen, die keinen Aufschub dulden, geben Auflagen klare und eindeutige Verhaltensanweisungen, die einen **sofortigen Vollzug und eine schnelle Wirksamkeit** zur Folge haben (Störfälle, Umweltkatastrophen).

- Die Verhaltensregeln für Umweltbelaster sind **eindeutig**, sie üben **Druck** oder **Zwang** aus, ihre Mißachtung führt zur Mobilisierung eines **Sanktionsinstrumentariums**. Damit wird die Wahlfreiheit zwischen umweltbelastendem und -vermeidendem Verhalten für die Emittenten ausgeschlossen bzw. eingeschränkt. Auflagen werden damit zu **festen Orientierungsgrößen** für Entscheidungen.

- Auflagen bündeln jeweils den vorhandenen Sachverstand zu einer Problemlage und führen ihn zu einer Lösung, die den Willen der demokratisch legitimierten Mehrheit vertritt. Bei allen Unzulänglichkeiten der dabei zugrundeliegenden Verfahrensweisen ist dennoch unverkennbar, daß Auflagen damit den **gesellschaftlichen Willen artikulieren,** wie mit Umweltproblemen umzugehen ist.

2.1.6 Die Bedeutung des Umweltstrafrechts in der Auflagenpolitik

Die Einhaltung staatlich vorgegebener Normen wird nicht immer gewährleistet sein, insbesondere dann nicht, wenn für die Emittenten damit erhöhte Kosten verbunden sind. Die Durchsetzung **gegen** die Verursacher muß in solchen Fällen mit der Androhung und Durchsetzung von **Sanktionsmaßnahmen** verbunden werden.

Rechtswirksame Sanktionen können mit **unterschiedlicher Intensität** greifen:

- **Ordnungswidrigkeiten** sind rechtswidrige Handlungen, die gegen Rechtsvorschriften verstoßen. Als sogen. Verwaltungsunrecht wird solchen Handlungen kein krimineller Gehalt beigemessen, weshalb sie mit Geldbußen durch Verwaltungsbehörden geahndet werden können. Die Behörden handeln dabei nach **pflichtgemäßem Ermessen**, d. h. sie können **abwägen**, ob das öffentliche Interesse die Ahndung einer Ordnungswidrigkeit erfordert oder nicht. Ein rechtskräftig als Ordnungswidrigkeit geahndeter Rechtsverstoß kann nicht als Straftat noch ein zweites Mal geahndet werden.

- **Strafen** nach dem Strafrecht sind Geld- oder Freiheitsstrafen, die bei Vorliegen von Straftaten angedroht werden (Kriminalstrafen).

Sanktionen bei der Verletzung von Umweltnormen werden heute sowohl in Form von Ordnungswidrigkeiten als auch von Strafen ausgesprochen. Die Gestaltung der Rechtsnormen ist dabei **ungeordnet** und **unsystematisch**. So befinden sich in allen wichtigen Umweltgesetzen bzw. -verordnungen Kriterienkataloge für Ordnungswidrigkeiten.

Das geltende Umweltstrafrecht wurde durch das achtzehnte Strafrechtsänderungsgesetz - Gesetz zur Bekämpfung der Umweltkriminalität - neu geordnet und als 28. Abschnitt **"Straftaten gegen die Umwelt"** neu in das **Strafgesetzbuch** aufgenommen. Neben diesem sogen. **Kernstrafrecht** bestehen aber noch weiterhin strafrechtliche Normen in einzelnen Umweltgesetzen (**Nebenstrafrecht**).

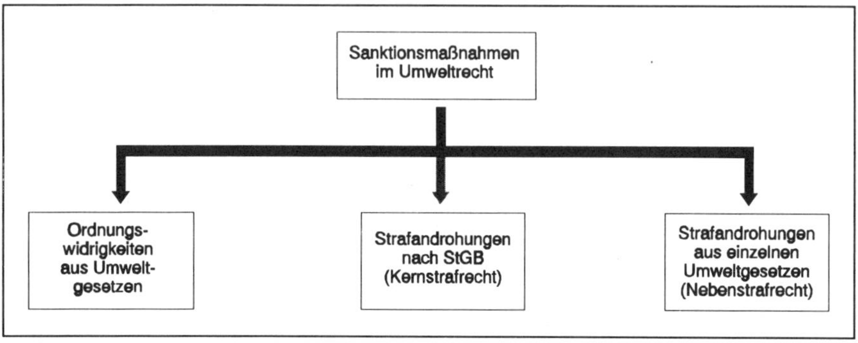

Nach der Art des Deliktes lassen sich Umweltstraftaten folgendermaßen systematisieren:

- Verletzung verwaltungsrechtlicher Pflichten
  (Der Täter hat grob pflichtwidrig gegen eine Rechtsvorschrift, vollziehbare Untersagung, Anordnung oder Auflage verstoßen, § 311d Abs. 4 und § 325 Abs. 4 StGB)
- Unbefugtes Handeln
  (z. B. wildes Ablagern von Müll, § 326 StGB)
- Handeln ohne Genehmigung bzw. entgegen einer vollziehbaren Untersagung
  (z. B. unerlaubtes Betreiben von Anlagen, § 327 StGB)

Die Übernahme und Modifikation der Sanktionierung von Umweltdelikten aus dem Verwaltungsrecht in das Strafrecht sollte zu einer wirksameren Bekämpfung der Umweltkriminalität führen. Tatsächlich ist auch die Zahl der erfaßten Fälle kontinuierlich gestiegen von 2.321 im Jahr 1973 auf 21.412 im Jahr 1990.

Die folgende Tabelle gibt einen Überblick über Entwicklung und Zusammensetzung von Umweltdelikten:[185]

Tatbestand	1987	1986	Steigerungsrate (in %)
Verunreinigung eines Gewässers (§ 324 StGB)	10.529	9.294	+ 13,3
umweltgefährdende Abfallbeseitigung (§ 326)	5.390	3.652	+ 46,4
unerlaubtes Betreiben von Anlagen	1.311	1.161	+ 12,9
Luftverunreinigungen	406	338	+ 20,1
schwere Umweltgefährdung (§ 330)	152	232	- 34,5
Lärmverursachung (§ 325)	59	35	+ 68,6
schwere Umweltgefährdung durch Freisetzen von Giften (§ 330a)	43	54	- 20,4
Gefährdung schutzbedürftiger Gebiete (§ 329)	38	56	- 32,1
unerlaubter Umgang mit Kernbrennstoffen (§ 328)	1	1	+/- 0,0

Trotz dieser Entwicklung wird die Sanktionierung von Umweltdelikten nach wie vor noch als **defizitär** betrachtet.[186] Der größte Teil der Anzeigen bezieht sich auf **Bagatellfälle**, die nicht zu einer Anklage (nur 8%) bzw. Strafverfolgung führen. Die meisten Verfahren werden damit eingestellt, weil den Beschuldigten die zur Last gelegte Tat nicht nachweisbar ist oder aus Rechtsgründen eine Verurteilung ausscheidet. Gleiches gilt auch für das Umweltordnungswidrigkeitenrecht.

Damit wird am geltenden Umweltstrafrecht scharfe **Kritik** geübt, die sich insbesondere auf die folgenden Problembereiche bezieht:[187]

- Das Umweltstrafrecht besitzt kein in sich geschlossenes ökologisches Konzept. Einem sehr weitreichenden Schutz bestimmter Umweltmedien (z. B. Gewässerschutz) stehen andere Umweltbereiche gegenüber, in denen bisher die Strafbarkeit für Umweltschädigungen weitgehend ausgeschlossen ist (z.B bei Bodenbelastungen).

- Die Verzahnung des Umweltstrafrechtes mit dem Verwaltungsrecht wirft eine Vielzahl von tatsächlichen wie rechtlichen Problemen auf. Dies betrifft

[185]PKS, vgl. Bulletin der Bundesregierung Nr. 61 vom 12.05.1988, S. 615.
[186]vgl. dazu: Ossenbühl, F./Huschens, M., Umweltstrafrecht - Strukturen und Reform. In: Umwelt- und Planungsrecht, Heft 5/91, S. 161ff.
[187]Ebenda, S. 165

insbesondere die unterschiedliche Einwirkung auf Tatbestand, Rechtsfolge und Strafmöglichkeiten im Umweltstrafrecht.
(Ein Problembereich ist hier z. B. die strafrechtliche Wirkung rechtswidriger aber bestandskräftiger Verwaltungsakte beim Betrieb genehmigungspflichtiger Anlagen).

- Probleme auf der rechtlichen Ebene führen zu Vollzugsdefiziten auch im Rahmen der Strafverfolgung und Ahndung. *"Mangelnde Zusammenarbeit zwischen Verwaltung und Strafverfolgung, die fehlende Anzeigepflicht der Umweltverwaltung sowie unzureichende Qualifikation der ermittelnden Behörden"*[188] lähmen die strafrechtliche Effizienz.

- Ähnlich der Problemlage in der Wirtschaftskriminalität handelt es sich bei den Tätern in der Regel um Personen aus sozial angepaßten Schichten mit höherer Bildung und höherem Einkommen, die aus dem sonst üblichen Kreis Straffälliger herausfallen. Straftäter können hier auch Amtsträger oder Behörden sein. Die Strafjustiz hat gegenüber solchen Straftätern nach allen Erfahrungen (psychologische) Probleme der Strafverfolgung.

Die mangelnde Funktionalität und Effizienz im Umweltstrafrecht hat in der öffentlichen Diskussion zur Folge, daß nach einer umfassenden **Reform** gerufen wird. Dabei stehen sich allerdings zwei Richtungen diametral gegenüber. Auf der einen Seite steht die Forderung nach einer rigorosen Verschärfung des Rechts, vor allem mit der **Erhöhung der Strafen**. Die Gegenposition fordert die ersatzlose Streichung der Straftatbestände und gleichzeitige **Förderung der umweltrelevanten Eigenverantwortlichkeit** über ökonomische Anreize. Ein Entwurf der Bundesregierung von 1990 zur Novellierung des Umweltstrafrechtes sieht im Kern eine Verschärfung der Tatbestandmerkmale und Strafmaße für Umweltdelikte vor.

[188]Ebenda, S. 165

2.2 Instrumente zur Flexibilisierung des Ordnungsrechtes

2.2.1 Ziele der Flexibilisierung

Die zum Teil erheblichen Nachteile undifferenzierter staatlicher Auflagen gegenüber umweltbelastenden Unternehmen haben in der Theorie und z. T. auch in der praktischen Politik zu Vorstellungen über Modifikationen strenger Auflagenpolitik geführt. Hauptsächlicher Ansatzpunkt war dabei der Widerstand der Emittenten gegen starre Auflagen, die ihrer ökonomischen Rationalität widersprachen und deshalb zu Umsetzungswiderständen
führten.

Mit der Abwandlung der Auflagenpolitik sollen mehrere Ziele verfolgt werden:

- Die starren Ge- und Verbote sollen derart umgestaltet werden, daß die **unterschiedlichen Voraussetzungen** zur Realisierung der Auflagen bei den einzelnen Emittenten bzw. Emissionsquellen Berücksichtigung finden.
- Über die Einbeziehung **wirtschaftlicher Anreize** für die Emittenten soll eine Verbesserung der Umweltsituation in einem bestimmten Belastungsgebiet erreicht werden.

Insgesamt sollen starre Auflagen-Regelungen des Ordnungsrechtes abgewandelt werden. Deshalb wird diese Variante auch als **Flexibilisierung des Ordnungsrechtes** bezeichnet.

Vorbilder für entsprechende Regelungen sind Maßnahmen der amerikanischen Luftreinhaltungspolitik, wie sie dort bereits seit den 70er Jahren realisiert worden sind, nämlich die Politik des **kontrollierten Umwelthandels**

2.2.2 Die Politik des kontrollierten Umwelthandels in den USA

Maßnahmen zur Verbesserung der Luft wurden in den USA seit 1970 durch Gesetz neu geregelt (Clean Air Act).[189]Ziel war das Erreichen bestimmter Immissionsstandards für die wichtigsten sieben Verschmutzungsarten. Für emittierende Unternehmen wurden Emissionsgrenzwerte erlassen mit Übergangsregelungen für Altanlagen.

In definierten Belastungsgebieten, in denen mindestens eine Verschmutzungsart über dem Standard lag, mußten expandierende Unternehmen Minderungstechnolo-

[189]Die folgenden Beschreibungen beziehen sich weitgehend auf: Wicke, L.(1989), a. a. O., S. 192ff.

gien anwenden, die den neuesten Stand der Technik repräsentierten. Neue Unternehmen konnten in diesen Belastungsgebieten **nicht** angesiedelt werden.

Diese stringente Fixierung von Immissionsstandards führte zu Widerständen in den betroffenen Industrien. Insbesondere wurde die Kostenbelastung als zu hoch empfunden. Aus volkswirtschaftlicher Sicht wurden Probleme der Wachstumsbehinderung ins Feld geführt. Strukturelle Behinderungen ergaben sich aus dem Ansiedlungsverbot in Belastungsgebieten.

Bei der Reform des Gesetzes 1977 wurden deshalb flexiblere Elemente in die Luftreinhaltepolitik aufgenommen, die im folgenden kurz skizziert werden sollen.

Bei der **Ausgleichspolitik (offset-policy)** mußten ab 1977 Unternehmen, die sich in Belastungsgebieten neu ansiedeln wollten, zuvor:

- den Nachweis erbringen, daß sie beim Betrieb die nach dem Stand der Technik weitestgehende Vermeidungstechnik einsetzen,
- gewährleisten, daß vorhandene Belastungsbetriebe des ausgewiesenen Gebietes die entsprechenden Schadstoffemissionen stärker reduzieren als die Neuansiedlung daran hinzufügt.

Auf diese Weise sollten mehrere Ziele gleichzeitig erfüllt werden:

- Reduzierung der Gesamtemissionen in einem Gebiet für einen speziellen Schadstoff,
- gleichzeitige Steigerung der Wirtschaftsleistung und Schaffung von Arbeitsplätzen.

In der Praxis zeigte sich, daß Ausgleichsmaßnahmen zwar in größerer Zahl, aber weitgehend nur **unternehmensintern** im Austausch zwischen alten und neuen Betriebsstätten Bedeutung erlangten. Sie ermöglichten eine umweltverträgliche Expansion von Unternehmen, z. T. unter Stillegung alter, umweltbelastender Betriebsstätten.

Eine ähnliche Funktion hat die **Glocken**- oder **Blasenpolitik (bubble-policy)**. Ursprünglich waren für **jede einzelne Emissionsquelle** die Grenzwerte für eine Schadstoffart **separat** einzuhalten, indem entsprechende Vermeidungstechniken eingesetzt wurden.

Durch die Flexibilisierung der Auflagenpolitik konnte der Emittent nun quasi eine **Emissionsglocke** über seine Betriebe im jeweiligen Belastungsgebiet stülpen. Statt **einzelner** Betriebsgenehmigungen für **jede einzelne Emissionsquelle** tritt eine Genehmigung für die **Gesamtemission** einer Schadstoffart innerhalb einer genehmigten Glocke. Damit erhält ein Unternehmen die Möglichkeit, zwischen mehreren Emissionsquellen einen **Ausgleich** herbeizuführen, indem an Quellen besonders kostengünstiger Reduzierung Auflagen übererfüllt werden und gleichzeitig bei anderen Quellen die Grenzwerte überschritten werden. Insgesamt darf sich durch diesen Ausgleich die Menge der Gesamtemissionen nicht vergrößern bzw. muß sich verringern.

Neben einem unternehmensinternen Glockenausgleich ist auch die Glockenbildung (bubbling) zwischen verschiedenen Unternehmen zulässig. Zu diesem Zweck kann ein Austausch, d. h. **ein Verkauf von Emissionsrechten** zwischen verschiedenen Unternehmen stattfinden. Interessant ist dieser Tausch auf der Verkäuferseite für Unternehmen, die relativ niedrige Vermeidungskosten einer Belastungsart haben, auf der Käuferseite für Unternehmen, deren Vermeidungskosten über dem Kaufpreis der zusätzlichen Emissionsrechte liegen.

Ziel dieser Politik ist primär die **Reduzierung der Kosten** der Schadstoffvermeidung. Wird darüber hinaus die Genehmigung einer Glocke mit der Auflage verbunden, die aus der Summe der Einzelemissionen errechnete Gesamtemission zu verringern (Überschußminderung), so ist damit auch ein Umweltentlastungseffekt verbunden.

2.2.3 Flexibilisierung des Ordnungsrechtes in der Bundesrepublik Deutschland

Teile dieser amerikanischen Lösungen haben auch in das bundesdeutsche Umweltrecht Aufnahme gefunden, insbesondere durch Regelungen, wie sie in der Glockenpolitik vorgefunden wurden.

Hierzu zählt vor allem die 1985 in das Bundes-Immissionsschutzgesetz aufgenommene **Kompensationsregelung**. § 7 Abs. 3 BImSchG stellt dazu fest:

"Soweit die Rechtsverordnung Anforderungen nach § 5 Abs. 1 Nr. 2 festlegt, kann in ihr bestimmt werden, daß bei in Absatz 2 genannten betriebsbereiten Anlagen in näher bestimmten Gebieten für eine bestimmte Frist von den auf Grund der Absätze 1 und 2 festgelegten Anforderungen abgewichen werden darf. Dies gilt nur, wenn ... durch technische Maßnahmen an anderen Anlagen des Betreibers oder Dritter insgesamt eine weitergehende Minderung von Emissionen derselben oder in ihrer Wirkung gleicher Stoffe erreicht wird..."

Aus diesem Gesetz ist die verwaltungsrechtliche Anordnung der TA-Luft (Nr. 4.2.10) als Ausführungsbestimmung entwickelt worden, die allgemein als **Kompensationslösung** bezeichnet wird. Der Grundgedanke ist dabei, daß sich bei der Anpassung von Altanlagen an den Stand der Technik mehrere Anlagen eines oder mehrerer Betreiber mit gleicher Schadstoffemission in einer Region zu einer **Emissionsgemeinschaft** zusammenschließen können. Die Behörden erteilen dann eine Gemeinschaftsberechtigung zur Emission einer bestimmten Schadstoffmenge. Die Aufteilung der in die Luft abgegebenen Schadstoffe auf die einzelnen Anlagen bleibt dabei den Betreibern überlassen.

Voraussetzung für die Genehmigung eines solchen Verbundes ist allerdings die Minderung der Gesamtemission gegenüber der Menge bei Einzelgenehmigungen für die einbezogenen Anlagen. Diese Regelung gilt allerdings nur für 8 Jahre; danach muß der Stand der Technik in allen Anlagen der Region erreicht werden.

Die hohen Erwartungen der Bundesregierung an diese Flexibilisierung konnten nicht erfüllt werden. Während des offiziellen Zeitraumes der Einreichung von Kompensationsanträgen 1987 war kein einziger Antragseingang zu verzeichnen. Es kam lediglich zu einem vom Umweltministerium geförderten Modellversuch einer Fluor-Emissionsgemeinschaft in Rheinland-Pfalz. Ein weiterer Modellversuch wird zur Zeit im Indirekteinleiterbereich im Rahmen der Gewässerschutzpolitik durchgeführt.

Für das praktische Scheitern dieses Instrumentes zur Effizienzsteigerung der Umweltpolitik werden folgende Gründe ins Feld geführt:

- Die Detailvorschriften der TA-Luft sind äußerst kompliziert, umfangreich und selbst für Sachverständige kaum noch durchschaubar,

- die Zahl potentieller Partner zur Bildung von Emissionsgemeinschaften ist durch die Fixierung auf einzelne Schadstoffarten und die regionale Begrenzung von vorneherein beschränkt,

- Kompensationsmöglichkeiten sind lediglich für bestimmte Übergangszeiten vorgesehen (bis 1994). Die hohen Anforderungen an Altanlagen während der Anpassungszeit an den Stand der Technik lassen nur noch wenig Spielraum zur Übererfüllung und damit zum Einsatz von flexiblen Lösungen.

Zusammenfassend kann festgestellt werden, daß der bisherige Einsatz von Kompensationsregeln nicht geeignet war, über ökonomische Anreize zur Verbesserung der Umweltsituation beizutragen. Weiterhin ist dieses Verfahren auch nicht in der Lage, **innovative Anreize** bei Unternehmen zur Förderung integrierter Umweltschutzmaßnahmen zu schaffen, um darüber das Belastungsniveau zu senken.

3 Planungsinstrumente des Umweltschutzes

3.1 Systematik der umweltbezogenen Planungen

Neben der Auflagenpolitik spielt im Rahmen des **staatlich verordneten Umweltschutzes** das **umweltbezogene Planungsinstrumentarium** eine bedeutende Rolle. Die Nutzung des Raumes (Regionen oder Landschaften) durch menschliche Aktivitäten schafft zuerst die Voraussetzungen für die Entstehung von Umweltbelastungen. Eine perspektivisch vorausschauende Planung kann somit Belange des Umweltschutzes aufnehmen und helfen, Umweltbelastungen zu vermeiden.

Die Problematik dieses Bereiches beginnt damit, daß nicht eindeutig geklärt ist,

- wie **Umweltplanung** zu definieren ist,
- welches umweltplanerische **Instrumente** sind,
- in welchem **Verhältnis** Umweltplanung zu anderen Planungsansprüchen steht bzw. stehen soll.

Umweltplanung hat dabei zwei Bezüge zu beachten. Zum einen hat die Planung umweltbelastender oder -entlastender Aktivitäten generell Bezüge zum **Raum**, es ergeben sich also Querverbindungen und wechselseitige Abhängigkeiten zur überörtlichen und örtlichen **Raumplanung**. Daneben spielen spezifische Planungsaspekte eine Rolle, die sich anhand der einzelnen Umweltmedien, Wirtschaftssektoren oder bestimmter Belastungsarten, Anlagen etc. systematisieren lassen.

Damit lassen sich zwei Grundtypen der Planung unterscheiden: **Gesamtplanung** und **Fachplanung**.

Fachplanungen dienen der planerischen Bewältigung sachlich spezifischer Aufgaben, wie z. B. Infrastruktur-, Ressourcen-, Wasser-, Abwasser-, Abfall-, Luftreinhaltungsplanung.

Gesamtplanungen stehen nicht in einem direkten Sachbezug zu solchen spezifischen Aufgaben. Sie haben vielmehr die Funktion, die umweltrelevanten Auswirkungen, insbesondere die Raumansprüche der Fachplanungen im Sinne einer Gesamtentwicklung zu **koordinieren**.[190] Die Vollzugskompetenz bleibt dabei allerdings bei den jeweils fachlich zuständigen Stellen.

---

[190] vgl. auch: Erbguth, W., Raumordnungs- und Planungsrecht. Köln u.a., 1983, S. 4.

Die Zusammenhänge zwischen Gesamt- und Fachplanung lassen sich damit folgendermaßen schematisieren:[191]

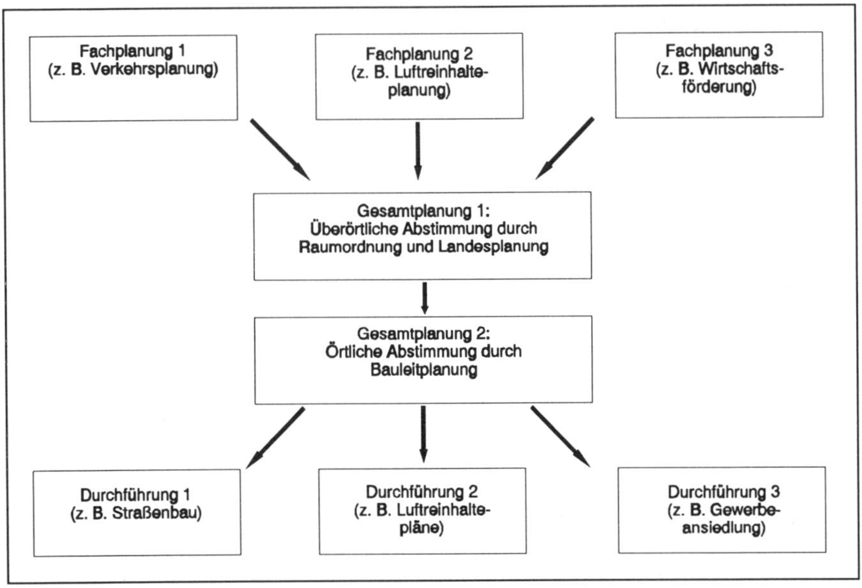

An dieser Stelle ist zu fragen, in welchem Verhältnis die Gesamtplanung zu den Fachplanungen steht. Einerseits bindet das Abstimmungsergebnis der Gesamtplanung die Fachplanungen, andererseits besitzen einzelne Fachressorts aufgrund ihrer politischen Stärke (z. B. Wirtschaftsförderung) "Privilegierungstatbestände", die für die Gesamtplanung unantastbare Fachplandaten vorgeben.

Ebenso ist das Verhältnis von **allgemeiner Gesamt- und Fachplanung** (zusammengefaßt als **Raumplanung**) und **Umweltplanung** erklärungsbedürftig. § 50 BImSchG bestimmt, daß bei raumbedeutsamen Planungen und Maßnahmen die für eine bestimmte Nutzung vorgesehenen Flächen einander so zuzuordnen sind, daß schädliche Umwelteinwirkungen soweit wie möglich zu vermeiden sind. Nach allgemeiner Rechtsauffassung bedeutet dies, daß im fachplanerischen Abwägungsprozeß konkurrierender Interessen Umweltschutzinteressen eine relative Priorität besitzen.[192]
Übertragen auf die raumbezogene Gesamtplanung genießt der Umweltschutz schon bei der vorgeschalteten Formulierung von Leitsätzen der Landesplanung eine bedeutende Rolle.

In der Gesamtplanung existiert also kein eigenständiges Umwelt-Planungsinstrumentarium. Umweltplanung ist vielmehr ein wesentliches **Planungsprinzip**,

[191]in Anlehnung an: Erbguth, W. (1983), a. a. O., S. 5
[192]Ebenda, S. 216

welches bei Raumordnungsplanungen zu berücksichtigen ist. Eine gesonderte Stellung kommt allerdings der Umweltverträglichkeitsprüfung zu, auf die an anderer Stelle noch näher einzugehen ist.

Zusammenfassend kann hierzu festgestellt werden, daß die Berücksichtigung von Umweltschutzbelangen bei der raumbezogenen Planung im Abwägungsprozeß einen - zumindest formal - bedeutsamen Einfluß ausübt, wenn diese auch in Konkurrenz zu anderen Ansprüchen stehen.

Die **Kompetenzen** auf dem Gebiet der Raumordnung und der Fachplanungen sind auf Bund und Länder verteilt. Für die Raumordnung weist Art. 75 Nr. 4 GG dem Bund eine **Rahmenkompetenz** zu. Damit darf der Bund lediglich grundsätzliche Fragen der Raumordnung regeln, die konkrete Ausfüllung des Planungswerkes obliegt den Bundesländern über Landesplanungsgesetze. Ähnliches gilt für die Kompetenzverteilung auf den verschiedenen Gebieten der Umwelt-Fachplanung. Dabei ist den Ländern ein Gestaltungs- und Ermessensspielraum gegenüber dem Bund zuzugestehen.

In einem Standardwerk der umweltbezogenen Raumplanung[193] wird der Zusammenhang der verschiedenen Planungsinstrumente und -ebenen übersichtlich dargestellt:

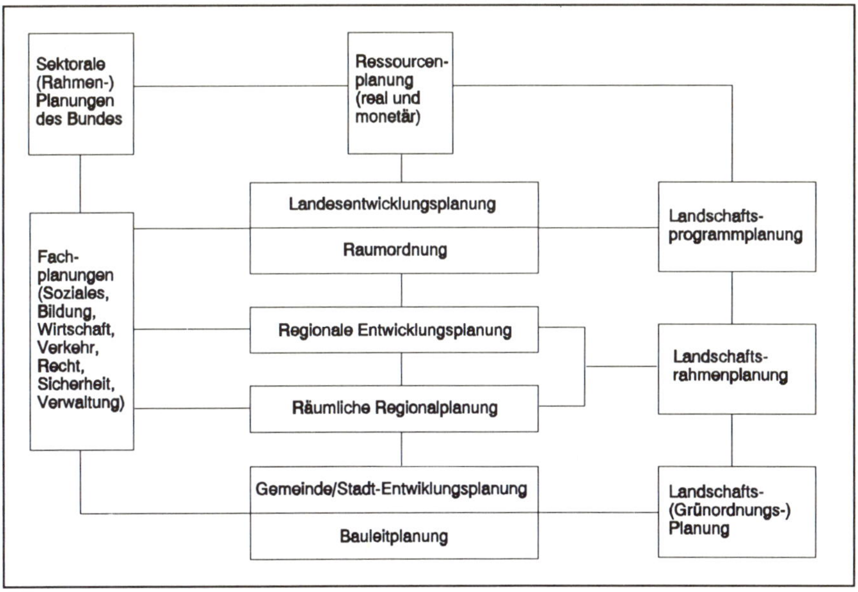

[193]Kappert, G., Ziele und Instrumente der Raumordnung und Landesentwicklung. In: Buchwald, K./Engelhardt, W.(Hrsg.), Handbuch für Planung, Gestaltung und Schutz der Umwelt. Bd. 1, München 1978, S. 148.

3.2 Umweltbezogene Fachplanungen

Im Bereich der Bewirtschaftung der Umweltmedien bestehen vielfältige **Fachplanungsvorgaben**. Da hier der Umweltschutzgesichtspunkt im Mittelpunkt der Planungsaktivitäten steht, spricht man von **umweltrelevanten Fachplanungen im engeren Sinne**.[194] Diese beziehen sich insbesondere auf die Bereiche **Wasser**, **Abfall** und **Luftreinhaltung**. Daneben spielen in anderen Fachplanungen zunehmend Umweltgesichtspunkte eine Rolle, z. B. bei der Verkehrsplanung. Eine systematische und umfassende Berücksichtigung von Umweltaspekten in der Ressortplanung kann damit auch als **umweltrelevante Fachplanung im weiteren Sinne** verstanden werden.

Umweltrelevante Fachplanungen im Bereich der Umweltmedien lassen sich nur unter Schwierigkeiten systematisieren. Planungsaktivitäten sind in den einzelnen Fachbereichen unterschiedlich organisiert. Außerdem bestehen verschiedene Zuständigkeiten auf Bundes-, Landes-, Bezirks-, Kreis- und Kommunalebene, die in einzelnen Bundesländern differieren können.

In den Bereichen **Wasser, Abfall** und **Luftreinhaltung** wird durch Bundesgesetze bestimmt, daß die Länder jeweils Pläne zu erstellen und fortzuschreiben haben.

Für **wasserwirtschaftliche Planungen** besteht im Wasserhaushaltsgesetz (WHG) ein eigener Abschnitt (§§ 36/37 WHG). Danach sind die für die Entwicklung der Lebens- und Wirtschaftsverhältnisse notwendigen wasserwirtschaftlichen Voraussetzungen zu sichern, indem für Flußgebiete und Wirtschaftsräume **wasserwirtschaftliche Rahmenpläne** aufzustellen und fortlaufend anzupassen sind (§ 35 WHG). Diese von den Ländern aufzustellenden Pläne haben den nutzbaren Wasserschatz, die jeweiligen Erfordernisse des Hochwasserschutzes und die Reinhaltung der Gewässer zu berücksichtigen.

Rahmenpläne sind die Grundlage eines vielfältigen Planungsinstrumentariums für die Verwaltungen, bestehend aus **Bewirtschaftungsplänen, Reinhalteordnungen, Wasserschutzgebieten, Ausbauplänen, Abwasserbeseitigungsplänen, Abwasseranlagenplänen.**

Auf der Grundlage der Rahmenpläne stellen die Länder u. a. **Bewirtschaftungspläne** für Gewässer auf, welche dem Schutz der Gewässer als Bestandteil des

[194] vgl. dazu: Wicke, L.(1989), a. a. O., S. 280

Naturhaushalts, der Schonung der Grundwasservorräte und den Nutzungserfordernissen Rechnung tragen. Die Pläne enthalten lt. § 36 b WHG:

- Festlegungen der Nutzungen, denen das Gewässer dienen soll,
- die Merkmale, die das Gewässer in seinem Verlauf aufweisen soll,
- die Maßnahmen, die erforderlich sind, um die festgelegten Merkmale zu erreichen oder zu erhalten, sowie die einzuhaltenden Fristen,
- sonstige wasserwirtschaftliche Maßnahmen.

Die Bewirtschaftungspläne sind durch die nach dem WHG und den Landeswassergesetzen zu treffenden Entscheidungen, insbesondere durch zusätzliche Anforderungen, den Widerruf von Erlaubnissen, Bewilligungen, alten Rechten oder alten Befugnissen, Ausgleichsverfahren oder den Erlaß von Reinhalteordnungen oder sonstige im Bewirtschaftsungsplan festgelegte Maßnahmen durchzusetzen (36 b Abs. 5 WHG). Die Pläne werden damit zu Vorgaben für die nachgeordnete Planung wasserwirtschaftlich relevanter Vorhaben.

§ 18 a WHG bestimmt, daß die Länder **Pläne zur Abwasserbeseitigung** nach überörtlichen Gesichtspunkten aufzustellen haben. In diesen Plänen sind insbesondere die Standorte für bedeutsame Anlagen zur Behandlung von Abwasser, ihr Einzugsbereich, Grundzüge für die Abwasserbehandlung sowie die Träger der Maßnahmen festzulegen.

Trotz dieser zum Teil weitreichenden Einflußnahmen ist die Wasserqualität der Flüsse und Bäche nur zum Teil und sehr langsam verbessert worden oder stagniert auf niedrigem Niveau. Gründe dafür liegen vor allem im **Vollzugsdefizit**.

Eine für die Zukunft wohl weitaus größere Brisanz ergibt sich aus der Tatsache, daß die Fachplanungen nur im Bereich der **Oberflächengewässer** so detailliert sind. Für das lebenswichtige **Grundwasser** bestehen keine entsprechenden Planungsinstrumente. Grundwasser ist aber besonderen, zum Teil sehr langfristig wirkenden Einflüssen und Belastungen ausgesetzt:

- Unfälle mit wassergefährdenden Stoffen,
- intensive landwirtschaftliche Bodennutzung mit Zufuhr von Nitraten und Pflanzenschutzmitteln,
- Bodenversauerung durch Luftschadstoffe (schwefel- und salpetersäurehaltige Niederschläge),
- Altlasten,
- undichte Kanalnetze.

Ein wirksames Planungsinstrumentarium ist hier erst in der Entwicklung, z. B. durch Aufbau einer **Grundwasserdatenbank,** die es erlaubt, Veränderungen der Grundwasserqualität und der Gefährdungspotentiale rechtzeitig zu erkennen.[195]

Im Bereich der **Luftverunreinigungen** legt das **BImSchG** Planungsgrundlagen fest. Der fünfte Teil "Überwachung der Luftverunreinigung im Bundesgebiet und Luftreinhaltepläne" regelt Näheres. Die Planungen beziehen sich dabei insbesondere auf sogenannte **Belastungsgebiete**, die für Regionen besonderer Luftbelastungen von den jeweiligen Landesregierungen festzulegen sind. Für diese Gebiete sind **Emissionskataster** aufzustellen, welche Angaben über Art, Menge, räumliche und zeitliche Verteilung und die Austrittsbedingungen von Luftverunreinigungen bestimmter Anlagen und Fahrzeuge enthalten.

Auf der Grundlage der Emissionskataster sind bei Vorliegen schädlicher Umwelteinwirkungen durch Luftverunreinigungen **Luftreinhaltepläne** aufzustellen. Diese enthalten:

- Art und Umfang der festgestellten und zu erwartenden Luftverunreinigungen sowie der durch diese hervorgerufenen schädlichen Umwelteinwirkungen,
- Feststellungen über die Ursachen der Luftverunreinigungen,
- und Maßnahmen zur Verminderung der Luftverunreinigungen und zur Vorsorge (§ 47 BImSchG).

Dieses Planungsinstrumentarium hat nur eingeschränkt zur Verbesserung der Luftsituation geführt. Dafür gibt es verschiedene Gründe:

- Der Ausweis von Belastungsgebieten ist zum Teil willkürlich erfolgt. Bei Regionen, die nicht als Belastungsgebiete benannt sind, fehlt aber eine systematische Erfassung der Belastungen, damit auch der planerische Einfluß auf deren Verminderung.

- Mehr als bei allen anderen Belastungsarten handelt es sich bei Luftbelastungen um überregionale und grenzüberschreitende Belastungen, deren Reduzierung nicht durch regional begrenzte Maßnahmen erreicht werden kann.

- Maßnahmen nach dem BImSchG beziehen sich auf **genehmigungspflichtige** Anlagen. Ein zunehmender Anteil der Umweltbelastungen ergibt sich aber aus **diffusen Schadstoffquellen** insbesondere durch Kraftfahrzeuge und private Heizungsanlagen, auf die in Luftreinhalteplänen kein direkter Einfluß genommen werden kann.

---

[195] Bilanz des Umweltministers, a. a. O., Band "Gewässerschutz", S. 66

- Die Anpassung genehmigungspflichtiger Altanlagen an den herrschenden Stand der Technik ist nur eingeschränkt vollziehbar. Betreibern ist es in der Vergangenheit häufig gelungen, mit dem Hinweis auf die wirtschaftliche Unvertretbarkeit den Vollzug der Nachrüstung außer Kraft zu setzen.

- Trotz Intensivierung der technischen Weiterentwicklung anlagenbezogener Luftreinhaltungsmaßnahmen erfolgt keine nachhaltige Verbesserung der Situation (insbesondere bei den CO_2-Emissionen), wenn sich aufgrund weiteren Wirtschaftswachstums die Zahl der Emissionsquellen ständig vergrößert.

Defizite im medialen Umweltschutz werden gegenwärtig am deutlichsten im **Abfallbereich** erkennbar, wo in vielen Regionen bzw. bei bestimmten Abfallarten (insbesondere industrielle Sondermüllaufkommen) ein **Entsorgungsnotstand** zu verzeichnen ist.

Auch für den **Abfallsektor** regelt das Abfallgesetz in sechs Planungsgrundlagen. Danach stellen die Länder für ihren Bereich Pläne zur Abfallentsorgung nach überörtlichen Gesichtspunkten auf. In diesen **Abfallentsorgungsplänen** sind geeignete Standorte für Abfallentsorgungsanlagen festzulegen. Ferner kann in den Plänen bestimmt werden, welcher Träger vorgesehen ist und welcher Abfallentsorgungsanlage sich die Entsorgungspflichtigen zu bedienen haben.

Für das Land NRW bestimmt z. B. das **Landesabfallgesetz**, daß Abfallentsorgungspläne von der oberen Abfallwirtschaftsbehörde (Regierungsbezirk) im Benehmen mit dem Bezirksplanungsrat aufzustellen und bekanntzugeben sind. Die betroffenen Städte und Kreise sind bei der Planung zu beteiligen. Die oberste und die obere Landesabfallbehörde können die Pläne durch Rechtsverordnung für verbindlich erklären. Zur Ausführung eines vollziehbaren Planfeststellungsbeschlusses haben die entsorgungspflichtigen Körperschaften das Recht der Enteignung.

Die Aufstellung von Abfallentsorgungsplänen ist nicht identisch mit der **Durchsetzung** einer geordneten und vorsorgenden Abfallentsorgung. Einerseits existieren Regionen ohne verbindliche Planungen, in denen die Abfallentsorgung dennoch funktioniert. Andererseits besteht in anderen Gebieten ein Entsorgungsnotstand trotz vorhandener Entsorgungspläne. Dabei ist zu berücksichtigen, daß die Realisierung von Planungsvorhaben zur Abfallentsorgung (Deponien, Verbrennungsanlagen) vor Ort auf zunehmende Widerstände der Bevölkerung stößt.

Die zunehmende Diskrepanz zwischen wachsenden Abfallmengen und einer geordneten und umweltschonenden Entsorgung wird zur Zeit offensichtlich. Die

Novellierung des Abfallgesetzes von 1986 mit den nachgeordneten Verordnungen hat zum Teil die anstehenden Probleme transparenter gemacht:

- Behördliche Überwachung einer geordneten Entsorgung von gewerblichen Sonderabfällen,
- Primat der Entsorgung im Inland,
- Verschärfung der Vorschriften zur Errichtung von Anlagen zur Abfallentsorgung nach dem Stand der Technik.

Ob die vom Gesetz präferierte **Vermeidung** und **Verwertung** von Abfällen gegenüber der herkömmlichen **Beseitigung** zukünftig in dem Maße greifen wird, daß Abfallmengen bzw. Belastungsintensitäten nachhaltig reduziert werden, läßt sich zur Zeit noch nicht abschließend feststellen.

Eine besondere Bedeutung innerhalb raumbezogener Fachplanungen kommt der **Landschaftsplanung** zu. § 5 und § 6 des Bundesnaturschutzgesetzes bestimmen, daß **Landschaftspläne** zur Verwirklichung der Ziele des Naturschutzes und der Landschaftspflege auf der örtlichen Ebene zu realisieren sind.

Landschaftspläne enthalten Darstellungen

1. des vorhandenen Zustandes von Natur und Landschaft und seine Bewertung,

2. des angestrebten Zustandes von Natur und Landschaft und der erforderlichen Maßnahmen, insbesondere

    a) der allgemeinen Schutz-, Pflege- und Entwicklungsmaßnahmen bei Eingriffen in die Natur,
    b) der Maßnahmen zum Schutz, zur Pflege und zur Entwicklung bestimmter Teile von Natur und Landschaft (z. B. Naturschutzgebiete, Landschaftsschutzgebiete, etc.)
    c) der Maßnahmen zum Schutz und zur Pflege der Lebensgemeinschaften und Biotope der Tiere und Pflanzen wildlebender Arten, insbesondere der besonders geschützten Arten.

Bei der Aufstellung von Landschaftsplänen sind die Ziele der Raumordnung und Landesplanung zu beachten. Dadurch ergibt sich eine Zwitterstellung der Landschaftsplanung, die sie zwischen Fach- und Gesamtplanung ansiedelt. (Vgl. deshalb auch Abschnitt IV. 3.3)

Das breit angelegte Instrumentarium der umweltbezogenen Fachplanungen wird nach herrschender Meinung in seiner Gesamtheit und seinen Interdependenzen als "lückenhaft, inhomogen und inkonsistent" bezeichnet.[196] Lücken, Unterschiede und Abstimmungsdefizite zwischen den einzelnen Ressortplanungen führen zu einer Forderung nach einer Effektivierung und Harmonisierung des Planungsrechtes unter Umweltgesichtspunkten.[197] Dazu werden Vorstellungen der Integration von Umweltbelangen z. B. in einen **integrierten Umweltleitplan** artikuliert. Deren praktische Umsetzung und politische Durchsetzungsfähigkeit gegenüber sonstigen Ressortinteressen wird eher als gering eingeschätzt. Vielmehr wird in fachplanungsspezifischen Verbesserungen zunächst ein gangbarerer Weg gesehen.[198]

3.3 Umweltrelevante Gesamtplanung

Raumbezogene Gesamtplanung als Koordination fachlicher und kommunaler Planungen ist zwangsläufig auf einen größeren räumlichen Bezugsrahmen gerichtet. Da vielfältige konkurrierende Raumansprüche in der dichtbesiedelten Bundesrepublik Deutschland bestehen, ist die Abstimmung raumrelevanter Planungen und Maßnahmen unerläßlich.[199]

Die Begriffe **Raumordnung** und **Landesplanung** beziehen sich auf das gleiche Rechtsgebiet. Die Gestaltung des Raumordnungsrechtes erfolgt dabei nach dem Raumordnungsgesetz (ROG) und den Landesplanungsgesetzen (LplG) der Länder. Nach § 1 ROG bestehen Aufgabe und Ziel der Raumordnung darin, *"das Bundesgebiet in seiner allgemeinen räumlichen Struktur einer Entwicklung zuzuführen, die der freien Entfaltung der Persönlichkeit in der Gemeinschaft am besten dient, wobei die natürlichen Gegebenheiten sowie die wirtschaftlichen, sozialen und kulturellen Erfordernisse zu beachten sind."*

Aus den in § 2 ROG formulierten Raumordnungsgrundsätzen ist zu schließen, daß der Raumordnung als Planungsinstrument ein eigenständiger Gestaltungsspielraum zur **Beeinflussung von Entwicklungen** zugestanden wird. In diesem Sinne hat die Raumordnungsplanung das **Prinzip der Umweltplanung** aufzunehmen und zu berücksichtigen.

---

[196] Uppenbrink, M., Modell eines "integrierten Umweltplanes" als eigenständiger Umweltschutzplanung. In: Akademie für Raumforschung und Landesplanung. Band 73, Hannover 1983, S. 27

[197] vgl. dazu: Hoffmeister, J., u. a., Thesen zur Weiterentwicklung des Systems der Umweltfachplanungen. In: Umwelt- und Planungsrecht, Heft 9/1991, S. 328ff.

[198] Ebenda, S. 329.

[199] Erbguth, W.(1983), a. a. O., S. 6f.

Im **Bundesraumordnungsprogramm**[200] von 1975 wird **der dienende Charakter der Landschaft** betont und entsprechende Raumordnungskonzepte formuliert, die vor allem das Wohl des wirtschaftenden Menschen im Blick haben. Nach dem Leitbild der **ausgeglichenen Funktionsräume** soll Raumplanung einen räumlichen Funktionsausgleich zwischen Arbeitsmarktregionen und Erholungsgebieten (ökologische Ausgleichsräume mit naturnaher Landschaftsstruktur) schaffen. Damit sollen insgesamt großflächig gleiche Lebens- und Arbeitsbedingungen für die Bevölkerung geschaffen werden.

Solche Planungsgrundsätze können bei zunehmender Landschaftszerstörung und Umweltbelastung nicht mehr als zeitgemäß angesehen werden. Sie vernachlässigen ökologische Grundtatbestände und lassen den Eigenwert der Natur unberücksichtigt. Somit sind sie wenig geeignet, Landschaftsverbrauch und Artensterben zu reduzieren und großflächige Landschaftsräume mit ökologisch wichtigen Funktionen zu erhalten.

Der Rechtssprechung ist zu entnehmen, daß die Relevanz des Umweltschutzes für die rechtsstaatliche Planung in dem Maße für Abwägungsvorgänge und das Ergebnis der Abwägung zunimmt, wie die Bedrohung der natürlichen Lebensgrundlagen steigt.[201]Dementsprechend kommt der Berücksichtigung von Umweltbelangen in der Raumordnungsplanung **zunehmende** und **andere** raumbezogene Belange zum Teil dominierende Bedeutung zu. Allerdings steht dieser relative Vorrang des Umweltschutzes auf wackeligen Füßen, solange ihm eine **operationalisierbare Konkretheit** fehlt.

---

[200]Bundesminister für Raumordnung, Bauwesen und Städtebau, Bundesraumordnungsprogramm, Bonn 1975, S. 2ff.
[201]Erbguth, W., a. a. O., S. 219.

Der umweltplanerische Aspekt der Gesamtplanung soll vor allem in der **Landschaftsplanung** auf den verschiedenen Planungsebenen (Bund, Länder, Regionen, Gemeinden) Berücksichtigung finden. Eine Übersicht des Planungsinstrumentariums gemäß §§ 5ff Bundesnaturschutzgesetz zeigt die folgende Übersicht:

Planungsträger Planungsebenen	**Planungsart**	**Beitrag der Landschaftsplanung**	**Übliche Maßstäbe**
Bund/Land	Raumordnungsprogramm (-plan)	Landschaftsprogramm	1 : 500.000
	Landesentwicklungsprogramm	(Landespflegeprogramm)	1 : 1.200.000
Region	Regionalplan Nahbereichsplan	Landschaftsrahmenplan	1 : 50.000 1 : 25.000
Gemeinde	Flächennutzungsplan	Landschaftsplan	1 : 10.000 1 : 5.000
Gemeinde für Teil des Gemeindegebietes bzw. für Einzelobjekt	Bebauungsplan	Grünordnungsplan bzw. Objektplan	1 : 2.000 1 : 1.000 1 : 500
Fachbehörde	Fachplan	Landespflegerischer Begleitplan	unterschiedl. Maßstäbe

Quelle: "Beitrag der Landschaftsplanung zu Gesamtplanung wie zu Fachplanungen auf verschiedenen Planungsebenen". In: "Landschaftsplanung als ökologisch-gestalterische Planung - Ziel, Ablauf, Integration". In: Buchwald, K., Engelhardt, W. (Hrsg.), *Handbuch für Planung, Gestaltung und Schutz der Umwelt.* a. a. O., S. 30

Landschaftsplanung versteht sich im Rahmen der Gesamtplanung als *"Querschnittsplanung unter ökologischen und strukturell-gestalterischen Aspekten."*[202] Zwar hat sie nicht sämtliche raumbedeutsamen Aspekte (auch außerhalb des Umweltschutzes) zu berücksichtigen, sondern nur diejenigen der Umweltmedien. Damit kommt ihr aber auch in Hinsicht auf die Gesamtplanung eine wichtige Funktion zu, insbesondere weil sie unbesiedelte und besiedelte Räume gleichermaßen zu erfassen hat.

Eine stärkere Berücksichtigung von Belangen des Umweltschutzes in der Gesamtplanung soll nach Expertenmeinung durch eine Ausgestaltung der Landschaftsplanung als "**integrierte Leitplanung**" erreicht werden.[203] **Unter der Führung der Landschaftsplanung sollen dabei die anderen Fachplanungen unter**

[202]Buchwald, K., a. a. O., Band 3, 1980, S. 26

[203]Erbguth, W., Rechtssystematische Grundfragen des Umweltrechts. Berlin 1987, S. 147

besonderer Berücksichtigung des Natur- und Landschaftsschutzes harmonisiert und vereinheitlicht werden. Die Forderung nach einer umfassenden Umweltgesamtplanung wird allgemein als unrealistisch angesehen, da die Integrationfähigkeit der Fachplanungen da endet, wo sie sich auf umweltbelastende Maßnahmen bezieht.[204]

3.4 Umweltverträglichkeitsprüfung

Die Verbindung von Planung und Vollzug soll durch eine **Umweltverträglichkeitsprüfung** (UVP) hergestellt werden. Die Schaffung einer gesetzlichen Regelung der UVP war in der Bundesrepublik Deutschland mit erheblichen Schwierigkeiten verbunden.

Zwar bestanden bereits seit 1975 **Grundsätze für die Prüfung der Umweltverträglichkeit öffentlicher Maßnahmen des Bundes.**[205] Darin wurde festgelegt, daß Körperschaften und Behörden des Bundes bei öffentlichen Maßnahmen (Entwürfen für Gesetze, Verordnungen, Verwaltungsvorschriften, Plänen, etc.) eine Prüfung der Umweltverträglichkeit vorzunehmen haben, deren Zweck es ist, Menschen sowie Tiere, Pflanzen und schutzwürdige Sachgüter vor schädlichen Umwelteinwirkungen zu schützen und darauf hinzuwirken, daß dem Entstehen schädlicher Umwelteinwirkungen vorgebeugt wird.

Diese Regelung hat in der Praxis aber keine Bedeutung erreicht, da das Verfahren im Sinne des Umweltschutzes ineffektiv war. So sind die Prüfungen lediglich verwaltungsinterne Aktivitäten ohne Beteiligung von Umweltbehörden oder der Öffentlichkeit. Zusätzlich blieb deren Beziehung zu den umweltrelevanten Fachplanungen ungeklärt.

1985 wurde die **Richtlinie des Rates (der Europäischen Gemeinschaft) vom 27. Juni 1985 über die Umweltverträglichkeitsprüfung bei bestimmten öffentlichen und privaten Projekten**[206] erlassen. Die Mitgliedsstaaten hatten eine Frist von 3 Jahren eingeräumt bekommen, diese Richtlinie in staatliches Recht umzusetzen. Die bundesdeutsche Legislative tat sich mit der Umsetzung äußerst schwer. So ergaben sich vor allem Abgrenzungs- und Abstimmungsprobleme mit den umweltrelevanten Regelungen (Zulassungen, Genehmigungen, etc.) in den Fachplanungsgesetzen. Hier bestanden vor allem Defizite darin, daß Umweltbelange erst in späteren Planungsphasen Berücksichtigung fanden, in denen über die grundsätzliche Zulassung eines Projektes bereits eine Entscheidung getroffen war.

---

[204] vgl. Hoffmeister, J. u.a., a. a. O., S. 328.
[205] Bek. d. BMI vom 12.09.1975 - UI1 - 500 110/9 - (GMBl. S. 717)
[206] ABl. EG Nr. L 175/40

Nach intensiven wissenschaftlichen und politischen Auseinandersetzungen trat das UVP-Gesetz zum 01.08.1990 mit 1 1/2 jähriger Verspätung in Kraft. Der umfassende Gesetzgebungsvorgang erfolgte mit dem **Gesetz zur Umsetzung der Richtlinie des Rates vom 27. Juni 1985 über die Umweltverträglichkeitsprüfung bei bestimmten öffentlichen und privaten Projekten vom 12. Februar 1990.**[207] Es enthält in seinem Artikel 1 das Gesetz über die Umweltverträglichkeitsprüfung (UVPG) und in den folgenden Artikeln 2 - 14 Ergänzungen und Änderungen von elf Fachplanungsgesetzen.

Der **Anwendungsbereich** des UVP beschränkt sich auf die in Anlage I der EU-Richtlinie aufgezählten Projekte sowie einige der in Anlage II der EU-Richtlinie aufgeführten, besonders umweltverbrauchenden Vorhaben.

Die UVP ist ein ökologisches Instrument zur Überprüfung von privaten und öffentlichen Projekten hinsichtlich ihrer Umweltverträglichkeit. Sie stellt damit zuerst eine **Ergänzung bzw. Erweiterung des fachplanerischen Instrumentariums** dar.

Die UVP erfolgt in 3 Schritten:[208]

1. Der Projektträger hat die zuständige Behörde über ein geplantes Vorhaben zu unterrichten. Dann soll diese Behörde mit ihm entsprechend dem jeweiligen Planungsstand und auf der Grundlage geeigneter, vom Träger des Vorhabens vorgelegter Unterlagen den Gegenstand, den Umfang und die Methoden der UVP sowie sonstige für die Durchführung der UVP erhebliche Fragen erörtern. Danach soll die Behörde den Träger des Vorhabens über den voraussichtlichen Rahmen der behördlichen Untersuchung und Bewertung sowie über die Art und den Umfang der vom Vorhabensträger beizubringenden Unterlagen unterrichten.

2. Der Vorhabensträger hat die geforderten Unterlagen, insbesondere Angaben über die Verschmutzung der Umweltmedien, den Verbrauch natürlicher Ressourcen und die voraussichtlichen Schadstoffemissionen vorzulegen. Diese Daten müssen anschließend öffentlich gemacht werden. Jeder, dessen Belange durch das Vorhaben berührt werden, kann sich vor einer Entscheidung darüber äußern (Anhörungsverfahren).

3. Innerhalb eines Monats nach Abschluß der Erörterung des Anhörungsverfahrens hat die Behörde eine zusammenfassende Darstellung der Auswirkungen des Vorhabens auf die Schutzgüter einschließlich der Wechselwirkungen zu erarbeiten und damit eine Bewertung des Vorhabens vorzunehmen. Die zu

---

[207]BGBl. 1990 I S. 205

[208]vgl. dazu: Stich, R., Probleme der Umsetzung der EG-Richtlinie 1985 über die Umweltverträglichkeitsprüfung in das Planungs-, Bau- und Umweltschutzrecht des Bundes und der Länder. In: Umwelt- und Planungsrecht, Heft 4/1990, S. 123.

erwartenden Umweltbeeinträchtigungen nebst der Bewertung werden in **Umweltverträglichkeitserklärungen (UVE)** zusammengefaßt.

Die UVP wird damit unselbständiger Bestandteil von Verfahren, die der Entscheidung über die Zulässigkeit von Projekten dienen. **Die Entscheidung selbst ist nicht Aufgabe bzw. Bestandteil der UVP**.

Die endgültige Beurteilung des Vorhabens bezüglich der Umweltauswirkungen wird damit **ein** Bestandteil der Verwaltungsentscheidung der Behörde, die für die Genehmigung, Erlaubnis, Bewilligung oder Planfeststellung zuständig ist. **Entscheidungserheblich** wird die Einbeziehung der Umweltwirkungen aber nur, wenn der **materialrechtliche Beurteilungsrahmen** der jeweiligen Fachgesetze ihre Berücksichtigung erfordert. Das aber ist in den meisten Fachgesetzen nur fachspezifisch eingeschränkt der Fall.[209]

Die Umsetzung der EU-Richtlinie in Bundesrecht ist dazu genutzt worden, die **Umweltbelange** in der **Raumordnung** (d. h. der überörtlichen und überfachlichen Überprüfung von Raumansprüchen) ebenfalls zu stärken.[210] In der Novellierung des Raumordnungsgesetzes sind sowohl die **Grundsätze der Raumordnung** als auch die **rahmenrechtlichen Regelungen des Raumordnungsverfahrens** in bezug auf Berücksichtigung von Umweltschutzaspekten detaillierter ausgelegt worden.

Nach § 6a Abs. 6/7 ROG ist bei raumbedeutsamen Planungen eine UVP vorgesehen. Dabei wird z. B. die grundsätzliche Eignung eines Standortes geprüft. Das Ergebnis des Raumordnungsverfahrens hat dabei auf die Genehmigung des Vorhabens keine unmittelbare Rechtswirkung. Diese erfolgt erst im eigentlichen Zulassungsverfahren. Bei diesem **vertikal gestuften Verfahren** soll auf jeder Stufe das jeweils Stufenspezifische untersucht werden. Die praktische Umsetzung dieses differenzierten Vorgehens bereitet allerdings noch erhebliche Schwierigkeiten.

Die erheblichen Auseinandersetzungen im Vorfeld des Gesetzgebungsverfahrens haben die kontroversen Stellungen gegenüber solchen Umweltverträglichkeitsprüfungen deutlich gemacht.

Die Wirtschaft befürchtet insbesondere, daß **zusätzliche Kosten** und **Verzögerungen bei der Realisierung** von Projekten eintreten. Darüberhinaus bestehen Befürchtungen, daß bei einer weiteren Verschärfung von Auflagen bestimmte Industrien überhaupt keine neuen Standorte in der Bundesrepublik mehr finden.

---

[209]vgl. dazu: Stich, R., a. a. O., S. 124.
[210]vgl. dazu: Stich, R., a. a. O., S. 121f.

Dazu stellt A. Bechmann fest:[211]

"Umweltverträglichkeitsprüfungen können sich kostenmäßig in folgenden Formen niederschlagen:

I. Erhöhung der Planungskosten.
II. Zusätzliche Umweltschutzmaßnahmen an technischen Anlagen oder sonstigen Objekten.
III. Zwang zur Substitution von umweltunverträglichen durch umweltangepaßte Technologien.
IV. Zwang zur Stillegung ökonomisch noch nicht abgeschriebener aber ökologisch zerstörerischer Anlagen.
V. Verhinderung der Neuinvestition in umweltgefährliche Produktionsverfahren oder Produkte.

- *Die Kosten der Typen I und II stellen prinzipiell eine Kostenerhöhung von für alle negativ umweltverdächtigen oder -wirksamen Maßnahmen usw. dar. Sie halten sich jedoch in überschaubaren Grenzen und führen zu keinen signifikant spürbaren Anhebungen des Preisniveaus oder Verzerrungen der Preisstruktur.*

- *Die Kosten der Typen III, IV und V können erheblich sein oder bestimmte traditionelle Wirtschaftsbereiche in ihrer Entwicklung behindern. Sie setzen jedoch aus der Sicht 'langfristiger Erhaltung der Produktionsgrundlagen und Umweltqualität' Rahmenbedingungen, an die sich das Wirtschaftsgeschehen anpassen kann. Ergebnis solcher Anpassungen ist allemal eine ökologisch sinnvollere und damit existenzfähigere Wirtschaftsstruktur."*

Oppositionsparteien im Bundestag und Naturschutzverbände kritisieren dagegen die **Schwächen dieses Gesetzes**. Die Kritik bezieht sich dabei insbesondere auf die folgenden Punkte:

1. Nach dem vorliegenden Gesetz sind nur die unmittelbar Betroffenen einspruchsberechtigt. Dagegen wird eine **Verbandsklage** gefordert, die es etwa den Umweltverbänden ermöglichen könnte, in den Verfahrensablauf einzugreifen.

2. Die Beteiligung der Öffentlichkeit erfolgt unzureichend. Sie hat bereits bei der Festlegung des Untersuchungsrahmens (Scoping-Prozeß) zu erfolgen. Ansonsten besteht die Gefahr, daß nicht die grundsätzliche Zulässigkeit eines Projektes überprüft wird, sondern diese bei der Beteiligung der Öffentlichkeit bereits

---

[211]Bechmann; A., Die Umweltverträglichkeitsprüfung - ein Schritt auf dem Weg zu mehr ökologischer Vernunft. In: Beiträge zum Natur- und Umweltschutz, Heft Nr. 8, Umweltverträglichkeitsprüfung, Chance und Herausforderung für die europäische Umweltpolitik. Bonn 1983, S. 135f.

behördenintern gefallen ist. Damit würde die UVP auf ein reines Standortgutachten beschränkt.

3. Nicht die einzelnen Fachressorts als Genehmigungs-, Erlaubnis-, Bewilligungs- oder Planfeststellungsbehörden sollen die UVP verantwortlich durchführen, sondern ein eigens dazu zu schaffendes **UVP-Amt**.[212] Ein solches Amt sollte sachlich kompetent, ressortübergreifend und politisch unabhängig handeln können.

4. In der vorliegenden Gesetzesform kommt in erster Linie den **Projektträgern** die Aufgabe der Informationsbeschaffung über Umweltauswirkungen ihrer Vorhaben zu. Dabei sollen diese auch gegebenenfalls Übersichten über die wichtigsten anderweitig von ihnen geprüften Lösungsmöglichkeiten und die wesentlichen Auswahlgründe im Hinblick auf die Auswirkungen geben.[213] Mit anderweitigen Lösungsmöglichkeiten sind Alternativprüfungen gemeint, was im Prinzip eine **Nullvariante** (gänzlicher Verzicht auf ein Projekt aus Gründen des Umweltschutzes) einzubeziehen hätte.

Zwar kann die Behörde unabhängig davon eigene Alternativprüfungen vornehmen, dem Projektträger kommt aber eine dominierende Rolle in der Abgrenzung des Informationsrahmens und der Gestaltung der einzelnen Informationen zu. Dabei besteht die Gefahr, daß dieser seinen Informationsvorsprung im Sinne seiner Projektplanung nutzt und entsprechend über das Filtern seiner Informationspreisgabe steuert.

5. Opposition und Naturschutzverbände forderten ein **eigenständiges Gesetz** mit eigenständigen Verfahren und nicht die Integration in die bestehenden Fachgesetze. Sie sehen in der vorliegenden Form des erweiterten Artikelgesetzes (Artikel 1 enthält das UVP-Stammgesetz, die Artikel 2 - 14 die Ergänzungen und Veränderungen von 11 Fachplanungsgesetzen) *"die Gefahr der Zerstückelung, der fehlenden Einheitlichkeit und des Defizits wichtiger Inhalte in den einzelnen Fachgesetze."*[214]

6. Das UVP-Stammgesetz enthält in den §§ 15 - 19 lediglich klarstellende und verweisende Bestimmungen für:

---

[212]vgl. dazu: Deutscher Naturschutzring, Bundesverband für Umweltschutz (Hrsg.), Gesetz zur Durchführung der Umweltverträglichkeitsprüfung. Entwurf mit Erläuterungen. Freiburg, 1987, S. 15.

[213]vgl. dazu: Peters, H.J., Zum gesamthaften Prüfungsansatz der EG-Richtlinie über die Umweltverträglichkeitsprüfung. In: Umwelt- und Planungsrecht, Heft 4/1990, S. 135.

[214] Arbeitskreis UVP der nordrhein-westfälischen Naturschutzverbände, Handlungsrahmen für wirksame Umsetzung der EG-Richtlinie zur Umweltverträglichkeitsprüfung. In: Natur und Landschaft 63 (1988), Nr. 2 S. 56.

- die Linienbestimmung bei Bundesfernstraßen und Bundeswasserstraßen und die Genehmigung von Flugplätzen (15),
- das Raumordnungsverfahren im Verhältnis zum Zulassungsverfahren (16),
- die Aufstellung von Bauleitplänen (17),
- bergrechtliche Verfahren (18),
- bestimmte Ordnungsmaßnahmen in Flurbereinigungsverfahren (19).

7. Bestimmte Bereiche wie z. B. Vorhaben der Landesverteidigung werden ausdrücklich vom Gesetz ausgenommen. Damit bleibt das UVP-Gesetz hinter den EU-Richtlinien zurück. Die aufgeführten Gesetze enthalten bereits Regelungen zur Feststellung der Umweltverträglichkeit, wenn sich diese auch z. T. hinter anderen Begriffen verbergen. Für die Bauleitplanung als örtliche Gesamtplanung gelten in diesem Zusammenhang z.B die Regelungen des Bundesbaugesetzes, nicht die des UVPG. Diese Verfahren werden von Kritikern als weniger wirksam eingeschätzt.

Bei einer Beurteilung der UVP ist darauf hinzuweisen, daß eine stringentere Regelung der Verfahren zur UVP noch nicht dazu führt, daß die Entscheidungen über entsprechende Projekte anders ausfallen. Letztlich ist die UVP im Entscheidungsverfahren nur **ein** Aspekt unter anderen. In dem diffusen Geflecht von beteiligten Behörden, anderen Institutionen, Verbänden, potenten Projektträgern und sonstigen Einflußgrößen mit teilweise kontroversen Interessen werden die Ergebnisse von UVPs wohl noch zur Kenntnis genommen, die Entscheidung für oder gegen ein Projekt wird in der Regel von ganz anderen Kriterien bestimmt. Solange die Erhaltung der natürlichen Lebensgrundlagen in der gesellschaftlichen Werteskala nicht stärkere Beachtung findet, werden auch die Entscheidungen für oder gegen ein bestimmtes umweltverbrauchendes Vorhaben entsprechend ausfallen.

4 Wirtschaftliche Anreize als Instrumente der Umweltpolitik

4.1 Allgemeine Übersicht

Wie weiter oben bereits ausgeführt wurde, basiert die bundesdeutsche Umweltpolitik weitgehend auf ordnungsrechtlichen Regelungen. Trotz der nirgends bezweifelten Notwendigkeit der Existenz von Ge- und Verboten zum Abstecken eines ordnungsrechtlichen Rahmens, innerhalb dessen sich wirtschaftliches Handeln entfalten kann, reicht dieses Instrumentarium offensichtlich nicht aus. Die ständige Verschärfung der Umweltnormen hat nicht verhindern können, daß die Umweltbelastungen und Katastrophen insgesamt zugenommen haben.

Folgende Gründe können dafür ins Feld geführt werden:[215]

"• *Das Ordnungsrecht kann das Vorsorgeprinzip im Umweltschutz nicht ausreichend verwirklichen.*
- *Es erlaubt kaum Anpassungen an Marktentwicklungen und Preisverschiebungen.*
- *Es richtet das Interesse des Umweltschadensverursachers einseitig auf nachträgliche Schadstoffbeseitigung.*
- *Es gewährt keinen Spielraum für Einzelentscheidungen aufgrund der jeweiligen betrieblichen Kostenstruktur.*
- *Es fixiert den Stand der Technik und bremst die Entwicklung neuer Umwelttechnologien.*
- *Es führt zu Vollzugsdefiziten, wie u. a. die Erfahrungen der TA-Luft gezeigt haben.*
- *Es gestattet und rechtfertigt jede Umweltbelastung innerhalb des ordnungsrechtlichen Rahmens.*
- *Es kann keinen hinreichenden Beitrag zur Behebung bereits eingetretener Umweltschäden leisten."*

Deshalb wird in den letzten Jahren zunehmend die Ergänzung des Ordnungsrechts durch den Einsatz **marktwirtschaftlicher Instrumente** gefordert. Alle Bundestagsparteien haben zur Bundestagswahl 1990 Vorstellungen dazu artikuliert und z. B. verschiedene Modelle zur Erhebung von **Umweltabgaben** entwickelt. Sie sehen darin Möglichkeiten, das **marktwirtschaftliche Element** zur Steigerung der Effizienz im Umweltschutz zu nutzen. Dabei soll - anders als durch ordnungsrechtliche Maßnahmen - der Marktmechanismus nicht außer Kraft gesetzt werden. Vielmehr sollen die Rahmenbedingungen für wirtschaftliches Handeln so gestaltet werden, daß die Kräfte des Marktes Wirtschaftssubjekte dazu

---

[215]Jüttner, H., Umweltpolitik mit Umweltabgaben. Ein Gesamtkonzept. Bonn, 1990, S. 13.

veranlassen sollen, sich **"freiwillig"** umweltschonend zu verhalten. Den hier dazustellenden Instrumenten kommt damit insbesondere eine **Anreizfunktion** zu.

Jüttner[216] teilt Instrumente des staatlichen Umweltschutzes mit wirtschaftlichen Anreizfunktionen nach der folgenden Systematik ein:

Wirtschaftliche Anreize	Vergünstigungen:	Steuerminderungen, offene Subventionen, Benutzervorteile
	Belastungen:	Steuern, Sonderabgaben, Gebühren, Beiträge, Tarife, Zölle
	Umwelthandel:	Kompensationsregelungen, Zertifikate/-Lizenzen
	Umwelthaftung:	Schadensersatz, Pflichtversicherung, Schadensfonds
	Zwangspfand	

Die Instrumente sollen - soweit das nicht bereits an anderer Stelle geschehen ist - im folgenden beschrieben und bewertet werden.

4.2 Finanzielle Vergünstigungen

Finanzielle Vergünstigungen sind Leistungen des Staates, die die Empfänger veranlassen sollen, Maßnahmen zur Verringerung der Umweltbelastung zu ergreifen. Der Staat hat eine solche Menge verschiedenster Fördermaßnahmen erlassen, daß in diesem Zusammenhang nicht zu Unrecht auch von **Subventionsdschungel** gesprochen wird.

[216] Jüttner, H., a. a. O., S. 43.

Die folgende Übersicht gibt einen systematischen Überblick über die diversen Möglichkeiten finanzieller Vergünstigungen des Staates:

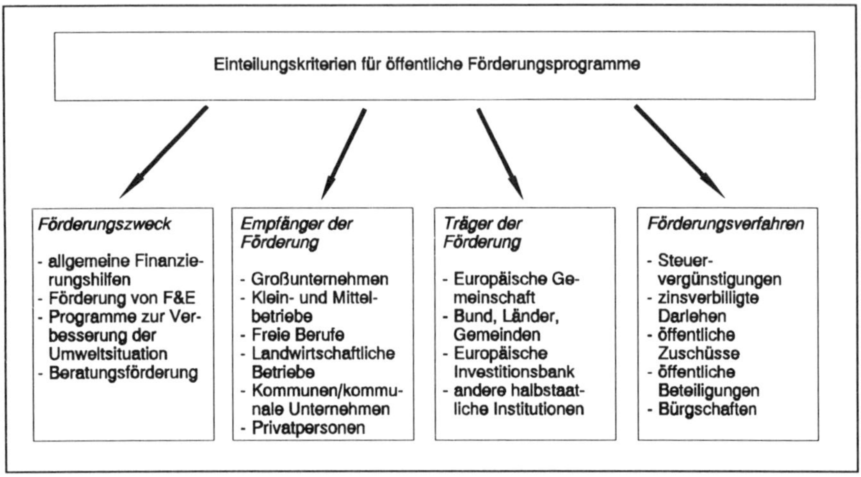

Benutzervorteile setzen einen anderen ökonomischen Hebel an. Mit ihnen sollen Verwendern bestimmter, weniger umweltbelastender Anlagen oder Verfahren Vorteile eingeräumt werden, die für andere Verwender nicht gelten. Dadurch kann sich **mittelbar** ein finanzieller Nutzen ergeben.

Aus der großen Fülle sollen diejenigen Instrumente, die in den letzten Jahren in der öffentliche Diskussion den größten Raum eingenommen haben, einer näheren Untersuchung unterzogen werden.

4.2.1 Steuervergünstigungen

In der praktischen Umweltpolitik der Bundesrepublik Deutschland hat der Einsatz von **umweltorientierten Steuervergünstigungen für Unternehmen** vorerst nur bis zum Ende des Jahres 1990 Bedeutung gehabt. Mit diesem Zeitpunkt lief die Regelung des § 7 d Einkommenssteuergesetz aus.

Nach § 7 d EStG war es möglich, Güter, die unmittelbar und zu mehr als 70% dem Umweltschutz dienen, mit Sonderabschreibungen bis zu 60% im Jahr der Anschaffung zu belegen.

Gegen dieses Instrument sind in der Vergangenheit vielfältige Einwendungen erhoben worden, die letztlich auch zum Auslaufen geführt haben. Die wichtigsten **Kritikpunkte**:

- Es wurden nur **direkte Kapitalinvestitionen** in **Umwelttechniken** gefördert, was dazu führte, daß nur **nachgeschaltete Techniken** am Ende des Produktionsprozesses (end-of-the-pipe-Technologien) förderungswürdig

waren. Vorsorgende bzw. integrierte Produktionsverfahren, die von vorneherein darauf ausgelegt sind, Umweltbelastungen auszuschließen oder zu reduzieren, können in der Regel einen isolierbaren Anteil zum Umweltschutz nicht nachweisen.
Damit werden letztlich Maßnahmen gefördert, die **weniger geeignet** sind als andere, um betrieblichen Umweltschutz zu fördern.

- Der oben angegebene Effekt wird noch dadurch gefördert, daß Unternehmen mit guter Ertragslage auf diese Weise Kosten produzieren können, indem sie häufiger abschreibungsbegünstigte Anlagen mit kurzer Investitionsdauer anstatt längerfristig wirksame Objekte nach dem Stand der Technik einsetzen. Kleinere und ertragsschwache Unternehmen dagegen werden bei der Inanspruchnahme eher benachteiligt.
Tatsächlich ist die Regelung des § 7 d hauptsächlich in diesem Sinne von prosperierenden Großunternehmen in Anspruch genommen worden.

- Mit Hilfe des § 7 d konnten auch Maßnahmen gefördert werden, die nach geltendem Recht ohnehin durchgeführt werden mußten. Auf diese Weise wurden ertragsstarke Unternehmen beim Vollzug gesetzlicher Auflagen noch belohnt. Dieser **Mitnahmeeffekt** begründete aber überhaupt keine zusätzlichen umweltrelevanten Maßnahmen.

- Das Einkommenssteuerrecht wird mit sachfremden Aktivitäten der Feststellung belastet, was unter umweltrelevanten und damit abschreibungsberechtigten Investitionen zu verstehen ist. Diese in der Regel naturwissenschaftlichen Begründungen überfordern und überfrachten die Steuerfeststellung.

- Steuervergünstigungen **widersprechen dem Verursacherprinzip**. Derjenige, welcher umweltbelastende Aktivitäten einschränkt, wird damit von der Allgemeinheit subventioniert. Auf diese Weise gingen dem Fiskus in den letzten Jahren jeweils ca. 700 Mio. DM verloren.[217]

Trotz dieser Fülle deutlicher Nachteile hat sich dieses Instrument der Steuervergünstigungen lange halten können. Ein Grund kann dabei in der leichteren politischen Durchsetzbarkeit gesehen werden. So lassen sich verdeckte Subventionen, die von der Allgemeinheit zu tragen sind, eher durchsetzen als Auflagen oder Abgaben, die sich einseitig gegen eine mächtige Wirtschaftslobby richten.[218]

---

[217]Jüttner, H., a. a. O., S. 46
[218]vgl.: Wicke, L.(1989), a. a. O., S. 336

So wird denn auch die Forderung nach einer Neufassung des § 7 d EStG von der Industrie, aber auch Politikern und Wissenschaftlern erhoben. Dabei sollen dann **integrierte Umweltschutztechniken** schwerpunktmäßig gefördert werden.

Ein Instrument zur Steuerung des **Konsumverhaltens** nach Umweltgesichtspunkten ist die steuerliche Förderung schadstoffarmer Kraftfahrzeuge (Differenzierung der Kfz-Steuer).

4.2.2 Offene Subventionen

Offene Subventionen sind - im Gegensatz zu verdeckten Steuervergünstigungen - **direkte Zuwendungen** des Staates (öffentliche Finanzhilfen).

Die Vergabe solcher Finanzhilfen erfolgen in der Regel über

- **Zinssubventionen** öffentlicher Kreditprogramme mit Zweckbindung,
- direkte öffentliche **Zuschüsse**.

Die folgende Aufstellung gibt nur einen groben Überblick über die Vielfalt öffentlicher Förderungsmöglichkeiten im Bereich des betrieblichen Umweltschutzes.[219]

I.Allgemeine Finanzierungshilfen
(Diese können neben anderem auch für Umweltschutzmaßnahmen eingesetzt werden)

1. *Förderungsmaßnahmen für Existenzgründer*
   - EKH-Programm (Eigenkapitalhilfe)
   - ERP-Existenzgründungsprogramm
   - Förderung technologieorientierter Unternehmensgründungen
   - Ergänzungsprogramme der Deutschen Ausgleichsbank
   - Bürgschaften für Kredite an Angehörige freier Berufe (Dt. Ausgleichsbank)
   - Bürgschaften von Kreditgarantiegemeinschaften
   - Gewährung von Ansparzuschüssen zur Förderung der Gründung selbständiger Existenzen im Bereich der gewerblichen Wirtschaft
   - Modellversuch "Förderung technologieorientierter Unternehmensgründung"
   - Existenzgründungsberatung
   - diverse Landesprogramme

[219]einen detaillierteren Einblick vermittelt die Broschüre "Investitionshilfen im Umweltschutz" des Bundesumweltministeriums

2. *ERP-Regionalprogramme (für kleinere und mittlere Unternehmen)*
Zinsverbilligte Darlehen für die Errichtung, Erweiterung, grundlegende Rationalisierung und Umstellung von Betrieben.

3. *ERP-Standortprogramme (für kleinere und mittlere Unternehmen)*
Zinsverbilligte Darlehen für Erwerb, Errichtung und Erweiterung von Betrieben und Geschäftsgebäuden oder aufgrund von öffentlich bedingten Standortverlagerungen.

4. *ERP-Beteiligungsprogramme*
Öffentlich geförderte Beteiligungen von privaten Kapitalbeteiligungsgesellschaften an Unternehmen der gewerblichen Wirtschaft für folgende Vorhaben: Kooperation, Innovation, Umstellung bei Strukturwandel, Errichtung, Erweiterung, grundlegende Rationalisierung oder Umstellung von Betrieben.

5. *Förderung durch die Europäische Investitionsbank*
Darlehen an Einrichtung des öffentlichen und privaten Sektors für Projekte in allen Wirtschaftsbereichen (hauptsächlich Großprojekte).

II. Förderung von Forschung und Entwicklung

1. *Programm der Bundesregierung zur Förderung des FuE-Personals in der Wirtschaft*
Personalkostenzuschüsse zu den FuE-Aufwendungen bis zu 55%

2. *Zuschüsse zur Vertragsforschung*
Bis zu 120.000.- DM jährlich für die von Dritten erbrachten Forschungs- und Entwicklungsleistungen, die darauf abzielen, technologisch neue oder verbesserte Verfahren zu gewinnen.

3. *FuE-Investitionszulagen (§ 4 Inv.zulagenG)*
20% Zulagen auf FuE-Investitionen bis zu 500.000.-DM, darüber 7,5%.

4. *Forschungsprogramm der Europäischen Union auf dem Gebiet des Umweltschutzes.*

III. Programme zur Verbesserung der Umwelt

1. *Allgemeine Umweltschutzinvestitionen*

   1.1 *Ergänzungsprogramm III der Deutschen Ausgleichsbank (Herstellerförderprogramm)*
   Zinsgünstige Darlehen für Investitionen zur Herstellung umweltfreundlicher Produktionsanlagen oder umweltfreundlicher Produkte.

1.2 *Investitionsprogramm zur Verminderung von Umweltbelastungen*
Investitionszuschüsse an gewerbliche Unternehmen und Kommunen für Demonstrationsobjekte im großtechnischen Maßstab.

- Anpassung von Altanlagen an einen fortschrittlichen Stand der Technik zur Verminderung der Umweltbelastungen
- Aufbau fortschrittlicher Verfahren zur Vermeidung und Verwertung von Abfällen

1.3 *Gemeinschaftliche Umweltaktionen der Europäischen Gemeinschaft*
Zuschüsse an private und öffentliche Institutionen bis zu 50% der Investitionen für Demonstrationsvorhaben im Bereich des Umweltschutztes.

1.4 *Verschiedene Landesprogramme, insbesondere Technologieförderungsprogramme*

2. *Förderungsmaßnahmen zur Luftreinhaltung*

2.1 *ERP-Luftreinhaltungsprogramm*
Zinsgünstige Darlehen an gewerbliche und kommunale Wirtschaftsunternehmen für die Errichtung und Erweiterung von Anlagen zur Luftreinhaltung sowie für baurelevante umweltfreundliche Produktionsanlagen.

2.2 *Umweltprogramm Luft der KfW*
Zinsgünstige Darlehen für gewerbliche Unternehmen, freiberuflich Tätige und Landwirte für Investitionen, die zur Verminderung der Luftverunreinigung beitragen.

2.3 *Verschiedene Landesprogramme*
z. B. in NRW: Immissionsschutzförderungsprogramm

3. *Förderungsmaßnahmen zum Lärmschutz*

3.1 *ERP-Standortprogramm*
Zinsgünstige Darlehen für Kleinbetriebe zur Beseitigung oder Minderung von Lärm, Erschütterungen oder Geruch.

3.2 *Umweltprogramm Lärm der KfW*
Zinsgünstige Darlehen für gewerbliche Unternehmen, Freiberufler und Landwirte für Investitionen, durch deren Einsatz die vom Betrieb ausgehenden Lärmemissionen gemindert werden.

3.3 *Verschiedene Landesprogramme*
z. B. in NRW: Immissionsschutzförderungsprogramm

4. *Förderungsmaßnahmen zum Gewässerschutz*

4.1 *ERP-Abwasserreinigungsprogramm*
Zinsgünstige Darlehen an gewerbliche und kommunale Unternehmen für die Errichtung und Erweiterung von Abwasserreinigungsanlagen sowie für baurelevante umweltfreundliche Produktionsanlagen.

4.2 *Umweltprogramm Abwasser der KfW*
Zinsgünstige Darlehen für gewerbliche Unternehmen, Freiberufler und Landwirte für Investitionen, die zur Verminderung der Abwassereinleitungen beitragen.

4.3 *Verschiedene Landesprogramme*
z. B. NRW: Zuwendungen aus den Aufkommen der Abwasserabgabe

5. *Förderungsmaßnahmen zur Abfallbeseitigung*

5.1 *ERP-Abfallbeseitigungsprogramm*
Zinsgünstige Darlehen für gewerbliche und kommunale Unternehmen und Kommunen für die Errichtung und Erweiterung baulicher und maschineller Anlagen zur Abfallbeseitigung und Abfallverwertung sowie für umweltfreundliche Produktionsanlagen.

5.2 *Ergänzungsprogramm III der Deutschen Ausgleichsbank (Abfallbeseitigungsprogramm)*
Zinsgünstige Darlehen an gewerbliche Unternehmen für Investitionen, durch die Abfall vermieden oder verringert werden kann.

5.3 *Verschiedene Landesprogramme*
z. B. NRW: Zuwendungen zur Förderung von Abfallbeseitigungsanlagen.

IV. Beratungsförderung

1. *Förderung der Unternehmensberatung*
Förderungsfähig sind u. a. Beratungen über alle wirtschaftlichen, organisatorischen und technischen Probleme der Unternehmensführung. Antragsberechtigt sind gewerbliche Unternehmen, die bestimmte Umsatzgrenzen nicht überschreiten (1 - 13 Mio DM je nach Branche). Zuschüsse in Form einer Anteilsfinanzierung: 40 % der Beratungskosten bis zu max. 3.000.-DM pro Beratung; insgesamt max. 7.500.-DM.

2. *Förderung und Beratung kleiner und mittlerer Unternehmen durch den RKW-Beratungsdienst*
   Antragsberechtigt sind Industrieunternehmen mit einem Jahresumsatz von max.9 Mio DM; Förderung ähnlich zu 1 für Beratungskosten der vom RKW eingesetzten freien Berater.

3. *Förderung der Energieeinsparberatung gemäß den Richtlinien, die auch für 1 und 2 gelten.*
   Öffentliche Finanzhilfen wirken in der Regel nur **komplementär** zu anderen Motiven, da die Unternehmen einen Teil der Aufwendungen für Umweltschutzmaßnahmen **selbst** tragen müssen.

Gegen Subventionen werden generell erhebliche **Vorbehalte** erhoben, die immer wieder deren Abschaffung oder Einschränkung gefordert haben. Diese treffen auch weitgehend auf den Umweltschutzbereich zu.

- Der Staat hat keinen direkten Einfluß auf die Wahrnehmung der Subventionsmöglichkeiten durch die potentiellen Empfänger. Es bleibt den Unternehmen (und Konsumenten) überlassen, ob sie die Subventionierung von Maßnahmen oder den generellen Verzicht der Investition bevorzugen.

  Wäre die Subventionierung einziges Motiv einer Umweltschutzinvestition, so müßte eine der folgenden Bedingungen erfüllt sein:

  - Die Subventionsleistungen sind größer als die Schadstoffbeseitigungskosten,
  - der durch die Investition veranlaßte Ertrag ist höher als die eigenen, durch Subventionen reduzierten Aufwendungen.

  In beiden Fällen ist ein hoher Subventionseinsatz notwendig. In der Praxis spielen aber in der Regel noch andere Investitionsmotive eine Rolle, so daß Subventionen häufig von den Unternehmen **mitgenommen** werden, ohne eigenständig Anreize zu vermitteln.

- Mittel für Subventionen entstammen in der Regel dem allgemeinen Steueraufkommen, sie werden damit durch die Allgemeinheit finanziert. Subventionsempfänger im Umweltschutzbereich werden damit für Unterlassungen von Umweltverschmutzungen belohnt. Bei einer steigenden Staatsverschuldung aufgrund wachsender Staatsaufgaben werden die staatlichen Handlungsspielräume immer weiter eingeengt. Der Abbau von Subventionen wäre eine Möglichkeit, diese Spielräume ohne Steuererhöhungen wieder zu erweitern.

- Subventionen setzen **falsche Marktsignale**. Gemäß dem Verursacherprinzip müßten höhere Umweltbelastungen der Produktion zu höheren Marktpreisen führen und die Produzenten deshalb durch Umstellung der Produktion oder des Produktionsverfahrens zur Vermeidung dieser Belastungen veranlassen. Subventionen dagegen **wälzen das allgemeine Produktions- und Belastungsrisiko auf die Allgemeinheit ab.**

- Das immer stärker ausdifferenzierte Subventionsinstrumentarium erreicht diejenigen Unternehmen, die es im Wettbewerb am nötigsten hätten, nämlich **ertragsschwache Klein- und Mittelbetriebe** am wenigsten. Diese verfügen häufig nicht über das Know-how oder die Zeit zur Antragstellung, Großunternehmen dagegen besitzen zu diesem Zweck häufig ganze Abteilungen.

  So hat die SPD aus öffentlichen Statistiken ermittelt, daß 1989 fast 45 % aller Forschungssubventionen für die gewerbliche Wirtschaft allein an das größte deutsche Privatunternehmen, die Daimler-Benz AG flossen.[220] Das waren mit ca. 2,7 Mrd. DM mehr, als alle Klein- und Mittelbetriebe zusammen erhalten haben. In den Jahren 1983 bis 1989 hatte die Mittelstandsförderung nur einen Anteil von 13,1 % an der gesamten FuE-Förderung des Bundes für die Wirtschaft - mit sinkender Tendenz.

Die Forderung nach **Abbau von Subventionen** ist so alt wie die Subventionen selbst. Ein wesentliches Problem liegt dabei in der Tatsache begründet, daß einmal gewährte Subventionen von den potentiellen Empfängern als Besitzstand betrachtet werden. In einer demokratischen Gesellschaft, in der in kurzen Abständen Kommunal-, Landtags- oder Bundestagswahlen stattfinden, lassen sich diese Besitzstände mit der Stimmzetteldrohung verteidigen.

Wenn die aufgeführten Argumente gegen Subventionen auch grundsätzlich für den Umweltschutzbereich gelten, so erscheinen diese doch in 2 Bereichen sinnvoll:

1. Ertragsschwache Klein- und Mittelbetriebe (Grenzbetriebe) stehen häufig im Wettbewerb nicht vor der Alternative, ob sie Umweltschutzinvestitionen betreiben wollen oder nicht; ihre Wettbewerbsfähigkeit würde unter solchen Investitionen völlig zusammenbrechen.

Hier könnte eine gezielte **Mittelstandsförderung** zur Unterstützung eines integrierten Umweltschutzes die Wettbewerbschancen verbessern und einer weiteren Unternehmenskonzentration vorbeugen.

2. Neben der mangelnden Kapitalausstattung leiden mittelständische Unternehmen häufig insbesondere an **Informationsdefiziten** im Umweltschutzbereich. Hier könnte eine gezielte **Beratungsförderung** (Beratung über Umsetzung von

[220] Handelsblatt vom 07.05.1991

Auflagen, integrierten Umweltschutz, neue Marktchancen durch den Umweltschutz, etc.) ebenfalls die Wettbewerbsfähigkeit stärken.

4.2.3 Benutzervorteile

Benutzervorteile sind **Ausnahmen vom Ordnungsrecht**. Sie gewähren Verwendern weniger umweltbelastender Produkte oder Verfahren Nutzungsvorteile gegenüber "normal" belastenden Produkten oder Verfahren. Die Vorteile bestehen darin, bestimmte "umweltfreundliche" Produkte oder Verfahren **zeitlich** oder **intensitätsmäßig stärker** bzw. **ohne zusätzliche** (Bequemlichkeits-) **Nachteile** zu nutzen.[221]

Benutzervorteile sind bisher vor allem in den Bereichen **Lärm** und **Luftbelastung** zu finden. Insbesondere auf der kommunalen Ebene sind viele Nutzungsverordnungen erlassen worden, die den Betrieb von Geräten oder Anlagen nach der Höhe der entstehenden Emissionen differenziert zulassen. Beispiele hierfür:

- Zulassung lärmarmer Nutzfahrzeuge, wo ansonsten Verkehrsbeschränkungen herrschen (z. B. Modell Bad Reichenhall),
- Start- und Landeerlaubnis für lärmarme Sportflugzeuge bei ansonsten generellem Flugbewegungsverbot auf bestimmten Flugplätzen außerhalb bestimmter Zeiten,
- Nutzung von lärmarmen Rasenmähern außerhalb bestimmter Zeiten (8. Verordnung des BImSchG),
- Nutzung von lärmarmen Motorbooten auf bestimmten Seen oder Flüssen,
- Nutzung von PKWs mit geregeltem Katalysator auch während eines Smog-Alarms (Berliner Smog-Verordnung),
- Nutzung lärmarmer Baumaschinen außerhalb bestimmter Betriebszeiten, etc.

Der **umweltrelevante Effekt** solcher Benutzervorteile liegt darin, daß potentielle Verwender von Anlagen/Produkten dahin geleitet werden, für weniger umweltbelastende Varianten einen höheren Preis zu bezahlen. Im privaten Bereich können ideelle Motive dafür ausschlaggebend sein. Bei einer gewerblichen Nutzung setzt das eher voraus, daß die **monetär bewertbaren Nutzervorteile** den höheren Preis überkompensieren.

Problematisch an solchen Vorteilsregelungen ist allerdings, daß generell umweltbelastende Tätigkeiten - wenn auch in einer relativ geringeren Form - zugelassen werden, wo sie aus Umweltschutzgesichtspunkten besser **gänzlich unterblieben** wären. Insofern stellen solche Regelungen einen typischen **Umweltbelastungskompromiß** dar.

---

[221] vgl. Wicke, L. (1989), a. a. O., S. 261

4.3 Finanzielle Belastungen

4.3.1 Überblick

In der Diskussion zur Verbesserung der Effizienz im Umweltschutz ist in den letzten Jahren insbesondere das gesamte Instrumentarium **finanzieller Belastungen** der Verursacher von Umweltschäden in den Mittelpunkt gerückt. Unter Stichworten wie **Umweltabgaben, Ökosteuern** oder **Gebührenerhöhungen** werden staatlich beeinflußte Preislösungen angestrebt, die das Marktgeschehen im Abstimmungsprozeß von Angebot und Nachfrage aber nicht außer Kraft setzen. Über diese **marktkonformen Mittel** der Umweltpolitik werden z. T. heftige öffentliche Auseinandersetzungen geführt.

Finanzielle Belastungen sollen dabei vor allem 3 Funktionen erfüllen:[222]

1. Zuordnungsfunktion
Durch die Erhebung einer Abgabe sollen bisher externe Kosten, die ansonsten der Allgemeinheit oder zukünftigen Generationen aufgebürdet würden, den Verursachern zugeordnet werden.

2. Lenkungsfunktion
Abgaben führen zu höheren finanziellen Belastungen. Sie sollen die Abgabepflichtigen veranlassen, die Abgaben zu vermeiden, indem sie ihr Verhalten umweltpolitisch positiv ändern.

3. Finanzierungsfunktion
Da Umweltbelastungen nicht generell vermieden werden können, sollen deren Verursacher einen Beitrag zur Deckung des umweltbedeutsamen Finanzbedarfs leisten (Sanierungsfunktion).

Finanzielle Belastungen als Instrumente der Umweltpolitik bestehen vor allem in vier verschiedenen Formen:

- Umweltsteuern
- Umweltabgaben (Sonderabgaben)
- Gebühren
- Beiträge

---

[222] vgl. dazu: Jüttner, H., a. a. O., S. 14

Umweltsteuern müssen zunächst die allgemeinen Merkmale von Steuern erfüllen.[223]: Sie müssen

- in Geldleistungen erbracht werden,
- hoheitlich auferlegt sein,
- rechtsstaatlichen Anforderungen genügen,
- öffentlich-rechtlichen Gemeinwesen zufließen,
- zur **allgemeinen Deckung des staatlichen Finanzbedarfs** dienen.

Eine **Zweckbindung** einzelner Steuereinnahmen ist im Haushaltsrecht ausdrücklich ausgeschlossen. Bei einzelnen Steuerarten kann der Vorrang der Einnahmenerzielung hinter nichtfiskalische Ziele zurücktreten. So können Steuern zur Umverteilung eingesetzt werden, der Stabilisierungs- oder Wachstumspolitik dienen oder allokativ (zuweisend) lenken.[224]

Umweltsteuern sind speziell darauf ausgelegt, neben der **Deckung des allgemeinen Finanzbedarfs** gleichzeitig eine 2. Funktion zu erfüllen, nämlich die **Lenkung des Marktgeschehens,** um bestimmte Fehlallokationen zu korrigieren (Lenkungsfunktion). Bei der Erhebung von Umweltsteuern spielt nach allgemeiner Auffassung die Finanzierungsfunktion eine wesentliche Rolle neben der Lenkung. Solche umweltbezogenen Steuern in der Bundesrepublik Deutschland sind z. B. **Mineralölsteuer, Kfz-Steuer, Erdgassteuer, Tabak-, Alkohol-, Hunde-, Leuchtmittel-, Feuerschutzsteuer**.

Die **Gesetzgebungskompetenz für Steuern** ergibt sich aus den Artikeln 70ff und 104a ff Grundgesetz. Danach steht dem **Bund** die Gesetzgebung über Steuern zu, deren Aufkommen ihm ganz oder zum Teil zusteht bzw. wenn ein Bedürfnis nach bundesgesetzlicher Regelung besteht.

Die **Länder** haben die Befugnis zur Gesetzgebung über die örtlichen Verbrauchs- und Aufwandssteuern, solange und soweit sie nicht bundesgesetzlich geregelten Steuern gleichartig sind. Im Rahmen der sogenannten **konkurrierenden Gesetzgebungszuständigkeit** zwischen Bund und Ländern dürfen Länder eigene Gesetze verabschieden, solange der Bund noch keine entsprechenden Gesetze bzw. lediglich Rahmengesetze erlassen hat. Bundesgesetze, deren Aufkommen den Ländern oder Gemeinden ganz oder zum Teil zufließt, bedürfen der Zustimmung des Bundesrates.

Die Gesetzgebungskompetenz der **Kommunen** ist rechtlich umstritten. Befugnisse können sich aus den Kommunalabgabegesetzen der einzelnen Bundesländer

---

[223] vgl. dazu: Jüttner, H., a. a. O., S. 32

[224] Ökosteuern. In: Informationsdienst des Instituts der deutschen Wirtschaft, Nr. 10/1990, S. 4

ergeben. Eine rechtsgültige Entscheidung z. B. über die Zulässigkeit einer kommunalen Getränkeverpackungssteuer steht noch aus.

Umweltabgaben sind im Gegensatz zu **Steuern** als **Sonderabgaben** zu begreifen. Bei ihnen dominiert im Gegensatz zu den Steuern die **Lenkungsfunktion**.

Die Notwendigkeit einer **Abgrenzung der Sonderabgaben zu Steuern** ergibt sich aus der unterschiedlichen Handhabung. Steuern fließen in die Haushalte zur **Deckung des allgemeinen Finanzbedarfs,** Sonderabgaben bilden in der Regel Sondervermögen. Steuern betreffen zudem die Allgemeinheit, Sonderabgaben werden dagegen als **spezielle Belastungen bestimmter Gruppen** erhoben.

Das Bundesverfassungsgericht hat deshalb an die Erhebung von Sonderabgaben bestimmte Anforderungen geknüpft:[225]

- **Homogene Gruppen** - die Abgabenpflichtigen müssen durch ähnliche Merkmale oder eine gemeinsame Interessenlage gegenüber der Allgemeinheit abgrenzbar sein,

- **Sachliche Verknüpfung** - Zwischen den Abgabepflichtigen und dem mit der Abgabe verknüpften Zweck müssen besondere Beziehungen bestehen. Für Umweltabgaben kommt hier vor allem die Anwendung des Verursacherprinzips zum Tragen.

- **Gruppennützige Verwendung** - das Abgabenaufkommen muß im Interesse der Abgabenpflichtigen verwendet werden und darf **nicht für allgemeine Staatsaufgaben** herangezogen werden. Dies gilt für Umweltabgaben schon dann als gegeben, wenn eine Zweckbindung für allgemeine Umweltschutzmaßnahmen **im jeweiligen Sektor** angestrebt wird.

Zwar werden an die Einführung von Sonderabgaben damit besondere Anforderungen gestellt, um ein Aushöhlen der normalen Finanzverfassungsregeln zu vermeiden und den Finanzierungsbedarf des Staates auf die Erhebung allgemeiner, gleichmäßiger und verhältnismäßiger Steuern zu beschränken, andererseits ist die Erhebung von Umweltabgaben grundsätzlich zulässig. Für die Zwecke einer **gezielten Lenkung des umweltrelevanten Verhaltens** erweisen sie sich nach Ansicht ihrer Befürworter sogar als besonders gut.

---

[225] vgl. dazu: Jüttner, H., a. a. O., S. 33

Umweltabgaben bzw. -steuern im weiteren Sinne lassen sich in folgende Gruppen einteilen:

1. Ressourcenabgaben/-steuern
Nicht-regenerierbare Materialien sollen möglichst sparsam eingesetzt werden. Stoffe mit umweltschädlichen Nebenwirkungen sollen ebenfalls sparsam verwendet oder durch unschädlichere Stoffe substituiert werden. Beispiele: Mineralölsteuer, Erdgassteuer

2. Emissionsabgaben/-steuern
Hiermit sollen die Emissionen bestimmter Schadstoffe, die insbesondere bei der Produktion anfallen, belegt werden. Ziel ist es dabei u. a., die sozialen Kosten der Umweltbelastung über die Steuererhebung in die betrieblichen Kosten zu **internalisieren**. Ein anderes Ziel kann es ein, über die Steuererhebung Anreize zur Emissionsvermeidung zu schaffen, die die Erreichung eines politisch definiertes Umweltqualitätszieles ermöglichen.[226] Beispiele: CO_2-Abgabe, Abwasserabgabe.

3. Produktabgaben/-steuern
Produkte, Produktbestandteile (auch deren Verpackung) oder der Einsatz bestimmter Rohstoffe zur Herstellung von Produkten mit umweltschädlichen Wirkungen sollen durch eine zusätzliche Besteuerung in ihrer Verwendung eingeschränkt werden. Beispiel: Verpackungsabgabe, Leuchtmittelsteuer.

4. Abfallabgaben/-steuern
Das Entstehen von Produktionsabfällen zieht grundsätzlich deren Entsorgung nach sich. Neben den Entsorgungskosten (Gebühren) soll eine zusätzliche Abgabe das Entstehen solcher Abfälle reduzieren. Beispiele: Deponieabgabe, Sondermüllabgabe.

Beiträge und **Gebühren** werden vom Staat vor allem im Bereich öffentlicher Ver- und Entsorgungsleistungen erhoben. Das geschieht vornehmlich auf der kommunalen Ebene durch kommunale Unternehmen, Zweckverbände oder in deren Auftrag handelnde Privatunternehmen.

Beiträge werden dabei von Beitragspflichtigen erhoben, ohne daß ein direkter Zusammenhang zwischen der Höhe der Beiträge und dem Umfang und der Intensität der Nutzung der Einrichtungen besteht. Die Beitragserhebung bei Anwohnern verkehrsberuhigender Maßnahmen können hier z. B. genannt werden.

Bedeutsamer ist aber in diesem Zusammenhang die Erhebung von **Gebühren**. Diese werden in Abhängigkeit von der Inanspruchnahme der jeweiligen öffentlichen Einrichtung erhoben. Beispiele hierfür sind Stadtreinigungsgebühren, Abfallentsorgungsgebühren, Kanalisationsgebühren u. a.

---

[226] vgl. dazu: Wicke, L. (1989), a. a. O., S. 359

Die Gestaltung von Beiträgen und Gebühren orientiert sich dabei grundsätzlich am Kostendeckungsprinzip. Der Gesamtaufwand errechnet sich dabei aus den laufenden Betriebskosten und den tatsächlichen oder kalkulatorischen Kapitalkosten der Anlagenerstellung.

Gebühren im Bereich kommunaler Ver- und Entsorgung sind in den letzten Jahren erheblich, z. T. um ein Mehrfaches gestiegen. Gründe liegen vor allem in dem steigenden Investitionsaufwand, der notwendig ist, um definierte Umweltqualitätsziele im Zusammenhang mit der zu erbringenden Leistung längerfristig zu garantieren. So erfordert die Einhaltung von Trinkwasserrichtlinien für die Wasserwerke z. B. einen ständig steigenden Investitionsaufwand für Trinkwasseraufbereitungsanlagen. Ebenso werden an Müllverbrennungs- oder Deponieanlagen bei steigendem Müllvolumen ständig höhere Emissionsanforderungen gestellt, die nur mit hohem technischen Aufwand zu realisieren sind.

Die Erhebung von Gebühren sollte möglichst verursachergerecht erfolgen. In der Praxis ergeben sich dabei Probleme der Differenzierung zwischen privaten und gewerblichen Nutzern.

In den letzten Jahren ist eine gesellschaftspolitische Diskussion im Zusammenhang der Umweltabgaben insbesondere um 2 Fragen entbrannt:

1. Sind finanzielle Belastungen in Form von Steuern/Abgaben grundsätzlich geeignet, Umweltbelastungen zu reduzieren?

Hier ist vom Grundsatz her ein gewisser Konsens zwischen den politischen Parteien feststellbar. Alle im Bundestag vertretenen Gruppierungen befürworten mittlerweile eine **Kombination ordnungsrechtlicher und fiskalischer Instrumente** im Umweltschutz. Lediglich die Industrie und ihre Interessenvertretungen befürchten zusätzliche Kostenbelastungen im internationalen Wettbewerb und lehnen solche Vorschläge deshalb ab.

2. Welche fiskalischen Instrumente sind in welcher konkreten Ausgestaltung am besten geeignet, um beabsichtigte Umweltwirkungen zu erzielen?

Zur konkreten Ausgestaltung von Umweltabgaben/-steuern sind diverse Vorschläge von Parteien und Wissenschaftlern artikuliert worden. Sie gehen von verschiedenen Voraussetzungen und Wirkungen aus.

4.3.2 Konzepte zu Umweltsteuern/-abgaben

4.3.2.1 Wissenschaftliche Konzepte

In wissenschaftlichen Forschungsinstituten sind seit 1988 verschiedene Konzepte über die Erhebung von Umweltabgaben erstellt worden. Die bedeutsamsten davon sollen in ihren wesentlichen Elementen dargestellt werden.

1. Hansmeyer/Schneider[227]

Die beiden Finanzwissenschaftler haben in einem Forschungsvorhaben für das Umweltbundesamt grundsätzlich Abgaben zur Ergänzung des ordnungsrechtlichen Instrumentariums im Umweltschutz für **geeignet** erklärt. Ohne daß geklärt wird, ob Steuern, Abgaben oder Gebühren die geeigneteren Instrumente sind, wird allgemein festgestellt, wo der Einsatz von Abgaben am effizientesten ist.

"Abgaben lassen sich daher am besten einsetzen,

- *wo evidente Vollzugsprobleme zu lösen sind und zugleich ein finanzielles Anreizinstrument im Vorsorgebereich angewendet werden soll,*
- *wo Lenkungs- und Finanzierungserfordernisse ineinander übergehen,*
- *wo außerdem wirksamer Umweltschutz mit steigenden öffentlichen Vollzugs- und Kontrollkosten verbunden ist, die zumindest anteilig vom Verursacher finanziert werden sollen."*

Eine Koppelung von vollzugsunterstützenden Maßnahmen und Restverschmutzungsabgaben bietet sich vor allem im Bereich des Immissions- und Gewässerschutzes an. Das Gutachten empfiehlt insbesondere die Einführung von Umweltabgaben in den folgenden Bereichen:

- Zur Ergänzung des Immissionsschutzrechtes soll ab 1994 eine Luftschadstoffabgabe auf die Restverschmutzung eingeführt werden. Die Bemessungsgrundlage soll sich dabei auf wenige besonders vollzugsdefizitäre Stoffe aus Praktikabilitätsgründen beschränken.
- Umgestaltung der Kfz-Steuer. Neben einem emissionsunabhängigen sollte ein nach Emissionsklassen gestaffelter Emissionszuschlag erhoben werden.
- Erhebung einer Naturschutzabgabe auf die nach Erfüllung von Vermeidungs-, Ausgleichs- und Ersatzmaßnahmepflichten dauerhaft verbleibenden Restbeeinträchtigungen der Naturpotentiale, insbesondere nach dem Maßstab

---

[227] Hansmeyer, K.H./Schneider, H.K., Zur Fortentwicklung der Umweltpolitik unter marktsteuernden Aspekten. Forschungsbericht für das Umweltbundesamt, Köln 1989

der für Versiegelung, Überbauung und Abgrabungen etc. beanspruchten Flächen.

- Deponieabgaben für Stoffe, die endgültig zur Deponierung anstehen (Restbelastungskonzept). Die stoffliche oder thermische Verwertung von Stoffen solle abgabenfrei bleiben.
- Abgaben auf einzelne Stoffe oder Produkte sollten nach Möglichkeit nicht erhoben werden, da sie erhebliche Wirkungsrisiken in sich bergen.

Die **Mittelverwendung** stellt eines der zentralen Probleme einer sinnvollen Abgabenlösung dar. In der wirksamen Verknüpfung von Abgabenerhebung und Aufkommensverwendung wird ein **umweltpolitisches Steuerungspotential** von Emissionsabgaben gesehen. Dabei soll das Aufkommen die Möglichkeit bieten, der belastenden Abgabe eine "negative Abgabe" gegenüberzustellen, die denen einen Förderanspruch verleiht, die durch Anwendung fortschrittlicher Vermeidungstechniken einen besonderen Vorsorgebeitrag leisten.

2. Umwelt- und Prognoseinstitut

Seit 1988 hat das UPI (Heidelberg) in mehreren Veröffentlichungen Vorschläge für eine ökologische Steuerreform vorgestellt.[228]

Im Gegensatz zu dem Vorschlag von Hansmeyer/Schneider legt Dieter Teufel vom UPI ein Konzept vor, daß vor allem **Verbrauchssteuern auf umweltbelastende Produkte und Konsumleistungen** vorsieht (11 Ökosteuern auf insgesamt 34 umweltbelastende Produkte oder Konsumformen).

Zielkriterien für die Entwicklung eines Lösungskonzeptes sind danach folgende 5 Forderungen:

- Lösungsvernetzung verschiedener Probleme;
- Hohe Lösungseffizienz, geringe Aufwand/Wirkungsrelation;
- Keine Benachteiligung einzelner Gruppen, insbesondere sozial Schwacher;
- Wenn möglich, keine Einengung des Freiheitsspielraums des einzelnen;
- Hohe Akzeptanz.

Ökosteuern werden dabei für Bereiche vorgesehen, die keine vollständig oder weitgehend vermeidbaren Umweltschäden verursachen (Energieverbrauch, Kfz--Verkehr, Luftverkehr, Bodenverbrauch, Wasserverbrauch, etc.). Der Vermeidungsgrad bei steigenden Steuern (Nachfrageelastizität) wird damit als **relativ** gering betrachtet, d. h. trotz steuerinduzierter Preissteigerung ist ein weitgehender Verzicht auf die besteuerten Güter und Leistungen kurzfristig nicht erreichbar.

[228] Die folgenden Ausführungen beruhen auf: UPI-Bericht Nr. 9, Öko-Steuern als marktwirtschaftliches Instrument im Umweltschutz - Vorschläge für eine ökologische Steuerreform, 1988

Die Höhe der einzelnen Ökosteuersätze richtet sich nach den geschätzten bzw. erwünschten Reduzierungen der jeweiligen Umweltbelastungen (vgl. Tabelle).

Das Konzept ist insgesamt sehr weitreichend gesteckt. Im Endstadium nach einer stufenweisen Einführung und bei entsprechenden Marktreaktionen sollte das Modell ein Öko-Steuervolumen von ca. 200 Mrd. DM pro Jahr ergeben. Um eine soziale Benachteiligung einkommensschwacher Gruppen zu vermeiden, soll dieses Aufkommen eingesetzt werden, um die Mehrwertsteuer stufenweise zu verringern und letztlich gänzlich abzuschaffen sowie eine Entlastung bei der Lohnsteuer (um 20 %) und den Rentenversicherungsbeiträgen (um ca. 40 %) durchzuführen. Dazu soll eine Verringerung der Arbeitslosigkeit und Schwarzarbeit, eine Erhöhung der Konkurrenzfähigkeit der Bundesbahn, eine Reduktion der Exportabhängigkeit, Aufwertung des Handwerks sowie vermehrter technischer Fortschritt erreicht werden.

Öko-Steuer-Vorschlag des UPI (Umwelt- und Prognoseinstitut Heidelberg)

Öko-Steuer	**Produkt**	**Absatz/ Verbrauch pro Jahr (in Mio)**	**Öko-Steuersatz (DM/Einh.)**	**Öko-Steueraufkommen (Mio DM)***	**Vermeidung (in %)**
Energiesteuer 47 Mrd DM/a	Abwärme Stromerzeugung	81 tSKE	150	9.700	- 20
	Heizöl	44 m^3	300	10.500	- 20
	Erdgas	62 tSKE	100	5.900	- 4
	Braunkohle	33 tSKE	100	2.800	- 16
	Steinkohle	73 tSKE	140	8.900	- 13
	Nuklearstrom	150.000 kWh	0,065	8.900	- 9
Mineralölsteuer 72 Mrd DM/a	Benzin	33.595 l	1,90	48.700	- 24
	Diesel (besteuert)	14.800 l	1,90	21.000	- 25
	Flugbenzin	3.300 l	0,90	2.300	- 21
Startgebühr	Innerdt. Luftverkehr	4.700 PkM	0,78	1.900	- 49
Müllvermeidungssteuer 20 Mrd DM/a	Einwegflaschen Glas	3.500 St.	0,80	1.400	- 50
	Getränkedosen	3.400 St.	0,40	600	- 57
	Kunststoffflaschen	450 St.	0,70	90	- 71
	Blockpackungen	4.780 St.	0,40	1.300	- 30
	Kunststoffverpackungen	1.284 kg	8,55	7.500	- 31
	Alu-Folien	64 kg	27,00	900	- 47
	Werbematerial Papier	795 kg	30,00	7.400	- 69
Öko-Produktsteuer 6 Mrd DM/a	Batterien	450 St.	1,90	660	- 23
	Glühlampen normal	400 St.	2	600	- 24
	FCKW	40 kg	30	160	- 87
	Tropisches Holz	1,5 m^3	1.600	1.000	- 58
	Waschmittel	1.320 kg	3,2	3.400	- 20
	Streusalz	1.500 kg	0,24	250	- 29
Wassersteuer 27 Mrd DM/a	Wasserverbr. Öff. Vers.	6.530 m^3	2,5	14.400	- 12
	Eig. gew. Brunnen	7.490 m^3	1,8	8.000	- 39
	Eig. gew. Oberfl.-wasser	33.300 m^3	0,15	4.600	- 8
Bodensteuer	Bodenversiegelung	380 m^2	50	16.000	- 12
Öko-Abgaben Landwirtschaft 2,7 Mrd DM/a	min. N. Dünger	632 kg	3,20	650	- 68
	Pestizide	33 kg	48	860	- 46
	Massentierhaltung	3,4 GVE	110	230	- 39
	Futtermittelimport	6.000 DM	0,3	980	- 45
Tabaksteuer	Zigaretten	120.000 St.	0,1	8.900	- 26
Nachrüstungsabgabe	nicht nachgerüstete PKW	7 St.	500	1.100	- 68
Werbungssteuer	Werbung	19.000 DM	0,5	7.900	- 17
Gesamtsumme Öko-Steuereinnahmen pro Jahr				**210.000 Mio DM/a**	
Summe ohne vom Staat gezahlte Öko-Steuern				**205.000 Mio DM/a**	

*nach Verbrauchsrückgang

Dieses Modell ist in der Folge kritisiert worden, seine steuer- und umweltpolitischen Wirkungen sind angezweifelt worden. Die wesentlichen Kritikpunkte lassen sich zusammenfassen:[229]

- Das Aufkommen der Ökosteuern wird überschätzt, Komplementär- und Substitutionsmärkte werden kaum beachtet, die verwendeten Nachfrageelastizitäten sind unrealistisch.

- Die Auswahl der besteuerten Produkte ist willkürlich. Chemische Produkte fehlen fast völlig, da hier die Realisierung der Besteuerung mit erheblichen Problemen verbunden ist.

- Die Auswahl der Produkte und die Höhe und Art der Besteuerung orientieren sich mehr am erzielbaren Steueraufkommen als an der Umweltgefährdung (Dominanz der fiskalischen Intention). Die Besteuerung ganzer Produktgattungen unabhängig von der tatsächlichen Umweltbelastung sowie die Steuerbefreiung unterhalb bestimmter Grenzwerte wirken auf den Umweltschutz eher kontraproduktiv.

- Eine seriöse und längerfristige staatliche Finanzplanung erfordert zuverlässige Prognosen des Steueraufkommens. Diese sind bei Ökosteuern nicht gegeben, wenn die umweltpolitische Intention der Besteuerung (Vermeidung der Belastungen) im Vordergrund stehen soll.

- Ökosteuern sind im Rahmen der Steuerharmonisierung des EU-Binnenmarktes nicht realisierbar.

3. F. Springmann[230]

Im Gegensatz zu dem vorhergehenden Konzept sieht F. Springmann einen erfolgversprechenden Weg in der Erhebung von **Sonderabgaben**. Ansatzpunkte sind dabei die Reduzierung

- des Energieverbrauchs und der CO_2-Emissionen,
- des Mineraldünger- und Pestizidverbrauchs,
- der Abgase von Industrie, Gewerbe, Verkehr und Haushalten,
- des Abfallaufkommens,
- der Schadstoffbelastungen des Wassers.

---

[229] vgl. dazu: Gralla, M., Hübner, B., Kaun, J., Pflock, G., Trommer,F., Umwelt im Steuerdschungel. In: Ökologische Konzepte, Nr. 30/1989, S. 27ff

[230] Springmann, F., Abgaben als Instrument der Umweltentlastung. In: Müller--Witt, H., Springmann, F., Ökologischer Umbau des Steuersystems. Heft 21/88 der Schriftenreihe des IÖW, S. 53ff

Dazu sind die folgenden Umweltabgaben vorgesehen:

- Eine **Energieverbrauchssteuer** von 10 % auf die Marktpreise der Energieträger mit Ausnahme regenerativer Energien. Die geschätzten Einnahmen von 15 Mrd. DM sollen zur Förderung und Subventionierung von Energieeinspartechnologien verwendet werden.

- **Mineraldünger** und **Pestizide** sollen mit einer Abgabe von 50 % der Marktpreise belegt werden. Bei Verringerung des Einsatzes sollen die Stoffe nachträglich subventioniert werden.

- **Abgasabgaben** sollen mehrere Bereiche erfassen:
  - Schwefeldioxid mit 1-2,- DM/kg - Verwendung zur Subventionierung von Entschwefelungstechniken und schwefelarmen Brennstoffen,
  - Stickoxidemissionen aus Anlagen (2,-DM/kg) und im Güter- und Personenverkehr (Kfz und Flugzeuge) mit 17.-DM/kg - Verwendung zur Senkung von NO_x und zur Subventionierung der Bahntarife,
  - Abgaben auf Rußemissionen sollen 100,-/kg betragen, auf Stäube 0,25 DM/kg, auf staubförmige anorganische Stoffe 1,25.-DM bis 31,25 DM/kg je nach Schadstoffklasse. Davon sollen schadstoffarme Produktionen subventioniert werden,
  - dampf- oder gasförmige organische oder anorganische Stoffe werden ähnlich wie Stäube besteuert und subventioniert,
  - FCKWs sollen mit 100% der Marktpreise belastet werden, ihre Vermeidung soll mit 200% pro kg subventioniert werden.

Das Abgabenaufkommen soll insgesamt in der Spitze ca. 37,3 Mrd. DM betragen.

- Auf **Abfälle** sollen Abgaben in Höhe von 50.-bis 150.-DM/Tonne erhoben werden. Der Satz soll sich je nach Abfallart an den ökonomischen Verwertungs- bzw. Vermeidungsanreizen orientieren. Die Mittel sollen Investitionen zur Vermeidung von Abfällen, abfallarme Produktionen o. ä. subventionieren. Das Aufkommen wird auf ca. 12,1 Mrd. DM geschätzt.

- Das vorhandene Abwasserabgabegesetz soll erweitert werden: Der Satz/-Schadstoffeinheit soll auf 120.-DM erhöht und auf weitere Schadstoffe ausgedehnt werden. Die geschätzten Mittel von 2,3 Mrd. sollen ebenfalls zur Subventionierung investiver Maßnahmen in diesem Bereich eingesetzt werden.

Die Sonderabgaben sollen gleichzeitig **ökonomischen Druck** und **Anreize** ausüben. Einerseits zwingen die Abgaben Unternehmer und Verbraucher, die Kosten der Umweltbelastung in ihre Kalkulation aufzunehmen, andererseits wird das gesamte Abgabenaufkommen zur Subventionierung des angestrebten ökologischen Strukturwandels verwendet. Einzelne Unternehmen werden dabei um so höher subventioniert, je mehr sie ihre Emissionen vermindern.

Bei diesem Abgabensystem spielt eine exakte verursachungsgerechte Ermittlung der Steuersätze keine wesentliche Rolle, da die Mittel in die gleichen Umweltbereiche zurückfließen. Eine verteilungspolitische Wirkung wird nicht angestrebt.

Das Konzept scheint geeignet zu sein, ökologische Umstrukturierungen bewirken zu können. Kritik bezieht sich auf folgende Aspekte:

- Das vorhandene Steuersystem wird um zusätzliche bürokratische Elemente verkompliziert, die die Anwendbarkeit und Kontrolle erschweren,

- die Forderung nach einem nachhaltigen Abbau von Subventionen wird konterkariert. Die Subventionierung widerspricht z. T. entsprechenden EU-Bestimmungen,

- die Verwendung der Abgaben jeweils im gleichen Umweltbereich ist starr angelegt und verhindert die politisch gewollte und ökologisch notwendige Bildung von Prioritäten,

- das Konzept beinhaltet keine Wechselwirkungen zu ordnungsrechtlichen Maßnahmen und Verteilungswirkungen.

4. H. Jüttner[231]

Dieser als **ganzheitlicher Ansatz** bezeichnet Vorschlag wurde 1990 für die Fraktion der GRÜNEN im Bundestag erarbeitet.

Der Verfasser stellt eine Reihe von Anforderungen, die an die Ganzheitlichkeit eines Konzeptes von Umweltabgaben zu stellen sind. So soll es im Grundsatz interdisziplinär sein, also neben ökologischen auch volkswirtschaftliche, finanzpolitische, verteilungspolitische, rechtliche und betriebliche Aspekte berücksichtigen. Daraus schließt er die folgende Vorgehensweise:

- Es muß eine Bestandsaufnahme der betreffenden Umweltsituation und des vorhandenen umweltpolitischen Instrumentariums erfolgen.
- Es müssen Umweltqualitätsziele vorgegeben werden, d. h. die angestrebte ökologische Wirkung ist zu konkretisieren.
- Es müssen Kriterien entwickelt und erläutert werden, denen die geforderten Umweltabgaben genügen sollen.
- Der rechtliche Rahmen - einschließlich der EU-Verträglichkeit ist zu untersuchen und abzusichern.
- Dementsprechend sind die einzelnen Umweltabgaben in ihrer jeweiligen Höhe und Ausgestaltung festzulegen.

---

[231] vgl. Jüttner, H. a. a. O., S. 116ff

- Das Aufkommen ist zu ermitteln, seine Verwendung ist zu bestimmen, und die Verteilungswirkungen sind zu untersuchen und zu berücksichtigen.

Zur konkreten Ausgestaltung der Umweltabgaben (Art, Bemessungsgrundlage, Bemessung der Abgabenhöhe) sieht Jüttner keine Ideallösung. Die Wahl soll von der Verfügbarkeit der Einfluß- und Rahmendaten, von Werturteilen über die einzelnen Umweltschäden bzw. -belastungen sowie der politischen Durchsetzbarkeit und Akzeptanz abhängen. Dabei kann es zweckmäßig sein, bei unterschiedlichen Arten von Umweltabgaben verschiedene Verfahren anzuwenden.

Auf dieser Basis wird ein Bündel von 12 Umweltabgaben entwickelt, die wesentlichen ökologischen Problemen in verschiedenen Sektoren entgegenwirken sollen:

Gesamtaufkommen aus Umweltabgaben nach Jüttner

Abgabenart		Abgabensatz		Aufkommen (Mrd DM)	Gesamtaufkommen (Mrd DM)
Luftschadstoffabgabe					
	SO_2	DM/t	2.500	5,250	
	NO_x	DM/t	5.000	14,000	
	Stäube	DM/t	300 - 3.500	0,400	
					19,650
Primärenergiesteuer auf					
	Braunkohle	DM/t	90,00	5,964	
	Steinkohle	DM/t	25,20	2,268	
	Erdöl	DM/1.000 l	108,90	7,514	
	Erdgas	DM/1.000 m^3	97,20	5,250	
	Atomkraft	DM/kWh	0,36	10,800	
					31,796
Mineralölsteueranhebung		DM/l	1,00		**42,150**
Schwerverkehrsabgabe		DM/tkm	0,11		**17,600**
Kfz-Steuer-Umstellung					**-,---**
Entsorgungsabgabe auf					
	Abfälle	DM/t	100 - 200	21,010	
	Sondermüll	DM/t	300 - 500	0,629	
					21,630
Verpackungsabgabe		DM/Stck	0,70		**3,150**
Chemiesteuern auf					
	Blei	DM/t	1.250	0,375	
	Cadmium	DM/t	6.350	0,009	
	Quecksilber	DM/t	7.800	0,002	
	Chlor	DM/t	300	0,888	
	Streusalz	DM/t	250	0,263	
					1,537
Landwirtschaftssteuern					
auf	Pestizide	DM/t	10.000	0,210	
	Stickstoffdünger	DM/t	400	0,130	
					0,340
Abwasserabgabe		DM/SchE	80		**5,000**
Grundwasserabgabe		DM/l	0,50		**3,000**
Versiegelungsabgabe		DM/m^2	0,50		**9,900**
INSGESAMT					**155,753 Mrd DM**

1. Luftschadstoffabgaben

Zusätzlich zu den ordnungsrechtlichen Maßnahmen soll eine Schadstoffabgabe (Sonderabgabe) auf SO_2-, NO_x- und Staubemissionen aus Großfeuerungsanlagen und anderen stationären Einrichtungen erhoben werden, die der TA-Luft unterliegen. Andere Emittenten sollen insbesondere wegen meßtechnischer Probleme vorerst nicht erfaßt werden, andere Emissionsstoffe werden wegen verwaltungstechnischer Probleme nicht erfaßt. Die Abgabenhöhe soll sich an den Vermeidungskosten orientieren und dynamische Abgabensätze aufweisen.

Das Aufkommen müßte in einen Sonderfond außerhalb des Staatshaushaltes zur Förderung und Verbreitung emissionsmindernder Technologien, Altlastenbeseitigung und zur Finanzierung eines Umweltschadenhaftungsfondes eingesetzt werden.

2. Primärenergiesteuer

Die vorhandene Energiebesteuerung soll ökologisch ausgerichtet und erweitert werden. Dabei soll der Energiegehalt der einzelnen Energieträger besteuert werden, Bezugsgröße ist dabei die Menge, nicht der Preis. Atomstrom sowie Energieimporte sind in die Besteuerung einzubeziehen. Die Primärenergiesteuer kann nach diesen Vorstellungen nur im Verbund mit einer generellen Reform des Energierechtes und einer grundsätzlichen Veränderung der Energiepolitik ökologisch notwendige Strukturveränderungen herbeiführen.

3. Mineralölsteuer

Die Situation des Verkehrssektors ist vom Energiebereich getrennt zu erfassen und zu behandeln, da ungleiche Bedingungen vorliegen (Meßprobleme, Belastungsarten, Alternativen). Zur notwendigen Reduzierung des Individualverkehrs ist eine deutliche Anhebung der Mineralölsteuer auf mindestens 1.-DM für alle Benzinarten, Diesel sowie für Flugbenzin auf Inlandsflügen durchzusetzen. Die Verwendung der Mineralölsteuer soll den Betroffenen in erster Linie eine annehmbare Alternative zum Auto schaffen (Förderung des ÖPNV, Ausbau des schienengebundenen Güterverkehrs). Flankierend soll die bisherige Kilometerpauschale durch ein vom Verkehrsmittel unabhängiges Verkehrsgeld ersetzt werden. Auch im Verkehrsbereich sind ordnungsrechtliche Maßnahmen (Tempolimits, Verbrauchsvorgaben für die Industrie, autofreie Zonen etc.) mit der Steuerpolitik zu kombinieren.

4. Einführung einer Schwerverkehrsabgabe

Obwohl der LKW-Verkehr ein besonderes Problemfeld ist, sind hier bisher kaum umweltpolitische Maßnahmen ergriffen worden. Ziel der Güterverkehrspolitik muß es sein, den Transportanteil der Bahn zu erhöhen. Durch eine als Sonderabgabe konzipierte Schwerverkehrsabgabe sollen alle gewerblich genutzten LKWs über 2,8 t zul. Gesamtgewicht mit einer Belastung von 0,11 Pf pro Tonnenkilometer belastet werden. Die Mittel sollen vorwiegend zur Verbesserung der Gütertransportmöglichkeiten bei Bundesbahn und Reichsbahn verwendet werden.

5. Neugestaltung der Kfz-Steuer

Die hubraumbezogene Kfz-Steuer soll auf eine Emissionsbasis umgestellt werden (Lärm und Schadstoffemissionen für CO, HC, NO_x und Rußpartikel). Die Emissionsfeststellung soll durch eine Typenzulassung erfolgen, in die Altfahrzeuge einzubeziehen sind.

6. Entsorgungsabgaben auf Abfälle und Sondermüll

Eine allgemeine Entsorgungsabgabe soll auf alle Abfälle erhoben werden, die zu einer öffentlichen, privaten oder firmeneigenen Deponie oder Müllverbrennungsanlage gebracht werden. Aus Gründen der Praktikabilität wird dabei nur eine geringe Zahl von Abfall-Hauptkategorien gebildet. Für die besonders gefährlichen Sondermüllaufkommen sind in 3 Kategorien extrem hohe Abgaben vorgesehen, deren Höhe an der Lenkungswirkung zu orientieren ist.

7. Verpackungsabgabe

Die Lösung des Verpackungsproblems wird nur in einer Kombination ordnungsrechtlicher und fiskalischer Maßnahmen gesehen.

- Verbot aller Einwegverpackungen, die durch Mehrwegverpackungen ersetzbar sind; Pfand und Rücknahmepflicht für Mehrwegverpackungen,
- Verbot nicht wiederverwertbarer Einwegverpackungen und Verpackungsmaterialien, Kennzeichnungspflicht für alle Verpackungsmaterialien,
- Einführung einer Verpackungsabgabe für alle Verpackungen außer Mehrwegflaschen. Der Abgabensatz soll einheitlich 0,70 DM/Stück betragen; die Abgaben sind beim Hersteller zu erheben. Hier werden erhebliche Substitutionseffekte erwartet, sodaß das erwartete Aufkommen relativ niedrig eingeschätzt wird.

8. Chemiesteuern

Die Chemieindustrie gilt grundsätzlich als umweltgefährdender Sektor. Aus Gründen der einfacheren Handhabung soll nicht die unübersehbare Fülle chemischer Stoffe insgesamt besteuert werden, sondern lediglich wenige besonders umweltschädliche Grundstoffe und Produkte, nämlich Blei, Cadmium, Quecksilber und Chlor sowie Streusalz. Die Besteuerung ist durch ordnungsrechtliche Maßnahmen (Zulassungsverfahren neuer Stoffe, Produktionsverbote, UVPs, etc.) zu flankieren. Das Aufkommen der Chemieabgaben soll insbesondere zur Altlastensanierung, besseren Ausstattung der Gewerbeaufsichten wie zur Förderung einer sanften Chemie verwendet werden.

9. Abgaben in der Landwirtschaft

Stickstoffdünger und Pestizide im landwirtschaftlichen Einsatz belasten vor allem Grund- und Trinkwasser und gefährden über die Nahrungskette den Menschen. Besonders gefährliche chemische Pflanzenschutz- und Schädlingsbekämpfungsmittel sind zu verbieten. Die übrigen sind mit einer Lenkungsabgabe zu belegen. Die Mittel könnten für Ausgleichszahlungen wegen Ertragseinbußen verwendet werden.

10. Abwasserabgaben

Eine Abwasserabgabe ist bisher die einzige existierende Emissionsabgabe für Direkteinleiter in Deutschland. Gezahlt wird nach Schadstoffeinheiten, die für verschiedene Stoffe gelten: Organische Halogenverbindungen, Quecksilber, Cadmium, Chrom, Nickel, Blei, Kupfer, Phosphor und Stickstoff. Das bisherige Gesetz bietet viele Ausnahme- und Ermäßigungsregeln. Das Wasserhaushaltsgesetz ist deswegen zu verschärfen:

- Aufnahme von Salzen (Chlorid, Sulfat) in die Liste abgabenpflichtiger Stoffe,
- erhebliche Erhöhung der Abgabensätze (8O,- DM/Schadeinheit),
- Verschärfung der Rahmenbedingungen der Abwasserabgabe. Das Abgabenaufkommen muß in voller Höhe zur Steigerung der Abwasserreinheit verwendet werden.

11. Schaffung einer Grundwasserabgabe

Mit ca. 7,5 Mrd. m^3 Grundwasserentnahme pro Jahr übertrifft die Industrie die öffentliche Wasserversorgung mit nur 6,5 Mrd. m^3. Belastet werden soll zunächst nur die Grundwasserentnahme industrieller Eigenversorger, um einen ökonomischen Anreiz zur Verminderung des Wasserverbrauchs, zur Umstellung auf Oberflächenwasser bzw. auf geringerwertiges Grundwasser oder im Braunkohlenabbau zur sorgfältigen Behandlung und Verwertung des Grundwassers zu schaffen. Der Abgabensatz soll zunächst auf 0,50 DM/m^3 festgesetzt werden und in einigen Jahren auf 1.-DM steigen. Damit wird eine Reduzierung des Verbrauchs um 20 % erwartet. Das Aufkommen ist zur Strukturverbesserung der Wasserversorgung zu verwenden

12. Abgaben auf Flächenverbrauch und Versiegelung

Derzeit sind ca. 12,5 % der Fläche des (alten) Bundesgebietes überbaut, der tägliche Landschaftsverbrauch beträgt ca. 120 ha. Angesichts der Notwendigkeit raschen und wirksamen Handelns ist im Naturschutz dem Ordnungsrecht Vorrang vor ökonomischen Lösungen zu geben. Umweltabgaben können nur flankierende Funktionen übernehmen.

Für eine Flächenangabe bietet sich sowohl eine Gestaltung als Steuer wie als Sonderabgabe an. Bei der Alternative zwischen einer einmaligen und jährlichen Zahlungen ist der zweiten Form aus Gründen des geringeren Verwaltungsaufwandes der Vorzug zu geben. Abgabenpflichtig sollen folgende Anlässe sein:

- Versiegelung und Überbauung von Freiflächen,
- Bodenverbrauch für Deponien, Halden, Energietrassen, Erdöl- und Erdgasspeicher,
- Abgrabungen aller Art (nicht-energetische Materialien, Torf, Kohle im Tagebau),
- Umwandlungen von Wald- und Grünflächen in Ackerböden oder Freizeitanlagen.

Wünschenswert wäre dabei eine Differenzierung des Abgabensatzes nach der regionalen Flächensituation, der Intensität der Eingriffe, nach der Qualität des genutzten Bodens oder nach der für ihn geeigneten Nutzung.

Bei einem aus Vereinfachungsgründen zunächst einheitlich gestalteten Abgabensatzes von 30.-DM/m^2 würden bei einer erwarteten Verbrauchsreduzierung von 25 % ca. 9,9 Mrd. DM Aufkommen erzielt. Die Einnahmen sollen im Bereich des Boden und Landschaftsschutzes eingesetzt werden (Naturschutz- und Renaturierungsmaßnahmen, Förderung der Extensivierung der Landwirtschaft, Biotopschutz, etc.).

4.3.2.2 Die Vorstellungen der Parteien

Wie bereits erwähnt, stehen alle Parteien vom Grundsatz her Umweltabgaben mehr oder weniger aufgeschlossen gegenüber. Gemeinsamkeiten sind allerdings nur in dieser generellen Aussage vorhanden. Im Detail unterschieden sich die Vorstellungen erheblich.

Im Vorfeld der Bundestagswahl 1990 wurde Umweltschutz zu einem Wahlkampfthema hochstilisiert. In diesem Zusammenhang formulierten die Parteien auch ihre Vorstellungen zu Umweltabgaben.

Die **CDU** will grundsätzlich **alle marktwirtschaftlichen Instrumente** bis hin zu Abgaben und differenzierten Steuern zur Verbesserung der Umweltsituation einsetzen. Treibende Kraft ist dabei der Bundesumweltminister, der eine Reihe von Umweltabgaben einführen möchte. Damit steht er allerdings im Widerspruch zu anderen Forderungen seiner Partei, die sich stärker Interessen der Industrie und deren internationaler Wettbewerbsfähigkeit verpflichtet sehen.

Zu den vom Bundesumweltminister favorisierten Abgaben zählen[232]

- die Einführung einer EU-harmonischen CO_2-Abgabe für Kraftwerke, Industrie und Haushalte, um die Verpflichtung zur 25 %igen CO_2-Reduzierung bis zum Jahr 2005 einhalten zu können,
- eine Deponie-Abgabe für gewerblichen Sondermüll,
- Naturschutzabgaben für Landschaftsverbrauch durch Besiedelung und Straßenbau,
- Umstellung der Kfz-Steuer auf Schadstoffemissionen,
- bundesweite Einführung eines Wasserentnahmeentgeltes (Wasserpfennig) nach dem Muster Baden-Württembergs.

Die CSU lehnt "sozialistische Pläne, Umweltziele mit massiven Steuern und Abgabeerhöhungen" zu erreichen, wegen ihrer "verheerenden wirtschaftlichen und sozialen Auswirkungen gerade zu Lasten der kleinen Leute" ab. Damit lehnt sie aber dennoch nicht den Einsatz von Umweltabgaben grundsätzlich ab. *"Umweltabgaben, deren Zweck eine Verhaltensänderung in Richtung umweltfreundliches Verhalten ist, sind vor allem geeignet zur Steuerung von Mengen (z. B. bei Abfall, Energie). Das Abgabenaufkommen muß dabei zwingend zur Förderung des jeweils gewünschten Verhaltens eingesetzt werden."*[233]

[232] vgl. Bilanz des Umweltministers 1990, a. a. O., Band 1: Umweltpolitik - Ziele und Lösungen, S. 96ff

[233] Leitantrag zum CSU-Parteiausschuß am 17.02.1990 in Augsburg

Für die Umweltpolitik der **SPD** spielen Ökosteuern und Umweltabgaben eine zentrale Rolle. Der Bericht der Partei-Kommission "Fortschritt '90" enthält konkrete Aussagen dazu. Im Mittelpunkt steht die Steuerbelastung des Energieverbrauchs. Zu den vorgeschlagenen Maßnahmen im einzelnen:

Energiesteuern (zusätzlich)	• Benzin bleifrei	45 Pf/l
	• Benzin verbleit	50 Pf/l
	• Diesel	40 Pf/l
	• Flugbenzin	50 - 117 Pf/l
	• Heizöl leicht	9 Pf/l
	• Heizöl schwer	4 Pf/l
	• Ölprodukte für die Chemie	7,5 Pf/l
	• Gas/Flüssiggas	5,8 Pf/l (m^3)
Sonderabgaben	• Abgaben auf Einweggetränkepackungen, 20 Pf/Dose, Karton; 50 Pf/Glas, Kunststoff • Luftschadstoffabgaben für industrielle und energiewirtschaftliche Feuerungsanlagen (SO_2, CO_2, NO_x, Stäube) • Sondermüllabgaben • Erhöhung der Abwasserabgaben von 40 DM auf 140 DM je Schadstoffeinheit bis zum Jahr 2000 • Abgaben auf Massentierhaltung	

Wesentliches Kennzeichen der sozialdemokratischen Vorstellungen ist die **Aufkommensneutralität** der Maßnahmen, die dazu führen soll, daß ein Ausgleich an anderer Stelle die genannten Steuererhöhungen für die Steuerzahler insgesamt kompensieren soll. Dazu sind folgende Maßnahmen geplant:

- Senkung der Lohn- und Einkommenssteuer durch Verbesserung des Grundfreibetrages von 5.600/11.200 DM auf 8.000/16.000 DM,

- Umwandlung der Kilometerpauschale für Fahrten zum Arbeitsplatz in eine Entfernungspauschale und Abschaffung der Kfz-Steuer, zusätzliche Einführung einer Fernpendlerpauschale von 20 Pf/km,

- soziale Ausgleichsleistungen für Rentner und Bezieher von Sozialhilfe und BAföG,

- Förderung von betrieblichen Energiesparinvestitionen sowie Fortsezung und Weiterentwicklung der steuerlichen Förderung von Umweltschutzinvestitionen in Betrieben,

- zweckgebundener Einsatz zur Förderung des Umweltschutzes aus dem Aufkommen der Sonderabgaben (8 Mrd DM).

Die Kritik an den SPD-Vorstellungen bezieht sich vor allem auf vier Aspekte:[234]

- Das Konzept beschränkt sich auf den Energiesektor und schont dabei die Energieträger Kohle und Kernkraft,
- die erwarteten Wirkungen bei Preiserhöhungen von 20 - 60 % werden nicht genügend beachtet. Drastische Verbrauchsreduzierungen senken das Abgabenaufkommen und bewirken zwangsläufig neue Steuererhöhungen,
- Kommunen werden doppelt belastet. Einerseits müssen sie selbst Energiesteuern zahlen, auf der anderen Seite trifft sie der Einnahmenausfall aus der Senkung der Lohn- und Einkommenssteuern,
- die Mittelverwendung ist ökologisch diffus, wenn sie für die Einkommenssteuerreform verwendet wird. Damit fehlen Mittel zur Finanzierung eines ökologischen Strukturwandels.

[234] vgl. Jüttner, H., a. a. O., S. 94

Die **F.D.P.** ist entsprechend ihrer **wirtschaftsliberalen Auffassung** für eine generelle Senkung der Staatsquote, insbesondere eine erhebliche Senkung der Körperschafts- und Einkommenssteuer. Ein Umbau des Steuersystems zu einem Öko-Steuersystem wird deshalb kategorisch als ökologisch unwirksam und wirtschaftsschädlich abgelehnt. Dennoch werden in Teilbereichen Abgabenlösungen zur Unterstützung des Ordnungsrechtes als tauglich betrachtet.

Im "ökologischen Programm für die 90er Jahre" fordert die F.D.P. den Einsatz von Umweltabgaben zum Schutz von Wasser, Luft und Boden:

- Ergänzend zu einer verursachungsgerechten Abfallgebührenerhebung wird die Einführung einer produktbezogenen Deponieabgabe für Sonderabfälle gefordert. Das Aufkommen soll zweckgebunden der Förderung einer umweltfreundlichen Abfallwirtschaft dienen.

- Die ökonomische Anreizfunktion der Abwasserabgabe soll verstärkt werden. Als Restverschmutzungsabgabe (bei Festschreibung der bestehenden Grenzwerte) kann die Abwasserabgabe "neue Impulse zur Innovation und Kostenminimierung setzen", wobei die Kostensätze kontinuierlich zu erhöhen sind.

- Für die Bekämpfung von Schadstoffen in der Luft ist ebenfalls eine Restverschmutzungsabgabe in das BImSchG einzuführen.

- Auf europäischer Ebene soll eine Klimaschutzsteuer eingeführt werden in Gestalt einer Energiesteuer auf fossile Primärenergieträger. Diese soll entweder nach dem Brennstoffwert oder dem Kohlenstoffgehalt bemessen werden. Die Mittel sollen zur Senkung der direkten Steuern verwendet werden.

Eine Beurteilung der F.D.P.-Vorschläge fällt schwer. So beziehen sie sich weitgehend auf Einzelmaßnahmen, ein geschlossenes Konzept mit einer einheitlichen Zielsetzung ist nicht erkennbar. Außerdem sind die Forderungen wenig konkret und nicht quantifiziert, sodaß mögliche Wirkungen der Maßnahmen nicht ermittelt werden können. Die Klimaschutzsteuer als Kernstück fördert einseitig die Kernenergie.

Die weitreichendsten Vorstellungen über die Einführung von Umweltabgaben sind bei den GRÜNEN zu finden. Seit 1983 haben verschiedene Gesetzesinitiativen der GRÜNEN die Einführung oder Erhöhung von Umweltabgaben zum Ziel gehabt.

1989 wurden die Vorstellungen auf der Grundlage eines Gutachtens des Institutes für ökologische Wirtschaftsforschung (IÖW) gebündelt und konkretisiert.[235]

Erhöhung der Mineralölsteuer (im 1. Schritt auf 0.50DM/l Benzin)	3,0 Mrd DM p.a.
Primärenergie- und Atomstromsteuer (Öl, Gas, Kohle, Atom)	1,4 Mrd DM p.a.
Emissionsabgaben (Co_2, NO_x, Stäube)	1,5 Mrd DM p.a.
Deponieabgabe	3,9 Mrd DM p.a.
Verpackungsabgabe	2,0 Mrd DM p.a.
Grundchemikalienabgabe	8,6 Mrd DM p.a.
Stickstoffabgabe	8,5 Mrd DM p.a.
Grundwasserabgabe	25,0 Mrd DM p.a.
Abwasserabgabe (Verschärfung)	25,0 Mrd DM p.a.
Schwerverkehrsabgabe	4,0 Mrd DM p.a.
Zusammen	**82,9 Mrd DM p.a.**

Das Wahlprogramm 1990 enthält im wesentlichen die gleichen Forderungen, fordert aber spektakulär die Erhöhung der Mineralölsteuer auf mindestens 1.-DM und bis zum Jahr 2.000 auf 5.-DM bei Berücksichtigung eines Härteausgleichs und gleichzeitigem Ausbau des öffentlichen Verkehrsangebotes.

Die GRÜNEN konzentrieren ihre Vorstellungen auf **Sonderabgaben** und sehen deshalb die Verwendung der Mittel hauptsächlich für Maßnahmen der Umweltvorsorge, für die Minderung von Umweltschäden, zur Förderung energiesparender Techniken und regenerativer Energien und für ein verkehrsmittel- und steuersatzunabhängiges Verkehrsgeld für Fahrten zum Arbeitsplatz. Rund ein Drittel der Mittel soll direkt den Kommunen zufließen.

Steuersenkungen an anderer Stelle oder zusätzliche Transferleistungen sind in diesem Konzept nicht vorgesehen, was den Vorwurf provoziert, die Maßnahmen seien sozial unausgewogen, gefährdeten heimische Arbeitsplätze und könnten in ihrer massiven Form vom Wirtschaftssystem im internationalen Wettbewerb nicht verkraftet werden.

[235] vgl. Jüttner, H., a. a. O., S. 98

4.3.3 Beurteilung der Wirkungen von Umweltabgaben

4.3.3.1 Umweltabgaben im weiteren Sinne

Wenn im vorhergehenden Abschnitt verschiedene Ansätze des Einsatzes von umweltorientierten Lenkungsabgaben dargestellt worden sind, die in Wissenschaft und Politik entwickelt worden sind, so bestehen von anderer Seite her erhebliche Einwände gegen einen massiven Einsatz von Umweltabgaben oder -steuern.[236]

Im folgenden sollen die verschiedenen Argumente, die für und gegen Umweltsteuern generell vorgebracht werden, gegenübergestellt werden.

4.3.3.1.1 Argumente für den Einsatz von Umweltsteuern

Folgende Argumente werden **für** den grundsätzlichen Einsatz von Umweltsteuern formuliert:

1. Durchsetzung des Verursacherprinzips

Steuern sind geeignet, Externalisierungseffekte durch finanzwirtschaftliche Belastungen bei den Verursachern zu kompensieren. Die Belastung der Gesellschaft durch umweltschädliche Produktion wird neutralisiert, indem zusätzliche Steuern als betriebliche Kosten für die Emittenten entstehen. **Damit wird dem Verursacherprinzip als Hauptprinzip der Umweltpolitik Rechnung getragen.**

2. Berücksichtigung volkswirtschaftlicher Effizienz

Zwar kann auch das Ordnungsrecht zur Verminderung der Emissionen beitragen und damit die Umweltqualität verbessern. Umweltabgaben filtern aber darüber hinaus diejenigen Emittenten heraus, die die gewünschten Qualitätsziele mit den geringsten volkswirtschaftlichen Kosten erzielen.[237]

Die Wirkung einer Abgabe kann an folgender Situation verdeutlicht werden. Verschiedene Unternehmen emittieren den gleichen Schadstoff, der mit einer Abgabe in spürbarer Höhe belegt wird. Unternehmen, deren Vermeidungskosten je Tonne des Schadstoffes unterhalb der Emissionsabgabe liegen, werden es vorziehen, die Emissionen zu vermeiden, anstatt die Abgaben zu zahlen. Unternehmen, deren Vermeidungskosten höher liegen, werden dagegen die Abgaben

[236] so z.B. durch das Bundesfinanzministerium in einem Arbeitspapier "Abgaben zur Förderung des Umweltschutzes" oder das Karl-Bräuer-Institut des Bundes der Steuerzahler, vgl. Handelsblatt vom 04.04.90, S. 3

[237] vgl. Zimmermann, H., Das Doppelgesicht der Ökosteuern. In: FAZ vom 23.11.91, S. 13

zahlen. **Auf diese Weise werden Emissionsminderungen immer auf die volkswirtschaftlich effizienteste Weise durchgesetzt.**

3. Einzelwirtschaftlicher Anreiz zur Kostenminimierung

Der unter 2 dargestellte Aspekt bewirkt in der Folge, daß Unternehmen mit den geringsten Vermeidungskosten Kosten- und damit Marktvorteile besitzen. Einzelwirtschaftlich ergibt sich daraus eine **Anreizwirkung**, möglichst wenig zu emittieren - auch unabhängig von bestehenden Grenzwerten - und damit Kosten einzusparen.Deshalb wird ein Wettbewerb um den Einsatz der kostengünstigsten Vermeidungstechniken einsetzen. **Umweltabgaben bewirken betrieblichen Umweltschutz mit marktkonformen Mitteln, nämlich dem Anreiz zur Kostenminimierung.**

4. Gesamtwirtschaftlicher Effekt der Förderung des Innovationsverhaltens

Der Wettbewerb zum Einsatz der kostengünstigsten Vermeidungstechniken regt die Kreativität der Emittenten an, neue, emissionsmindernde Verfahren zu entwickeln bzw. Schadstoffe gar nicht erst entstehen zu lassen. **Daraus ergibt sich der gesamtwirtschaftliche Effekt, daß Innovationen im Umweltschutz durch Abgaben gefördert und Technologieschübe bewirkt werden.**

5. Förderung flexibler Anpassungen

Abgabensätze stellen für Emittenten kalkulierbare Größen dar. Für entsprechende "Kosten" kann ein Unternehmen jederzeit und mit Sicherheit ein Recht behalten oder erwerben, bestimmte Emissionen zu tätigen.[238] In diesem Sinne kann man die Abgabe als ein flexibles Instrument betrachten, das wie ein Puffer wirkt, bis die geplanten Anpassungsmaßnahmen wie Verfahrensumstellungen oder Erschließung neuer Märkte für emissionsarme Produkte greifen können. **Abgaben bewirken somit Umweltschutzmaßnahmen auf der Basis der Freiwilligkeit.**

6. Finanzierungsquelle des öffentlichen Umweltschutzes

Umweltabgaben sind öffentliche Finanzierungsquellen. Wenn das auch nicht in allen Fällen das umweltpolitische Ziel ist, so ist es dennoch ein Nebeneffekt. Da auf der anderen Seite durch Umweltbelastungen erhebliche Aufwendungen entstehen, sei es für öffentliche Vorsorge-, Reparatur- oder Kontrollmaßnahmen, benötigt der Staat dafür zusätzliche Finanzmittel. **Umweltabgaben dienen also der Finanzierung des öffentlichen Umweltschutzes.**

---

[238] Ebenda

7. Positive Beschäftigungseffekte

Umweltabgaben bewirken zu ihrer Vermeidung Investitionen bei den betroffenen Unternehmen. Daraus ergeben sich generell positive Beschäftigungseffekte, wenn sich diese auch nur schwer quantifizieren lassen. Eine Umstellung auf umweltverträglichere Produktionsweisen hat häufig zusätzlich den Effekt, daß damit arbeitsintensivere Verfahren verbunden sind. Der Staat erhält aus dem Steueraufkommen Mittel, die darüber hinaus für öffentliche Investitionen im Umweltschutz eingesetzt werden können. Wissenschaftliche Untersuchungen haben ergeben, daß bei öffentlichen Investitionen je 1 Mio. DM mindestens 20 Arbeitsplätze entstehen[239].

8. Gesellschaftliche Akzeptanz

Es besteht eine relativ hohe Bereitschaft in der Bevölkerung, für Umweltschutz höhere finanzielle Belastungen zu akzeptieren. Umweltsteuern haben gegenüber allgemeinen Steuererhöhungen den Vorteil, daß sie in ihrer Ausrichtung auf konkrete Umweltqualitätsziele einsichtig sind.

4.3.3.1.2 Argumente gegen den Einsatz von Umweltsteuern

Gegen eine Ausweitung des Steuersystem auf zusätzliche Umweltsteuern werden eine Reihe von Argumenten ins Feld geführt:

1. Bürokratisierung und Überfrachtung des Steuersystems

Das deutsche Steuersystem ist bereits kompliziert und mit einer Fülle von Steuerarten sowie Sonder- und Ausnahmeregelungen bürokratisch überfrachtet. Die politische Zielsetzung der Vereinfachung der Steuererhebung würde unterlaufen, wenn durch neue Steuerarten und komplizierte Berechnungsmodalitäten andere, außerfiskalische Ziele mit dem Steuersystem verknüpft würden. **Umweltsteuern führen zu einer Bürokratisierung und Unüberschaubarkeit im Steuersystem.**

2. Gefährdung öffentlicher Finanzplanung

Umweltsteuern sollen primär eine umweltpolitische Lenkungswirkung besitzen und Substitutionsprozesse auslösen. Damit würden umweltpolitisch effiziente Steuerarten Verhaltensänderungen bei Produzenten bzw. Konsumenten bewirken und zu sinkendem Steueraufkommen führen. Dieser Effekt führte zu sinkenden Staatseinnahmen in einer gesellschaftlichen Situation, in der wachsende öffentliche Aufgaben konstatiert werden. **Umweltsteuern gefährden öffentliche Finanzhaushalte durch zu erwartende Einnahmeausfälle.**

---

[239] vgl. Jüttner, H., a. a. O., S. 84

3. Steigerung des Preisniveaus

Die volkswirtschaftliche Inflationsrate steigt generell durch Steuererhöhungen an. Das gilt vor allem dann, wenn die Überwälzung auf die Endpreise möglich ist. Damit wird das wichtige wirtschaftsspolitische Ziel der Preisniveaustabilität gefährdet.

4. Prognoseunsicherheit der Lenkungswirkung

Der Einsatz von Umweltsteuern unterstellt eine bestimmte Lenkungswirkung auf der Grundlage angenommener Preiselastizitäten. Die Wirkung zukünftiger Steuer- und damit Preiserhöhungen auf das Nachfrageverhalten ist aber kaum exakt zu bestimmen. Damit ist das zukünftige Substitutionsverhalten der Emittenten aber auch nicht exakt prognostizierbar und müßte über Versuch und Irrtum ermittelt werden. Da das aber politisch nicht praktikabel ist, müßten die Abgabensätze willkürlich bestimmt werden. **Abgabensätze der Umweltsteuern können nicht an der erwarteten Umweltwirkung orientiert werden.**

5. Mangelnde politische Durchsetzbarkeit

Umweltpolitisch wirksame Abgaben würden einen hohen Abgabensatz erforderlich machen. Der aber ist politisch nicht durchsetzbar. Hohe Steueraufkommen lassen sich dennoch erzielen, wenn sie sich auf einen breiten Abgabengegenstand beziehen (z. B. die Mineralölsteuer), dort aber nur mit politisch durchsetzbaren niedrigen Abgabensätzen belegt werden. Damit verfehlen sie aber ihre umweltpolitische Lenkungswirkung. Sie unterscheiden sich nicht mehr von anderen Steuern ohne Lenkungsanreize. **Politisch durchsetzbare Umweltsteuern haben keine nachhaltige Umweltwirkung, sie verkommen zu reinen öffentlichen Finanzquellen.**

6. Willkürliche Auswahl der zu besteuernden Stoffe/Produkte

Die Belastung etwa ganzer Gruppen von Stoffen der Chemie oder der daraus hervorgehenden Produkte mit ökologisch ausgerichteten Verbrauchssteuern würde den Kreis der Abgabenpflichtigen ausweiten. Die Steuergesetze müßten ständig an technische Neuentwicklungen und die neuesten Erkenntnisse der Umweltverträglichkeit angepaßt werden. Dazu ist ein relativ schwerfälliges Steuersystem nicht in der Lage. Die Auswahl lediglich ausgewählter Stoffe und Verfahren, die zu besteuern wären, würde dagegen dem Gleichbehandlungsgrundsatz widersprechen und eventuell ökologisch fragwürdige Substitutionsprozesse auslösen. **Ausgewählte Umweltsteuern können unbeabsichtigte und kontraproduktive Wirkungen auslösen.**

7. Mangelnde Sozialverträglichkeit

Umweltabgaben belasten alle Umweltnutzer gleichermaßen, ohne nach deren Einkommenssituation oder Belastungsmöglichkeiten zu differenzieren. Das hat zur Folge, daß finanzkräftige Emittenten sich ihre Belastungsmöglichkeiten erkaufen oder sich Substitutionsmöglichkeiten eröffnen, während finanzschwache Umweltnutzer in ihrer Entfaltung eingeschränkt werden. (Bei einer hohen Mineralölsteuer würden das Autofahren zum Privileg der Reichen). **Umweltsteuern ohne sozialen Ausgleich sind sozial ungerecht.**

8. Mangelnde EU-Verträglichkeit

Umweltsteuern sind nur dann mit den Steuerharmonisierungsbestrebungen innerhalb des gemeinsamen Marktes vereinbar, wenn sie keinen Grenzausgleich erfordern. Damit müssen alle Verbrauchssteuern bis 1993 vereinheitlicht werden. Konkret sollen die Mehrwertsteuersätze gleich sein und die Zahl der Verbrauchssteuern auf fünf begrenzt und ebenfalls vereinheitlicht werden. Einseitige deutsche Vorstöße zur Einführung neuer Umweltsteuern würde diesem Prozeß der Steuerharmonisierung, der ohnehin auf erhebliche nationale Widerstände stoßen wird, entgegenwirken.

9. Gefährdung von Arbeitsplätzen und Exportfähigkeit

Umweltsteuern in nationalen Alleingängen verteuern Produkte auf den Weltmärkten gegenüber Konkurrenzprodukten, die in anderen Ländern ohne entsprechende finanzielle Belastungen hergestellt werden können.[240] Bei der starken Exportabhängigkeit der deutschen Volkswirtschaft werden finanzkräftige Unternehmen ihre Produktion in Länder verlagern, die ihnen günstigere Produktionsbedingungen bieten. Finanzschwächere Produzenten werden gezwungen, ihre Produktion einzustellen. In beiden Fällen würden hohe Umweltsteuern heimische Arbeitsplätze gefährden und Umweltprobleme in andere Länder exportieren. Globale Probleme wie z. B. der Klimaschutz können nur durch internationale Lösungen angegangen werden.

10. Schrägüberwälzungen

Produktabgaben unterliegen der Gefahr, daß sie nicht die gewünschten Anpassungsreaktionen bewirken. Ein Beispiel dazu:[241]

Werden Bier-Einwegflaschen mit einer Verpackungsabgabe belastet, so besteht die Gefahr, daß die Brauereien diese Abgabenbelastungen gleichmäßig auf die

---

[240] vgl. z.B. Hofmann, U., Wandert die deutsche Chemie ab? In: FAZ vom 06.11.91

[241] vgl. dazu: Wicke L. (1989), a. a. O., S. 370

10 % Einwegflaschen und die 90 % Mehrwegbehälter verteilen und an die Konsumenten weitergeben. Dies wird um so eher geschehen, als in dem Marktsegment der Einwegflaschen ein profitables Geschäft gesehen wird. Eine beabsichtigte Wirkung der Förderung von Mehrwegsystemen würde damit unterlaufen.

4.3.3.2 Ökosteuern versus Sonderabgaben

In der politischen Auseinandersetzung wird z. T. heftig zwischen dem Einsatz von **allgemeinen Umweltsteuern** und der Einführung von **Sonderabgaben** gestritten. (Zur Abgrenzung zwischen beiden vgl. Abschnitt 4.3.1). Deshalb sollen die wesentlichen Argumente für und gegen Sonderabgaben im Verhältnis zu Umweltsteuern dargestellt werden.

4.3.3.2.1 Argumente für Sonderabgaben

1. Gezieltere Lenkungswirkung

Da bei Sonderabgaben eine Zweckbindung des Mittelaufkommens in Form einer gruppennützigen Verwendung besteht, dominiert hier die Lenkungswirkung. Eine allgemeine Finanzierungsfunktion öffentlicher Aufgaben, wie sie Umweltsteuern unterstellt werden kann, spielt hier keine Rolle. Für die Abgabenpflichtigen stellen Sonderabgaben einen **doppelten Anreiz** dar, über die Vermeidung der Zahlung sowie in Ansprüchen über die Verwendung. Das Aufkommen bietet nämlich die Möglichkeit, der belastenden Abgabe eine Zuwendung gegenüberzustellen, die denjenigen einen Förderungsanspruch verleiht, die durch Anwendung fortschrittlicher Vermeidungstechniken einen besonderen Vorsorgebeitrag leisten.[242]

2. Gezielte umweltwirksame Mittelverwendung

Der Zwang zur gruppennützigen Mittelverwendung bietet eine breite Palette von Einsatzmöglichkeiten, die kein Ausweichen in sachfremde Verwendungen zuläßt. Die Verwendungsmöglichkeiten lassen sich beispielhaft an einer CO_2-Sonderabgabe darstellen:[243] Belohnung gewünschter Verfahrens- und Verhaltensänderungen, Subventionen (einschließlich Steuererleichterungen, Bürgschaften, staatlich abgesicherter und verbilligter Darlehen) für eine rationellere Energieverwendung für Altbausanierungen, Modernisierung des Bestandes an Heizungen, Geräten und Produktionsanlagen, Wärmerückgewinnung, Verfahrensänderungen, Fortbildungsmaßnahmen und Beratungsdienstleistungen, Markteinführungshilfen für Energieeinspartechnologien und regenerative Energiequellen, Verbesserung des Verkehrsflusses, Unterstützung des Nahverkehrs, etc.

---

[242] vgl. Schneider, H. K., Hansmeyer, K., a. a. O.

[243] vgl. "Sonderabgaben auf CO_2-Emissionen aus langfristigen Vorsorgegründen empfohlen." In: Handelsblatt vom 12.03.90

3. Vermeidung diskontinuierlicher Haushaltsaufkommen

Umweltsteuern stehen in einem Spannungsverhältnis zwischen Finanzierungs- und Lenkungsfunktion. Erfüllen Sie ihren Lenkungszweck, so führen sie zu sinkenden Staatseinnahmen. Anders dagegen die Sonderabgaben: Sie fließen nicht in die Haushaltspläne ein, sondern bilden Sondervermögen. Erfüllen sie damit ihren Lenkungszweck in der Umstellung der Betroffenen auf umweltverträgliches Verhalten, so sinken parallel zu den Aufkommen auch die zu fördernden Verwendungszwecke. Die allgemeinen Haushaltspläne bleiben davon aber unberührt.

4. Keine Konflikte gegenüber dem EU-Recht

Ökologische Sonderabgaben sind jetzt und in Zukunft nach dem EU-Recht zulässig. Sie werden auch beim Export nicht erstattet, behalten also auch dort ihre Lenkungswirkung. Allerdings gewinnen mittlerweile auch auf EU-Ebene Umweltabgaben an Bedeutung. So hat die EU-Kommission 1991 Eckwerte für ein CO_2-Abgabe vorgelegt, die in nationales Recht umgesetzt werden muß.

4.3.3.2.2 Argumente gegen Sonderabgaben

1. Zusätzliche Belastungen der Abgabepflichtigen

Sonderabgaben außerhalb der öffentlichen Finanzpläne müssen, wenn sie ihre Lenkungswirkung erfüllen sollen, in nachhaltiger Höhe erfolgen. Da sie aber wegen ihrer besonderen rechtlichen Konstruktion keine steuerlichen Entlastungen der Abgabepflichtigen bewirken können, führen sie zu zusätzlichen finanziellen Belastungen.

2. Verkomplizierung des Steuersystems

Mit der Einführung vom Umwelt-Sonderabgaben würde der Steuer- und Abgabendschungel, der bereits 41 Steuern und Quasi-Steuern bzw. Sonderabgaben umfaßt, noch stärker wuchern und undurchdringlicher werden. Die Vorschläge der Parteien enthalten mehr als ein Dutzend weiterer spezieller Umweltabgaben.[244] Sowohl bei der Erhebung, der Kontrolle, der Aufkommensverwaltung wie der gruppennützigen Verwendung der Mittel ist für jede einzelne Abgabe ein erheblicher Verwaltungsaufwand zu notwendig, der den bürokratischen Wasserkopf wachsen läßt und einen erheblichen Teil der Mittel sachfremd bindet. Zusätzlich sind bei den zum Teil notwendigen aufwendigen Erhebungs- und Kontrollverfahren z. B. bei Emissionsabgaben Vollzugsdefizite und damit Steuerungerechtigkeiten vorprogrammiert.

---

[244] vgl. Handelsblatt vom 04.04.90, a. a. O., S. 3

3. Haushaltsrechtliche Bedenken

Das Bundesverfassungsgericht hat an die Erhebung von Sonderabgaben besondere Zulässigkeitsanforderungen gestellt (vgl. Abschnitt 4.3.1). Sie sollen damit eine **Ausnahme** von der allgemeinen, gleichmäßigen und verhältnismäßigen Erhebung von Steuern darstellen. Bei geplanten Umweltabgaben in z. T. zweistelliger Milliardenhöhe kann davon aber nicht mehr die Rede sein. Sonderabgaben würden zu **wesentlichen** Bestandteilen öffentlicher Einnahmen. Damit widersprechen sie dem Grundsatz, daß ein Parlament über ein einheitliches Budget entscheiden soll, wobei es über Einnahme- und Ausgabeprioritäten getrennt befinden können soll.

Auf eine Besonderheit dieser Problematik weist Zimmermann hin:[245] Das Ministerium, welches eine Sonderabgabe einführen konnte, hat eigene Mittel, die für dieses Ressort zweckgebunden sind. Bei der Dehnbarkeit des Begriffes "gruppennützige Verwendung" lassen sich die Verwendungszwecke zwar über die Zeit variieren, fallen aber im Zweifel immer in das gleiche Ressort. Da andere "eigene" Einnahmen der Bundes- oder Landesministerien kaum anfallen, könnten hierdurch in Zukunft Ministerien erster und zweiter Klasse entstehen.

4.3.4 Ein praktisches Beispiel: Die Abwasserabgabe

Befürworter von Umweltsteuern/-abgaben sehen in der Erhebung der **Abwasserabgabe** nach dem AbwAG ein praktisches Beispiel, wie durch Erhebung solcher Abgaben die Effizienz im Umweltschutz (d. h. die Lenkungswirkung mit marktkonformen Mittel) gesteigert werden kann.

Nach dem Abwasserabgabengesetz von 1976 müssen Einleiter von schädlichen Abwässern (Gemeinden als Klärwerksbetreiber und Industrieunternehmen als Direkteinleiter) eine Abgabe bezahlen. Deren Höhe richtet sich nach der Menge und Schädlichkeit des in Gewässer eingeleiteten Abwassers. Die Schädlichkeit wird anhand der oxidierbaren Stoffe, der organischen Halogenverbindungen (AOX), der Schwermetalle Quecksilber, Cadmium, Chrom, Nickel, Blei, Kupfer und ihrer Verbindungen sowie der Fischgiftigkeit ermittelt. Ab der Gesetzesnovelle von 1990 sind die Stoffe Stickstoff und Phosphor zusätzlich einbezogen.

Als Berechnungsgrundlage dient dabei eine **Schadeinheit**, die über Äquivalenzziffern die verschiedenen Schadstoffe gleichrechnet, z. B. 1 Schadeinheit = 2 kg Halogen oder 20 g Quecksilber oder 1.000 g Kupfer. Die für eine Schadeinheit zu entrichtende Abwasserabgabe (Abgabesatz) oberhalb bestimmter Schwellenwerte nach Konzentration und Jahresmenge betrug 1981 12.-DM und steigerte sich seit 1986 bis auf 40.-DM. Ab 1990 wird der Abgabensatz stufenweise bis auf 70.-DM angehoben.

[245] Zimmermann, H., a. a. O., S. 13

Der Abgabensatz wird auf ein Viertel verringert, wenn den Anforderungen aus den Abwasserverwaltungsvorschriften voll entsprochen wird. Damit soll der Einleiter veranlaßt werden, möglichst rasch moderne Techniken unabhängig von behördlichen Vorgaben einzusetzen. Die notwendigen Investitionen können mit den Abgaben, die innerhalb von 3 Jahren vor Inbetriebnahme zu zahlen sind, verrechnet werden. Damit soll verhindert werden, daß die Zahlung der Abwasserabgabe die Investition in umweltentlastende Technologien verzögert.

Die an die Länder zu entrichtende Abwasserabgabe ist zweckgebunden für Maßnahmen zu verwenden, die der Gewässerreinhaltung dienen, so z. B. für den Bau von Abwasserbehandlungsanlagen, Forschung und Entwicklung von Anlagen oder Verfahren zur Verbesserung der Gewässergüte, Ausbildung und Fortbildung des Betriebspersonals für Abwasserbehandlungsanlagen, etc. Das gesamte Aufkommen betrug 1990 ca. 500 Mio. DM.

Das Abwasserabgabengesetz wurde ursprünglich eingerichtet, um die politische Vorgabe zu erreichen, in der Bundesrepublik flächendeckend die Gewässergüteklasse II zu erreichen. Die Abwasserabgabe sollte dabei neben der Erfüllung ordnungsrechtlicher Vorgaben nach dem WHG **Anreize** bewirken, die Schädlichkeit der Abwässer durch Vermeidungsmaßnahmen, nämlich Abwasserbehandlung, Einführung abwasserarmer oder abwasserloser Produktionsverfahren und Einführung umweltfreundlicher Produkte zu vermindern. Ordnungsrecht und Anreizwirkung über Abgaben wurden miteinander verbunden.

Tatsächlich hat sich diese Wirkung eingestellt. Bereits 1980 wurde eine Studie veröffentlicht, in der 92 Unternehmen und 46 Gemeinden mit insgesamt 6 Mio. Einwohnern über die Auswirkungen des Wasserhaushaltsgesetzes und des AbwAG auf die Investitionsplanung und -abwicklung industrieller und kommunaler Direkteinleiter befragt wurden. Danach weist das AbwAG in Verbindung mit den Mindestanforderungen nach § 7a WHG umfangreiche Ankündigungs- und Signaleffekte auf. *"Rund 75 % der befragten Unternehmen und rund 65 % der in die Auswertung einbezogenen Gemeinden haben ihre Abwasserbehandlungsmaßnahmen und -entscheidungen unter dem Druck der Zangenwirkung von AbwAG und WHG durchgeführt, beschleunigt oder geändert. Bei rund 40 % der Unternehmen dürfte der Signaleffekt überwiegend auf das AbwAG zurückführbar sein."*[246]

Trotz dieser Erfolgsmeldungen wird an dem bestehenden Gesetz von verschiedenen Seiten heftige Kritik geäußert:

- Das Gesetz bietet zu viele Ausnahme- und Ermäßigungsregelungen. Es verbilligt bzw. erläßt die Abgabe bei Erreichen bestimmter niedriger Schad-

[246] Ewringmann, D., Kibat, K., Schafhausen, F. J., u. a., Auswirkungen des § 7a WHG und des AbwAG auf Investitionsplanung und -abwicklung industrieller und kommunaler Direkteinleiter. Berlin 1980, S. 7

stoffwerte. Insofern erfolgt die Umweltbelastung kostenfrei. Nur bei einer vollen und uneingeschränkten Belastung der Restverschmutzung könnte sich die Anreizwirkung für neue technische Lösungen voll entfalten.[247]

- Das Gesetz hat geringe eigenständige Wirkung. Die Einleitung von Abwässern in Gewässer ist grundsätzlich durch das WHG geregelt. Danach dürfen die Wasserbehörden Einleitungen nur genehmigen, wenn Menge und Schädlichkeit des Abwassers mindestens so gering gehalten werden, wie dies nach den allgemein anerkannten Regeln der Technik möglich ist. Die konkreten Mindestanforderungen sind in rund 40 Allgemeinen Verwaltungsvorschriften für nahezu alle Wirtschaftsbereiche und Kommunen geregelt.[248] Die Verbesserung der Wasserqualität ist eher auf diese strengen Vorschriften zurückzuführen als auf die Abwasserabgabe.

- Die Lenkungswirkung auf die Kommunen ist gering, da sie auf die Kanalbenutzer umgelegt wird und im öffentlichen Haushalt nur einen durchlaufenden Posten darstellt. Die privaten Haushalte haben keine individuellen Vorteile durch umweltgerechtes Verhalten, ebenso nicht die 90 % der Unternehmen, die als Indirekteinleiter über die Kanalnetze ihre Abwässer entsorgen.

- Die Abgabensätze werden auch nach der Novelle von 1990 als zu niedrig angesehen, um eine nachhaltige Lenkungswirkung zu erfüllen. Die neu aufgenommenen Schadstoffeinheiten für Stickstoff und Phosphor sind so großzügig bemessen, daß sie den Kubikmeter Abwasser bei Einhaltung der Einleitwerte nur um 1 Pf verteuern würden.[249]

- Es fehlen quantitative und qualitative Gewässerreinhalteziele, aus denen die Höhe der Abgabensätze abgeleitet wird. Diese werden weder an die Höhe der verursachten Umweltschäden noch an die Vermeidungskosten gekoppelt, sondern lediglich an der wirtschaftspolitischen Verträglichkeit orientiert.[250]

- Die gezielte Mittelverwendung wird als ineffizient angesehen. So werden wesentliche Teile des Aufkommens (bis zu 30 %) für Verwaltungsaufwendungen des Gewässerschutzes eher zweckentfremdet.

Trotz dieser Einwände hat die Koppelung ordnungsrechtlicher Maßnahmen mit dem Instrument der Sonderabgaben eine Wirkung erzielt, die insgesamt als erfolgreich angesehen wird. Sie hat Vollzugs- und Überwachungsdefizite aufge-

---

[247] vgl. Jüttner, H., a. a. O., S. 184
[248] vgl. Handelsblatt vom 03.04.90, a. a. O., S. 3
[249] vgl. Jüttner, H., a. a. O., S. 185
[250] vgl. Ebenda

zeigt und z. T. beseitigt. In vielen Fällen hat sie erstmals für Transparenz im Abwasserbereich gesorgt.

Im weiteren Ausbau der Verbindung ordnungsrechtlicher Maßnahmen mit Abgabenlösungen wird - auch für Lösungen anderer Emissionsbereiche - von vielen Experten eine notwendige Weiterentwicklung des umweltpolitischen Instrumentariums gesehen.

4.4 Umwelthandel

4.4.1 Übersicht

Während Umweltabgaben **Preislösungen** sind, die den Preis der Umweltnutzung beeinflussen oder fixieren und den Emittenten die Freiheit der Mengenbestimmung der Umweltbelastung überlassen, gehen **Mengenlösungen** den umgekehrten Weg. Sie geben die insgesamt zulässige Emissionsmenge eines Schadstoffes vor und überlassen dem Markt die Bestimmung des Preises bzw. die Auswahl der zugelassenen Emittenten.

Der Handel mit Umweltnutzungsrechten kann in der Form von **Kompensationslösungen** oder **Zertifikaten/Lizenzen** erfolgen. Da Kompensationsregeln an der Grenze zwischen ordnungsrechtlichen Maßnahmen und wirtschaftlichen Anreizen liegen, wurden sie bereits im Abschnitt IV.2.2 behandelt. Der grundsätzliche Ansatz von Umweltzertifikaten wurden unter II.1.2.2 dargestellt, sodaß hier insbesondere die politischen Wirkungen untersucht werden sollen.

4.4.2 Umweltzertifikate/Lizenzen

4.4.2.1 Darstellung der Funktionsweise

Das Prinzip des Instrumentariums der Umweltzertifikate/Lizenzen geht von der Idee aus, einen Markt zu schaffen für die Nutzungsrechte an den Umweltmedien, welche bisher kostenfrei genutzt werden konnten. Um einen solchen "künstlichen" Markt zu errichten, müßten die Rahmenbedingungen verändert werden. Der **Staat** müßte sich **als Eigentümer der Umweltmedien** betrachten und nach politischen Vorgaben bestimmen, bis zu welcher Emissionsmenge Umweltmedien in abgegrenzten Regionen belastet werden dürfen.

Diese mengenmäßig bestimmte Umweltbelastung mit einzelnen Schadstoffen stellt ein Gesamtbelastungsvolumen dar, welches in einzelne Schadstoffeinheiten gestückelt werden kann. Für die Stücke werden Zertifikate/Lizenzen ausgestellt, die als Emissionsberechtigungsscheine verstanden werden können. Diese können nach bestimmten Kriterien an Unternehmen/Haushalte kostenlos ausgeteilt oder auch verkauft werden, wobei dem Staat im zweiten Fall Einnahmen für die öffentlichen Haushalte zufließen würden. Emissionen der betroffenen Art dürfen nur in den zulässigen Mengen von denjenigen getätigt werden, die sich im Besitz einer entsprechenden Lizenz befinden.

Nach der Erstausgabe soll sich für die Zertifikate ein Markt bilden. Einige Vorschläge gehen auch zur Institutionalisierung einer Umweltbörse. An dieser können Emissionsberechtigungsscheine nach freier Preisbildung ge- und verkauft werden. **Verkaufen** werden dabei Emittenten, die für ihre Lizenzen einen höheren Marktpreis erzielen als die dazu notwendigen Vermeidungskosten ausmachen. **Kaufen** werden dagegen diejenigen, deren Vermeidungsaufwendungen höher wären als der Kaufpreis zusätzlicher Verschmutzungsrechte. Auf diese Weise könnte ein definierter Umweltqualitätsstandard auf die volkswirtschaftlich effizienteste Weise erreicht werden.

Ein ökonomischer Druck auf die Emittenten über Preissteigerungen der Lizenzen könnte erzielt werden, wenn deren Berechtigungsmengen durch staatliche Vorgaben (eventuell kontinuierlich) reduziert würden. Damit würden die Lizenzpreise im Verhältnis zu den Vermeidungskosten ungünstiger, was den Effekt hätte, daß eher entsprechende Investitionen ökonomisch sinnvoll wären.

Ein Beispiel für den Einsatz von Zertifikaten/Lizenzen liefert das Kieler Institut für Weltwirtschaft[251], das hierin eine sinnvolle Alternative zur Erhebung einer CO_2-Abgabe sieht. Im vorgestellten Modell soll der Markt den Abgabesatz für die in begrenzter Zahl ausgegebenen Emissionsrechte bestimmen. Eine Behörde soll das System kontrollieren. Die erste Verteilung der Lizenzen soll auf einer Versteigerung erfolgen, später soll eine Börse eingerichtet werden. Die befristet gültigen Rechte werden auf ein Mengenkontingent an CO_2-Emissionen ausgestellt. Eine Verringerung der Emissionen soll durch Verknappung der periodisch neu auszugebenden Mengen an Emissionsscheinen erreicht werden. Bemessungsgrundlage ist nicht die an der Quelle gemessene CO_2-Emission, sondern die mit einem CO_2-Faktor gewichteten fossilen Energieträger.

Diese marktwirtschaftliche Behandlung von Umweltproblemen ist bisher reine Theorie.[252] Dennoch werden immer wieder auch unter Politikern Stimmen laut, die den Einsatz eines Zertifikatsystems fordern. Für die Praxis ergeben sich aber eine Menge von Problemen, die auch den Sachverständigenrat für Umweltfragen veranlaßt haben, solche Lösungen abzulehnen.[253]

---

[251] Kurzberichte des Institutes für Weltwirtschaft, Kiel, Heft 19/91

[252] ihr wohl wichtigster Vertreter ist Holger Bonus, z. B. Bonus, H., Marktwirtschaftliche Konzepte im Umweltschutz, Stuttgart 1984

[253] Rat von Sachverständigen für Umweltfragen, Umweltgutachten 1987, Tz. 160. Mainz 1988

4.4.2.2 Beurteilung des Zertifikatsystems

Wicke[254] formuliert die wesentlichen **Vorzüge** von Umweltlizenzen:

1. Sie stellen die politisch vorgegebene maximale Belastung der Umwelt mit einem bestimmten Schadstoff für eine Region sicher. Dennoch wird über die Handelbarkeit der Lizenzen die Ansiedlung neuer Unternehmen in einem belasteten Gebiet ermöglicht, wenn Emissionen aus anderen Quellen vermindert werden.

2. Die einzelwirtschaftlichen Vermeidungskosten werden minimiert, da Unternehmen immer nur ökonomisch sinnvolle Vermeidungsinvestitionen durchführen.

3. Der Staat kann eine regionale Umweltplanung betreiben, indem er die jeweiligen Belastungsbedingungen entsprechend gestaltet.

4. Der Staat aber auch private Institutionen (Bürgerinitiativen) können durch den Ankauf von Umweltlizenzen die Umweltqualität weiter verbessern.

5. Der Staat setzt lediglich die umweltpolitischen Rahmenbedingungen, das konkrete Handeln wird den Emittenten (Unternehmen) zur freien Disposition entsprechend den Marktgesetzen überlassen. Damit handelt es sich um ein marktkonformes Mittel.

6. Das Verfahren ist administrativ relativ einfach. Der Staat gibt die maximalen Emissionsmengen vor und kontrolliert deren Einhaltung.

Diesen Vorzügen stehen allerdings gewichtige **Nachteile** gegenüber. Eine Übersicht dazu befindet sich z. B. bei Jüttner:[255]

1. Umweltlizenzen privatisieren Teile des öffentlichen Gutes Umwelt und legitimieren ihre Besitzer offen zur Umweltbelastung. Ein solches Verfahren widerspricht dem allgemeinen Bewußtseinswandel, der immer mehr zur Belastungsvermeidung tendiert.

2. Das Verfahren der **Erstausteilung** von Lizenzen wirft Probleme auf. So könnten besonders starke Umweltbelaster gegenüber denjenigen bevorzugt Lizenzen erhalten, die schon bisher größere Umweltvorsorgemaßnahmen getroffen hätten. Das würde der Verteilungsgerechtigkeit aber widersprechen. Würde der Staat die Lizenzen verkaufen, so ergibt sich das Problem des "richtigen" Preises, vergibt er sie kostenfrei, so fehlen ihm Mittel für eine aktive Umweltpolitik.

---

[254] Wicke, L. (1989), a. a. O., S. 347

[255] vgl. Jüttner, H., a. a. O., S. 48f

3. Es können erhebliche **Wettbewerbsprobleme** auftreten,

- wenn kapitalkräftige Unternehmen Lizenzen horten und damit der (mittelständischen) Konkurrenz vorenthalten.
- Ebenso können sich ertragsstarke Branchen (z. B. Chemie) Lizenzen leisten, während ertragsschwächere Wirtschaftszweige nicht mithalten können.
- Bei voller Auslastung aller Lizenzen kann neu entstehenden Wirtschaftszweigen der Marktzugang erschwert oder versperrt werden.

In allen genannten Fällen hätte der Einsatz Strukturveränderungen und Monopolisierungstendenzen zur Folge, die dem freien Spiel der Marktkräfte entgegenwirken.

4. Umweltpolitisch wirken Lizenzen nur bei kontinuierlicher Abwertung der Emissionsberechtigung. Das stößt aber im politischen Willensbildungsprozeß auf Durchsetzungsgrenzen.

5. Nationale Lizenzen würden die Gefahr der regionalen Konzentration bestimmter Belastungsarten provozieren. Der Geltungsbereich kann sich damit immer nur auf abgegrenzte Regionen mit spezifischen Belastungen beziehen. Damit ist aber die Problematik grenzüberschreitender Belastungen nicht zu lösen. Die Höchstmengen der zugelassenen Belastungen werden durch unbeeinflußbare Schadstoffimporte überschritten.

6. Es entstehen hohe Kosten der Überwachung für den Staat, dem (bei der kostenfreien Erstausgabe) keine entsprechenden Einnahmen gegenüberstehen. Dabei ist vor allem bei einer großen Zahl von Emittenten die Einhaltung erworbenen Emissionsmengen zu kontrollieren sowie auch das Verhalten der potentiellen Emittenten ohne Lizenz. Das wird gerade bei der häufig vorgeschlagenen Lizenzierung von Luftschadstoffen hohe technische und bürokratische Hürden aufstellen.

7. Es werden Vollzugsdefizite "provoziert". Wer übernimmt unter Umständen die Schließung von Unternehmen, die betriebsnotwendige Emissionslizenzen am Markt nicht erhalten?

8. Der hohe Kontrollaufwand kann Emissionslizenzen wohl nur auf wenige, besonders sensible Schadstoffe begrenzen. Damit kann nur ein kleiner Teil von Umweltproblemen behandelt werden.

Bei allen Vorbehalten wäre es ein interessantes Experiment, in einem kleinen, einfach abzugrenzenden Problembereich die umweltpolitischen Wirkungen von Lizenzlösungen praktisch zu erproben.

4.5 Umwelthaftung

4.5.1 Grundsätzliche Darstellung

Die **Verschärfung der privatrechtlichen Umwelthaftung** kann ebenfalls einen wirtschaftlichen Anreiz zu umweltgerechtem Verhalten darstellen. Dabei erhöht sich das **Risiko** von Unternehmen, für verursachte Umweltschäden schadenersatzpflichtig zu werden. Dieses Risiko muß entsprechend in die unternehmerischen Wirtschaftlichkeitsüberlegungen aufgenommen werden.

Als Reaktionen auf erhöhte Haftungsrisiken sind grundsätzlich verschiedene Verhaltensweisen der Unternehmen denkbar:

- Verzicht auf den Betrieb von Anlagen, die mit Haftungsrisiken belastet sind,
- Vornahme von risikomindernden Investitionen,
- Abschluß von Umwelthaftpflichtversicherungen, soweit das möglich ist,
- juristische Auseinandersetzungen zur Verschleppung, Verminderung oder Vermeidung der Übernahme von Schadenersatzpflichten.

Viele Beispiele belegen, daß das Verhalten von Unternehmen in der Vergangenheit vor allem durch die letztgenannte Möglichkeit gekennzeichnet war. Dieser gesellschaftlich und rechtspolitisch unbefriedigende Zustand wird vor allem auf die Strukturen des geltenden Umwelthaftungsrechtes zurückgeführt.

Folgende grundsätzlichen Prinzipien der privatrechtlichen Haftung aus Umweltschäden sind denkbar:

1. **Das Verschuldensprinzip**

Derjenige ist schadenersatzpflichtig, der **schuldhaft** eine Schädigung anderer herbeigeführt hat. Dabei hat der Geschädigte das Verschulden des Schädigers konkret nachzuweisen.

Probleme ergeben sich hierbei insbesondere auf 2 Feldern:

- Der **Nachweis des Verschuldens** einzelner Schädiger ist bei der Komplexität der Umweltwirkungen und -belastungen auch aufgrund der wirtschaftlichen Ungleichheit zwischen Kläger und Beklagtem häufig nur sehr schwer zu führen,
- das Verschuldensprinzip ist **individualbezogen**, Allgemeininteressen des Umweltschutzes wie z. B. das Recht auf saubere Luft oder der Erhalt bestimmter Tier- oder Pflanzenarten werden davon nicht erfaßt.

2. Haftung nach dem Stand der Technik

Der Verschuldenstatbestand wäre bereits dann erfüllt, wenn der Betreiber einer Anlage diese nicht nach dem jeweiligen Stand der Technik (etwa durch entsprechende Verwaltungsvorschriften konkretisiert) ausgerüstet hat. Hierdurch würde das Haftungsrisiko verschärft und Anlagenbetreiber zu Vermeidungsinvestitionen veranlaßt.

3. Produzentenhaftung (verschuldensunabhängige Haftung)

Dieses Haftungsprinzip ist durch die **Umkehr der Beweislast** gekennzeichnet. Nicht der Kläger hat das Verschulden des Beklagten nachzuweisen, sondern umgekehrt werden Umweltschäden, die bei der Verwendung bestimmter Produkte entstanden sind, zunächst dem schuldhaften Verhalten des Produzenten unterstellt. Dieser hat dann die Möglichkeiten der **Exkulpation** (Schuldbefreiung), indem er den Nachweis führt, nicht schuldhaft gehandelt zu haben.

Dieses Prinzip stärkt die Rechte der Geschädigten. Die gesellschaftliche Verantwortlichkeit von Produzenten für ihre Produktion wird aber der Haftung entzogen, wenn lediglich schuldhaftes Verhalten (Vorsatz oder Fahrlässigkeit) einen Schadensersatz begründen.

4. Gefährdungshaftung

Die Schadensersatzpflicht eines Produzenten/Anlagenbetreibers tritt **unabhängig von seinem Verschulden** ein. Alleine das Risiko des Betriebes umweltgefährdender Anlagen bzw. das Einbringen umweltbelastender Stoffe in die Umweltmedien begründet für die dadurch Geschädigten einen Schadensersatzanspruch.

Theoretisch führt eine solche verschuldensunabhängige Gefährdungshaftung zu einer Realisierung des Verursacherprinzips. Die Praxis der Umweltbelastungen ist aber durch eine undurchschaubare Komplexität vor allem von Summations- und Distanzschäden gekennzeichnet, sodaß große Schwierigkeiten der Zuordnung von Schäden an einzelne Verursacher entstehen.

Neben rechtstechnischen Problemen bei der konkreten Anwendung der o.a. Prinzipien bestehen weitere Probleme einer hinreichenden Umsetzung des Umwelthaftungsrechtes:

- Die Ermittlung der Schadenshöhe stößt auf Schwierigkeiten. Die Ersatzleistung beschränkt sich auf die Schadenskategorien Körper- und Sachschäden, sofern sie direkte Vermögensbeeinträchtigungen bewirken. Insbesondere Körperschäden werden nach geltender deutscher Rechtsprechung aber äußerst gering bewertet und führen die Geschädigten häufig in den sozialen Abstieg.

- Schäden, die nicht zu individuellen Vermögensbeeinträchtigungen führen (sogen. ökologische Schäden), werden grundsätzlich nicht erfaßt und führen nicht zu Schadensregulierungen.

4.5.2 Die wichtigsten Rechtsgrundlagen der Umwelthaftung

Normen zur Umwelthaftung sind im Zivilrecht verstreut, überlagern sich zum Teil mit öffentlich-rechtlichen Umweltschutzrechtsnormen oder konkurrieren mit diesen. Überlagerungen des Zivilrechts entstehen vor allem durch öffentlich-rechtliche Normen, die die Durchsetzung privatrechtlicher Ansprüche im wirtschaftlichen Interesse eines Anlagenbetreibers/Produzenten einschränken.

Man kann grundsätzlich 3 verschiedene Arten von Haftungsnormen unterscheiden:

- Zivilrechtliche Generalnormen,
- Normen zur Haftung aus Emissionen bzw. Immissionen bestimmter Schadstoffe,
- Haftungsnormen, die sich aus der Schädigung durch Produkte ergeben.

Neben diesen gesetzlichen Normen spielt bei der Umwelthaftung das Fallrecht, d. h. höchstrichterliche Rechtssprechungen eine wesentliche Rolle.

1. Die Schadensersatzpflicht nach § 823 BGB

"*I. Wer vorsätzlich oder fahrlässig das Leben, die Gesundheit, die Freiheit, das Eigentum oder ein sonstiges Recht eines anderen widerrechtlich verletzt, ist dem anderen zum Ersatze des daraus entstehenden Schadens verpflichtet.*

II. Die gleiche Verpflichtung trifft denjenigen, welcher gegen ein den Schutz eines anderen bezweckendes Gesetz verstößt. Ist nach dem Inhalte des Gesetzes ein Verstoß gegen dieses auch ohne Verschulden möglich, so tritt die Ersatzpflicht nur im Falle des Verschuldens ein."

Über diese Generalregelung des BGB wird eine deliktische Verantwortlichkeit von Produzenten/Anlagenbetreibern begründet. Die ursprünglich reine Verschuldenshaftung warf für den Geschädigten Probleme des Nachweises hinsichtlich der Pflichtwidrigkeit, Kausalität und des Verschuldens auf.

Seit Mitte der 80er Jahre ist durch Rechtssprechung des BGH (Kupolofen-Entscheidung) die Beweislast für das pflichtwidrige und schuldhafte Verhalten des Herstellers im Rahmen dieser Norm weitgehend umgekehrt worden[256].

---

[256] vgl. Wieckhorst, T., Bisherige Produzentenhaftung, EG-Produkthaftungsricht- (Fortsetzung...)

Haftungsgrundlage ist danach die Pflicht zur Gefahrenabwendung durch den Hersteller/Betreiber. Diese beinhaltet eine Organisationshaftung: Der Betrieb muß so gut organisiert sein, daß der gesamte Ablauf von der Konstruktion über die Produktion ist zur Endkontrolle beherrschbar wird. Beurteilungsmaßstab ist dabei der Stand der Technik (etwa nach den Technischen Anleitungen).

Der Geschädigte hat zu beweisen, daß die Rechtsgutverletzung durch einen Fehler herbeigeführt worden ist, der im Organisations- und Gefahrbereich des Herstellers/Betreibers entstanden ist. Für den Nachweis der haftungsbegründenden Kausalität reicht bei einem typischen Geschehensablauf der **Anscheinsbeweis**. Der Schädiger hat dagegen zu beweisen, daß er die gültigen Vorschriften eingehalten hat, sich demnach also rechtmäßig und schuldlos verhalten hat. Kann er dies nicht beweisen, so gilt die **Vermutung** für sein Verschulden, und er ist schadensersatzpflichtig. Der Schadensersatz kann in Form eines Beseitigungs- oder Unterlassungsanspruchs geltend gemacht werden, in der Regel läuft er jedoch auf einen geldwerten Ausgleich hinaus.

2. Die Immissionsschutzbestimmung des § 906 BGB (Zuführung unwägbarer Stoffe)

"I. *Der Eigentümer eines Grundstückes kann die Zuführung von Gasen, Dämpfen, Gerüchen, Rauch, Ruß, Wärme, Geräusch, Erschütterungen oder ähnliche von einem anderen Grundstück ausgehenden Einwirkungen insoweit nicht verbieten, als die Einwirkung die Benutzung seines Grundstückes nur unwesentlich beeinträchtigt.*

II. *Das gleiche gilt insoweit, als eine wesentliche Beeinträchtigung durch eine ortsübliche Benutzung des anderen Grundstücks herbeigeführt wird und nicht durch Maßnahmen verhindert werden kann, die Benutzern dieser Art wirtschaftlich zumutbar sind. Hat der Eigentümer hiernach eine Einwirkung zu erdulden, so kann er von dem Benutzer des anderen Grundstücks einen angemessenen Ausgleich in Geld verlangen, wenn die Einwirkung eine ortsübliche Benutzung eines Grundstücks oder dessen Ertrag über das zumutbare Maß hinaus beeinträchtigt."*

Zwar sind die Ansprüche der Geschädigten hier verschuldensunabhängig, aber in ihrer Wirkung sehr eingeschränkt: Beschränkung auf **wesentliche** Einwirkungen, wirtschaftliche Zumutbarkeit für den Emittenten, Beeinträchtigung über das zumutbare Maß hinaus, ortsübliche Nutzung. Bei den hier verwendeten unbestimmten Rechtsbegriffen wird es zunehmend Aufgabe der Gerichte sein, diese im Sinne der Belasteten/Geschädigten auszulegen.

---

[256](...Fortsetzung)
linie und das neue Produkthaftungsgesetz. In: Juristische Schulung (JuS), Heft 2, 1990, S. 86f

Ein wesentlicher Mangel zur Erfassung von Umweltschäden in dieser Norm liegt darin, daß sich damit nur Schäden im nachbarschaftlichen Nahbereich erfassen lassen, nicht aber Distanzschäden. Weiterhin bezieht sich § 906 in Verbindung mit § 1004 BGB nur auf Eigentumsschäden (Sachschäden), nicht aber durch Emissionen bedingte Gesundheitsschäden. Die öffentlich-rechtliche Haftungsregelung des § 14 BImSchG schränkt die privatrechtlichen Abwehransprüche ein, indem sie grundsätzlich die Einstellung eines emittierenden Betriebes ausschließt und im wesentlichen auf Duldung und Schadensersatz beschränkt.

3. Die Regelungen nach § 22 Wasserhaushaltsgesetz (Haftung für Änderung der Beschaffenheit des Wassers)

"I. Wer in ein Gewässer Stoffe einbringt oder einleitet oder wer auf ein Gewässer derart einwirkt, daß die physikalische, chemische oder biologische Beschaffenheit des Wassers verändert wird, ist zum Ersatz des daraus einem anderen entstandenen Schadens verpflichtet. Haben mehrere die Einwirkung vorgenommen, so haften sie als Gesamtschuldner."

Diese **medienspezifische, öffentlich-rechtliche** Haftungsnorm geht vom Tatbestand der Gefährdungshaftung durch umweltrelevante **Handlungen** aus. Damit ist sie rechtstechnisch sehr weitgehend. Dennoch ergeben sich in der praktischen Anwendung auch hier noch erhebliche Probleme:

- Kausalitätsprobleme bei dem Nachweis der Zuordnung eines Schadens zu einem bestimmten Schadstoff bzw. einem bestimmten Emittenten,
- fehlende Einbeziehung ökologischer Schäden, die nicht als Vermögensschäden individuell zurechenbar sind,
- enge Auslegung des Begriffes der **Beschaffenheitsveränderung** des Wassers.

4. Das Gesetz über die Umwelthaftung (UHG)

Das neue Umwelthaftungsgesetz trat am 01.01.91 in Kraft. Es bezieht sich auf **Personen- und Sachschäden**, die durch eine **Umwelteinwirkung** verursacht worden sind, also durch Stoffe Erschütterungen, Geräusche und andere chemisch-physikalische Erscheinungen, die sich in Boden, Luft, Wasser ausgebreitet haben. Damit werden praktisch **medienübergreifend** alle Emissionen als Umweltbelastungsursachen erfaßt.[257]

Für entsprechende Umweltschäden haften die Betreiber von **Anlagen**, die in einem Anhang I des Gesetzes enumerativ aufgeführt sind (**Anlagenhaftung**). Dieser Anlagenkatalog ist im wesentlichen identisch mit dem Anhang zur 4.

---

[257] vgl. dazu: Kulmann, A., Umkehr der Beweislast bei Umweltschäden. In: Handelsblatt vom 27.02.91, S. 29

BImSchV, in der genehmigungsbedürftige Anlagen erfaßt sind. In dieser Liste sind ausführlich nahezu alle umweltrelevanten Anlagen erfaßt.

Ein 2. Anhang enthält Anlagen, für die wegen ihres erhöhten Gefährdungspotentials eine Deckungsvorsorge für mögliche Haftpflichten gefordert wird. Dadurch soll gewährleistet sein, daß Anlagenbetreiber auch im Falle besonders schwerer Schäden ihren Haftungspflichten nachkommen können. Erfüllt der Betreiber die Pflicht zur Deckungsvorsorge nicht, so kann die zuständige Behörde den Betrieb der Anlage ganz oder teilweise verbieten.

Das UHG geht vom Tatbestand der **Gefährdungshaftung** aus. Nach einer **Ursachenvermutung** wird in der Regel davon ausgegangen, daß ein eingetretener Schaden tatsächlich durch die vom Geschädigten benannte Anlage verursacht worden ist, wenn diese Anlage nach den Gegebenheiten geeignet ist, den Schaden zu verursachen. Dabei muß der Geschädigte die Eignung der Anlage zur Schadensverursachung im konkreten Fall darlegen können, lediglich ein Verursachungsverdacht reicht nicht. Dazu hat der Geschädigte ein Auskunftsrecht bei Betrieben und Behörden.

Dieser Ursachenvermutung kann sich der Betreiber nur entziehen, wenn er nachweisen kann, daß seine Anlage den bestimmungsgemäßen Betrieb eingehalten hat, d.h wenn die besonderen Betriebspflichten lt. Genehmigungsbescheid eingehalten worden sind und auch sonst kein Störfall eingetreten ist. Damit bezieht sich die Haftung auch auf den **Normalbetrieb**. Den Nachweis der Erfüllung der Betriebspflichten muß der Anlagenbetreiber über eine lückenlose Überwachung und Dokumentation mit dafür geeigneten Verfahren und Geräten erbringen, wie sie bisher im Bereich der überwachungsbedürftigen Anlagen nach GewO gefordert waren.

Wenn auch mit diesem Gesetz eine Grundlage für ein weitergehendes Umwelthaftungsrecht gelegt worden ist, so sind dennoch auch hier noch Schwächen sichtbar.[258]

- Es besteht zwar ein Auskunftsanspruch des Geschädigten bei Behörden, nicht aber ein Anspruch auf Ermittlung,
- die Haftung ist ausschließlich anlagenbezogen, Summations- und Distanzschäden, die keinem individualisierbaren Schädiger zuzurechnen sind, werden hiermit nicht erfaßt,
- sogenannte Ökoschäden, Beeinträchtigungen des Naturhaushalts, die der Allgemeinheit und keinem individuellem Eigentümer zugeordnet werden können, werden nicht erfaßt.

---

[258] vgl. dazu auch: Feldmann, F.-J., Umwelthaftung aus politischer Sicht - Zum Inkrafttreten des Gesetzes über die Umwelthaftung am 01.01.1991. In: Umwelt- und Planungsrecht, Heft 7/91, S. 45ff

Mit diesem Umwelthaftungsgesetz ist es z. B. immer noch nicht möglich, daß z. B.Waldbesitzer einen Schadensersatz aufgrund der Verluste aus dem Waldsterben einklagen können.

5. Die EU-Produkthaftungsrichtlinie und das Produkthaftungsgesetz

Die vom Rat der EG 1985 erlassene Richtlinie zur Angleichung der Rechts- und Verwaltungsvorschriften der Mitgliedsstaaten über die Haftung für fehlerhafte Produkte ist 1989 durch das Produkthaftungsgesetz (ProdHaftG) in nationales Recht umgesetzt worden.[259]

Das Gesetz begründet eine **verschuldensunabhängige** Haftung für alle durch ein fehlerhaftes Produkt verursachten Körper-, Gesundheits- und Sachschäden vor allem zum Schutz des privaten Endverbrauchers. [260] Ein Produktfehler liegt dann vor, wenn das Produkt nicht die Sicherheit bietet, die man unter Berücksichtigung aller Umstände zu erwarten berechtigt ist. Dabei scheiden ein gezielter Mißbrauch oder ein abwegiger Fehlgebrauch als Haftungsgrundlagen aus. Gegen einen üblichen Fehlgebrauch hat der Produzent Vorkehrungen zu treffen.

Beweisgegenstand sind Schaden, Fehler und Kausalität, wofür der Geschädigte die Beweislast trägt.[261] Konkret bedeutet das, daß der Geschädigte den Fehlernachweis und den Individualisierungsnachweis führen muß, der Hersteller ist dann gegebenenfalls in bezug auf die Haftungsausschlußgründe beweisbelastet. Das entspricht im Ergebnis der Umkehr der Beweislast, wie sie die BGH-Rechtsprechung auch auf § 823 BGB anwendet. Die Haftung entfällt allerdings, wenn der beklagte Hersteller den Beweis erbringen kann, daß der eingetretene Schaden unter Berücksichtigung des Standes von Wissenschaft und Technik zum Zeitpunkt des Inverkehrbringens des Produktes nicht zu verhindern war.

Schadenersatzansprüche stehen dem unmittelbar Geschädigten zu, im Fall der Tötung ist auch ein Unterhaltsanspruch begründet. Bei Körperschäden sind Heilungskosten und Vermögensnachteile zu entschädigen. Dabei bestimmt das ProdHaftG eine Haftungshöchstgrenze auf 160 Mio DM für alle Personenschäden, die durch ein Produkt aufgrund desselben Fehlers entstanden sind. Immaterielle Schäden können im Rahmen dieses Gesetzes nicht ersetzt werden. Es gilt eine Verjährungsfrist von 3 Jahren beginnend mit dem Zeitpunkt, in welchem der

[259] vgl. v. Westphalen, F. Graf, Das neue Produkthaftungsgesetz. In: Neue Juristische Wochenschrift, Heft 2/1990, S. 83ff

[260] Der Unterschied zur Gefährdungshaftung besteht darin, daß die verschuldensabhängige Haftung ein pflichtwidriges Handeln voraussetzt, während die Gefährdungshaftung eine Haftung für das Risiko des Inverkehrbringens unabhängig von pflicht- oder rechtswidrigem Verhalten darstellt.

[261] vgl. Wieckhorst, T., a. a. O., S. 91

Ersatzberechtigte von dem Schaden, dem Fehler und der Person des Ersatzpflichtigen Kenntnis erlangt hat.

Im wesentlichen geht die Produkthaftung nach dem ProdHaftG. nicht über die Haftung nach § 823 in der neueren Rechtssprechung hinaus.
Die Umweltrelevanz beschränkt sich auf die unmittelbare Schädigung von Produktverwendern. Eine mittelbare Schädigung von Mensch und Natur, etwa durch eine umweltbelastende Entsorgung in einer Müllverbrennungsanlage, wird hierdurch nicht erfaßt.

4.5.3 Zur Einrichtung einer Umwelt-Haftpflichtversicherung

Das neue Umwelthaftungsgesetz sieht für die in der Anlage 2 aufgeführten Betreiber gefährlicher Anlagen eine **Umwelt-Haftpflichtversicherung** vor. Eine nach § 20 UmwHaftG vorgesehene Deckungsvorsorgeverordnung steht z. Z. noch aus. Die Versicherungswirtschaft arbeitet aber an Modellen, die diese in Art und Umfang neue Versicherungsleistung umfassen und kalkulierbar machen.[262]

Mittlerweile zeichnet sich dabei eine zuerst für unmöglich gehaltene Kongruenz zwischen Haftungsdeckung und Versicherungsschutz ab. Eine einheitliche Police der Versicherungswirtschaft könnte nach diesen Vorstellungen Schäden an Boden, Luft und Wasser umfassen. Über den Schutz von Störfällen hinaus kann gegen Aufpreis auch der Normalbetrieb versichert werden. Die sogenannten Rettungskosten, die erforderlich sind, um die Ausdehnung eines ersten Schadens zu verhindern oder zu begrenzen, sind nur unter gewissen Bedingungen gedeckt. Als Höchstgrenze ist zur Zeit eine Versicherungssume von 30 Mio. DM im Gespräch.

Folgende Probleme zeichnen sich z. Z. bei der Formulierung der Versicherungsbedingungen ab:

- Die Verjährungsfristen nach dem UmwHaftG betragen bis zu 30 Jahre zur Feststellung eines Schadens nach einer Betriebsstörung. Die vorgelegten Entwürfe der Versicherungswirtschaft bieten aber nur 3 Jahre Nachhaftung.
- Schäden, die vor Vertragsabschluß entstanden, aber erst später entdeckt werden (Altlasten), sind von der Versicherung grundsätzlich ausgeschlossen. Damit ist auch ein Versicherungswechsel praktisch ausgeschlossen.
- Eigenschäden, die nach der bisherigen Police nach dem Wasserhaushaltsgesetz gedeckt waren, werden hiernach ausgeschlossen.

[262] vgl. dazu: Handelsblatt vom 11.09.91 und FAZ vom 30.10.91

Aufgabe der Versicherungswirtschaft wird es sein, das Risiko einer Schadensverursachung durch den genehmigten Betrieb einer Anlage zu ermitteln und zu versichern (Risikomanagement). Damit sollen mehrere Funktionen erfüllt werden:

- Versicherte Anlagenbetreiber sollen vor unkalkulierbaren finanziellen Risiken aus von ihnen verursachten Umweltschäden geschützt werden,
- Geschädigte sollen die finanzielle Sicherheit eines Schadensersatzes aus erlittenen Schäden erhalten,
- Verhütung von Umweltschäden aus Anlagen durch entsprechende Gestaltung der Versicherungsbedingungen und der Prämien mit Risikostaffelungen, denen sich Anlagenbetreiber anpassen müssen.

Die Versicherungswirtschaft wird in diesem Zusammenhang darauf achten, daß der Stand der jeweils neuesten Vermeidungstechniken zum Einsatz kommt, um das Versicherungsrisiko zu minimieren. Unternehmen werden veranlaßt, entsprechende Techniken einzusetzen, weil sie sonst keinen Versicherer finden bzw. über hohe Versicherungsprämien mit zu hohen Betriebskosten belastet sind. In diesem Sinne wird einer Ausweitung von Umwelt-Haftpflichtversicherungen in Zukunft größere Bedeutung zukommen, im Rahmen wirtschaftlicher Anreize Umweltbelastungen zu vermindern.

4.5.4 Einrichtung von Umwelthaftungsfonds

Die bisherigen Darstellungen zum Umwelthaftungsrecht haben deutlich gemacht, daß zwei Bereiche von der privatrechtlichen Haftung für Umweltschäden ausgenommen bleiben:

- Distanz- und Summationsschäden, denen kein individualisierbarer Verursacher zugeordnet werden kann bzw. ein solcher aufgrund seiner Lage in anderen Ländern nicht haftbar gemacht werden kann,
- Schäden aus Altlasten, bei denen der Verursacher nicht mehr belangt werden kann.

In diesen Fällen greift bisher das **Gemeinlastprinzip**, d. h. eine Schadensbeseitigung bzw. ein Schadensersatz gehen zu Lasten der Allgemeinheit mit Hilfe öffentlicher Mittel.

Eine Lösung, die dem Verursacherprinzip näher käme, wäre über eine Einrichtung von **Umwelthaftungsfonds** möglich. Dabei könnten über Abgaben auf Stoffe, Verfahren oder Produkte potentielle Schadensverursacher herangezogen werden, um Fondvermögen aufzubringen. Aus diesen werden vermutete Schäden ersetzt, wenn sonst keine andere Möglichkeit der Schadensersatzleistung besteht.

So ergab sich z. B. mit der Eingliederung der neuen Bundesländer und der unüberschaubaren und kaum öffentlich finanzierbaren Altlastenproblematik der ehemaligen DDR die Frage, ob hierfür nicht **Altlastensanierungsfonds** auf

Bundesebene in öffentlich-rechtlicher Trägerschaft in Frage kommen könnten. Als Vorbild könnte hier der in den USA gebildete Superfund für Deponiesanierungen gelten. Als Finanzierungsgrundlage könnten z. B. Abgaben auf chemische Grundstoffe herangezogen werden. Ebenso wäre ein Waldschadensfond denkbar, der aus Abgaben auf alle CO_2-Emissionen gespeist würde.

4.6 Zwangspfand und Rücknahmeverpflichtung

4.6.1 Grundlegender Ansatz

Ein wachsender und mittlerweile kaum noch zu bewältigender Teil der Umweltbelastungen ergibt sich aus den zunehmenden Abfallvolumen. Nach herrschender Wirtschaftslogik erstreckt sich die **Produktverantwortung** der Hersteller im wesentlichen auf den **Gebrauchsnutzen**, entsprechend sind auch die Produkthaftungsgesetze ausgelegt. Nicht aber in die Produktverantwortung einbezogen ist die Phase **nach** der Nutzung, in der die Produkte zu Abfall werden.

Die Idee des Instrumentariums von **Zwangspfand** und **Rücknahmeverpflichtung** hat zum Ziel, die Produktverantwortung der Hersteller auf den gesamten Produktlebenszyklus und damit die **Produktentsorgung** auszudehnen. Damit muß die Entsorgung auch Eingang in die Entscheidungs- und Kostenkalküle der Hersteller finden. Entsorgungs- und recyclingfreundliche Produkte entsprechen damit auf der **Absatzseite** zunehmend dem Verbraucherbedürfnisse, auf der **Seite der Rücknahme und Wiederverwertung** senken sie die Aufwendungen gegenüber Produkten, die nicht über entsprechende Eigenschaften verfügen. Der ökonomische Anreiz liegt entsprechend auf beiden Seiten.

Aus gesamtwirtschaftlicher Sicht können von einem solchen System folgende positiven Effekte erwartet werden:

- Verlängerung der Lebenszeit von Produkten,
- Ressourcenschonung durch Zwänge zu Abfallvermeidung und Materialrecycling,
- verringerter Einsatz von Schadstoffen oder Stoffen mit unbekannten Wirkungen,
- Entlastung der Kommunen von der öffentlichen Abfallentsorgung.

§ 14 des Abfallgesetzes ermächtigt die Bundesregierung u. a., zur Vermeidung oder Verringerung schädlicher Stoffe in Abfällen, Rechtsverordnungen zu erlassen, die bestimmen, daß bestimmte Erzeugnisse, insbesondere Verpackungen und Behältnisse nach Gebrauch zu umweltschonender Wiederverwendung, Verwertung oder sonstiger Entsorgung durch Hersteller, Vertreiber oder von diesen bestimmte Dritte zurückgenommen werden müssen und daß die Rückgabe durch geeignete Rücknahme- und Pfandsysteme sichergestellt werden muß.

Das Pflichtpfand bei Kunststoff-Einwegflaschen für Getränke und die neue Verpackungsverordnung sind erste praktizierte Einsätze dieses Instrumentariums. Die Bundesregierung plant Erweiterungen für die Bereiche Zeitungen und Druckerzeugnisse, Altautos und Elektronikgeräte, vor allem Computer.

Die Verpackungsverordnung hat seit ihrer Verabschiedung und bereits im Vorfeld für erhebliches Aufsehen bei Handel und Industrie gesorgt. Deshalb soll dieses Instrument, das eine Kombination des Ordnungsrechtes mit wirtschaftlichen Anreizen darstellt, näher vorgestellt werden.

4.6.2 Die Verordnung über die Vermeidung von Verpackungsabfällen und das Duale System

Da Ende der 80er Jahre die Entsorgungskapazitäten für Abfälle nahezu erschöpft waren, wurde nach Möglichkeiten der Entlastung gesucht. Ein Ansatzpunkt war dabei das Ziel der drastischen Reduzierung von Hausmüll und hausmüllähnlichen Abfällen, deren Volumen in der alten Bundesrepublik auf mittlerweile ca. 32 Mio. Tonnen/Jahr angewachsen war. Davon waren ca. 50 % nach dem Volumen und 30 % nach dem Gewicht Verpackungsabfälle.

Mit Hilfe der Verpackungsverordnung gem. § 14 Abs. 2 Satz 3 Nr. 1, 2 und 3 des Abfallgesetzes sollte eine drastische Reduzierung dieses Abfallvolumens über Rücknahme- und Pfandpflichten von Verpackungen erreicht werden.

Nach Vorlage eines ersten Entwurfes durch das Bundesumweltministerium ergab eine Anhörung der beteiligten Kreise aus Industrie, Handel und Entsorgungswirtschaft eine breite Ablehnung der Vorschläge, die als wirtschaftsfeindliche und ineffektive Gängelung kritisiert wurden. Als Erweiterung der Verordnung bot die Wirtschaft die Einrichtung eines von ihr getragenen haushaltsnahen Erfassungs- und Verwertungssystems von Verpackungen und sonstigen Reststoffen außerhalb der öffentlichen Abfallentsorgungan (Duales System).

Zu den wesentlichen Regelungen der verabschiedeten Verpackungsverordnung:

1. Hersteller und Vertreiber sind verpflichtet, **Transportverpackungen** (Kisten, Säcke, Paletten, Kartonagen, etc.) nach Gebrauch zurückzunehmen und einer erneuten Verwendung oder einer Verwertung außerhalb der öffentlichen Abfallentsorgung zuzuführen, Inkrafttreten ab 01.12.91,

2. Vertreiber, die Waren in **Umverpackungen** (Blister, Folien oder ähnliche Umhüllungen als zusätzliche Verpackungen um Verkaufsverpackungen) anbieten, sind verpflichtet, bei der Abgabe der Waren an Endverbraucher die Verpackung zu entfernen oder dem Endverbraucher in der Verkaufsstelle (...) Gelegenheit zum Entfernen der Verpackung zu geben. Umverpackungen müssen durch den Vertreiber einer erneuten Verwendung oder Verwertung außerhalb der öffentlichen Abfallentsorgung zugeführt werden. Die Regelung trat am 01.04.1992 in Kraft.

3. Der Vertreiber ist verpflichtet, vom Endverbraucher gebrauchte **Verkaufsverpackungen** (geschlossene oder offene Behältnisse von Waren wie Becher, Beutel, Blister, Dosen, Eimer, Fässer, Flaschen, Kanister, Kartonagen, Schachteln, Säcke, Schalen, Tragetaschen oder ähnliche Umhüllungen) in oder in unmittelbarer Nähe der Verkaufsstelle zurückzunehmen und einer erneuten Verwendung oder Verwertung außerhalb der öffentlichen Abfallentsorgung zuzuführen. Die Regelung trat am 01.01.1993 in Kraft.

4. Vertreiber, die flüssige Lebensmittel in Einweg-Getränkeverpackungen abgeben, sind verpflichtet, von ihrem Abnehmer ein Pfand von 50 Pf./Verpackung zu erheben. Gleiches gilt für Verpackungen von Wasch- und Reinigungsmitteln sowie von Dispersionsfarben. (Ebenfalls seit 01.01.93)

5. Die Verpflichtungen aus 3. entfallen für solche Hersteller und Vertreiber, welche sich an einem System beteiligen, das eine regelmäßige Abholung gebrauchter Verkaufsverpackungen an den Haushaltungen oder in der Nähe der Haushalte gewährleistet, sofern bestimmte Erfassungs-, Sortierungs- bzw. Verwertungsquoten erfüllt sind. Gleiches gilt dem Sinn nach für die Verpflichtungen aus 4.

Die deutsche Wirtschaft schaffte es, in einer großen Kraftanstrengung verschiedener Branchen und Wirtschaftsstufen mit z. T. divergierenden Interessen innerhalb von 8 Monaten, das **Duale System Deutschland** ins Leben zu rufen. Dieses soll in der Lage sein, bis 1995 flächendeckend die Ausnahmegenehmigung der VerpackVO zu erfüllen. Sollten bis dahin die vorgeschriebenen Erfassungs-, Sortierungs- und Verwertungsquoten nicht erreicht sein, so tritt die Rücknahmeverpflichtung in Kraft.

Die Finanzierung des gesamten Systems erfolgt über den **Grünen Punkt**. Mit diesem Symbol können Konsumgüterhersteller ihre Waren versehen, wenn sie bei der DSD (Duales System Deutschland) eine entsprechende Lizenz erworben haben und die Wiederverwertung des Verpackungsmaterials gesichert ist. Die Lizenzgebühr richtet sich dabei nach dem Volumen der Verpackung. Es wird geschätzt, daß jährlich ca. 2 Mrd. DM an Lizenzeinnahmen erzielt werden, die dazu eingesetzt werden, das notwendige Erfassungs-, Abhol- und Sortiersystem aufzubauen und zu betreiben. Die pro Verpackung entstehenden Kosten von ca. 2 Pf. sollen vom Handel an die Verbraucher weitergegeben werden. Dadurch sollen sich die Belastungen pro Einwohner im Monat um etwa 2 DM erhöhen.

Damit die aus Verpackungen gewonnenen Sekundärrohstoffe auch tatsächlich wieder in der Produktion eingesetzt werden können, sind weitere Unternehmen außerhalb des DSD gegründet worden.

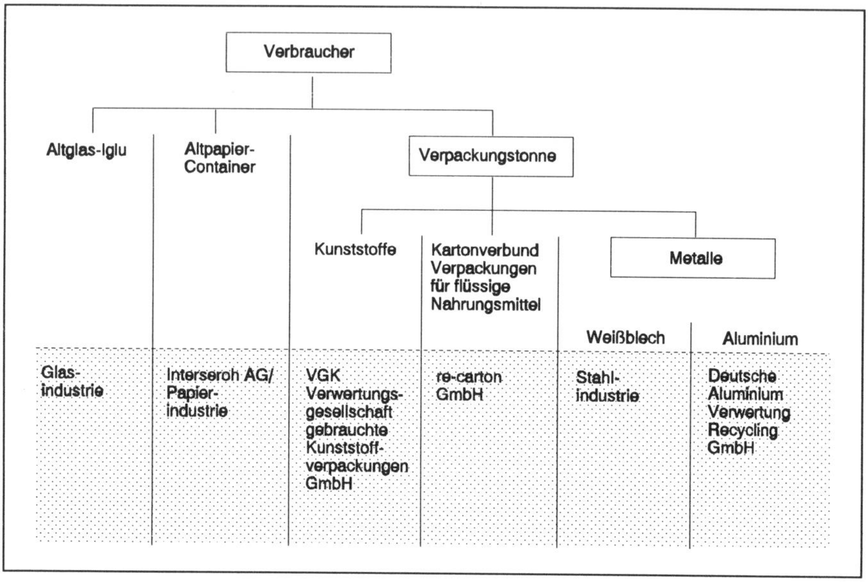

Die mit der Einführung des Dualen Systems verknüpften Erwartungen, die wachsende Abfallproblematik durch **Vermeiden** von Abfällen im Sinne des Abfallgesetzes zu erreichen, sind gespalten.

Die deutsche Wirtschaft, die für dieses System verantwortlich zeichnet, ist optimistisch, damit erfolgreich zu sein. Folgende Vorteile des Dualen Systems gegenüber ordnungsrechtlichen Maßnahmen des Staates werden vor allem ins Feld geführt:[263]

- Die Wirtschaft kann in eigener Verantwortung ohne staatliche Lenkung ein System aufbauen, in dem Abfälle als Wertstoffe nach **marktwirtschaftlichen Effizienzkriterien** genutzt werden.
- 25 % der Siedlungsabfälle, ca. 80 - 100 kg Wertstoffe pro Einwohner/Jahr, sollen dem Recycling zugeführt werden und damit Deponien und Müllverbrennungsanlagen (die öffentliche Müllentsorgung) entlasten.
- Durch das Einsammeln, Sortieren und Verwerten sollen 18.000 neue Arbeitsplätze entstehen.
- Die Drohung des Bundesumweltministers, beim Scheitern des Dualen Systems die Rücknahmepflicht in Kraft zu setzen, fördert die kreativen

[263] vgl. dazu: Meyer, J., Das Duale System: Marktwirtschaftliche Lösungen für das Verpackungsproblem. In: FAZ vom 05.11.91, S. B7

Anstrengungen und das Investitionsverhalten der Wirtschaft, um die hohen Verwertungsziele zu erreichen.

- Das Duale System verursacht nur halb so hohe Kosten wie ein Rücknahmesystem beim Handel. Der Verbraucher "spart" damit die Hälfte der entstehenden Kosten aus der VerpackVO.
- Die Konsumgüterhersteller erhalten über die zu entrichtenden Lizenzgebühren, die in die Verkaufspreise einzukalkulieren sind, Anreize zur Verpackungsvermeidung bzw. kostengünstigen Verwertung. Es wird erwartet, daß sich das Verpackungsdesign (Mengenreduzierung, Materialien) erheblich verändern wird.
- Die Vielfalt verschiedener Verpackungsmaterialien wird durch die damit verbundenen Verwertungsprobleme erheblich reduziert werden.

Dagegen gibt es eine breite Schar von Gegnern dieses Systems, die dessen umweltpolitische Wirkungen negativ sehen. Folgende Argumente werden dagegen vorgebracht:

- Das Ziel der **Abfallvermeidung** wird konterkariert, wenn die Wirtschaft unter maßgeblicher Beteiligung der Verpackungsindustrie ein Verwertungssystem in eigener Regie aufbaut. Verwerten statt Vermeiden bedeutet, daß kein **Zwang** besteht, den Verpackungsaufwand zu reduzieren.
- Der **Grüne Punkt** führt die Verbraucher in die Irre. Er suggeriert besondere Umweltfreundlichkeit der Verpackung, bedeutet aber nur weitere Verwertung. Besonders umweltfreundliche Produkte werden **nicht** mit dem Punkt ausgezeichnet.
- Die Sortierung und Verwertung insbesondere von Kunststoffmaterialien ist völlig ungesichert. Bei der unüberschaubaren Vielfalt von Kunststoffen ist die Sortierung hin zu einer verwendungsfähigen Sortenreinheit bisher technisch noch nicht gelöst. Der Verwertung von Mischkunststoffen sind aber enge Grenzen gesetzt.

Das Umweltbundesamt fordert deshalb, daß nur noch wenige Sorten von Kunststoffen als Verpackungen zugelassen werden sollten, die überdies über eine Kennzeichnung (Metalldioden oder Scanner) eine automatische Sortierung erlaubten.

- Es wird befürchtet, daß für Problemstoffe weiterhin das thermische Recycling, d. h. die Verbrennung die einzig mögliche Form der Verwertung sein wird. Damit würden dann aber wieder die kommunalen Entsorger belastet. Die Wirtschaft würde sich nur die "Wertstoff-Rosinen" heraussuchen.
- Die Entsorgungsindustrie ist nicht verpflichtet, die "Wertstoffe" innerhalb der Bundesrepublik zu verwerten. Damit wird der Müllexport gefördert.
- Es ergeben sich kartellrechtliche Probleme. Die gegründeten Verwertungsgesellschaften für die einzelnen Wertstoffe stellen praktisch Monopole dar. Sie widersprechen damit marktwirtschaftlichen Prinzipien.

- Die Akzeptanz durch die Verbraucher ist nicht sichergestellt. Das bedeutet, wenn es nicht gelingt, die Haushalte über die erwarteten Verhaltensweisen zu informieren und deren Aktivitäten zu getrenntem Sammeln und Nutzen der öffentlich zugänglichen Sammelstellen zu verbessern, muß das Erreichen der geforderten Quoten scheitern.

Es bleibt also abzuwarten, ob es der Wirtschaft gelingt, über das Duale System die ordnungsrechtlichen Zwänge der individuellen Rücknahmepflicht zu vermeiden.

5 Selbstverpflichtungen und Zusagen

Während die **Ordnungspolitik** Umweltverschmutzern verpflichtende Auflagen erteilt und **wirtschaftliche Anreize** im Gegensatz dazu an die ökonomische Rationalität der Emittenten appellieren, stellen **Selbstverpflichtungen und Zusagen** in bezug auf die Intensität der Außeneinwirkungen einen **Mittelweg** zwischen den o. a. Instrumenten dar.

Hierbei werden von Seiten der Wirtschaft **Selbstbeschränkungsabkommen** mit dem Staat abgeschlossen, in denen auf freiwilliger Basis zukünftige Umweltbelastungen reduziert bzw. ausgeschlossen werden sollen.[264]

Solche Vereinbarungen weisen bei im Einzelfall unterschiedlichen Ausprägungen gewisse Gemeinsamkeiten auf:

1. Sie stellen ein **Tauschgeschäft** zwischen dem Staat und der Wirtschaft (oder eines Teiles davon) dar. Die Wirtschaft verpflichtet sich dabei gegenüber einer staatlichen Institution zur Reduzierung bestimmter Umweltbelastungen innerhalb eines bestimmten Zeitraumes, der Staat verzichtet dafür auf den Einsatz von ordnungsrechtlichen Zwangsmaßnahmen.
   Evtl. werden für das Reduzierungsversprechen der Wirtschaft zusätzliche staatliche Leistungen in Form von Beratungsdiensten oder finanzielle Förderungen gewährt.

2. Sie sind in der Regel **rechtlich unverbindlich**, d. h. die Nichteinhaltung des Reduzierungsversprechens führt zu keinerlei staatlichen Sanktionen. Letztlich werden sie damit vom goodwill der Beteiligten getragen.

3. Absprachen werden z. T. auf kommunaler Ebene zwischen einzelnen Unternehmen und Umweltbehörden getroffen, auf Länder- oder Bundesebene vor

[264] Wicke spricht in diesem Zusammenhang auch von umweltpolitischen Kooperationslösungen

allem aber zwischen dem Staat und Branchen bzw. Verbänden (**Branchen- oder Verbandsabkommen**).

Dabei ist es auch denkbar, daß staatliche Institutionen Umweltverschmutzer zur Bildung von **Zweckverbänden** zur Umweltentlastung anregen. Solche Verbände werden vor allem auf kommunaler Ebene zur gemeinsamen Entsorgung von Abwässern oder Abfällen von Unternehmen und Gemeinden gebildet.

Die Einrichtung solcher Abkommen hat sowohl für den Staat in der Form der Umweltbehörden als auch die emittierenden Unternehmen Vorteile, die dazu geführt haben, daß inzwischen eine Vielzahl solcher freiwilliger Regelungen besteht.

Einige Beispiele aus den mittlerweile mehr als 30 Selbstverpflichtungsabkommen sind:

- Reduzierung bzw. Verzicht auf den Einsatz von FCKW als Treibgas für Sprays, Kühlmittel, Kunststoffverschäumung und Lösemittel bis zum Jahr 1995,
- Einschränkung von Tierversuchen in der Arzneimittelindustrie,
- Verhaltenskodex der chemischen Industrie für die Ausfuhr von gefährlichen Chemikalien insbesondere in Länder der Dritten Welt,
- Verpflichtung der Getränkeindustrie zur Stärkung der Mehrwegsysteme und zur Wiederverwendungszuführung von Altglas und Weißblech aus Getränkeverpackungen,
- Verpflichtung der Asbestindustrie zur Substitution von Asbestzement-Baustoffen im Hochbau durch Nichtasbest-Faserzement.

Der umweltentlastende Effekt solcher Abkommen wird häufig dadurch verstärkt, daß eine stufenweise Reduzierung (z. T. mit einem vollständigen Verzicht zu einem bestimmten Zeitpunkt) vereinbart wird. Dazu kann eine Überprüfung der Vereinbarung durch eine neutrale Stelle sowie deren Publizierung vorgesehen werden.

Für den **Staat** ergeben sich vor allem folgende Argumente, solchen Vereinbarungen zuzustimmen und dabei auf ordnungsrechtliche Maßnahmen zu verzichten:

- Freiwillige Verpflichtungen von Verbänden bzw. Branchen ermöglichen umweltwirksame Sofortprogramme, wo ein schwerfälliger Gesetzgebungs- oder Verordnungsprozeß Entlastungen auf evtl. unbestimmbare Zeit hinauszögern würde.
- Ein aufwendiger Vollzugs- und Kontrollmechanismus ist nicht notwendig.
- Das Konfliktpotential wird reduziert. Gegenüber der Öffentlichkeit stellen die sich verpflichtenden Unternehmen/Branchen/Verbände die Vereinbarungen positiv dar. Der Staat wird nicht in die Rolle des wirtschaftsfeindlichen Ordnungswächters gedrängt.

Unternehmen/Verbände sehen vor allem folgende positiven Wirkungen:

- Den beteiligten Unternehmen wird die Wahl der Mittel überlassen, mit denen sie die eingegangenen Verpflichtungen erfüllen wollen. Damit kann das jeweils ökonomisch günstigste Verhalten realisiert werden.
- Bei Branchenabkommen sind auch Verteilungsschlüssel denkbar, welche die unterschiedliche Leistungsfähigkeit der einzelnen Unternehmen berücksichtigen.
- Die Handlungsfreiheit der Unternehmen für zeitliche Anpassungsprozesse ist bei Selbstverpflichtungen größer als wenn der Staat strenge ordnungsrechtliche Maßnahmen ergreift, die in der Regel stringenter sind und keine Dispositionsfreiheiten lassen.
- Das Prinzip der Freiwilligkeit kann öffentlichkeitswirksam eingesetzt werden. Damit können die beteiligten Unternehmen öffentlicher Kritik mit dem Argument entgegentreten, sie täten mehr für den Umweltschutz als das Ordnungsrecht von ihnen verlange.

Die dargestellten Vorzüge sollten allerdings nicht dazu verleiten, in solchen Selbstverpflichtungsabkommen ein Allheilmittel zur Reduzierung von Umweltbelastungen durch die Wirtschaft zu sehen. In der Praxis haben sich bei der Durchsetzung dieses Instrumentariums verschiedene Probleme gezeigt:

- Branchenabkommen setzen voraus, daß sich alle Branchenmitglieder an der Absprache beteiligen. In vielen Branchen meidet aber ein Teil der Unternehmen die Verbandsmitgliedschaft, um sich bestimmten Branchenverpflichtungen zu entziehen, insbesondere der Gewährung von Leistungen aus Tarifverträgen. Gleiches kann auch auf Umweltabkommen zutreffen.

Die Einhaltung solcher Verpflichtungen läßt sich dementsprechend eher realisieren, wenn auf Seiten der Wirtschaft nur wenige große Unternehmen beteiligt sind, die auch einer stärkeren öffentlichen Kontrolle unterliegen. Das trifft z.B für das Abkommen der FCKW-Produzenten zu.

- Beziehen sich die Verpflichtungen auf die Reduzierung eines Gesamtvolumens an Emissionen, so ist durch Verhandlungen zwischen den beteiligten Emittenten deren jeweiliger Reduzierungsanteil zu ermitteln und durchzusetzen. Eine solche Aufgabe wird mit zunehmender Zahl von Beteiligten in der Durchführung problematischer.

Vor allem aber sind solche Absprachen innerhalb einer Branche ordnungspolitisch bedenklich, da sie geeignet sein können, den Wettbewerb einzuschränken. Sie sind mit dem geltenden Kartellrecht nur schwer zu vereinbaren.

- Solche Abkommen beziehen sich inhaltlich in der Regel auf Einschränkungen in der Produktion oder Emission ganz bestimmter Schadstoffe. Innerhalb vorgesehener Übergangsfristen sollen Aktivitäten der Wirtschaft weniger umweltbelastende Alternativen entwickeln und zum Einsatz bringen.

Dabei besteht die Gefahr, daß grundlegende und komplexe Problemlösungen verhindert werden und stattdessen **ein** belastender Stoff lediglich durch einen anderen ausgetauscht wird, dessen Umweltunschädlichkeit ebenfalls nicht eindeutig nachgewiesen werden kann. Solche Vorwürfe werden z. B. gegen die Ersatzstoffe für FCKW als Treibmittel in Spraydosen erhoben.

- Es besteht die Gefahr, daß mit der Ankündigung freiwilliger Maßnahmen lediglich eine Verschleppung von Problemlösungen beabsichtigt wird. Drohenden ordnungspolitischen Maßnahmen können die Betroffenen auf diese Weise durch solche freiwilligen Versprechen zuvorkommen. In der Realität werden die Ankündigungen dann aber z. T. nicht eingehalten oder verzögert. So wurden z. B. die 1971 gegebenen Zusagen der deutschen Automobilindustrie zur freiwilligen Abgasreduzierung nicht eingehalten.

- Bei Nichteinhaltung der Verpflichtungen durch die Betroffenen besteht kein Sanktionsmechanismus zur Durchsetzung. Der Staat kann dann lediglich mit Appellen auf die Realisierung einwirken bzw. zeitverzögert erneut mit ordnungspolitischen Maßnahmen drohen.

- Bei bestehenden Abkommen fehlt es häufig den Verfahren zur Überprüfung der Einhaltung der Verpflichtungen an Transparenz. So sind Selbstauskünfte über Emissionsreduzierungen nicht geeignet, das Vertrauen in die Wirtschaft zu stärken.

Bei einem detaillierten und weit ausgebauten Ordnungsrecht sind Selbstverpflichtungen kein grundlegend geeignetes Instrument der Umweltpolitik. Sie können aber dennoch in einzelnen abgrenzbaren Bereichen unkonventionell und schnell zu Umweltentlastungen führen, wenn ordnungsrechtliche Regularien erst auf einem langen und schwerfälligen Instanzenweg durchgesetzt werden können.

6 Förderung des Umweltbewußtseins

6.1 Generelle Probleme staatlicher Förderung von Umweltbewußtsein

Ein **umweltgerechteres Verhalten** innerhalb der Gesellschaft setzt eine **Einsicht in die Notwendigkeit** voraus. In der Nachkriegszeit war ein solches Bewußtsein nicht vorhanden, das wirtschaftliche Handeln war weitgehend vom Streben nach quantitativer Wohlstandsmehrung gekennzeichnet. Umwelt war lediglich ein Wirtschaftsfaktor, der durch Externalisierungsbemühungen in den Wirtschaftsprozeß einbezogen wurde.

In den 70er Jahren entstand in den westlichen Industrienationen langsam ein Bewußtsein dafür, daß dem ungezügelten Wachstumsstreben natürliche Aufnahme- und Abgabegrenzen entgegenstehen.[265] Dieser **Bewußtseinswandel** wurde weniger von oben durch den Staat bzw. seine Repräsentanten getragen, als vielmehr von unten durch die sogenannten **sozialen Bewegungen**: Frauenbewegung, Anti-Atomkraftbewegung, Friedensbewegung, Ökobewegung.

Eine Untersuchung aus den 80er Jahren zeigt, daß gerade die Entscheidungsträger in Politik und Wirtschaft - diejenigen also, die gesellschaftlich über die weitreichendsten Einflüsse verfügen - in der Entwicklung von Umweltbewußtsein über das geringste Potential verfügen. Dieses Dilemma behindert sicherlich den Einsatz von Mitteln, die über die staatliche Förderung das gesellschaftliche Umweltbewußtsein stärken sollen (siehe umseitig).

[265] Auslöser dafür waren u. a. die Publikationen "Die Grenzen des Wachstums" von D. Meadows u. a. (1972) für den Club of Rome sowie in Deutschland H. Gruhl, "Ein Planet wird geplündert" (1978)

	wenig umweltbewußte	technologisch lösungsorientierte	gesellschaftlich lösungsorientierte
allgemeine Bevölkerung (Bezugsgruppe)	50 %	35 %	15 %
Mitglieder in Umweltschutz-organisationen	41 %	24 %	35 %
Industrie-vertreter	80 %	16 %	4 %
Mitarbeiter in der staatlichen Umweltverwaltung	67 %	20 %	13 %

Quelle: Fietkau, H. J./Kessel, H., "Umweltbewußtsein: Nur ein Schlagwort?" in: Beer, W./deHaan, G., (Hrsg.), *Ökopädagogik*. Weinheim u. Basel, 1984, S. 37

Trotz dieser eher negativen Rahmenbedingungen ist eine gewisse Tendenz zur Stärkung des gesellschaftlichen Umweltbewußtseins unter der Initiative bzw. mit der Unterstützung staatlicher Institutionen feststellbar. Die Gründe dafür mögen in der immer offener erkennbaren Existenzbedrohung durch Umwelteinflüsse zu suchen sein.

Ein zweites Dilemma steht in der **Diskrepanz zwischen gesellschaftlichem Bewußtsein und umweltgerechtem Handeln**. So zeigt sich, daß sich trotz wachsenden Umweltbewußtseins eine umweltverträglichere Wirtschaftsweise - Konsum und Produktion - nur sehr langsam entwickeln.

Folgende Gründe können für die mangelnde Umsetzung von Bewußtsein in Handeln vermutet werden:

- **Umweltgerechtes Verhalten wird ökonomisch bestraft**. Umweltgerechter Konsum ist häufig teuerer, umweltgerechte Produktion kalkuliert sich aufgrund höherer Kosten aus dem Markt.

- Es mangelt an **Infrastruktureinrichtungen**, die umweltverträgliches Verhalten ermöglichen oder erleichtern (z. B. umweltgerechte Verkehrssysteme).

- Im individuellen Wohlverhalten wird aus der Sicht der Betroffenen ein zu geringer Beitrag zur Lösung von Gesamtproblemen im Verhältnis zu den individuellen Nachteilen gesehen (**Kollektivgutproblem**).

- Einschränkendes Verhalten erscheint Bürgern/innen häufig unbedeutend in Verhältnis zu den Umweltbelastungen, die von den Großemittenten der Industrie ausgehen.

- Gesellschaftliche Entscheidungsträger geben in ihren Verhaltensmustern häufig **schlechte Vorbilder** ab.

- Die Wirtschaft ist in der Regel nicht an **strukturellen Veränderungen** interessiert. Etablierte Unternehmen möchten ihre Märkte sichern und ausbauen. Sie bearbeiten ihre Abnehmer mit entsprechend ausgerichteter Kommunikationspolitik.

Gesellschaftliche Werte als Verhaltensmuster sind relativ stabil. Sie werden über Generationen weitervermittelt und bestimmen das kulturelle Erbe von Gesellschaftssystemen. Das Wertgefüge innerhalb der Gesellschaft westlicher Industriekulturen ist dennoch durch einen zunehmenden **Wertewandel** gekennzeichnet. Vertraute Verhaltensmuster werden aufgeweicht und in Frage gestellt. Damit geht für viele Menschen ein Orientierungsrahmen verloren.

Diese Dynamik der Werte ist für umweltorientiertes Verhalten Gefahr und Chance zugleich. Gefahren bestehen in **resignativem Verhalten** im Angesicht scheinbar unvermeidbarer Existenzbedrohungen durch Umweltkatastrophen. Chancen sind in einem **nachhaltigen Wertewandel** zu sehen, in dem verstärktes Umweltbewußtsein in umweltgerechtes Handeln als feste soziale Norm umgesetzt wird. In Ansätzen hat der Staat die Notwendigkeit erkannt und **Mittel zur Förderung des gesellschaftlichen Umweltbewußtseins** geschaffen bzw. unterstützt.

Instrumente einer entsprechenden Umweltpolitik sind auf verschiedenen Politikebenen und in verschiedenen Bereichen zu finden:

- Umwelterziehung und -bildung in den Schulen und im Berufsleben
- Aufklärungs- und Werbekampagnen
- Umweltberatung
- Umweltberichterstattung
- Umweltorientiertes öffentliches Beschaffungswesen

6.2 Umwelterziehung und -bildung in den Schulen und im Berufsleben

Die Bundesregierung sieht offensichtlich in Umwelterziehung und -bildung wichtige öffentliche Aufgaben.

"Umweltschutz erfordert verantwortliches Handeln aller Bürger. Umweltbildung und Umwelterziehung in Kindergarten, Schule und Hochschule, in der Berufsbildung und im Rahmen der Erwachsenenbildung sind daher wichtige umweltpolitische Instrumente. Ihr Ziel ist die Förderung der Mündigkeit des Menschen im Hinblick auf Einstellung und Verhalten zu Umwelt und Natur."[266]

Staatliche Aktivitäten im o.a. Sinne finden in verschiedenen Bereichen statt:

- Im Rahmen von Forschungs- und Entwicklungsvorhaben fördert das Bundesumweltministerium die Erstellung von Unterrichtsmaterialien und Lehrerhandreichungen.

- 1987 wurde ein Arbeitsprogramm Umweltbildung des Bundesministers für Bildung und Wissenschaft verabschiedet. Danach wurde in der Bund-Länder-Kommission für Bildungsplanung und Forschungsförderung (BLK) ein eigenständiger Förderungsbereich "Modellversuche und Forschungsprojekte für Umweltbildung" für alle Bildungsbereiche - Kindergärten, Schulen, berufliche Bildung, Hochschulen und Weiterbildung - eingerichtet. Bis 1990 wurden bereits 43 Vorhaben mit einem Gesamtvolumen von 20 Mio DM bewilligt.

- Auf Anregung des Bundesbildungsministers hat der Hauptausschuß des Bundesinstitutes für Berufsbildung (BIBB) 1988 eine Empfehlung "Einbeziehung von Fragen des Umweltschutzes in die berufliche Bildung" beschlossen. In der Folge wurden und werden neue Bildungsinhalte für die berufliche Ausbildung unter Einbeziehung von Umweltaspekten erarbeitet.

- An Universitäten, Fachhochschulen und anderen Bildungseinrichtungen wurde eine Fülle von Aus- und Weiterbildungsmöglichkeiten für die vielfältigen Bereiche des Umweltschutzes geschaffen.[267]

---

[266] Bilanz des Umweltministers 1990, Band: Umweltpolitik, Ziele und Lösungen, a. a. O., S. 112

[267] Eine gute Übersicht über Qualifizierungsmöglichkeiten für den Bereich Umweltschutz/Arbeitsschutz bietet die Broschüre "Umweltschutz/Arbeitsschutz", Bildung und Beruf, Heft 250/1990, hrsg. von der Bundesanstalt für Arbeit, Nürnberg

- In die Lehrpläne aller Schularten wurden Aspekte des Umweltschutzes auf vielfältige Weise aufgenommen.

- Auf kommunaler Ebene nahmen vor allem die Volkshochschulen Veranstaltungen zur Förderung des Umweltbewußtseins bzw. zur Vermittlung praktischer Kenntnisse in ihre Programme auf.

- Der EG-Bildungsministerrat hat 1988 eine Entschließung zur Umweltbildung gefaßt. In der OECD (Organisation für wissenschaftliche Zusammenarbeit und Entwicklung) geht ein länderübergreifendes Umweltbildungsprojekt in die zweite Phase.

- Die UNESCO (Organisation für Erziehung, Wissenschaft und Kultur der Vereinten Nationen) hat seit 1972 in mehreren Konferenzen Empfehlungen für die Umweltbildung erarbeitet (International Environmental Education Programm/ IEEP). Im Umweltbundesamt besteht eine UNESCO-Verbindungsstelle für Umweltbildung, die für die nationale Arbeit u. a. Handreichungen und Materialien entwickelt.

Neben diesen staatlich getragenen bzw. initiierten Maßnahmen und Projekten wird Umweltbildung auch von einer großen Anzahl nichtstaatlicher Bildungsinstitutionen und der Wirtschaft getragen. Diese vielfältigen Aktivitäten machen deutlich, daß Staat und Gesellschaft in der Umweltbildung eine wichtige Zukunftsaufgabe sehen.

An dieser Stelle ist aber die Frage zu stellen, inwieweit **Bildung** - insbesondere hoheitlich getragene Bildung - geeignet ist, Defizite im gesellschaftlichen Verhalten zu beseitigen. Dabei werden **Grenzen der Umweltbildung** erkennbar:

- Ein Bildungssystem ist immer Spiegelbild der herrschenden gesellschaftlichen Verhältnisse. Bildungsbehörden bestimmen den Rahmen (Inhalte und Organisation) des Lernens. In dem Maße, wie die Gesellschaft sich insgesamt noch mit den Umweltbedrohungen arrangiert, wird sie auch im Bildungssystem keine grundlegenden Verhaltensänderungen anregen.

- Jedes Herrschaftssystem ist darauf angelegt, bestehende Verhältnisse zu konservieren und die Machtstrukturen zu erhalten. Das gilt sowohl für politische wie für wirtschaftliche Subsysteme, die sich z. T. in wechselseitigen Abhängigkeiten befinden. Damit werden - auch in demokratischen Systemen - strukturelle Veränderungen erschwert. Hoheitlich getragene Bildung darf in diesem Sinne nur Symptombekämpfung lehren, z. B. über moralische Appelle zu umweltgerechtem Verhalten. Sie darf in der Regel nicht die herrschenden - wenn auch umweltbelastenden Strukturen - in Frage stellen.

- In unserer Gesellschaft herrscht noch weitgehend ein tiefverwurzelter Glaube an die **Macht technischer Lösungsmöglichkeiten**. Das spiegelt sich besonders in der beruflichen Umweltbildung wider, in der vor allem technischer Umweltschutz propagiert wird.

- Umweltbildung ist ein **Prozeß**, der langfristig angelegt ist, um das gesellschaftliche Normengefüge und entsprechendes Verhalten zu verändern. Die zunehmenden Umweltkatastrophen und die erkennbare globale Existenzbedrohung erfordern aber kurzfristige Verhaltensänderungen.

- Umweltbildung wird in der Regel als **tradiertes Lernen** angelegt, d. h. als Weitergabe von Wissen von Lehrenden auf Lernende. Im umweltgerechten Verhalten verfügen Lehrende aber in der Regel über kein gesichertes Wissen bzw. nicht über entsprechende Erfahrungen. Lernen im Umweltbereich müßte vielmehr als gemeinsamer Suchprozeß nach umweltgerechtem Verhalten von Lehrern und Schülern betrachtet werden.

- Umweltbildung führt zur Frustration der Lernenden, wenn die erlebte Realität den aus dem Bildungsprozeß erfahrenen Ansprüchen widerspricht. So stehen zwingende Notwendigkeiten häufig im krassen Widerspruch zu tatsächlichen Gegebenheiten und Entwicklungen.

Wenn Umweltbildung im gesamten Bildungssystem bisher nur eine bescheidene Randposition einnimmt, so ist erkennbar, daß aufgrund der zunehmenden Umweltbedrohung deren Aufwertung stattfindet. Ein wesentlicher Impuls zur Überwindung der Umweltkrise ist aber - zumindest kurzfristig - nicht aus der Umweltbildung zu erwarten.

6.3 Aufklärungs- und Werbekampagnen

Am ehesten lassen sich Umweltbelastungen dort reduzieren, wo es ohne wesentliche individuelle Nachteile möglich ist. Wenn solches Verhalten dennoch nicht stattfindet, so liegt häufig ein **Defizit an Informationen** vor.

In der Vergangenheit sind auf allen staatlichen Ebenen (Bund, Länder, Kommunen) vielfältige moralische Appelle bzw. organisierte Werbekampagnen eingesetzt worden, um individuelles umweltgerechtes Verhalten zu fördern. Beispiele auf Bundesebene sind u. a. Kampagnen zum Kauf von Katalysator-PKWs, zum Umrüsten von Altfahrzeugen, zum Tanken von bleifreiem Benzin.

Durch Ausstellungen und Verbrauchermessen informiert das Bundesumweltministerium laufend über einen umweltbewußten Umgang mit chemischen Produkten im Haushalt. Dazu existieren verschiedene Broschüren über umweltbewußten Konsum.

Das Umweltbundesamt in Berlin als nachgeordnete Behörde des Umweltministeriums veröffentlicht laufend Forschungsergebnisse und wissenschaftliche Berichte. Dort besteht ebenfalls ein Umwelt-Datenbanksystem (UMPLIS), welches ein vielfältiges Spektrum von Umweltdaten einer interessierten Öffentlichkeit zur Verfügung stellt.

Über die Vergabe des **Umweltzeichens** (Blauer Engel) liefert das Umweltbundesamt eine Orientierungshilfe für einen umweltgerechten Konsum. (Zur Kritik am Umweltzeichen vgl. Abschnitt I.1.2.3) Darüber hinaus fördert die Bundesregierung die Aufklärungsarbeit der Umweltverbände mit finanziellen Mitteln.

Auf **kommunaler Ebene** wird ständig eine Fülle von Kampagnen durch die städtischen Versorgungsbetriebe durchgeführt. Hier geht es vor allem um Wassereinsparungen, Energieeinsparungen, Müllvermeidung oder umweltgerechte Müllentsorgung, sowohl für Haushalte als auch z. T. für Industriebetriebe.

Bei der grundsätzlichen Anerkennung von Notwendigkeiten zu staatlich initiierter Verbraucheraufklärung wird an der Durchführung allerdings auch Kritik laut. Dabei kann z. T. auf die vorhergehenden Abschnitte verwiesen werden.

- Verhaltensveränderung werden nur im Rahmen der herrschenden Verhältnisse propagiert. Oftmals notwendige Strukturbrüche werden dagegen in der Aufklärungsarbeit nicht thematisiert (z. B. die notwendige drastische Reduzierung des Individualverkehrs).

- In teueren Werbekampagnen wird z. T. eine übertriebene Verschleuderung von Steuergeldern gesehen. Das gilt insbesondere in Wahlzeiten, wenn Stimmenfang der jeweils Regierenden hinter solchen Maßnahmen vermutet wird. So entschied das Landes-Verfassungsgericht NRW gegen den Umweltminister, er habe sein Budgetrecht verletzt, als er kurz vor dem Landtagswahlkampf 1990 für 5 Mio. DM eine Werbekampagne zur Müllvermeidung startete.

- Vor allem in den Kommunen wird häufig an der Glaubwürdigkeit von Kampagnen gezweifelt, in denen privatrechtliche organisierte Ver- oder Entsorgungsbetriebe zur Sparsamkeit aufrufen. Wenn z. B. Stadtwerke in der Rechtsform einer GmbH rechts- und satzungsgemäß zu erwerbswirtschaftlichem Verhalten verpflichtet sind, steht die Propagierung zu Energieeinsparungen bei ihren Kunden im Widerspruch zu ihrer formalen Zielsetzung.

6.4 Umweltberatung

Während Umweltbildung und Aufklärung eher einen allgemeinverbindlichen Vermittlungscharakter besitzen, ist **Umweltberatung** darauf ausgerichtet, **in konkreten Problemsituationen** Hilfestellungen zu umweltgerechterem Verhalten zu vermitteln. Eine exakte und überschneidungsfreie Abgrenzung dieser drei Teilbereiche ist aber nicht gegeben.

Umweltberatung als Instrument staatlicher Umweltpolitik findet vor allem in 2 Bereichen statt:

- Förderung der Verbraucherberatung für umweltgerechten Konsum,
- Kommunale Umweltberatung

Verbraucherberatung liegt hauptsächlich in den Händen der auf Länderebene angesiedelten **Verbraucherzentralen** bzw. den nachgeordneten örtlichen **Verbraucherberatungsstellen**. Ergänzend dazu besteht ein Angebot weiterer Institutionen und Verbände, z. B. von Verbraucherinitiativen, Gruppen des BUND (Bundes für Umwelt- und Naturschutz Deutschland) und der Arbeitsgemeinschaft Umwelt, Gesundheit und Ernährung (A.U.G.E.).

Die Arbeit der Verbraucherzentralen (Beratungsstellen) in der Beantwortung konkreter Verbraucheranfragen hat folgende umweltrelevanten Schwerpunkte:[268]

- **Chemie im Haushalt**

Hier liegen Schwerpunkte der Beratungsarbeit in der Produktwahl und -anwendung von Wasch- und Reinigungsmitteln, Heimwerkerchemikalien, Umweltchemikalien in Kinderzimmern sowie der Umgang mit Schädlingsbekämpfungsmitteln in Innenräumen,

- **Abfall**
  Thema ist hier insbesondere der abfallvermeidende Konsum bzw. das möglichst unschädliche Sammeln und Beseitigen von Haushaltsabfällen,

- **Wasser sparen und schützen**
  Hier geht es vor allem um Tips zum Wassersparen im Haushalt sowie Empfehlungen, wie über die gezielte Produktwahl der Wasserverbrauch der Industrie beeinflußt werden kann,

[268] vgl. dazu: Niesbach, P., Schell, U., Umweltorientierte Verbraucherarbeit der Verbraucher-Zentrale Nordrhein-Westfalen, a. a. O., S. 88ff

- **Ökologisches Bauen und Wohnen**
  Gegenstand ist die Beratung in der Gestaltung einer gesundheits- und umweltverträglicheren Wohnumwelt,

- **Energie**
  Hier spielt insbesondere die Wahl und Nutzung umweltschonender Energieträger und Heizsysteme eine wesentliche Rolle.

Die Beratungsarbeit der Verbraucherzentralen ist für die Verbreitung eines umweltgerechteren Konsums von großer Bedeutung. Hier handelt es sich wohl um das größte flächendeckende Organisationsgefüge, welches unabhängig von ökonomischen Interessen Verbraucheraufklärung und -beratung betreibt. Die Finanzierung erfolgt weitgehend aus Länder- bzw. Bundesmitteln.

Probleme für die Fortführung und den Ausbau der Beratungsstellen ergeben sich vor allem aus der mangelnden finanziellen Ausstattung. So hat der Bund 1990 z. B. seine Mittel zur Förderung der Verbraucherzentralen drastisch reduziert.

Neben der Beratung durch die Verbraucherzentralen existieren verschiedene, direkt öffentlich betriebene Umwelt-Beratungsinstitutionen vor allem auf kommunaler, aber auch auf Länderebene. Diese sind hauptsächlich in den Bereichen der Energie- und Abfallberatung tätig. In NRW z. B. bestehen zu diesen Zwecken u. a. eine **Energie-Agentur,** eine Abfallbeseitigungs-Gesellschaft Ruhrgebiet mbH sowie Umweltberatungsämter bzw. -gesellschaften verschiedener großer Kommunen.

Vor dem Hintergrund wachsender Finanzprobleme in den Kommunen und auch den Ländern besteht die Gefahr, daß diese Angebote in Zukunft drastisch reduziert werden. Außerdem sind sie weitgehend auf Ballungsgebiete beschränkt. Im ländlichen Raum besteht bisher im wesentlichen noch kein Beratungsangebot. Gleiches gilt für die neuen Bundesländer.

6.5 Umweltberichterstattung

Umweltgerechtes Verhalten wird auch dadurch gefördert, daß der Bevölkerung das gesamte Ausmaß an Belastungen bekannt ist. Eine solche **Transparenz** muß Ursachen, Quellen, Ausmaße und Entwicklungen der jeweiligen Belastungen erfassen.

Umweltberichterstattung kann von verschiedenen Institutionen ausgehen:

- Veröffentlichungen der umweltrelevanten Daten, die durch staatliche Institutionen bzw. in deren Auftrag erhoben werden (**Umweltzustandsberichte**),
- **Publizitätspflicht** für öffentliche und private Emittenten,
- Veröffentlichungen im Rahmen von **Technologiefolgenabschätzungen**.

Das Bundesumweltministerium hält die Erhebung der folgenden Einzeldaten und Zeitreihen für notwendig:

- Daten über den **Zustand der Umwelt** (Immissions-Wirkungsdaten),
- **Belastungen der Umwelt** und ihnen **zugrundeliegende Ursachen** (Emissions-, Ressourcenverbrauchs-, Produktionsdaten)
- Aktivitäten und Aufwendungen zur **Vermeidung und Verminderung von Umweltbelastungen** sowie zur Verbesserung des Umweltzustandes (Maßnahmedaten, Daten über Kosten der Umweltbelastung und Nutzen der Umweltverbesserung).

Das Umweltgutachten 1987 (Tz 250f) weist auf Informationsdefizite in diesem Bereich hin. Verfügbar sind Informationen für die einzelnen Umweltmedien und Sektoren, die oft nicht vergleichbar und unterschiedlich weit entwickelt sind.

Die Verbesserung der Umweltdatenbasis der Bundesregierung konzentriert sich auf die folgenden Schwerpunkte:[269]

- Intensivierung des Datenflusses zwischen dem Bund und den Ländern, die im Rahmen ihrer Vollzugskompetenz Umweltdaten erheben,
- die Erweiterung der amtlichen Umweltstatistik und
- der Ausbau der Umweltinformationssysteme des Bundes.

Im Rahmen der Umweltministerkonferenz haben sich Bund und Länder auf einen bundeseinheitlichen Grunddatenkatalog von Beschreibungen der Umweltsituation geeinigt. Die Waldschadenserhebung wird bereits seit 1990 einheitlich durch-

---

[269] Bilanz des Umweltministers 1990, Band Umweltpolitik, Ziele und Lösungen, a. a. O., S. 146ff

geführt. Andere Erfassungsbereiche sollen folgen. Realisierungsprobleme werden vor allem in den neuen Bundesländern gesehen.

Die Reform des Umweltstatistikgesetzes soll dazu beitragen, den gestiegenen Bedarf an umweltstatistischen Informationen über die Statistischen Landesämter und das Statistische Bundesamt zu erfüllen. Von besonderer Bedeutung ist in diesem Zusammenhang das "**Statistische umweltökonomische Berichtssystem**" des Statistischen Bundesamtes, welches die Sozialproduktsrechnung um eine Rechnungslegung der Kosten der nationalen Umweltnutzung und -belastung ergänzen soll.

Der Bund verfügt über eine Vielzahl von **Umweltinformationssystemen**. Von zentraler Bedeutung ist dabei das **Informations- und Dokumentationssystem Umwelt UMPLIS**, das vom Umweltbundesamt in Berlin geführt wird. Es enthält verschiedene Dateien, die zum Teil auch für den allgemeinen Gebrauch bzw. die Nutzung durch Behörden offen sind. Im einzelnen sind im UMPLIS enthalten:

ULIDAT	Umweltliteraturdatenbank	öffentlich zugänglich im Selbstwähldienst
UFORDAT	Umweltforschungsdatenbank	wie oben
AWIDAT	Abfallwirtschaftsdatenbank	nur zur internen Nutzung des Umweltbundesamtes
GSA	Gefahrstoff-Schnellauskunft	Nutzung für UBA, BMU, Umweltbehörden, Polizei und Feuerwehr
	Stoffdatenbank	interne Nutzung UBA
	Smog-Frühwarnsystem	Nutzung durch BMU und Umweltbehörden der Länder
LIMBA	Luftimmisionsdatenbank	Nutzung durch öffentliche Einrichtungen
EMUKAT	Emmissionsursachenkataster	interne Nutzung
MONUFAKT	Umweltschäden an Denkmälern	Nutzung durch Denkmalschutzämter
GISU	Grafisches Informationssystem Umwelt	interne Nutzung UBA

Weitere Umweltdatenbanksysteme des Bundes existieren

- bei der Bundesforschungsanstalt für Naturschutz und Landschaftsökologie (das Landschaftsinformationssystem **LANIS**),
- beim Bundesamt für Strahlenschutz (das Integrierte Meß- und Informationssystem zur Überwachung der Umweltradioaktivität **IMIS**),

- beim Institut für Wasser-, Boden- und Lufthygiene des Bundesgesundheitsamtes (die Trinkwasserqualitäts-Datenbank **BIBIDAT**).

Weiterhin verfügen die Umweltministerien der Länder bzw.die ihnen nachgeordneten Umweltbehörden über eigene Datenbanksysteme.

Von besonderer Bedeutung sind die **regionalen Umweltberichte**, in denen Städte und Landkreise ortsnahe und überwiegend sehr detaillierte Bestandsaufnahmen der einzelnen Umweltbereiche vornehmen und z. T. auch Konzepte und Perspektiven für zukünftige Umweltaktivitäten vorstellen. Diese Berichte sind in besonderer Weise geeignet, Umweltbezüge zur Bevölkerung herzustellen und das allgemeine Umweltbewußtsein zu wecken.

Die Umweltberichterstattung **privater** und **öffentlicher Emittenten** ist in Deutschland noch relativ wenig ausgeprägt. Insbesondere eine **Verpflichtung zur Informationsoffenlegung der Emissionsdaten** könnte geeignet sein, öffentlichen Druck auf die Emittenten auszuüben. Die Publikationen könnten dabei sinnvollerweise folgenden Umfang annehmen:[270]

1. Veröffentlichung der Konzentrations- und Emissionsmengenwerte der wichtigsten Genehmigungs-, Erlaubnis- und Bewilligungswerte nach dem Bundesimmisionsschutz- und dem Wasserhaushaltsgesetz (Publizitätspflicht),

2. Messung und Bekanntgabe der Immissionsdaten in Kommunen und Bezirken auf elektronischen Anzeigetafeln,

3. Recht der Überwachungsbehörden bei (gravierenden) Überschreitungen der zulässigen Werte durch die Emittenten, diese der Öffentlichkeit mitzuteilen (Publizitätsrecht); ebenso können Unterschreitungen mitgeteilt werden,

4. dabei sollte das Telemetersystem, z. B. Messung der Emissionswerte und Übertragung der ermittelten Daten per Standleitung oder per Funk an die Überwachungsbehörden, angewandt werden.

Ähnlich organisierte Überwachungssysteme haben in Japan bereits zu einer erheblichen Reduzierung der Schadstoffemissionen beigetragen. Das neugefaßte Landesabfallgesetz in NRW hat mit der Verpflichtung zur Veröffentlichung von betrieblichen Abfallbilanzen erste Ansätze eines solchen Systems.

Industriegesellschaften sind technikgläubig. Die ungehemmte Weiterentwicklung von Technik, auch technischer Fortschritt genannt, stößt allerdings auch auf zunehmende Skepsis. Bestimmte Techniken enthalten Risiken und Nebenfolgen,

---

[270] vgl. Wicke, L. (1989), a. a. O., S. 219

die eine Weiterentwicklung und Einführung unter ökosozialen Gesichtspunkten problematisch erscheinen lassen. Andererseits ist technischer Fortschritt notwendig, um die vielfältigen sozialen und ökologischen Probleme wachsender Bevölkerungen zu bewältigen.

In dieser Situation sollte eine **institutionalisierte Technikbewertung** Möglichkeiten und Beschränkungen zukünftiger technischer Entwicklungsaktivitäten aufzeigen. "**Technologiefolgenabschätzung** wird als planmäßiges, systematisches und organisiertes Vorgehen verstanden, um technische Entwicklungen, deren Folgen auf Mensch und Umwelt sowie Alternativen hierzu unter allen relevanten Aspekten zu analysieren, sie zu bewerten und daraus Handlungs- und Gestaltungsmöglichkeiten für die Politik herzuleiten."[271]

Der deutsche Bundestag hat eine **Enquetekommission zur Abschätzung der Technologiefolgen** eingesetzt. Sie soll technische Neuentwicklungen vorausschauend beurteilen und deren geplante Folgen gegen unerwünschte Nebenwirkungen abwägen. Daneben wurden bereits Bundestagskommissionen mit ähnlichen Intentionen zur Kernenergie, zu den neuen Medien und zur Gentechnologie eingerichtet.

Diese aus Wissenschaftlern und Politikern zusammengesetzten Gremien geraten allerdings allzu leicht in Beurteilungs- und Handlungslethargien, wenn politische und wirtschaftliche Interessenkonflikte auftauchen.

Mit der Beurteilung von Technikentwicklungen ist eine Menge von Problemen verbunden, die dazu führt, dieses Instrument in seiner gegenwärtigen Institutionalisierung kritisch zu betrachten:[272]

- Technologiefolgenabschätzung ist immer auch **Bewertung** von Technik, enthält somit auch subjektive Elemente. Diese sind häufig interessengeleitet.

- Die Bewertung technischer Verfahren erfolgt immer **reaktiv**, d. h. bestimmte in der Entwicklung befindliche oder fertige Techniken werden **nachträglich** beurteilt. Damit besteht in der Regel nur noch ein geringer Einfluß auf ihre Gestaltung bzw. Verhinderung.

- Die Beurteilung bestimmter Technikentwicklungen müßte als fortlaufender Prozeß organisiert sein, der ständige Revisionen und Korrekturen zuläßt. Die Praxis aber kennt in der Regel nur abgeschlossene Beurteilungsprojekte.

---

[271] Bilanz des Umweltministers, Band "Ziele und Lösungen", a. a. O., S. 87

[272] vgl. dazu auch: Ropohl, G., Die unvollkommene Technik. Frankfurt 1985

- Wissenschaftliche Beurteilung im Sinne rationaler Wissenschaftlichkeit (empirische Überprüfbarkeit und Verifizierung) läßt gesellschaftliche Bezüge und Widersprüche der Technik**anwendung** außer Betracht.

- Technikentwicklung fragt in der Regel nicht, welches die gesellschaftlichen Bedürfnisse nach mehr oder weniger Technik sind. Die Beurteilung des Technikeinsatzes wandelt diese Fragestellung ab in eine Beurteilung, welchen Nutzen oder Schaden bestimmte Techniken stiften.

- Wissenschaftliche Beurteilung ist nur sehr eingeschränkt geeignet, langfristige Folgen zu beurteilen. Technologiefolgenabschätzung müßte deshalb stärker das nicht wissenschaftlich verkleisterte **Gewissen** von Laien aufnehmen. Das aber wird im allgemeinen als unwissenschaftlich abgelehnt.

- Eine wirkungsvolle Technologiefolgenabschätzung müßte **normativen Charakter** haben, indem bestimmte als sinnvoll anerkannte Techniken öffentlich gefördert und andere, als schädlich eingestufte behindert oder verboten werden müßten. Hier stößt die Politik häufig an Durchsetzbarkeitsgrenzen gegenüber ökonomischen Partikularinteressen.

6.6 Umweltorientiertes Beschaffungswesen

Der Staat ist über den Staatsverbrauch und öffentliche Investitionen der größte einzelne Beschaffer. Über die verschiedenen Beschaffungsinstitutionen in Bund, Ländern und Gemeinden sowie die öffentlich beherrschten Unternehmen besteht die Möglichkeit, **Impulse für eine umweltgerechte Gestaltung von Materialien, Produkten oder Dienstleistungen** zu setzen. Bei der großen Nachfragemacht des Staates in einzelnen Bereichen können damit günstige Voraussetzungen für eine generelle Durchsetzung umweltfreundlicherer Produkte und Verfahren erreicht werden.

Das Vergaberecht steht der Beschaffung umweltfreundlicher Produkte nicht im Wege.[273] Entscheidend ist die von der beschaffenden Behörde vorgegebene Leistungsbeschreibung. In die "Verdingungsordnung für Leistungen - ausgenommen Bauleistungen (VOL/A)" von 1984 wurde in den Erläuterungen zu § 8 ein entsprechender Hinweis auf die Berücksichtigung des Umweltschutzes bei der Leistungsbeschreibung aufgenommen. Gleiches gilt im Prinzip auch für die VOB (Verdingungsordnung für Bauleistungen).

Umwelteigenschaften sind Qualitätsmerkmale von Produkten, ebenso wie Gebrauchstauglichkeit und Sicherheit. Auch der Grundsatz der "Wirtschaftlichkeit

---

[273] Bilanz des Umweltministers 1990, Band: Umweltpolitik, Ziele und Lösungen, a. a. O., S. 111

und Sparsamkeit" steht dem Zuschlag für ein umweltfreundlicheres, aber teuereres Produkt nicht entgegen. Den Zuschlag soll das **wirtschaftlichste**, nicht das **billigste Angebot** erhalten. Dabei sind die **gesellschaftlichen Gesamtkosten** zu berücksichtigen.

Die Vergabestellen haben dabei einen Entscheidungsspielraum, in welchem Maße höhere Kosten für umweltfreundlichere Alternativen akzeptabel sind. In der Praxis werden dabei nur Angebote Berücksichtigung finden, bei denen der Abstand zu "konventionellen" Alternativen nicht zu groß ist.

Die Neuinterpretation der VOL/A hat dazu geführt, daß in Bund, Ländern und Gemeinden vielfältige Erlasse und Anweisungen für eine umweltfreundliche Beschaffung an die Vergabestellen ergangen sind. Auf kommunaler Ebene sind z. T. Ratsbeschlüsse gefaßt worden, die generell bestimmte Beschaffungsvarianten bei öffentlichen Beschaffungsvorgängen vorschreiben (z. B. asbestfreier Hochbau, PVC-freie Kabel, Recycling-Papier, etc.).

Ein wichtiges Hilfsmittel für öffentliche (aber auch private) Beschaffungsstellen ist das vom Umweltbundesamt herausgegebene **Handbuch für umweltfreundliche Beschaffung**.[274] Für die Teilbereiche

- Bürowesen und allgemeine Ausstattung,
- Kraftfahrzeugwesen,
- Hoch- und Tiefbauwesen,
- Heizungswesen,
- Wasserbewirtschaftung,
- Wasch-, Reinigungs- und Hygienewesen,
- Garten- und Landschaftsbau,
- Entsorgungsfragen

werden Beschaffungsstellen die jeweiligen Umweltprobleme verdeutlicht und Umweltentlastungseffekte und Anwendungsmöglichkeiten von umweltfreundlichen Produkten und Verfahren dargestellt. Daneben sind Muster für die Gestaltung von Ausschreibungsunterlagen, Verträgen u. ä. enthalten.

Ein umweltorientiertes öffentliches Beschaffungswesen hat mehrere positive Effekte zur Weiterentwicklung des Umweltschutzes:

- Der Staat kann in Bereichen, bei denen er über eine große Nachfragemacht verfügt, das gesamte Marktangebot so beeinflussen, daß nur noch umweltfreundliche Produkte hergestellt werden,

---

[274] Umweltbundesamt (Hrsg.), Umweltfreundliche Beschaffung - Handbuch zur Berücksichtigung des Umweltschutzes in der öffentlichen Verwaltung und im Einkauf. Wiesbaden und Berlin 1989

- Produkte/Verfahren, die aufgrund fehlender privater Nachfrage noch nicht konkurrenzfähig sind, können durch öffentliche Nachfrage gefördert werden (preiswerter werden),

- Umweltfreundliche Beschaffung des Staates kann eine Vorbildfunktion für den privaten Verbrauch haben. Die Akzeptanz bestimmter Produkte/Verfahren kann auf diese Weise in der Bevölkerung gefördert werden.

In den genannten Funktionen kommt einem umweltorientierten öffentlichen Beschaffungswesen sicherlich in Teilbereichen (z. B. im Bauwesen) eine bedeutende Rolle zu, um umweltfreundliche Produkte und Verfahren auf dem Markt insgesamt durchzusetzen. Vor dem Diktat der leeren öffentlichen Kassen besteht allerdings zunehmend die Problematik, daß weniger umweltfreundliche - aber preiswertere - Angebote den Vorzug erhalten.

7 Umweltorientierte Strukturpolitik

7.1 Ziele einer neuen Strukturpolitik

Durch wirtschaftspolitische Maßnahmen greift der Staat in das freie Spiel der Marktkräfte ein, um dadurch bestimmte volkswirtschaftliche Ziele zu erreichen. Die **Strukturpolitik** hat dabei die Aufgabe, bestimmte Wirtschaftstrukturen im Hinblick auf definierte Ziele zu erhalten oder zu verändern.

Die Volkswirtschaftslehre unterscheidet dabei

- **regionale Strukturpolitik**

Strukturschwache Wirtschaftsräume sollen durch politische Maßnahmen gefördert werden, damit sie Anschluß an die allgemeine Wirtschaftsentwicklung der Volkswirtschaft erhalten. In der Vergangenheit erhielten z. B. das Zonenrandgebiet und das Ruhrgebiet besondere Förderungen, um das Investitionsverhalten für diese Regionen anzuregen und Arbeitsplätze zu erhalten oder zu schaffen.

- **sektorale Strukturpolitik**

Hier werden **einzelne Wirtschaftssektoren** (Branchen) gefördert, um die durch vorherrschende Marktkräfte bedingten Strukturen zu beeinflussen und zu verändern. Ansatzpunkte dazu können sich aus 2 verschiedenen Problemlagen ergeben.

Einmal sind es **strukturschwache Branchen**, die in die Krise geraten sind, weil sie mit ihrem Angebot keinen Markt mehr finden oder weil ihre Angebotsbedingungen gegenüber der Konkurrenz zu schlecht sind. Der deutsche Steinkohlenbergbau, die Landwirtschaft oder der Schiffsbau sind in diesem Zusammenhang zu nennen. Andererseits kann sich Strukturförderung auf Branchen beziehen, denen **für die zukünftige wirtschaftliche Entwicklung besondere Bedeutung** beigemessen werden. In Deutschland spielen in diesem Zusammenhang u. a. die Förderung der Raumfahrt, des Baus von Verkehrsflugzeugen oder der Computerchip-Produktion eine Rolle.

Die o. a. Art der Strukturbeeinflussung der Vergangenheit orientierte sich weitgehend an den wirtschaftspolitischen Zielen des Stabilitätsgesetzes. Dabei stand ein **gleichmäßiges**, **gleichverteiltes** und **angemessenes Wirtschaftswachstum** mit einer entsprechenden **quantitativen Wohlstandsmehrung** im Vordergrund.

Bei dem erreichten Wohlstandsniveau erscheint ein weiterer Ausbau dieser Wirtschaftsziele zunehmend fragwürdig. Deshalb erscheint es notwendig, eine neue, **umweltorientierte Strukturpolitik** an die Stelle der alten zu setzen. Diese sollte **mehrere Ziele** verfolgen:

- Sie sollte Branchen, die **umweltunverträgliche Leistungen** erbringen, nicht weiter fördern, sondern ihren Marktzugang eher erschweren (Kfz-Industrie, Flugzeugbau, etc.).

- Die **künstliche Erhaltung von strukturschwachen Branchen** aus rein sozialpolitischen Erwägungen erscheint dann zweifelhaft, wenn die Erhaltung der Arbeitsplätze mit hohen Umweltbelastungen erkauft wird und nur geringen volkswirtschaftlichen Nutzen aufweist. Vor diesem Hintergrund erscheint die weitere Erhaltung des deutschen Steinkohlenbergbaus z. B. fragwürdig.

- Die **Förderung zukunftsorientierter Wirtschaftsbereiche** ist von deren Einflüssen auf Veränderungen der natürlichen Lebensgrundlagen und der Schonung der Umwelt abhängig zu machen. In diesem Zusammenhang ist dem Instrument der **Technologiefolgenabschätzung** eine größere Bedeutung einzuräumen.

- Die Ziele der Strukturförderung müssen sich an einem **neuen Wohlstandsparadigma** orientieren, welches Lebensqualität nicht nur als materielle Ausstattung definiert.

- Bei zunehmender Automatisierung des Wirtschaftsprozesses muß nach einer **neuen Verteilungsgerechtigkeit** gesucht werden, um den gesellschaftlichen Konsens zu erhalten. Strukturpolitik in diesem Sinne muß soziale Aspekte auf eine neue Weise aufnehmen. Die gesellschaftliche Stellung von Erwerbs- und Nichterwerbsarbeit müssen dabei hinterfragt werden.

- Die Erhaltung bzw. Veränderung von Gesellschafts- und Wirtschaftsstrukturen muß vor dem Hintergrund einer stärkeren **Solidarität** gestaltet werden: Solidarität mit den Mitmenschen, anderen Völkern und der Natur insgesamt.

7.2 Vorrangige Bereiche umweltorientierter Strukturpolitik

Eine **Umorientierung** der Strukturpolitik sollte sich vor dem Hintergrund der dargestellten Zielsetzungen schwerpunktmäßig auf die folgenden **Bereiche** beziehen:

7.2.1 Binnenmarktorientierung der Wirtschaft

Das Bruttosozialprodukt des Jahres 1991 in Höhe von ca. 2.605 Mrd.DM für Westdeutschland enthielt auf der Verwendungsseite Exportleistungen von ca. 997 Mrd. DM und Importleistungen von ca. 826 Mrd. DM.[275] Ca. jeder 4. Arbeitsplatz hängt vom Export ab.

Ein rohstoffarmes Industrieland wie die Bundesrepublik ist in besonderem Maße von einem offenen Weltmarkt abhängig und bezieht auch einen Großteil seines Wohlstandes aus diesen Strukturen. Autos, Maschinen, Elektronik und chemische Erzeugnisse sind dabei die führenden Produktgruppen im Export, den Import dominieren Rohstoffe und Energieträger.

Diese Abhängigkeit vom Weltmarkt weist allerdings auch eine Menge von Problemen auf:[276]

- Der überwiegende Teil industrieller Exportgüter der Bundesrepublik wandert in andere Industrienationen. Ein Leistungsbilanzüberschuß, der dadurch hervorgebracht wird, exportiert Arbeitslosigkeit in die Empfängerländer. Das widerspricht einer international solidarischen und gleichgewichtigen Weltwirtschaftsordnung.

- Länder mit Leistungsbilanzdefiziten werden zu **protektionistischen Maßnahmen** gezwungen, um sich gegen Exportoffensiven zu wehren. Damit befinden sich exportfixierte Industrien ständig in der Gefahr, von ihren Märkten durch Handelsbarrieren abgeschnitten zu werden.

---

[275] vgl. Informationsdienst des Instituts der deutschen Wirtschaft, Nr.46/1991

[276] vgl. Stratmann, E., Made in Germany - Vom Weltmarkt zum Binnenmarkt. In: Beckenbach, F., u. a. (Hrsg.), Grüne Wirtschaftspolitik, a. a. O., S. 333ff

- Während die Weltmarktpreise für Industriegüter ständig gestiegen sind, haben die Rohstoffe sich eher verbilligt. Das hat vor allem Entwicklungs- und Schwellenländer in eine ausweglose Verschuldenssituation gebracht. Die Politik des Internationalen Währungsfonds verlangt eine noch stärkere Exportorientierung dieser Länder, was letztlich nicht zum Schuldenabbau führt, sondern nur zu einer weiteren Steigerung der Verschuldung. Eine solche Entwicklung kann die Stabilität des internationalen Finanzsystems und damit auch sogar die Stabilität der Industrienationen bedrohen.

- Die Unterordnung armer Länder unter die von den Industrienationen beherrschten Weltmarktstrukturen verhindert deren eigenständige wirtschaftliche Entwicklung sowie die Erhaltung ihrer Kultur. Sie stellt eine Weiterentwicklung des Kolonialismus mit anderen Mitteln dar. Manche Entwicklungsexperten fordern deshalb für arme Länder eine rigorose Abkopplung von den Weltmärkten, um diesen Ausbeutungsmechanismen zu entgehen.

- Die besonders erfolgreichen Exportindustrien (siehe oben) richten in der Bundesrepublik auch einen Großteil der ökologischen Schäden an, sowohl bei ihrer Produktion hier wie auch bei ihrem Gebrauch in den Empfängerländern. Sie sind besonders energieintensiv, emittieren eine Fülle von Schadstoffen, verbrauchen große Flächen und benötigen umweltschädliche Infrastruktureinrichtungen (vor allem Autobahnen, Flughäfen, Entsorgungsanlagen). Der weiträumige Transport von Rohstoffen und Fertigwaren kommt hinzu.

- Die Exportorientierung führt zu einer **ökonomischen Vermachtung**. Mit Ausnahme des Maschinenbaus haben die exportorientierten Industrien die höchsten Konzentrationsgrade. Die Schaffung des EU-Binnenmarktes fördert diesen Prozeß, der in einzelnen Branchen multinationale Konzerne hervorbringt, welche von Größe und Wirtschaftsmacht her sogar z. T. Industrienationen übertreffen.

  Damit verlieren die Interessenvertretungen der Arbeitnehmer und die Maßnahmen staatlicher Wirtschaftspolitik an Einflüssen. Umgekehrt können politische Strukturen in Abhängigkeiten von solchen marktbeherrschenden Unternehmen geraten und politische Entscheidungen in den Dienst privatwirtschaftlicher Interessen gestellt werden.

- Die führenden Exportbranchen sind durch besondere **Kapitalintensität** geprägt. Durch einen oligopolistischen Verdrängungswettbewerb verstärkt sich der Zwang zur Automatisation ständig. Damit ist die Bedeutung solcher Wirtschaftszweige für die Schaffung neuer Arbeitsplätze relativ gering. Hinzu kommt, daß Gewinne zunehmend in andere Länder transferiert werden, um durch Auslandsinvestitionen wirtschaftliche Risiken zu streuen.

- Die Exportorientierung führt ganze Branchen und Regionen mit monostrukturierter Wirtschaft in Abhängigkeiten von Weltmarktentwicklungen. Durch einzelne Volkswirtschaften unbeeinflußbare Entwicklungen der internationalen Finanzsysteme (z. B. Währungsparitäten), protektionistischer Maßnahmen, Konjunktureinbrüche bei Abnehmerländern oder Veränderungen des Nachfrageverhaltens können zu regionalen oder sektoralen Krisen führen.

- Die Erhaltung und Förderung der internationalen Wettbewerbsfähigkeit wird zum **Sachzwang**, welcher alle wirtschaftspolitischen Handlungsspielräume beherrscht. Was wirtschaftspolitisch vernünftig ist, wird damit weitgehend von der Eignung für die Exportorientierung abhängig gemacht. Damit geraten andere wirtschaftliche und soziale Argumente der wirtschaftlichen Ausrichtung und Entwicklung in den Hintergrund (z. B. bei Tarifauseinandersetzungen).

Eine **Veränderung** dieser Abhängigkeiten kann nicht wirtschaftliche Autarkiebestrebungen zum Ziel haben. Eine internationale Arbeitsteilung und internationaler Wettbewerb weisen eine Fülle von Vorteilen auf, für alle daran beteiligten Länder.

Die o.a. Problembereiche scheinen es aber notwendig oder sinnvoll zu machen, über eine Wirtschaftspolitik nachzudenken, die tendenziell zu einer stärkeren **Binnenmarktorientierung** der Wirtschaft führt. Eine regionale oder nationale Überschaubarkeit der Produktion und des Handels ist Voraussetzung für deren politische Beherrschung und Kontrolle. Wesentliches Ziel der wirtschaftspolitischen Lenkung der Produktion sollte es danach werden, von einer Weltmarktorientierung zu einer regionalen oder wohnortnahen Versorgung für solche Versorgungsbereiche zu gelangen, in denen es sinnvoll erscheint. Das kann auch über nationale Grenzen hinweg geschehen.

Folgende wirtschaftspolitischen Mittel könnten einer entsprechenden Ausrichtung dienlich sein:

- Förderung von Maßnahmen, die der **Importabhängigkeit der Energieversorgung** entgegenwirken (vgl. dazu Abschnitt 7.3),

- eine grundlegende Änderung der Landwirtschaftspolitik (vgl. dazu Abschnitt 7.4).

- Schaffung eines **Welthandelsabkommens**, welches zu fairen Rohstoffpreisen und führt und damit geeignet ist, Länder der Dritten Welt aus ihrer perspektivlosen Armut und Verschuldung zu führen,

- langfristig **Entschuldung der Entwicklungsländer** durch Schuldenerlasse,

- **Neuorientierung der Entwicklungshilfe**, die weniger der Exportförderung der eigenen Wirtschaft dienen darf, als vielmehr dem Aufbau einer auf Eigenversorgung ausgerichteten Infrastruktur in den Nehmerländern,

- keine weitere Exportförderung durch Subventionen in Form von verbilligten Exportkrediten oder Ausfuhrbürgschaften,

- **strengere Fusionskontrolle** bei Unternehmenszusammenschlüssen zur Stärkung der internationalen Wettbewerbsfähigkeit,

- Einschränkungen der Technologie- und Forschungsförderung für großtechnologische Projekte internationaler Konzerne, deren Ziele vor allem im Mithalten im internationalen Wettbewerb liegen, weniger im gesellschaftlichen Nutzen ihrer Anwendungen (Gentechnologie, Raumfahrt, Rüstungsproduktion).

- Umgekehrt Förderung von Strukturen, die sich an binnenwirtschaftlichen Zielen orientieren. **Förderung einer regional ausgerichteten Infrastruktur**. Der Idee von einem Europa der Regionen kommt in diesem Zusammenhang innerhalb des EU-Binnenmarktes eine wichtige Rolle zu.

Binnenmarktorientierung kann nur als ein **Prozeß** verstanden werden. Bei einer Reduzierung von Importen ist die Wirtschaftspolitik nicht mehr dem Druck ausgesetzt, die Exporte zum Leistungsbilanzausgleich fördern zu müssen. Andererseits wird bei einer Selbstbeschränkung im Export der Druck von den Handelspartnern genommen, ihrerseits zu exportieren. Längerfristig könnte auf diese Weise eine sozial- und umweltverträglichere Wirtschaftsstruktur auf einem vergleichbar hohen Wohlstandsniveau aber einem höheren Binnenmarktanteil des Sozialprodukts erreicht werden. Die starken Konzentrationstendenzen innerhalb der Weltwirtschaft (Multinationale Konzerne, Währungsfond) mit ihrer schon ausgeprägten Beherrschung einzelner Volkswirtschaften werden sich aber wohl heftig dagegen wehren.

7.2.2 Umweltorientierte Energiepolitik

Eine gesicherte und preiswerte Energieversorgung galt und gilt weiterhin als wesentlicher Schlüssel wirtschaftlichen Wachstums. Der preiswerte Einsatz der **fossilen Energieträger ErdÖl**, **Kohle** und **Erdgas** war in den ersten 2 Nachkriegsjahrzehnten für den wirtschaftlichen Aufschwung der Bundesrepublik Deutschland mitentscheidend. Die Ölkrisen der 70er Jahre machten dann die Abhängigkeit vom wichtigsten deutschen **Primärenergieträger Erdöl** deutlich.

Nachdem bis in die 80er Jahre hinein der Grundsatz der bundesdeutschen Energiepolitik galt, daß sich **Wirtschaftswachstum** und **Energieverbrauch parallel entwickeln** würden, führten die erkannten Abhängigkeiten vom Ölpreiskartell der OPEC und zusätzlich wachsende Umweltprobleme zu Aktivitäten, die eine

Abkopplung des Energieverbrauchs von der Wirtschaftsentwicklung bewirkten. Zwischen 1973 und 1987 wurde ein um ca. 30 % höheres inflationsbereinigtes Bruttosozialprodukt mit etwa der gleichen Primärenergiemenge erreicht. Seit Beginn der 90er Jahre steigt der Energieverbrauch wieder an.

Zu Beginn der 90er Jahre ist dennoch die Primärenergieversorgung der westlichen Bundesländer zu 40 % vom **Mineralöl** abhängig, der **Kernenergieanteil** liegt bei ca. 13 %. Die östlichen Bundesländer hängen noch weitgehend von der Braunkohle ab (1987 65 % Braunkohleanteil am gesamten Primärenergieverbrauch), wenn sich deren Anteil auch in harten Strukturänderungen drastisch reduziert.

Primärenergie wir durch Umwandlungsprozesse in nutzbare **Sekundärenergie** überführt. Die wichtigsten Sekundärenergien sind **Strom** und **Treibstoffe aus Erdöl**. Am **Energieverbrauch** sind die Sektoren **Industrie, Verkehr** und **private Haushalte** etwa zu gleichen Teilen beteiligt.

Die bisherige Energiewirtschaft der Bundesrepublik weist in bezug auf eine umweltschonende Wirtschaftsentwicklung eine Reihe gravierender Probleme auf:

Energie wird in hohem Maße verschwendet

Das gilt sowohl für die Erzeugung als auch den Verbrauch:

Großkraftwerke haben etwa einen **Wirkungsgrad** von 35 %, der Rest des Primärenergieeinsatzes wird in Form von **Abwärme** nutzlos und umweltbelastend abgegeben. Dazu kommen **Leitungsverluste** durch versorgungsferne Standorte der Kraftwerke.

Es bestehen große **Überkapazitäten** der Stromerzeugung. Das Kraftwerkspotential orientiert sich dabei ausschließlich an nur selten oder nie erreichten Spitzenbelastungen plus zusätzlicher Reservepotentiale.

Der überwiegende Einsatz fossiler Energieträger führt zu **umweltbelastenden Emissionen**, die u. a. für das Waldsterben und den Klima-Treibhauseffekt verantwortlich gemacht werden. Ordnungsrechtliche Maßnahmen zur Senkung der Emissionen (u. a. durch die TA-Luft) scheitern z. T. an Vollzugsdefiziten oder politischen Vorgaben (vgl. Neubau von Kraftwerke in Buschhaus und Ibbenbüren). Gegen CO_2-Emissionen helfen keine technischen Maßnahmen.

Fossile Stoffe sind nur noch sehr begrenzt vorhanden. Schon die nächsten Generationen müssen davon ausgehen, daß Erdöl und Erdgas aufgrund unseres gegenwärtig verschwenderischen Umganges nicht mehr verfügbar sind. Sie sind zum Verbrennen zu schade.

Einsparpotentiale beim Verbrauch werden nicht konsequent genutzt. Sowohl bei der Erzeugung als auch beim Verbrauch werden einmalige Ressourcen in gigantischen Ausmaßen verschwendet. Verbrauchssenkende Techniken und wärmedämmende Maßnahmen werden nur z. T. und sehr langsam eingeführt.

Der Einsatz versorgungsnaher, ressourcenschonender Kleinkraftwerke bzw. der Einrichtungen zur Kraft-Wärme-Kopplung wird nicht im notwendigen Umfang gefördert.

Die Strukturen der Energiewirtschaft fördern den umweltbelastenden Effekt

Energieversorgungsunternehmen (Erdgas-, Fernwärme- und Stromversorgung) besitzen **Gebietsmonopole**. Das ist wegen der notwendigen Leitungsnetze vorgegeben. Diese Monopole sind aber als **privatwirtschaftliche Kapitalgesellschaften** organisiert, entweder als AGs mit teilweise privatem, teilweise öffentlichem Aktienbesitz oder als GmbHs, deren Eigentümer in der Regel Kommunen oder kommunale Zweckverbände sind.

Kapitalgesellschaften sind nach der Rechtslage zu **wirtschaftlichem Handeln** verpflichtet. Ihre Eigentümer (auch die öffentlichen) erwarten von ihnen Überschüsse bzw. Dividende. **Monopolgewinne** werden durch **Absatzsteigerungen** erreicht. Die Energieversorgungsunternehmen entwickeln entsprechende Unternehmensstrategien zur Absatzerweiterung, d. h. zur Steigerung des Energieverbrauchs. Das führt gesamtwirtschaftlich aber zur **Energieverschwendung**.

Die **Preisgestaltung** der Energieversorger differenziert nach **Sonderabnehmern** (hauptsächlich Industrieunternehmen) und **Tarifabnehmern**(vor allem Haushalte). Industrielle Großabnehmer erhalten dabei zum Teil gerade kostendeckende Sondertarife, während die Energiepreise für die Haushalte hoch sind (6 - 10% der Lebenshaltungskosten). Diese Preisdifferenzierung hat dazu geführt, daß seit einigen Jahren der Verbrauch der Haushalte stagniert, während der Verbrauch der Industrie analog zur Wirtschaftsentwicklung ansteigt. Die Sonderkonditionen für Großabnehmer enthalten keine wirtschaftlichen Anreize zu einem sparsameren Energieeinsatz, Mehrverbrauch wird durch Kostendegression im Gegenteil belohnt.

Die Energiekonzerne setzen zur Energieerzeugung auf **Großtechnologien**. Kapitalintensive Großkraftwerke erwirtschaften die günstigsten Renditen. Das gilt vor allem für den Bau von Kernkraftwerken, aber selbst für den Einsatz regenerativer Energien setzt die Industrie auf großtechnische Lösungen (Sonnenkraftwerke, Growian, etc.). Zentrale, versorgungsferne Großerzeuger haben aber auch die größten Leitungsverluste.

Einspeiser von Strom aus regenerativen Energiequellen in die öffentlichen Netze erhalten von den Energieveresorgungsunternehmen extrem niedrige Preise, die sie unter die Selbstkostengrenze drücken. Damit wird deren Einsatz erschwert.

Eine **umweltorientierte Energiepolitik** als Zielvorstellung ist nur in Ansätzen erkennbar. Umweltverbände, die GRÜNEN und z. T. auch Kommunen haben dazu verschiedene Ansätze artikuliert. Einige Bestandteile davon:

- **Rekommunalisierung der Energieversorgung**

Eine energiepolitische Wende muß danach auch an den Versorgungsstrukturen ansetzen. Ziel ist es dabei, die Versorgungsmonopole der großen Energiekonzerne durch kleinräumigere Netze zu ersetzen. Dazu sind die örtlichen Versorgungsnetze in kommunales Eigentum zu überführen. Die überregionalen Verbund- und Transportleitungen könnten in das Eigentum öffentlicher Zweckverbände überführt werden, die sich als Dienstleistungsunternehmen am Kostendeckungsprinzip orientieren.

- **Umstrukturierung der Rechtsstellung der Energieversorgungsunternehmen**

Da das Erwerbsstreben der Energieerzeuger wesentliche Ursache der Energieverschwendung ist, gehen Forderungen dahin, diese generell zu **öffentlichen Dienstleistungsanbietern** umzugestalten, die nach dem **Bedarfsprinzip** arbeiten. Diese erhielten neben der Energieversorgung vor allem Aufgaben in der Förderung der Energieeinsparung und des umwelt- und sozialverträglichen Energieangebotes.

Die Gemeindefinanzen sind von der finanziellen Abhängigkeit von EVUs abzukoppeln: Keine Gewinnabführung der Stadtwerke an die Gemeindehaushalte, Abschaffung der Konzessionsabgaben für die Inanspruchnahme der Wegerechte, Wegfall der Gewerbesteuerzahlungen der EVUs. Die Einnahmeausfälle müssen entsprechend durch Bundes- und Landesmittel ersetzt werden.

- **Umstrukturierung der Energieträger**

Die Umweltbelastungen der Stromerzeugung verlangen nach umweltschonenden Primärenergiequellen. Gegenwärtig wird vor allem ein Streit zwischen Befürwortern und Gegnern der Kernkraft geführt, ob der Einsatz von Kernkraftwerken geeignet ist, die Umweltbelastungen abzubauen. Während nach der Stillegung von Hamm-Uentrop und Kalkar der Einsatz von Kernkraftwerken als überholt angesehen werden konnte, gewinnt z. Z. die Atomlobby wieder an Bedeutung. Die politischen Vorgaben zur CO_2-Reduzierung sind nach ihrer Ansicht nur mit AKWs zu erreichen. Dazu kommt die Notwendigkeit, die überholten Kraftwerke der ehemaligen DDR nach Meinung der Befürworter durch preiswerten Atomstrom zu ersetzen. Die Kernkraftgegner sehen vor allem die nach wie vor ungelösten Atommüll-Entsorgungsprobleme sowie die unkalkulierbaren Risiken des Betriebes sowie möglicher Störfälle.

- **Verbesserung des Nutzungsgrades in Stromerzeugung**

Die **Abwärme** der Verbrennungskraftwerke muß stärker genutzt werden. Dazu könnte zukünftig eine Betriebsgenehmigung vom Einsatz der **Kraft-Wärme-Kopplung** bzw. vom Erreichen eines hohen Nutzungsgrades abhängig gemacht werden. Zur Verwendung der Wärmemengen müßten Nah- und Fernwärmenetze ausgebaut werden.

Ebenso könnte die Förderung und der Einsatz dezentraler Blockheizkraftwerke mit Verbrennungsmotoren und Klein-Gasturbinen mit Abhitzekesseln Energieeinsparungen fördern. Damit könnten neben kommunalen EVUs mit Nahwärmenetzen kleine und mittlere Unternehmen mit Bedarf an Prozeßwärme (Niedertemperatur) sowie öffentliche und private Eigner von Gebäudekomplexen als potentielle Kraftwerksbetreiber den Gesamtenergiebedarf erheblich senken.

- **Förderung des Einsatz regenerativer Energiequellen**

Daß ein genereller Verzicht auf Kernenergie möglich ist, hat bereits der Bericht der Enquete-Kommission des Bundestages 1980 nachgewiesen. Eine weitere Einschränkung des Einsatzes fossiler Brennstoffe ist unter Umweltgesichtspunkten ebenfalls notwendig. Inwieweit der Einsatz regenerativer Energiequellen in Deutschland geeignet ist, nachhaltig an der Zusammensetzung der Energieträger beteiligt zu werden, ist umstritten. Pfad 5 des Energie-Enqueteberichtes geht von einem möglichen Anteil von ca. 15 % im Jahre 2000 aus.

Die Verbesserung des Wirkungsgrades der Techniken zur Nutzung alternativer Energiequellen (Sonnenenergie, Wind- und Wasserkraft, Biogas und Umgebungswärme) muß dabei vorrangig öffentlich gefördert werden. Außerdem sind planungsrechtliche Beschränkungen des Einsatzes (z. B. von Windkraftanlagen) zu reduzieren. Die Einspeisebedingungen für regenerativ erzeugten Strom sind deutlich zu verbessern: Verpflichtung der EVUs zur Abnahme dieses Stroms zu Preisen, die sich an den allgemeinen Strombezugspreisen orientieren.

- **Ausschöpfen der Energiesparpotentiale**

Die größten energiepolitischen Effekte lassen sich durch das konsequente Ausnutzen aller Energiesparpotentiale erreichen. Eine Reform des Bundesbaugesetzes könnte dazu energiesparendes Bauen vorschreiben. Ein Wärmedämmprogramm könnte steuerliche Anreize zur Nachrüstung von Altbauten schaffen, ein anderes Programm den Ersatz alter Heizungsanlagen fördern. Elektroheizungen dürften keine Betriebsgenehmigungen mehr erhalten. Energiesparende Elektrogeräte müßten gefördert werden, die Hersteller solcher Geräte könnten verpflichtet werden, den Verbrauch der Geräte auf dem Produkt genau anzugeben.

- **Veränderungen der Energiepreisstrukturen**

Das gegenwärtige Energiepreissystem belohnt den Großverbrauch, benachteiligt aber den sparsamen Kleinverbraucher. Der Abbau der Vergünstigungen für industrielle Großverbraucher sowie progressive Energietarife und die Umlegung der Grundgebühren auf den Verbrauchspreis wären Maßnahmen, die zu sparsamerem Energieverbrauch führen.

7.2.3 Landwirtschaftspolitik

Es scheint selbstverständlich, daß die Landwirtschaft einer arbeitsteiligen Volkswirtschaft die Aufgabe hat, die Bevölkerung mit ausreichenden und gesunden Nahrungsmitteln zu versorgen. Nebenbedingung ist dabei die Existenzsicherung der Erzeuger.

Dieser Aufgabe wird die deutsche Landwirtschaft allerdings immer weniger gerecht. In dem mit der Nachkriegszeit begonnenen **Strukturwandel** befindet sich die Landwirtschaft in einer permanenten Krise, in der sie **Täter und Opfer gleichermaßen** ist. Für die Forstwirtschaft sowie die Fischereiwirtschaft gelten ähnliche Probleme.

Tendenziell kann festgestellt werden, daß die landwirtschaftliche Produktion zu einer verschwenderischen Überproduktion, relativ hohen Konsumpreisen und schlechter Qualität bei gleichzeitiger Einkommenssenkung für die Erzeuger führt. Außerdem ist der Staat nicht mehr in der Lage, eine solchermaßen strukturierte Landwirtschaft zu finanzieren.

Die Problembereiche im einzelnen:

- **Vernichtung landwirtschaftlicher Existenzen**

Seit den 50er Jahren hat die Zahl der Vollerwerbsbetriebe von mehr als 1,5 Mio auf 336.000 im Jahr 1987 abgenommen.[277] Daneben existiert z. Z. noch einmal die gleiche Anzahl von Zu- bzw. Nebenerwerbsbetrieben. Gleichzeitig hat sich die durchschnittliche Betriebsgröße verdoppelt, wobei erhebliche regionale Unterschiede bestehen.

Der durchschnittliche Gewinn pro Betrieb lag 1988 bei ca. 40.000.-DM. Dieses im Vergleich zu anderen Erwerbsgruppen niedrige Einkommen wird von der großen Anzahl der Kleinbetriebe aber nicht erreicht. Die Zahl der Arbeitsplätze ist drastisch reduziert auf knapp über 1 Mio. Menschen, Arbeitnehmer gibt es fast überhaupt nicht mehr. Damit wird auch für die Zukunft die Zahl der Betriebe

[277] Zahlen aus dem Agrarbericht 1988. Bundestagsdrucksache 11/1760

weiter zurückgehen, Schätzungen gehen von ca. 200.000 Vollerwerbsbetrieben im Jahr 2.000 aus (für die alten Bundesländer).

- **Wandel von bäuerlichen Betrieben zur Agrarindustrie**

Den oben skizzierten Wandel können nur solche Betriebe überleben, die sich mit rationeller Mehrproduktion unter konsequenter Ausnutzung chemischer, technischer und züchterischer Rationalisierung spezialisieren (Agrarfabriken). Monostrukturierter, großflächiger Pflanzenanbau, Massentierhaltung, Futtermittelimporte, intensiver Einsatz von Kunstdünger, Pflanzenschutzmitteln und Tierpharmazeutika sind die Kennzeichen dieser Entwicklung, die durch kapitalintensive Produktionsmethoden gestützt wird.

1,45 Mio t Stickstoffdünger, 700.000 t Phosphat und mehr als 30.000 t Pestizide werden pro Jahr eingesetzt. 80 % aller Schweine werden nur in 12,2 der Schweinemastbetriebe aufgezogen, 82 % der Masthähnchen von 0,3 der Hähnchenmästereien, 88 % der Hühnereier werden in 3,3 % der Legebetriebe produziert.

Hoher Kapitaleinsatz durch den Zwang zur Vergrößerung und Rationalisierung führt zu einer steigenden Überschuldung der Unternehmen. Die daraus resultierenden Zinsbelastungen sind ein weiterer Kostenfaktor, der die Wirtschaftlichkeit einschränkt und zur Betriebsaufgabe führt.

Von dieser Entwicklung profitieren vor allem die Produzenten von Agrar-Chemikalien und landwirtschaftlichen Geräten.

- **Verschwenderische Überproduktion durch Garantiepreissystem**

Die gemeinsame Agrarpolitik der Europäischen Wirtschaftsgemeinschaft (EWG) sollte zu einer langfristigen Sicherung und qualitativen Verbesserung der Nahrungsmittelversorgung und gleichzeitiger Stabilisierung der landwirtschaftlichen Einkommen führen. Dazu wurden **Preisgarantie**- und **Preisfestsetzungsbestimmungen** für verschiedene Agrarprodukte erlassen. Damit konnten steigende Einkommen nur über Produktionssteigerungen erreicht werden. **Staatliche Abnahmegarantie zu festgesetzten Preisen** führte zu einer gigantischen Überproduktion mit überflüssigen Einlagerungen bzw. Produktionsvernichtungen.

Da ein solches Agrarsystem der EU nicht mehr zu finanzieren war, zielt die Politik der EU nunmehr auf eine **Flächenstillegung und Preissenkung der Agrargüter bei Einführung von Produktionsquotensystemen**. Dadurch wird der Trend zur Agrarindustrialisierung aber nicht gebrochen.

- **Qualitätsverschlechterung der Nahrungsmittelproduktion**

Die Industrialisierung der Landwirtschaft hat nachhaltigen Einfluß auf die Qualität der erzeugten Güter. Rückstände von Pflanzenschutzmitteln und Schwermetallen in pflanzlichen Nahrungsmitteln, Wachstumshormone, Schwermetalle oder andere Chemikalien im Fleisch sind die durch Skandale veröffentlichte Spitze einer Entwicklung, die insgesamt Zweifel an der Gesundheitsverträglichkeit der landwirtschaftlichen Güter aufkommen läßt.[278]

- **Umweltbelastungen durch landwirtschaftliche Intensiv-Produktion**

Das Ansehen der Landwirtschaft in der Öffentlichkeit hat sich gewandelt vom Bewahrer und Förderer der natürlichen Lebensgrundlagen zu einem der größten Umweltverschmutzer und -zerstörer.

Der durch die Flurbereinigung geförderte Trend zu großflächigem Anbau führte zu schwerwiegenden **Eingriffen in Ökosysteme** und **Artenschwund** (Wildkräuter, wildlebende Tiere).

Moderne Produktionsmethoden haben natürliche Selbstregulierungsmechanismen außer Kraft gesetzt und durch menschliche Fremdsteuerung (Chemisierung) ersetzt. Das hat zu einer Vergiftung der Böden und chemischen Belastung der Grundwasservorräte geführt. Fast ein Viertel der westdeutschen Wasserwerke erfüllt nicht mehr die EU-Trinkwassernormen. Die schlechteste Wasserqualität weisen dabei bevölkerungsarme Regionen mit Intensivlandwirtschaft auf. Nichtabbaubare Pestizide reichern sich in der Nahrungskette an und gefährden langfristig die Gesundheit.

Eine derartig strukturierte Landwirtschaft führt in eine Sackgasse. Die gegenwärtigen politischen Maßnahmen zeigen aber noch keinen Ausweg aus dieser Entwicklung. Innerhalb der Landwirtschaft zeigen sich erste Ansätze einer ökologisch orientierten Produktionsweise (Landjugendverbände, Arbeitsgemeinschaft bäuerliche Landwirtschaft "Bauernblatt", lokale Erzeuger-Verbraucher-Gemeinschaften).

Kernpunkte einer neuen, auf Naturbewahrung ausgerichteten Agrarpolitik könnten in folgenden Bereichen angesiedelt sein:

- **Senkung der Produktionsintensität**

Ein Großteil der landwirtschaftlichen Überproduktion wird unter Schädigung der Natur bei uns sowie der Steigerung des Hungers in der Dritten Welt (durch Futtermittelimporte) erreicht. Weniger ist in diesem Falle mehr.

Verbot der Massentierhaltung (Bestandsobergrenzen), eine **Anbindung des Viehbestandes an die landwirtschaftlichen Flächen**, **Einschränkung** des

---

[278] vgl. dazu auch: Katalyse-Umweltgruppe Köln (Hrsg.), Chemie in Lebensmitteln, Köln 1981

Futtermittelimportes durch **Importsteuern, Höchstmengeneinsätze für Pestizide und Düngemittel, Verschärfung der Schadstoffkontrollen** könnten zu einem umweltentlastenden Produktionsrückgang führen.

- **Einkommenssicherung für die landwirtschaftlichen Betriebe**

Die Erhaltung einer bäuerlich strukturierten Landwirtschaft ist aus vielfältigen Gründen (der Nahrungsmittelversorgung und des Naturschutzes) sinnvoll und notwendig. Dazu müßte das gegenwärtige Subventionssystem in ein System der eigenständigen Existenzsicherung für Bauernhöfe überführt werden.

Folgende Möglichkeiten werden in diesem Zusammenhang diskutiert:

Gestaffelte Erzeugerpreise unter Berücksichtigung der Betriebsgröße, struktureller und regionaler Besonderheiten (Diskriminierung der Agrarindustrie und Förderung von Kleinbetrieben),

Förderprogramme zur Entschuldung (nach der Betriebsgröße), **Förderprogramme zur landwirtschaftlichen Sozialversicherung**.

- **Förderung der Umstrukturierung landwirtschaftlicher Betriebe**

Der Abbau der Intensivierung und Spezialisierung ist einer der Schlüssel der Umorientierung der Landwirtschaft. Verbote und bürokratische Hemmnisse sind dazu weniger geeignet als veränderte Rahmenbedingungen.[279]

Politische Maßnahmen dazu:

Förderung der bodenabhängigen Veredelung (Gründüngung) z. B. durch Anbau einheimischer Eiweißpflanzen, Förderung von Fruchtwechsel und Mischkulturen, Förderung von Festmistverfahren in der Tierhaltung.

- **Förderung des ökologischen Landbaus**

Die Umweltbelastungen, die von einer industriell ausgerichteten Landwirtschaft ausgehen, müssen durch einen Wandel hin zu einer ökologisch verträglichen Landwirtschaft ersetzt werden. Der wachsende Erfolg sogenannter Bio-Bauernhöfe weist dabei in die richtige Richtung. Da eine naturnahe Produktion arbeitsintensiver ist, werden auf diese Weise zusätzliche umweltverträgliche Arbeitsplätze geschaffen.

---

[279] vgl. Gödde, K., Zwischen Mistkratzeridylle und Embryotransfer - oder: Was wird aus der Landwirtschaft. In: Beckenbach u. a. (Hrsg.), Grüne Wirtschaftspolitik, a. a. O., S. 280

Eine Förderung dieser Entwicklung könnte durch folgende Maßnahmen unterstützt werden:

- Staatlich geförderte **Verbraucheraufklärung** über den gesellschaftlichen Nutzen gesunder Nahrungsmittel
- Unterstützung von Landwirtschaftsbetrieben während der **Umstellungsphase**
- **Neuausrichtung der landwirtschaftlichen Ausbildung** von der Berufsschule bis zur Universität
- Förderung der **Direktvermarktung**, Unterstützung bei der Bildung von dezentralen **Erzeuger-Verbraucher-Gemeinschaften**
- Abschaffung der konventionellen Handelsklassen und Einführung anerkannter **Qualitätskriterien für umweltverträgliche Nahrungsmittel**
- Abschaffung der **Vermarktungssubventionen** industriell erzeugter Nahrungsmittel

- **Förderung des Naturschutzes durch die bäuerliche Landwirtschaft**

Der gesellschaftliche Beitrag der Landwirtschaft geht über die Nahrungsmittelproduktion hinaus. Mehr als die Hälfte der Fläche der Bundesrepublik wird (noch) landwirtschaftlich genutzt. Kein anderer Wirtschaftssektor ist deshalb so wie die bäuerliche Landwirtschaft geeignet, die Landschaft im Sinne der Erhaltung und Bewahrung zu pflegen. Eine solche Dienstleistung ist in einer arbeitsteiligen Industriekultur zwingend notwendig, und sie ist von der Gesellschaft zu entlohnen.

Die gegenwärtige Vorstellung eines inselartigen Naturschutzes (Naturreservate) in einer ansonsten weitgehend ökonomischen Verwertungskriterien unterworfenen Kulturlandschaft ist dabei zu ersetzen durch eine **flächendeckende Förderung des Arten- und Biotopenschutzes**. Die Sicherung der bäuerlichen Existenz durch eine Entlastung von mengenbezogenen Produktionszwängen ist wesentliche Voraussetzung dafür, daß die Landwirtschaft diese Aufgabe des Hegens und Pflegens der Landschaft (wieder) übernehmen kann. Insofern fördert eine oben dargestellte Landwirtschaftspolitik bereits den bäuerlichen Naturschutz.

Als flankierende Maßnahmen wären denkbar:

- Förderung von landschaftsschützenden Maßnahmen (Feuchtwiesen-, Akkerstreifen, Bachauenprogramme, etc.),
- Vergütung der bäuerlichen Landschaftsschutzmaßnahmen durch den Staat.

7.2.4 Verkehrspolitik

Räumliche Mobilität ist eine der wesentlichen Errungenschaften, aber auch Voraussetzung moderner Industriegesellschaften. Massenhafte Beförderung von Menschen und Gütern sind infrastrukturelle Voraussetzungen für die industrielle Produktion. Reisen gilt als Wohlstandsmerkmal.

Während bis zum 2. Weltkrieg der Ausbau der Verkehrssysteme weitgehend über **öffentliche Verkehrsmittel** geschah, ist in der Nachkriegszeit ein nachhaltiges Umschwenken auf **Individual-Verkehrssysteme** erfolgt. Der Ausbau von Einrichtungen für den Automobilverkehr in den letzten 40 Jahren war dabei einer der wesentlichen Einflußfaktoren für die Umgestaltung des gesellschaftlichen Lebens sowie die Veränderungen der Landschaft.

Aus heutiger Sicht war der beispiellose Siegeszug des Autos Segen und Fluch gleichermaßen. Die ständige Zunahme des Autoverkehrs scheint mittlerweile Belastungsgrenzen erreicht oder überschritten zu haben.

Der PKW-Bestand in den alten Bundesländern hat 1990 bereits die 30-Millionen-Grenze überschritten (etwa auf 2 Menschen ein PKW).Für die neuen Bundesländer zeichnet sich eine ähnliche Entwicklung ab. Dementsprechend wurden vor allem in den 60er und 70er Jahren Straßen gebaut. 1990 gab es in der Bundesrepublik ca. 500.000 Straßenkilometer, davon 175.000 überörtliche Verbindungen. Die Länge der Autobahnen hat sich seit 1969 mehr als verdreifacht.

Dazu kommt eine ständig intensivere Nutzung der Straßen. Für 1988 wurden 560 Mrd. Personenkilometer an Straßennutzung ermittelt, die Güterbeförderung betrug in diesem Jahr 153 Mrd. Tonnenkilometer. Die größten Belastungszunahmen haben dabei die Bundesautobahnen zu verzeichnen. Mit einem durchschnittlichen Verkehrsaufkommen von über 40.000 Fahrzeugen in 24 Stunden sind die Aufnahmekapazitäten vieler Autobahnstrecken erschöpft. Es kommt zu regelmäßigen Staus und Verkehrskollapsen in Spitzenzeiten.

Während der Individualverkehr ausgebaut wurde, ist parallel dazu die Kapazität des **Schienenverkehrs** reduziert worden. Statt 28.000 Schienenkilometer 1960 waren es 1990 nur noch 20.200 km. Dazu kommen Fahrplanausdünnungen und Bahnhofsschließungen, die die Attraktivität der Bahn insbesondere im öffentlichen Personennahverkehr (ÖPNV) ständig verschlechterten.

Für den bundesdeutschen Flugverkehr ist ebenfalls eine rasante Entwicklung festzustellen. Mit mehr als 3,2 Mio Flugbewegungen im westdeutschen Luftraum ist die Bundesrepublik das Land mit dem weltweit dichtesten Luftverkehr. Alle Prognosen sehen eine weitere Steigerung des Flugverkehrsaufkommens um bis zu 100 % im Jahr 2.005. Bei Fortschreibung dieser Entwicklung wird bereits 1995 die Personenbeförderung mit Flugzeugen im deutschen Luftraum die Bahnbeförderung übertreffen.

Andere Verkehrsträger sollen nicht in die weiteren Überlegungen einbezogen werden. Erwähnenswert ist noch, daß die Zahl der zurückgelegten Personenkilometer zu Fuß seit 1982 um 18 % abgenommen hat.

Insbesondere durch die politische Forcierung des **motorisierten Individualverkehrs** sind **ökologische Probleme** entstanden, die sich vor allem in Symptomen wie Waldsterben, Klimakatastrophe, Lärmbelästigungen und Flächenverbrauch zeigen.

Die hauptsächlichen ökologischen Problembereiche sind dabei:

- Luftverschmutzung
- Lärmbelästigung
- Flächenversiegelung
- Energieverbrauch
- Unfallgefährdung

Die Motorisierung hat großen Anteil an der **Luftverschmutzung**. Der Anteil des Straßenverkehrs an den gesamten Schadstoffemissionen betrug 1986:[280]

- Stickoxide (NO_x)53 % oder 1.590.000 t
- Kohlenmonoxid (CO) 71 % oder 6.319.000 t
- Kohlendioxid (CO_2) 15 % oder 115.500.000 t
- organische Verbindungen

(Kohlenwasserstoffe) 49 % oder 1.176.000 t

Dazu kommen Bodenbelastungen durch ca. 1,5 Mio t Tausalz, über 100.000 t synthetischer Feinstaub aus Reifenabrieb, Bremsbeläge, etc. sowie nicht quantifizierbare Schadstoffmengen aus Ölleckagen, Autowäschen, etc.

Nach einer Repräsentativumfrage fühlten sich 1985 rd. 65 % der Bundesbürger durch **Straßenlärm** belastet. PKWs mit einer Geschwindigkeit von 50 km/h verursachen bereits Lärm von mehr als 70 dbA, LKW-Lärm beim Anfahren liegt z. T. über 90 dbA, Flugzeuglärm bis zu über 120 dbA. Bereits ab 60 dbA können gesundheitliche Langzeitschäden in Form von u. a. Herz- und Kreislauferkrankungen auftreten.

Ca. 6.250 km^2 Fläche der Bundesrepublik sind mit Straßen überbaut, das entspricht etwa der doppelten Fläche des Saarlandes. Nimmt man die indirekt **vom Straßenverkehr beanspruchten Flächen** hinzu (Parkplätze, Stellflächen, Tankstellen, etc.), so sind es mehr als 30.000 km^2 oder mehr als 12 % der Gesamtfläche der Bundesrepublik. Der theoretische Flächenverbrauch in Quadratmetern pro Person beträgt bei einem mit 1,4 Personen besetzten PKW bei Tempo 50

[280] Verkehr in Zahlen 1988, hrsg. vom Bundesverkehrsministerium

km/h 169 m^2, bei einer zu 40 % besetzten Straßenbahn nur 3,9 m^2 bei gleicher Geschwindigkeit.

Autogerechte Städte sind menschenfeindlich geworden. Sie führen zur Einschränkung der Bewegungsfreiheit, vor allem für Kinder und alte Leute. Verkehrserfordernisse genießen dabei insgesamt gegenüber der Wohnqualität Prioritäten.

Ökologisch wertvolle Biotope und Landschaftsteile werden durch Straßenbau vernichtet. Die Zerschneidung und Verinselung der Landschaft durch Straßen und Schienen hat Folgen für die Tierpopulationen. Wildbestandregulierung erfolgt zum Teil über Wildunfälle im Straßenverkehr.

1987 wurden vom gesamten **Energieverbrauch** der Bundesrepublik 24,9 % für den Verkehr benötigt. Dabei benötigen die Verkehrsträger PKW, LKW und Flugzeug im Vergleich zu öffentlichen Verkehrsmitteln hohen Energieaufwand.

Je beförderte Person und km benötigt in kJ[281]

• der PKW	2.325
• das Flugzeug (nur Auslandsflüge)	1.758
• das Motorrad	1.369
• der Omnibus	612
• die Eisenbahn	609
• die S-Bahn	385

Je beförderte Tonne Fracht und km benötigt in kJ

• der LKW	2.399
• das Binnenschiff	521
• die Eisenbahn	314

Seit dem 2. Weltkrieg sind in der Bundesrepublik ca. 1/2 Million Menschen durch **Straßenverkehrsunfälle** getötet worden, 10.000 - 14.000 Menschen pro Jahr. Ca. 10 Mio. Menschen wurden in dieser Zeit dadurch zum Teil schwer verletzt. Besonders gefährdet sind Kinder und Jugendliche, die als Fußgänger und Fahrradfahrer am Verkehr teilnehmen.

Als **Ziele der Verkehrspolitik** der Bundesrepublik werden bezeichnet:[282]

- eine **angemessene Infrastruktur** für eine sich stetig weiterentwickelnde Wirtschaft vorzuhalten,

---

[281] Deutsches Institut für Wirtschaftsforschung (DIW), DIW-Wochenbericht, Heft 14, 1990

[282] vgl. Bundesverkehrswegeplan 1990

- die **Mobilität für Bürger und Wirtschaft** zu erhalten,
- die **Freiheit der Wahl des Verkehrsmittels** in einer kontrollierten Wettbewerbsordnung zu sichern,
- **Arbeitsplätze zu sichern,**
- einen Beitrag zu **energiepolitischen Zielen** zu leisten,
- sich an der **Sicherung und Verbesserung der Umwelt** zu beteiligen.

In der Praxis genießt dabei allerdings die Förderung des motorisierten Individualverkehrs - gegen ökologische Vernunft - nach wie vor Prioritäten.

- Deutschland ist das einzige Industrieland ohne Tempolimits auf Autobahnen,
- der Bundesverkehrswegeplan sieht weiteren massiven Straßenbau insbesondere auch in den neuen Bundesländern vor,
- Kfz-Benutzer können einen großen Teil der gesellschaftlichen Kosten des Autofahrens auf die Allgemeinheit übertragen. Bei vollständiger Internalisierung dieser Kosten würde der Liter Benzin z. B. 6.-DM kosten, ein VW--Golf statt 21.000.-DM dann 82.500.-DM.[283] Die Bundesbahn wird dagegen gezwungen, alle Kosten auszuweisen und Defizite über offene Subventionierung zu kompensieren.

Verschiedene gesellschaftliche Bereiche fordern aus ökologischen, sozialen und volkswirtschaftlichen Gründen deshalb eine **Umorientierung der Verkehrspolitik**. Als Vorbilder werden dabei die Schweiz und die Niederlande angeführt, wo die hoheitlichen Träger der Verkehrspolitik (bis hinunter zur kommunalen Ebene) über struktur- und ordnungspolitische Maßnahmen Wege zu umwelt- und sozialverträglicheren Formen der Verkehrsgestaltung eingeschlagen haben.

Ein Beispiel für die Umgestaltung bundesdeutscher Verkehrspolitik bietet u. a. das Programm der GRÜNEN "Umbau der Industriegesellschaft".[284]

Die dort dargestellte Umorientierungsstrategie bezieht sich auf drei Prinzipien:

1. **Einsparen** von unfreiwilligem Verkehr,
2. **Umsteigen** vom motorisierten Individualverkehr auf öffentliche Verkehrsmittel,
3. **Anpassen** des Motorverkehrs an Mensch und Natur.

Die **Instrumente**, mit denen eine solche neue Verkehrspolitik betrieben werden kann, werden von alternativen Verkehrsvereinen (z. B. VCD) oder Naturschutzverbänden unterstützt. Generell geht es dabei darum, Individualverkehr durch

[283] Teufel, D., Ökologische und soziale Kosten der Umweltbelastung in der Bundesrepublik Deutschland, a. a. O.

[284] Die Grünen (Hrsg.), Umbau der Industriegesellschaft. Bonn 1987, S. 35ff

strukturelle Veränderungen unattraktiver zu machen und öffentliche Verkehrssysteme attraktiver zu gestalten.

Aus der Fülle der vorgeschlagenen Instrumente dazu im einzelnen die wichtigsten Aspekte:

- Erhöhung der Investitionsmittel für den öffentlichen Nahverkehr (Straßenbahnen, Busspuren),
- Entwicklung regionaler Verkehrssysteme mit Kombinationen verschiedener Verkehrsträger (Bus/Bahn),
- Ausbau des Schienenverkehrs der Bundesbahn statt weiterer Streckenstillegungen. Dabei gehen die Forderungen vor allem dahin, statt eines isolierten, landschaftszerstörerischen Neubaus weniger Hochgeschwindigkeitsstrecken eine Modernisierung des gesamten Streckennetzes vorzunehmen.
- Übernahme der Schulden und Versorgungslasten der Bahn durch den Bund und dadurch die Möglichkeit einer attraktiveren Preisgestaltung für Bahnleistungen.
- Steigerung der öffentlichen Investitionen für Straßenrückbau, Verkehrsberuhigungsmaßnahmen sowie Fuß- und Radwege.
- Ersatz der autofreundlichen Kilometerpauschale für den Berufsverkehr durch eine vom benutzten Verkehrsmittel unabhängige Entfernungspauschale.
- Tempolimitierung für Kraftfahrzeuge auf 30 km/h in Wohngebieten, 80 km/h auf Landstraßen und 100 km/h auf Autobahnen.
- Erlaß strengerer Zulassungsvorschriften für Kraftfahrzeuge hinsichtlich Energieverbrauchsarten, -mengen, Lärm- und Abgasemissionen, Haltbarkeit, Reparaturfreundlichkeit und Entsorgungs- bzw. Recyclingmöglichkeiten.
- Drastische Erhöhung der Mineralölsteuer sowie Orientierung der Kfz-Steuer an Umweltverträglichkeitskriterien (Verbrauch, Lärm, Emissionen).
- Schaffung einer LKW-Abgabe für den Güterverkehr. Verbot des Transportes von Gefahrgütern auf der Straße.
- Einführung von Straßennutzungsgebühren.
- Drastische Einschränkung bzw. Verbot des Neu- und Ausbaus von Straßen.
- Verbot oder drastische Einschränkung des innerdeutschen Flugverkehrs.

Das Ziel, das gesamte Verkehrsaufkommen auch sozialverträglich umzugestalten und einzuschränken, kann letztlich nur erreicht werden, wenn es durch eine geeignete Raumordnungs- und Infrastrukturpolitik begleitet wird. Dazu ist eine wohnortnahe, dezentrale Versorgung (Einkaufen, Freizeitgestaltung) zu fördern sowie die strikte Trennung von Wohnung und Arbeitsplatz längerfristig aufzuheben. Die Verwaisung der Innenstädte und Bildung von Vorort-Wohnghettos der Großstädte ist ersetzen durch eine Stadtplanung, die an den historischen Strukturen der Städte und Dörfer anknüpft.

7.2.5 Forschungspolitik

Forschung und Entwicklung sind dynamische Komponenten innerhalb von Gesellschaftsystemen. Staatliche Forschungsförderung ist grundsätzlich geeignet, das gesellschaftliche Innovationspotential zu steigern.

Der gesamte Forschungsaufwand in der Bundesrepublik machte 1991 etwa 2,8 % des Bruttosozialproduktes aus. In den Forschungsaktivitäten ist dabei eine gewisse Aufteilung zwischen privaten und öffentlichen Trägern gegeben. Die Mittel werden dabei von Wirtschaft, Bund und Ländern im Verhältnis 5:2:1 erbracht.

"Grundsätzlich ist Forschung und Entwicklung in der Wirtschaft Sache der Unternehmen und anderer privater Einrichtungen. Der Einsatz öffentlicher Mittel kommt nur in Betracht, wo staatliche Verantwortung liegt und wo aus übergeordneten gesellschaftlichen oder gesamtwirtschaftlichen Gründen eine Unterstützung erforderlich ist."[285]

Innerhalb der Bundesregierung ist das Bundesministerium für Forschung und Technologie (BMFT) für die Forschungspolitik zuständig. Das BMFT fördert vor allem

- anwendungsorientierte Grundlagenforschung,
- Forschung, die breite, interdisziplinäre Zusammenarbeit erfordert,
- grundlegende technische Entwicklungen mit hohem Entwicklungsrisiko,
- Forschung auf dem Gebiet der Reaktorsicherheit und der allgemeinen Sicherheitstechnik,

soweit ein besonderes öffentliches Interesse an einer Weiterentwicklung von Wissenschaft und Technik besteht.

Unter gesellschaftlichen und speziell umweltpolitischen Gesichtspunkten wurde an der konkreten Ausrichtung der bundesdeutschen Forschungspolitik **Kritik** geübt.

Einzelne Argumente dieser Kritik:

- Die **Mittelvergabe** orientiert sich weitgehend an der Erhaltung der internationalen Wettbewerbsfähigkeit der deutschen Wirtschaft. Forschungs**aufwendungen** der Privatwirtschaft werden damit sozialisiert, die daraus resultierenden **Erträge** aber privatisiert (Mikroelektronik, Chip-Produktion).
- Gefördert werden vor allem prosperierende Großunternehmen, was einer weiteren Unternehmenskonzentration Vorschub leistet und zu Lasten von Klein- und Mittelunternehmen geht,

[285] Bundesbericht Forschung 1988, Bundestagsdrucksache 11/1630, S. 16

- Forschungsschwerpunkte liegen in Bereichen mit geringem gesellschaftlichen Nutzen (Wehrtechnik, Weltraumforschung) oder in technisch umstrittenen, schwer beherrschbaren Großtechnologien (Kernkraft).
- Die Förderung umstrittener Forschungsansätze wie z. B. der Gentechnologie vernachlässigt die Forderung nach Interdisziplinarität, speziell die Berücksichtigung politischer, sozialer, kultureller und ethischer Bezüge.
- Der Forschungsmitteleinsatz orientiert sich nicht an einem gesellschaftlichen Konsens, er bevorzugt einseitig wirtschaftliche Interessen technologisch orientierter Unternehmen ohne demokratische Kontrolle.

Seit 1984 besteht beim BMFT ein **Programm Umweltforschung und Umwelttechnologie**, welches die Förderung dieser Bereiche "als wesentliche Bestandteile einer zukunftsoritientierten Umweltpolitik" sieht.[286] Forschung und Technologie können und müssen danach dazu beitragen, die Voraussetzungen und Handlungsspielräume für die Umweltpolitik zu verbessern, indem sie

- durch eine systematische, interdisziplinäre und medienübergreifende Forschung ökologische Zusammenhänge und kausale Ursache/Wirkungsketten aufklären und
- umweltfreundliche Technologien insbesondere bei industriellen Produktionsprozessen entwickeln und bis zur Anwendungsreife vorantreiben.

Weiterhin soll die Umweltforschung gewährleisten, daß durch den Einsatz modernster Mittel Umweltschäden wieder abgebaut, beseitigt und künftig vermieden werden. 1989 wurde das Programm für den Zeitraum bis 1994 fortgeschrieben.

Der Mittelansatz des BMFT für den Umweltschutz und für Maßnahmen mit umweltverbessernder Wirkung lag 1990 bei ca. 954 Mio DM.

Umweltforschungsmaßnahmen des Bundes beziehen sich auf 2 Bereiche:

1. Indirekte Förderung von Umweltforschungsmaßnahmen der Wirtschaft

Dabei können Unternehmen Zuwendungen zu Forschungsprojekten beantragen, bei denen ein besonderes Bundesinteresse vorliegt. In der Regel muß die Eigenbeteiligung der Unternehmen 50 % betragen. Der Bund behält in der Regel ein Nutzungsrecht an den Ergebnissen.

Eine andere Förderungsvariante ist die Vergabe von öffentlichen Aufträgen für Umweltforschungen mit Bundesinteresse.

---

[286] Programm Umweltforschung und Umwelttechnologie 1984-1987, hrsg. vom BMFT, Bonn 1984

Die Betreuung der Projektförderung übernehmen in der Regel Projektträger wie das Forschungszentrum Jülich, das Umweltbundesamt, das Kernforschungszentrum Karlsruhe, die Gesellschaft für Strahlen- und Umweltforschung und die Deutsche Forschungsanstalt für Luft- und Raumfahrt.

2. Umweltforschung in Großforschungseinrichtungen des Bundes

Einen wesentlichen Beitrag zur öffentlichen Umweltforschung leisten auch die **Großforschungszentren des Bundes**:

- Alfred Wegener Institut
- Deutsche Forschungsanstalt für Luft- und Raumfahrt
- Deutsches Krebsforschungszentrum
- Forschungszentrum Geesthacht
- Gesellschaft für Strahlen- und Umweltforschung
- Forschungszentrum Jülich
- Kernforschungszentrum Karlsruhe

Forschungsschwerpunkte sind dabei Klimauntersuchungen, Schadstoffe im Wasser, Wasseraufbereitung, Verunreinigungen von Küstengewässern und der Hohen See, atmosphärische Austausch- und Transportvorgänge, chemische Prozesse in der Atmosphäre, Bodenbelastungen, Belastungen von Pflanzen, Waldschäden, Umwelt und Gesundheit, Abfallbeseitigung und -vermeidung.

Das Bundesumweltministerium hat gegenüber dem BMFT nur einen vergleichsweise geringen Einfluß auf die Umweltforschung, insbesondere was die finanzielle Ausstattung mit Forschungsmitteln angeht. Die Beteiligung bezieht sich vor allem auf die Vorbereitung, Überprüfung, Weiterentwicklung bzw. Umsetzung von

- umweltpolitischen Zielen, Instrumenten, Programmen und Konzeptionen sowie
- rechtlichen Regelungen (Gesetzen, Verordnungen, Verwaltungsvorschriften internationalen Vereinbarungen).[287]

Im Haushalt 1990 waren für das Bundesumweltministerium für Umwelt- und Naturforschung 75,2 Mio DM, für Demonstrationsvorhaben auf den Gebieten Umweltschutz und Naturschutz 5,41 Mio DM vorgesehen. Für die Bereiche Strahlenschutzforschung und Reaktorsicherheit, die ausschließlich in der Kompetenz des Umweltministers liegen, kamen Mittel in Höhe von 56,1 Mio DM hinzu.

---

[287] Bilanz des Umweltministers 1990, a. a. O., Band: Ziele und Lösungen, S. 156

Die Vergabe und Betreuung der Forschungsvorhaben des Umweltministeriums ist grundsätzlich Aufgabe der nachgeordneten Behörden (Umweltbundesamt, Bundesforschungsanstalt für Naturschutz und Landschaftsökologie, Bundesamt für Strahlenschutz).

Die o.a. Kritik an der gesamten Forschungsförderung trifft auch generell auf die Förderung im Rahmen der Umweltforschung zu. Weiterhin werden folgende Kritikpunkte genannt:

- Die Förderung dient vor allem industriellen Verwertungsinteressen unter Fortschreibung der gegebenen Konsum- und Investitionsgewohnheiten,
- die naturwissenschaftlichen Analysen der Umweltbelastungen bedienen sich weitgehend eines überholten Instrumentariums, welches darauf ausgerichtet ist, monokausale Ursache-Wirkungs-Zusammenhänge festzustellen,
- die Förderung von schwer beherrschbaren Großtechnologien (z. B. Kernkraft) vernachlässigt die Folgen von nicht ausschließbaren Systemfehlern, sie stellt deshalb Gefahren für zukünftige Entwicklungen von Natur und Gesellschaft dar,
- die Förderung vor allem etablierter Forschungseinrichtungen mit Selbsterhaltungsinteressen vernachlässigt die kritische wissenschaftliche Begleitung durch sogenannte Gegenwissenschaften.

Aus dieser Kritik ergeben sich Forderungen nach einer **Neuausrichtung der wissenschaftlichen Forschung** bzw. des Setzens entsprechender Prioritäten in der Forschungsförderung.

Leitbilder einer solchen wissenschaftlichen Umorientierung werden im Zusammenhang mit einem **generellen Wandel gesellschaftlicher Werthaltungen** gesehen.

Lutz[288] sieht in westlichen Industriegesellschaften bereits Anzeichen eines solchen Wandels von industriellen zu **nachindustriellen Werthaltungen**:

industrielle Werthaltung	**nachindustrielle Werthaltung**
materielles Wachstum	materielle Genügsamkeit, verbunden mit psycho-spirituellem Wachstum
Mensch gegen Natur	Mensch mit Natur
Konkurrenzdenken	bewußtes Eigeninteresse
egoistischer Individualismus	kooperativer Individualismus
Rationalismus	Rationalität und Intuition
Gesellschaftliche Ausprägungen	
große komplexe Wohn- und Arbeitseinheiten	kleine, einfache Lebens- und Arbeitsumwelten
Anwachsen der Materialkomplexität	Verringerung der Materialkomplexität
Raumfahrttechnologie	angepaßte Technologie
Identität durch Konsumverhalten	Identität durch interaktive Bewertungsprozesse
Zentralisierung von Macht und Kontrolle auf Staatsebene	dezentrale, regionale Selbstverwaltung mit globaler Kommunikationsmöglichkeit
Spezialisierung/Arbeitsteilung	integrierte, vielfältige Arbeitsmöglichkeiten
Massenproduktion standardisierter Kurzzeitprodukte	handgefertigte, dauerhafte, einzigartige Produkte
kulturelle Homogenität	kulturelle Heterogenität
Leistungsdenken, Streß	Harmonie, Raumschiffdenken

Für die Ausrichtung der Umweltforschung ergibt sich die Notwendigkeit der Gestaltung nach dem **Prinzip der Überschaubarkeit**. Neben ökonomischer Effizienz müssen Kriterien der Interdisziplinarität, Ethik, Kommunikation, Ästhetik sowie Reversibilität Berücksichtigung finden. Die Dynamik der technischen Entwicklung muß dabei stärker an der verträglichen Anpassung an Gesellschaft und Natur ausgerichtet werden.

Durch den relativ geringen Anteil der Forschungsförderung an den gesamten Forschungsaufwendungen ist in diesem Rahmen nur ein begrenzter Einfluß auszuüben. Es bestehen deshalb auch Forderungen, die Mittel für Umweltfor-

---

[288] vgl. Lutz, R. (Hrsg.), Pläne für eine menschliche Zukunft, Weinheim und Basel, 1988. S. 209

schung insgesamt nachhaltig zu erhöhen und nach folgenden Kriterien einzusetzen:

- stärkere Vernetzung einzelwissenschaftlicher Erkenntnisse hin zu interdisziplinärem Vorgehen,
- Untersuchung der Natur in ihren vielfältigen Erscheinungsformen und Abhängigkeiten (Ökosystemansatz),
- stärkere Ausrichtung der Forschung an Kriterien der Naturerhaltung in ihrer Vielfalt, weniger an Untersuchungen über die Belastungsgrenzen,
- stärkere Förderung sogenannter sanfter Technologien, vor allem, wenn sie von Klein- oder Mittelbetrieben entwickelt werden,
- stärkere Förderung einer interdisziplinären, prognostischen Technologiefolgenabschätzung vor dem Einsatz neuer Problemlösungsansätze,
- Förderung von Parallel- und Alternativforschungen, auch außerhalb großtechnischer öffentlicher und privater Forschungseinrichtungen,
- Förderung des öffentlichen Diskurses über Prioritäten zukünftiger Forschungsschwerpunkte. Unterstützung einer Demokratisierung der Umweltforschung.

7.2.6 Sozialpolitik

Ein struktureller Wandel hin zu einem umweltgerechteren Wirtschafts- und Gesellschaftssystem darf nicht dazu verleiten, dieses mit Mitteln zu erreichen, die den sozialen Konsens aufgeben. **Umweltverträglicher Wandel muß deshalb sozialverträglich gestaltet werden.**

Strukturveränderungen, die den Einsatz umweltunverträglicher Produktionen reduzieren, stoßen deshalb häufig auf Kritik, weil die davon Betroffenen den Verlust ihres Arbeitsplatzes, ihrer wirtschaftlichen Existenz befürchten. Der "**Umweltschutz als Jobkiller**" stößt in einer Zeit, in der durch andere Umwälzungen (Rationalisierungen, Automatisierung, Standortverlagerungen) das Gesamtvolumen der Erwerbsarbeit reduziert wird, auf besondere Akzeptanzprobleme.

Gegenargumente zu dieser Position artikulieren sich in 2 unterschiedliche Richtungen:

1. Es ist naturmißachtend und zukunftsignorant, umweltunverträgliche Produktionen künstlich durch Subventionierung aufrecht zu erhalten, auch wenn kein Bedarf für die Produktionsergebnisse vorhanden ist. Als Beispiele dafür können die deutsche Braun- und Steinkohleförderung sowie die Stahlerzeugung angeführt werden.

Die Alternative dazu ist die Aufgabe solcher Produktionen und die Förderung neuer, zukunftsorientierter Gewerbeansiedlungen. Das Ruhrgebiet als neues

Zentrum der Produktion von Umweltschutztechnologien wird häufig in diesem Zusammenhang angeführt.

2. Umweltschutz vernichtet nicht nur Arbeitsplätze - er schafft auch neue. 1988 wurden nach Angaben der Wirtschaft bereits fast 36 Mrd. DM für Umweltschutzmaßnahmen ausgegeben. Die Behebung der Altlasten der ehemaligen DDR und der dortige Aufbau neuer, umweltgerechterer Gewerbestrukturen werden auf diesem Sektor einen neuen wirtschaftlichen Boom bescheren. Den wenigen umweltschutzbedingten Arbeitsplatzverlusten stehen eine große Zahl von zusätzlichen Arbeitsplätzen in der Industrie und staatlichen Einrichtungen gegenüber. Nach Schätzungen waren es Mitte der 80er Jahre bereits fast eine halbe Million Arbeitsplätze.[289]

Ein **genereller Vorwurf** gegen die gegenwärtigen Wirtschaftsstrukturen besagt, daß die gesamtwirtschaftlichen Ziele sowohl zu einer Zerstörung der Umwelt als auch zu steigender Arbeitslosigkeit und wachsender sozialer und psychischer Verelendung führen.[290] Während die Umweltpolitik die Symptome der Naturzerstörung bekämpfen sollen, hat die **Sozialpolitik** die Aufgabe, eine "gesunde, gebildete, beruflich zuverlässige, qualifizierte und gut versorgte Bevölkerung" als Voraussetzung einer modernen Industriegesellschaft sicherzustellen.[291] Es mehren sich aber die Anzeichen dafür, daß der Sozialstaat diese Aufgabe nicht mehr hinreichend erfüllen kann:

- Trotz einer boomenden Konjunktur konnte die Zahl der Arbeitslosen nicht nachhaltig gesenkt werden. Mitte der 90er Jahre sind 4 Mio. Arbeitslose in Gesamtdeutschland registriert.

- Das Gesundheitswesen ist nicht mehr finanzierbar. Daran haben auch die bisherigen "Gesundheitsreformen" nichts ändern können. Das gilt, obwohl die Eigenleistungen der Patienten erheblich gesteigert wurden.

- Die Zunahme des durchschnittlichen Lebensalters bei gleichzeitig rückläufigen Geburtenraten führt zu einer Überalterung der Bevölkerung. Damit nimmt die Zahl der pflegebedürftigen Menschen zu. Die Auflösung der traditionellen Familienstrukturen führt zunehmend dazu, daß pflegebedürftige Menschen vermehrt zu "stationären Pflegefällen" werden. Da die Sozialversicherung diese Risiken nicht abdeckt, werden 80 % der Pflegebedürftigen in den als entwürdigend empfundenen Zustand als Sozialhilfeempfänger versetzt. Ob die geplante Pflegeversicherung daran grundsätzlich etwas ändern wird, bleibt abzuwarten.

---

[289] vgl. Sprenger, R.-U., Beschäftigungswirkungen der Umweltpolitik - eine nachfrageorientierte Untersuchung. Berlin 1989

[290] vgl. Die Grünen, Bundesprogramm S. 6

[291] Huber, J., Die Regenbogengesellschaft. Frankfurt/M, 1985, S. 40f

- Vor allem in Ballungsgebieten nimmt die Wohnungsnot zu. Die Wohnungsbaupolitik der 80er Jahre hat es offensichtlich verpaßt, Strukturen für ausreichenden Wohnraum zu sozialverträglichen Bedingungen zu schaffen.

- Die Konsumorientierung bei ungesicherter Einkommensentwicklung führt zunehmend zu einer Überschuldung der Haushalte.

Eine Politik, die diese Krisensymptomen nachhaltig bekämpfen will, kann keine ausschließliche Sozialpolitik im Sinne einer Umverteilungspolitik sein. Sie muß vielmehr gesellschaftliche Bedingungen (in Markt und Staat) schaffen, die **eine ökosoziale Entwicklung aus sich selbst heraus** begünstigen.

Die Entwicklungslinien einer solchen gesellschaftlichen Transformation sind vielfältig. Sie können hier im einzelnen nicht beschrieben werden. Ein generelles Kennzeichen kann in einer **Systemtoleranz** gesehen werden, die "mehr Entfaltung der Lebenswelt, mehr Schutz der Soziosphäre, eine reichere Sozialentwicklung, eine bessere Bergung der menschlichen Fähigkeiten, eine umfassendere Persönlichkeitsentfaltung" zuläßt.[292] Dazu wird eine **Abkehr** von der gesellschaftlichen **Fixierung auf die Erwerbsarbeit** mit all ihren sozialen Folgen gefordert.

Die wesentlichen Forderungen an eine entsprechend ausgerichtete Politik können hier nur stichwortartig skizziert werden:

- **Neuverteilung der Erwerbsarbeit** auf möglichst viele Schultern durch deutliche Arbeitszeitverkürzung und neue Modelle der Arbeitszeitorganisation (Sabbatjahr, Job-Sharing, etc.),
- Förderung, keine hoheitliche Diskriminierung der **Selbsthilfe** und **Eigenleistung**, die zunehmend Ergänzung und Gegengewicht zu öffentlichen Expertensystemen werden.
- **Aufhebung der geschlechtsspezifischen Arbeitsteilung** durch Schaffung entsprechender Rahmenbedingungen (Kindererziehung, Altersversorgung, etc.),
- **Dezentralisation der sozialen Dienste** durch häusliche, ambulante und mobile Dienste mit Laien- und Nachbarschaftsbeteiligung statt menschenfeindlicher Behandlungen in zentralen Großeinrichtungen (z. B. in der Alten- und Krankenpflege, Suchttherapie, Ausländerintegration, etc.),
- **Grundversorgung durch Grundeinkommenssicherung** oberhalb der Armutsgrenze unabhängig von der Erwerbsarbeit (z. B. monatlich 1.000.-DM Grundeinkommen),
- Förderung alternativer Formen der Medizin und der Selbstmedikation.

[292] Ebenda, S. 153f

V Maßstäbe des Wirtschaftens und Umweltverbrauch

1 Grundlagen der volkswirtschaftlichen Rechnungslegung

1.1 BSP als Maßstab der volkswirtschaftlichen Leistung

Das **Bruttosozialprodukt** (BSP) ist der Maßstab, mit dem die Produktion an Gütern und Leistungen in einer Volkswirtschaft erfaßt wird. Die Feststellung des BSP führt nach gängiger Praxis zu einer **Bewertung der Leistungen und der Leistungsfähigkeit** der einzelnen Volkswirtschaften **in ihrer Entwicklung** bzw. **im Vergleich zueinander**. Deshalb kommt dieser Größe eine wesentliche (wirtschafts-)politische Bedeutung zu.

Das BSP besteht aus der Summe aller produzierten Güter und Leistungen einer Volkswirtschaft in einer bestimmten Periode. Es setzt sich aus zwei Teilbereichen zusammen:

- Alle über die Märkte verkauften und zu Marktpreisen bewerteten Güter und Leistungen,
- alle vom Staat bereitgestellten und zu ihren Herstellungskosten bewerteten Leistungen.

Zur Erfassung wird die gesamte produzierte Güter- und Leistungsmenge mit den Marktpreisen bzw. Herstellungskosten bewertet (Bruttoproduktionswerte). Um Doppelzählungen der vorangegangenen Produktionsstufen zu vermeiden, werden die jeweiligen Vorleistungen subtrahiert. So erhält man von der Entstehungsseite her die **Nettoproduktionswerte**. Die Summe aller Nettoproduktionswerte einer Volkswirtschaft entspricht dem Bruttosozialprodukt.

Bei der Produktion von Gütern und Leistungen entstehen nicht nur neue Werte, gleichzeitig treten auch produktionsbedingte **Wertminderungen an den Produktionsmitteln** auf. Diese werden über die **Abschreibungen** erfaßt. Werden vom BSP die Abschreibungen als Äquivalent der notwendigen Ersatzinvestitionen zur Aufrechterhaltung des Bestandes an produzierbaren Produktionsmitteln und Infrastruktureinrichtungen abgezogen, so erhält man das **Nettosozialprodukt (NSP) zu Marktpreisen**.

Das NSP zu Marktpreisen enthält noch Elemente, die keine Wertschöpfung darstellen, da sie keine direkten Kosten der Produktionsfaktoren sind. Durch **indirekte Steuern** werden die Marktpreise über die Produktionskosten erhoben, durch staatliche **Subventionen** werden sie darunter gesenkt. Werden diese beiden Faktoren berücksichtigt, so erhält man das **Nettosozialprodukt zu Faktorkosten**.

Dieses entspricht der Höhe nach der Entlohnung der an der Produktion beteiligten Produktionsfaktoren. Die Summe der Einkommen aller an der Produktion des Sozialprodukts beteiligten Produktionsfaktoren wird als **Volkseinkommen** bezeichnet.

Gesamte produzierte Güter- und Leistungsmenge einer Periode	*	Marktpreise bzw. Herstellungskosten	=	Bruttoproduktionswert
			-	Vorleistungen der vorhergehenden Produktionsstufen
			=	Nettoproduktionswert
Summe aller Nettoproduktionswerte	=	Bruttosozialprodukt		
	-	Abschreibungen		
	=	Nettosozialprodukt zu Marktpreisen		
	-	Indirekte Steuern		
	+	Subventionen		
	=	Nettosozialprodukt zu Faktorkosten	=	Volkseinkommen

Die wirtschaftspolitischen Betrachtungen des BSP beziehen sich üblicherweise auf drei Ebenen, die **Entstehungs-, Verteilungs- und Verwendungsrechnung.**

In der **Entstehungsrechnung** wird die Beteiligung der einzelnen Wirtschaftssektoren (primärer, sekundärer, tertiärer Wirtschaftsbereich) an der Entstehung des BSP ermittelt.

Die **Verteilungsrechnung** ermittelt, in welchem Ausmaß die einzelnen Produktionsfaktoren über ihre Entlohnung an der Erwirtschaftung des BSP beteiligt sind. Dabei wird über die Feststellung der **Lohn**- bzw.- **Gewinnquote** der Anteil der **Einkommen aus unselbständiger Arbeit** bzw. **selbständiger Arbeit und Vermögen** am gesamten Volkseinkommen gegenübergestellt.

In der Verwendungsrechnung wird der Verwendungszweck der produzierten Güter und Leistungen festgestellt. In der **Inlandsnachfrage** wird der jeweilige Anteil der Konsumgüternachfrage der Haushalte, der öffentlichen und privaten Investitionsnachfrage und des Staatsverbrauchs (Staatsausgaben für laufende öffentliche Leistungen) ermittelt. Die wirtschaftlichen Außenbeziehungen werden über den **Außenbeitrag** erfaßt. Hierbei werden sämtliche Exporte an Gütern und

Leistungen mit den Importen verrechnet. Der Überschuß zur einen bzw. anderen Seite hin ergibt einen positiven bzw. negativen Außenbeitrag.

Eine Übersicht des Statistischen Bundesamtes[293] zeigt zu den angegebenen Teilrechnungen die Zahlen des Jahres 1991:

[293] Erste Ergebnisse der Sozialproduktsrechnung 1991. In: Fachserie 18, Volkswirtschaftliche Gesamtrechnung, hrsg. vom Statistischen Bundesamt Wiesbaden

Entstehung des BSP (Bruttowertschöpfung) 1991 nach zusammengefaßten Wirtschaftsbereichen in jeweiligen Preisen im früheren Bundesgebiet (mit eigenen Berechnungen - Angaben in Mio DM)		
	absolut	Anteil in Prozent
Land- und Forstwirtschaft, Fischerei	32.180	1,29
Produzierendes Gewerbe	999.590	40,09
Handel und Verkehr	356.250	14,29
Dienstleistungsunternehmen	769.480	30,85
Staat/private Haushalte	336.390	13,48
Bereinigte Bruttowertschöpfung		
Insgesamt	2.493.590	100,00
Verwendung des BSP 1991 (Mio DM) in jeweiligen Preisen im früheren Bundesgebiet		
Letzter Verbrauch insgesamt	1.849.370	70,75
• Privater Verbrauch	1.378.720	52,75
• Staatsverbrauch	470.650	18,00
Bruttoinvestitionen insgesamt	572.770	21,92
• Anlageinvestitionen	570.770	
• Vorratsveränderungen	2.100	
Außenbeitrag	191.560	7,33
• Ausfuhren	1.005.770	
• Einfuhren	814.210	
Insgesamt	2.613.800	100,00
Verteilung des Volkseinkommens 1991 (Mio DM) im früheren Bundesgebiet		
Volkseinkommen insgesamt	1.996.250	100,00
• Bruttoeinkommen aus unselbständiger Arbeit	1.422.050	71,24
• Bruttoeinkommen aus Unternehmertätigkeit und Vermögen	574.200	28,76

1.2 Das BSP als Wohlstandsindikator

Die Zwecke der Sozialproduktsermittlung werden vor allem in den folgenden Bereichen gesehen:

- Ermittlung der Güterproduktion einer Volkswirtschaft in einer Periode als Indikator für den **materiellen Wohlstand** eines Landes (BSP pro Kopf der Bevölkerung = Summe der Güter und Leistungen, die jedem Bürger direkt oder indirekt zur Verfügung stehen),
- Feststellung der Wohlstands**entwicklung** einer Volkswirtschaft über die Feststellung des **Wirtschaftswachstums**,
- Vergleich der Leistungen verschiedener Volkswirtschaften zur Ermittlung des **internationalen Wohlstandsgefälles**.

Wirtschaftswachstum ist dabei definiert als die prozentuale Steigerung des **realen BSP** gegenüber dem jeweiligen Vorjahr. Das reale BSP geht von der Konstanz der Preise im Zeitablauf auf der Grundlage des Preisniveaus eines Basisjahres aus, mißt also die echte Wirtschaftsentwicklung unter Herausrechnung der inflationären Veränderungen.

Das Wirtschaftswachstum wurde und wird zum großen Teil auch noch heute gleichgesetzt mit **wirtschaftlichem und gesellschaftlichem Fortschritt** - der Steigerung des individuellen Glückes in einer Gesellschaft. Geringe oder gar negative Wachstumsraten dagegen werden als Anzeichen einer Gefährdung des Wohlstandes betrachtet, führen zu Existenzängsten, Arbeitslosigkeit und Konsumeinschränkungen. Dabei wird schnell die Gefährdung des sozialen Konsenses und der gesellschaftlichen Stabilität befürchtet. Deshalb ist in den letzten 2 Jahrzehnten die **Wachstumspolitik** auch zu einem zentralen Bereich der Politikgestaltung geworden.

In bezug auf umweltökonomische Betrachtungen wird daraus häufig auch die Formel abgeleitet, daß mehr Umweltschutz nur bei einer gleichzeitig wachsenden Wirtschaft finanzierbar sei. Deshalb würden überzogene Ansprüche an den Umweltschutz die wirtschaftliche Leistungsfähigkeit insbesondere im internationalen Wettbewerb und damit den nationalen Wohlstand gefährden.

Andererseits zeigt sich seit Anfang der 70er Jahre zunehmend Kritik an der **Wachstumseuphorie**. Seitdem ist nämlich nicht mehr zu verkennen, daß die ständig steigende Produktion von Gütern und Leistungen auf einem bereits hohen Niveau zunehmend mit negativen Auswirkungen auf die natürliche Umwelt sowie Gesundheit und soziale Lebensbedingungen der Bevölkerung verbunden ist. Seitdem hat eine vieldimensionale Kritik sowohl an der Eignung der BSP-Rechnung als Wohlstandsindikator als auch an der wachstumsorientierten Politikausrichtung eingesetzt.

1.3 Wachstumspolitik in der Bundesrepublik Deutschland

Wenn auch das Grundgesetz der Bundesrepublik Deutschland keine bestimmte Wirtschaftsordnung vorsieht, so hat sich in den 50er Jahren sehr schnell ein ordnungspolitischer Rahmen etabliert, der stichwortartig mit **sozialer Marktwirtschaft** umrissen wird.

Unter grundlegender Realisierung der Vorstellungen eines wettbewerbsorientierten Ordnungssystems sollen die systemimmanenten Problembereiche eines frei gestalteten Spiels der wirtschaftlichen Kräfte durch **Interventionen des Staates** reguliert werden. Solche Schwächen, wie sie sich insbesondere im industriellen Frühkapitalismus zeigten, sind

- die **Gefahr großer konjunktureller Schwankungen** und des Wirtschaftszusammenbruches durch gleichförmiges Verhalten der Wirtschaftssubjekte
- die **Tendenz zur Unternehmenskonzentration** mit der Gefahr der Monopolbildungen,
- daraus abgeleitet **die Gefahr des Mißbrauchs wirtschaftlicher Macht** in vielfältigen Formen,
- insbesondere die **Schaffung sozialer Ungerechtigkeiten** mit Ausbeutung der abhängig Beschäftigten.

Staatliche Interventionen müssen sich an wirtschaftspolitischen **Zielen** orientieren. Die Formulierung möglichst allgemeiner Ziele wie "Gerechtigkeit" oder "allgemeine Wohlstandssteigerung" stößt dabei auf breite Zustimmung, enthält aber keine operationalisierbaren Handlungsanweisungen. Je konkreter die wirtschaftspolitischen Ziele formuliert werden, desto eher tangieren sie aber in der einen oder anderen Weise Partikularinteressen, um so schwieriger sind sie entsprechend politisch durchsetzbar.

Vor diesem Hintergrund wurde 1967 - bezeichnenderweise zu Zeiten der bisher einzigen großen Koalition der Bundesrepublik zwischen CDU/CSU und SPD das **Gesetz zur Förderung der Stabilität und des Wachstums der Wirtschaft (Stabilitätsgesetz)** verabschiedet. Hier werden im § 1 die Ziele bzw. Erfordernisse der Wirtschaftspolitik formuliert:

"Bund und Länder haben bei ihren wirtschafts- und finanzpolitischen Maßnahmen die Erfordernisse des gesamtwirtschaftlichen Gleichgewichts zu beachten. Die Maßnahmen sind so zu treffen, daß sie im Rahmen der marktwirtschaftlichen Ordnung gleichzeitig zur Stabilität des Preisniveaus, zu einem hohen Beschäftigungsstand und außenwirtschaftlichem Gleichgewicht bei stetigem und angemessenem Wirtschaftswachstum beitragen."

Die einzelnen Ziele des sogenannten **Magischen Vierecks** sollen nicht näher kommentiert werden. Für die hier zu behandelnde Problemstellung ist bedeutend, daß **stetiges und angemessenes Wirtschaftswachstum** zu einem der wesentlichen Ziele staatlicher Eingriffe in den Wirtschaftsablauf erhoben wird.

Konkret bedeutet diese Gesetzesvorschrift, daß das reale BSP stetig, d. h. ununterbrochen steigen soll. Es bleibt interpretationsfähig, was unter "**angemessen**" zu verstehen ist. in den 60er und 70er Jahren wurde ein durchschnittlicher jährlicher Anstieg von 4 - 5 % für angemessen gehalten. Wenn die Basis für die Ermittlung des Wachstums aber das jeweilige Vorjahr ist, so bedeutet ein gleichbleibendes prozentuales Wachstum in absoluten Zahlen steigende Wachstumsraten. Insofern wird - auch unter dem Aspekt weitgehend gesättigter Gütermärkte - das Erreichen solcher Wachstumsraten immer schwieriger.

In der Vergangenheit wurde eine **Zielharmonie** zwischen den Zielen des **Wirtschaftswachstums** und einem **hohem Beschäftigungsstand** vermutet. So wurde unterstellt, ein ausreichendes Wirtschaftswachstum würde automatisch eine hohe Beschäftigung in der Volkswirtschaft sichern. Die relativ hohen Wachstumsraten der 80er Jahre haben aber gezeigt, daß dieser Zusammenhang offensichtlich nicht mehr gegeben ist - die Arbeitslosigkeit ist trotz boomender Konjunktur auf einem hohen Stand verblieben.

2 Kritik an der volkswirtschaftlichen Gesamtrechnung

2.1 Allgemeine Erfassungsprobleme der volkswirtschaftlichen Leistungen

Die Meßzahl **Bruttosozialprodukt** vermittelt den Eindruck, sie erfasse **sämtliche** in einer Volkswirtschaft in einer Periode produzierten Güter und Leistungen. Ein großer Teil der tatsächlich erbrachten Leistungserstellung wird aber entweder **gar nicht** oder mit problematischen Werten aufgenommen.

Im einzelnen:

1. Da das BSP Wirtschaftsgüter zu ihren Marktpreisen bewertet, nimmt es auch nur **auf Märkten gehandelte Güter und Leistungen** auf. Leistungen, die nicht auf Märkten gehandelt werden, werden somit nicht erfaßt. Das gilt aber für einen großen Teil volkswirtschaftlicher Leistungen, so alle **Haushaltstätigkeiten** und **Heimwerkertätigkeiten**. Ohne diese Tätigkeiten (z. B. Kindererziehung, Alten- und Krankenpflege) ist ein funktionierendes Gemeinwesen aber undenkbar. Sie stellen einen wesentlichen Bestandteil des Wohlstandes dar. Werden Teile dieser privaten Tätigkeiten durch marktmäßige Dienstleistungen substituiert, so ändert sich zwar das BSP, nicht aber das Wohlstandsniveau. Schätzungen sprechen von 30 - 70 % des BSP, die für diese Leistungen noch zusätzlich in Ansatz gebracht werden müßten.

2. Ähnlich verhält es sich mit unentgeltlich erbrachten Leistungen an Dritte, wie z. B. die ehrenamtliche Arbeit in Vereinen, Feuerwehren, Pflegediensten und anderen karitativen Organisationen.

3. Ein beträchtlicher Teil der volkswirtschaftlichen Leistung wird zwar gegen Bezahlung erbracht, eine Erfassung ist aber nicht möglich. Das Volumen dieser sogenannten **Schwarzarbeit** kann deshalb nur vermutet werden. Schätzungen gehen von 10 -20 % des BSP (250 -500 Mrd. DM) aus, die jährlich an Schwarzarbeit geleistet werden.

4. Neben den Marktleistungen gehen **öffentliche Leistungen** in das BSP ein. Diese werden weitgehend unentgeltlich an die Bevölkerung abgegeben (so z. B. Bildung, innere Sicherheit, Landesverteidigung, etc.), haben deswegen auch keine Marktpreise. Sie gehen mit ihren Erstellungskosten in die volkswirtschaftliche Gesamtrechnung ein. Damit werden sie im Vergleich zu den Marktleistungen **unterbewertet**, da sie keine Gewinnanteile enthalten.

5. Das Bruttosozialprodukt wird **in einer sich ständig verringernden Arbeitszeit** erbracht. Bei einer durchschnittlichen Wochenarbeitszeit jenseits der 40-Stunden-Marke ist das Ende eines Prozesses weiterer Arbeitszeitverkürzungen

noch nicht in Sicht. Entsprechend hat der Anteil des erwerbsarbeitsfreien Zeitanteils in den westlichen Industriegesellschaften zugenommen. Wir befinden uns in einem wachsenden Trend zur **freizeitbestimmten Gesellschaftsentwicklung.** Wird mehr Freizeit als Wohlstandsbestandteil betrachtet (mehr Freizeit wird als attraktiver gegenüber einem höheren Einkommen angenommen), so geht dieser **nicht-monetäre Wohlstandsbestandteil** nicht in die BSP-Berechnung ein.

2.2 Widersprüche zwischen Bruttosozialprodukt und Wohlstand

Die im vorhergehenden Abschnitt dargestellten Defizite der Sozialproduktsberechnung zeigen, daß die gesamtwirtschaftliche Leistung in Wirklichkeit viel größer ist als diese Berechnung angibt. Da vor allem der Anteil der unentgeltlich erbrachten Leistungen in verschiedenen Volkswirtschaften sehr unterschiedlich ist, ist das **BSP als internationaler Wohlstandsindikator** nur sehr bedingt geeignet. Vor allem in sogenannten Entwicklungsländern wird der überwiegende Teil der Bedürfnisbefriedigung über nicht-erfaßbare Wirtschaftsaktivitäten (Subsistenzwirtschaft) erfüllt. Ebenso wird die **Wohlstandsentwicklung** innerhalb einer Volkswirtschaft nicht korrekt erfaßt, wenn im Laufe der Zeit durch Verhaltensänderungen der Anteil der nicht erfaßten Wirtschaftsleistungen steigt oder sinkt. (So wird zum Beispiel vermutet, daß der Anteil der Schwarzarbeit durch staatliche Eingriffe zur Erhöhung der Lohnnebenkosten in den letzten 20 Jahren in die Höhe getrieben wurde).

In diesem Abschnitt kann nun gezeigt werden, daß die Meßgröße BSP in Teilen sogar **in erheblichem Widerspruch** zur Wohlstandsentwicklung steht. Diese Kritik kann an verschiedenen Indizien festgemacht werden:

1. Die Wirtschaftsleistung ausgedrückt in Marktwerten der Produktion erfaßt lediglich die monetären Wirkungen, läßt aber den **faktischen Wohlstandsbeitrag über die Nutzenstiftung** der einzelnen Güter und Leistungen völlig außer acht. So kann das BSP nicht differenzieren, ob Langzeitgüter oder Wegwerfschrott, ob Nahrungsmittel, Verpackungsmüll oder Atomraketen produziert werden.

2. BSP bzw. Wirtschaftswachstum sagen nichts aus über die **Verteilung** der Produktion. Vor allem wiederum in sogenannten Entwicklungsländern - aber nicht nur dort - hat sich häufig gezeigt, daß die Steigerung der Wirtschaftsleistung zum Nutzen einer verschwindend kleinen Geldaristokratie ist, die Masse der Menschen aber zunehmend verelendet. Eine sich stärker an Egoismen des Frühkapitalismus orientierende Wirtschaftspolitik des Thatcherismus in Großbritannien oder der Reagonomics in den USA hat einerseits beträchtliche Wachstumsraten erzeugt, auf der anderen Seite eine **neue Armut** geschaffen. Das Schlagwort von der **Zweidrittelgesellschaft** hat auch bei uns deutlich gemacht, daß die Kranken, Alten und Schwachen der Gefahr unterliegen, zunehmend von der weiteren Wohlstandsentwicklung abgekoppelt zu werden. Probleme bei der Finanzierung

der Sozialleistungssysteme (Renten, Gesundheits-, Bildungssysteme, Sozialhilfe, sozialer Wohnungsbau oder Kosten der Arbeitslosigkeit) lassen weitere Verteilungskonflikte zu Lasten der sozial Schwachen vermuten.

3. Das BSP erfaßt nicht die **ökologischen und sozialen Folgekosten** des Wirtschaftens. Umweltschäden oder Krankheiten, die in der Folge der Produktionsleistungen entstehen, werden nicht als **Folgekosten** von der Wirtschaftsleistung abgezogen. **Im Gegenteil**, die Feststellung gravierender Schäden führt häufig zu **kompensatorischen Maßnahmen** im wirtschaftlichen Bereich. Die Behebung der Schäden (Umweltreparatur oder -sanierung, medizinische Versorgung, Krankenhausaufenthalte, etc.) steigern dann sogar das Sozialprodukt weiter, wenn sie zu Marktleistungen führen. Ein so verstandener technischer Umweltschutz kann damit zu einem weiteren Wirtschaftswachstum beitragen. Dabei wird dann aber allenfalls ein vorhergehender Zustand wiederhergestellt, eine Wohlstandssteigerung findet nicht statt.

Die Berücksichtigung bzw. Nichtberücksichtigung der Natur und Umwelt in der Sozialproduktsrechnung soll im folgenden Abschnitt näher betrachtet werden.

2.3 Umweltnutzung in der Sozialproduktsrechnung

2.3.1 Problemstellung

Durch seine Wirtschaftstätigkeit greift der Mensch in die Natur ein. Die vielfältigen Eingriffe verändern die Natur. In dem Maße, wie sie langfristig auf die Grundlagen der menschlichen Existenz zurückwirken, beeinflussen sie das, was man als Wohlstand bezeichnet. In diesem Sinne müßten Umweltwirkungen des Produktionsprozesses in der Sozialproduktsrechnung Berücksichtigung finden. Dabei müßten neben den aktuellen Wirkungen auch die langfristigen Beeinflussungen auf zukünftiges Leben aufgenommen werden. Das geschieht aber nur unzulänglich.

Positive Umweltwirkungen, die nicht in der Sozialproduktsrechnung erfaßt werden, existieren, lassen sich aber nach dem gegenwärtigen Kenntnisstand nicht exakt quantifizieren. So hat z. B. die Forstwirtschaft stärkere Umweltwirkungen als nur die über den Holzverkauf, der in das BSP eingeht. Der Wald als Gewerbestandort der Holzproduktion verfügt z. B. über existenzielle Funktionen u. a. als Trinkwasserreservoir, als Sauerstoffproduzent, als Lebensraum für Flora und Fauna, als Freizeitraum.

Von größerer Bedeutung sind die **negativen Wirkungen** der Produktion auf die Umwelt. Diese finden vor allem auf zweifache Art und Weise statt: Einmal führt die Produktion von Gütern und Leistungen zu Umweltbeeinträchtigungen (Schäden an Umweltgütern), daneben wird der Vorrat an nicht erneuerbaren Naturreserven irreversibel abgeschöpft und steht zukünftigen Generationen nicht mehr zur Verfügung.

2.3.2 Die (Nicht)berücksichtigung von produktionsbedingten Schäden im BSP

Güterproduktion und Konsum führen zu **Schäden an der Umwelt**, die sich kurz- oder längerfristig auf das Wohlstandsniveau negativ auswirken.

Diese Schäden sind seit jeher durch Produktionsprozesse hervorgerufen worden, sie sind damit kein Phänomen der Gegenwart. Allerdings zeigt sich immer deutlicher, daß die Regenerationsfähigkeit der Natur zunehmend weniger in der Lage ist, diese Schädigungen zu kompensieren. Solche Schäden lassen sich in verschiedene Kategorien aufteilen.

- **Schäden an Flora und Fauna**

Schäden an der Tier- und Pflanzenwelt lassen sich auf zwei verschiedene Arten feststellen. Einmal wird durch menschliche Eingriffe die **Artenvielfalt** eingeschränkt. Die Liste der bereits ausgestorbenen oder vom Aussterben bedrohten Arten (Rote Liste) wächst ständig. Danach gilt rund die Hälfte der in der Bundesrepublik lebenden höheren Tierarten (Wirbeltiere) in ihrem Fortbestand als gefährdet. Von den höheren Pflanzen (Farn- und Blütenpflanzen) wird rund ein Drittel als gefährdet angesehen. Bis zu 10 % der Arten der verschiedenen Gruppen sind bereits ausgestorben oder verschollen.[294]

Zum anderen werden durch Umweltbelastungen ganze Landstriche und Landschaften verändert und in ihrem natürlichen Funktionszusammenhang nachhaltig gestört. Solche Veränderungen zeigen sich besonders deutlich beim Waldsterben in den Mittelgebirgen, bei der Verschmutzung der Binnengewässer, des Wattenmeeres oder der Nordsee, der Zerstörung der Alpen. Die Schäden lassen sich dabei nur zu einem geringen Teil in einem kurz- bis mittelfristigen Minderertrag der wirtschaftlichen Nutzung feststellen. Die langfristigen (monetären und nicht monetär faßbaren) Folgen auf die komplexen Zusammenhänge in Ökosystemen werden in der Sozialproduktsrechnung nicht erfaßt. Neben der Gefährdung menschlicher Existenzgrundlagen müßte dabei ein Verlust an Naturästhetik in der Bewertung berücksichtigt werden.

- **Gesundheitliche Schäden**

---

[294] vgl. Bilanz des Umweltministers 1990, a. a. O., Band: Naturschutz, Bodenschutz, S. 14f

Der Schutz der menschlichen Gesundheit steht nach wie vor im Mittelpunkt umweltpolitischer Aktivitäten. Inwieweit Umweltbelastungen sich negativ auf die Volksgesundheit auswirken, ist nur sehr schwierig festzustellen. Aufgrund der Komplexität und der Langfristigkeit der Ursache-Wirkungszusammenhänge lassen sich Krankheitsursachen nur sehr schwierig isolieren. Es gilt allerdings mittlerweile als unzweifelhaft, daß signifikante Zusammenhänge zwischen bestimmten Luftschadstoffen und Atemwegserkrankungen, zwischen Lärmbelastungen und Gehör- sowie Herz- und Kreislauferkrankungen, zwischen Strahlenbelastungen und Krebserkrankungen, zwischen Gefahrstoffen am Arbeitsplatz und Berufserkrankungen, zwischen Verzehr von belasteten Lebensmitteln und allergischen Erkrankungen etc. bestehen. Nach einer Studie des Office of Technology Assessment aus dem Jahr 1982 sterben alleine in den USA jährlich 50.000 Menschen zusätzlich durch Sauren Regen.[295]

Auf den materiellen Wohlstand des Sozialprodukts wirken sich diese Gesundheitsbeeinträchtigungen nur indirekt aus über durch Krankheiten oder frühere Sterblichkeit bedingte Produktionseinschränkungen und einen Wettbewerbsnachteil über höhere Lohnnebenkosten. Daneben stehen die explosionsartig gestiegenen Kosten im Gesundheitswesen nicht mehr für andere wohlstandsfördernde Zwecke zur Verfügung. Außerdem vermitteln die hohen Ausgaben in diesem Bereich den Eindruck, sie könnten mehr Gesundheit (d. h. weniger Krankheiten) erzeugen. Das Gegenteil ist aber der Fall.

Neben diesen (wenn auch nur unter Schwierigkeiten) monetär bewertbaren volkswirtschaftlichen Schäden entsteht eine nicht quantifizierbare Fülle verschiedenster Formen menschlichen Leidens und Leides, die sich erheblich auf das immaterielle Wohlempfinden auswirken.

- **Schäden an den Umweltmedien**

Die Umweltmedien Boden, Luft und Wasser werden in der Produktion als freie Güter betrachtet. Ihre Nutzung erfolgt grundsätzlich unentgeltlich. Werden für ihre Nutzung Gebühren erhoben, wie bei der Wassernutzung oder der Abwasserabführung, so orientiert sich deren Höhe ausschließlich an den notwendigen Aufwendungen. Nicht das Wasser selbst hat also einen Preis, sondern nur die Verfügbarstellung des Wassers. Steigt der Aufwand zur Förderung sauberen Wassers aufgrund höheren Schadstoffbelastungen, so erhöhen sich die Gebühren. Eine Wohlstandssteigerung ist damit aber nicht verbunden. Schadstoffbelastungen im Boden führen zu nicht erfaßten Produktionseinschränkungen, sowohl in der Nutzung als Standortboden ((z. B. durch Altlasten) als auch in der landwirtschaftlichen Nutzung. Die Nutzung und Reinhaltung der Luft wird nur zu einem Teil reglementiert (z. B. nach dem BImSchG), erfolgt aber ansonsten weitgehend

---

[295] vgl. Schlipköter, H.W./Beyen, K., Wirkungen von Luftverunreinigungen auf den Menschen. In: Jänicke u.a., Wissen für die Umwelt, a. a. O., S. 63

uneingeschränkt. Produktionsbedingte Luftverunreinigungen wirken sich auf Umwegen wieder in Form von Produktionseinschränkungen aus (Gesundheitsschäden, Schäden an Flora und Fauna, Bodenschäden, Materialschäden).

Summarische Luftverunreinigungen führen zu Klimaveränderungen. Ozonloch und Treibhauseffekt sind die deutlichen Anzeichen eines Prozesses, dessen Ursachen in der Produktion nicht erfaßt werden und dessen zukünftige Wirkungen auf die Produktion in ihrer Komplexität auch annähernd nicht abschätzbar sind.

- **Schäden an Gütern und Materialien**

Durch den Produktionsprozeß bedingte Emissionen führen ebenfalls zu Schäden an Gütern und Materialien. Am deutlichsten sichtbar wird dieser Vorgang am plötzlichen Verfall jahrhundertealter Kulturdenkmäler. "Schon länger als die Bäume sterben die Steine" stellt Chr. Leipert lakonisch fest.[296] Die Umweltwirkungen auf historische Gebäude und Kunstwerke können je nach Intensität von ästhetischen Beeinträchtigungen bis zu Totalverlusten führen. Neben Steinen sind im Prinzip alle anderen Materialien betroffen (Metalle, Gläser, Textilien, Farben). Läßt sich der materielle Schaden an Kulturdenkmälern bereits nur unter Schwierigkeiten ermitteln, so ist der mögliche Verlust an kultureller Identität durch das Verschwinden solcher Kulturgüter wohl grundsätzlich nicht monetär feststellbar. Aber auch moderne Materialien werden durch Umwelteinflüsse geschädigt. Beton, einer **der** Werkstoffe des 20. Jahrhunderts, galt lange Zeit als idealer Baustoff aufgrund seiner vielseitigen Einsatzmöglichkeiten, seines niedrigen Preises und der vermuteten Wartungsfreiheit und nahezu unbeschränkten Haltbarkeit. Damit wurde der Bauboom im Nachkriegs-Deutschland erst ermöglicht. Seit Beginn der 80er Jahre aber wird immer deutlicher, daß Stahlbeton durch Umwelteinflüsse schon nach wenigen Jahren nachhaltig geschädigt ist, brüchig wird und den Baustahl der Korrosion preisgibt. Unzählige Gebäude, Brücken und Straßen sind gefährdet. Der Zusammenbruch der Berliner Kongreßhalle 1980 war nur die spektakuläre Spitze dieser Schadensentwicklung.

Neben Beton werden Stahlbauten, Kunststoff- oder Aluminiumfassaden, der Witterung ausgesetzte Textilien oder Kraftfahrzeuge gleichermaßen durch umweltbedingte Einflüsse zunehmend nachhaltig geschädigt.

In einem ersten Fazit kann bis hierher festgehalten werden, daß **Wohlstandsverluste**, die durch produktionsbedingte Umweltschäden entstehen, in der Sozialproduktsrechnung nicht explizit berücksichtigt werden. Damit ist eine vollständige **Monetarisierung der Umweltbeziehungen** nicht gegeben. Dennoch sind wiederholt Ansätze zur monetären Erfassung der gesamten produktionsbedingten Umweltbelastung vorgenommen worden (vgl. dazu Abschnitt III, 1.4.3.2). Die Ermittlungsverfahren können in 2 Gruppen eingeteilt werden:

[296] Leipert, Chr. (1989), a. a. O., S. 211

- **direkte Verfahren**

Sie ermitteln den **Wert der Umweltbelastung** an der **individuellen Zahlungsbereitschaft** zur Vermeidung dieser Belastungen.
Da hier eine Marktsituation simuliert wird, die in der Realität nicht gegeben ist, ist eine Bewertung allerdings höchst spekulativ.

- **indirekte Verfahren**

Hier wird über **monetär erfaßbare Wirkungen** der Umweltbelastung (z. B. Einkommenseinbußen) **oder monetär bewertbare Aktivitäten** von Unternehmen und Staat als Folge von Umweltbelastungen der ökonomische Umweltschaden zu ermitteln versucht.

Insbesondere im Sinne der indirekten Verfahren üben Umweltbelastungen Einfluß auf das BSP aus. Da Umweltbelastungen ökonomische Folgen nach sich ziehen, werden die monetären Wirkungen dieser Folgen Bestandteile der BSP--Rechnung. Diese **Folgekosten** des umweltschädigenden Wirtschaftsverhaltens werden in der Literatur als **defensive** oder **kompensatorische Kosten** bezeichnet.

Leipert[297] bildet dafür die Kategorien **Vermeidungs-, Schutz-** und **Umstellungskosten** sowie einen **Teil der Schadenskosten nicht vermiedener Umweltbelastungen**. In einer empirischen Untersuchung hat er den Versuch einer Erhebung dieser kompensatorischen Kosten für die Bundesrepublik in den Jahren 1970 bis 1988 vorgenommen. Die nachstehende Tabelle zeigt die Ergebnisse für die Jahre 1970 und 1988.

[297] Leipert, Chr. (1989), a. a. O., S. 111

Folgekosten der umweltbelastenden Produktions- und Konsumweise der Umweltbelastungen in der Bundesrepublik 1970 und 1988 (in Mrd DM, in Preisen von 1980)

		1970	1988
		(Ca. - Werte)	
I. Kosten zur Verminderung der Umweltbelastungen			
1.	Umweltschutzkosten im produzierenden Gewerbe	5,7	16,5
2.	Privatwirtschaftliche Entsorgungsunternehmen	-,-	2,8
3.	Investitionen zur Einführung bleifreien Benzins	-,-	0,36
4.	Höhere Kosten des atomtechnischen Sicherheitsstandards	-,-	2,3
5.	Umweltschutzkosten im Staatssektor	6,0	15,0
6.	Mehrkosten für den Einbau des Katalysators	-,-	1,0
SUMME I		11,7	ca. 38,0
II. Folgekosten nicht-vermiedener Umweltschäden			
1.	Zusatzkosten der privaten Haushalte aufgrund der Lärmbelästigung	-,-	2,0
2.	Kosten der Altlastensanierung	-,-	1,0
3.	Kosten der Asbestsanierung	-,-	0,4
4.	Kosten des Ersatzes PCB-haltiger Kondensatoren	-,-	0,1
5.	Aufbereitungskosten von Wasserwerken		
a.	Oberflächengewässerverschmutzung	1,6	5,0
b.	Grundwasserverschmutzung	0,11	-,-
c.	Zusatzkosten aufgrund der CKW-Belastung	-,-	1,0
d.	Zusatzkosten aufgrund der Nitratbelastung	-,-	1,0
6.	Wassertransportkosten aufgrund der Grundwasserbelastung	1,0	1,0
7.	Kosten zur Beseitigung von Schäden von Schiffsunfällen	-,-	0,1
8.	Mehraufwendungen in der Forstwirtschaft aufgrund des Waldsterbens	-,-	0,5
9.	Kosten zur Sicherung der Lawinenschutzfunktion des Waldes und für technische Ersatzmaßnahmen	-,-	0,5
10.	Zusätzliche Kosten aufgrund von Material- und Gebäudeschäden	2,4	4,0
11.	Kosten zur Sanierung von Kunstwerken	-,-	0,15
12.	Zusatzaufwand bei Autos aufgrund streusalzbedingter Korrosionsschäden	-,-	3,1
SUMME II		5,1	19,7
SUMME I + SUMME II		**16,8**	**58,1**

(verkürzte Darstellung aus Leipert, Chr., *Die heimlichen Kosten des Fortschritts*, 1989, S. 218 f)

Neben diesen sehr eng gefaßten **Folgekosten der Umweltbelastung** ermittelt Leipert andere Kategorien von Defensivkosten.

Im Bereich **Gesundheit** werden gesundheitsschädliche Umwelt-, Sozial- und Arbeitsbedingungen (Arbeitsunfälle, Berufskrankheiten, Kosten der Luftverschmutzung) sowie Verhaltensweisen wie Rauchen, Ernährung und unzureichende Bewegung als Auslöser defensiver Ausgaben zur Krankheitsbekämpfung betrachtet. Die Kosten betragen für 1988 ca. 44,5 Mrd. DM.

Im **Verkehrsbereich** entstehen Folgekosten von Verkehrsunfällen sowie Verkehrsausgaben der privaten Haushalte, die durch längere Verkehrswege entstehen. Gründe für die immer längeren Arbeits-, Ausbildungs-, Einkaufs- und Freizeitwege liegen dabei vor allem in der wachsenden Konzentration aller wirtschaftlichen und gesellschaftlichen Aktivitäten in wenigen Regionen mit hoher Verdichtung. Dabei wird das Auto für immer mehr Menschen zu einem lebensnotwendigen Gebrauchsgegenstand. Für **defensive Verkehrsausgaben** wurden für 1988 56,3 Mrd. DM ermittelt.

Im **Wohnbereich** entstehen in Verdichtungsgebieten höhere Kosten (einschl. höherer Mieten und Baupreise) für den größten Teil der Bevölkerung. Diese Mehrkosten sind ein kompensatorischer Preis für die Einkommens- und anderen Vorteile des Wohnens in solchen Gebieten. Für 1988 wurden hierfür 12,75 Mrd. DM ermittelt.

Die Steigerung des Wohlstandes ist mit einer zunehmenden Kriminalität verbunden. Aufwendungen zur **Inneren Sicherheit**, zur Kompensation strafbarer Handlungen durch Defensivausgaben zur Kriminalitätsbekämpfung, durch die Umsätze der privaten Sicherheitsbranche, betrieblichen Werkschutz sowie die Schadensaufwendungen der Versicherungsgesellschaften für Einbruchs- und Diebstahldelikte machten danach 1988 ca. 23,1 Mrd. DM aus.

Im **Arbeitsbereich** wurden die Folgekosten von Arbeitsunfällen und Berufskrankheiten (soweit sie nicht unter Gesundheitsaufwendungen erfaßt wurden) sowie Ausgaben im Zusammenhang mit dem Erwerb des Einkommens ermittelt (Werbungskosten). Hierfür ergaben sich 1988 Defensivausgaben von ca. 1,9 Mrd. DM.

In den für 1988 ermittelten ca. 196,3 Mrd. DM an im BSP enthaltenen Defensivausgaben ist neben den reinen Umweltausgaben auch in den weiteren Kategorien ein nicht näher bestimmter Anteil enthalten, der zur Kompensation der umweltbelastenden Produktion aufgewandt werden muß, insbesondere in den Bereichen Gesundheit, Verkehr und Wohnen. Damit werden für 1988 11,6 % des BSP aufgewendet, um die Belastungen zu kompensieren, die durch eben diese Produktion entstanden sind. **Die Defensivkosten als positiver Bestandteil des BSP vermitteln damit den Eindruck der materiellen Wohlstandssteigerung. Das**

Gegenteil aber ist der Fall, da diese Aufwendungen ohne Produktion nicht entstanden wären.

Sollte das BSP als Wohlstandsindikator herangezogen werden, so müßten Defensivausgaben vom Wirtschaftswachstum abgezogen werden. Bei einem realen Wachstum des BSP von 3,7 % für 1988 ergäben sich (bei Defensivausgaben von 11,6%) dann allerdings **tatsächliche Wohlstandsverluste** gegenüber den Vorjahren.

Defensive Ausgaben in der Bundesrepublik 1988		
		Ca. - Werte für 1988 in Mrd DM
1.	Umwelt	57,7
2.	Gesundheit	44,5
3.	Verkehr	56,3
4.	Wohnen	12,75
5.	Innere Sicherheit	23,1
6.	Arbeit	1,9
Summe aller Defensivausgaben		196,3
entspricht einem Anteil von 11,6 % des BSP		

(Verkürzte Darstellung aus Leipert, Chr., a. a. O., S. 127 f)

Neben den reinen Defensivkosten ermittelt Leipert weitere 4 Kategorien von Folgekosten der umweltverbrauchenden bzw. -belastenden Wirtschaftsentwicklung (vgl. Abschnitt III.1.4.3.2):

- **Zusätzliche Transferkosten**

Zusätzlich zu den kompensatorischen Kosten entstehen Leistungen der Arbeitgeber und Sozialversicherungsträger aufgrund von Arbeitsunfällen, arbeitsbedingten Erkrankungen und gesundheitsschädlichen Umwelteinwirkungen, die zu vorzeitigem Ausscheiden aus dem Erwerbsleben führen. Bei diesen Ausgaben handelt es sich um Zahlungsvorgänge auf der Ebene der staatlich regulierten Umverteilung der Einkommen.

- **Produktions- und Einkommensverluste**

Hier handelt es sich um ökonomische - also im Prinzip auch monetär feststellbare - Verluste, die längerfristig wirken und dann die Existenz ganzer Branchen gefährden können (siehe Folgen des Waldsterbens für die Forstwirtschaft).

- **Vermögensverluste**

Neben Einbußen aus der Wirtschaftstätigkeit können Vermögensverluste auch bei denjenigen entstehen, die keine Vorteile aus umweltbelastenden Produktionsausweitungen haben (vor allem Vermögenseigentümer, die nicht produzieren, solche in anderen Ländern, zukünftige Generationen von Eigentümern).

- **Wohlfahrts- und Naturverluste**

Dabei entstehen grundsätzliche monetäre Erfassungsprobleme. Artentod oder das Recht zukünftiger Generationen auf eine lebenswerte Umwelt, Naturschönheit etc. sind Kategorien, die sich einer objektiven Bewertung entziehen.

Zusammenfassend kann festgestellt werden, daß auf mehrfache Weise das Bruttosozialprodukt die durch den Produktionsprozeß entstehenden Umweltbelastungen und Schäden **mit falschen Vorzeichen, in falscher Höhe oder überhaupt nicht erfaßt**. Damit muß aber eine Politik, die ihr Handeln an ständigen Produktionssteigerungen orientiert, längerfristig in eine Legitimationskrise geraten.

2.3.3 Einsatz und Bewertung einmaliger Ressourcen

Aus heutiger Sicht ist das Wirtschaftswunder im Nachkriegsdeutschland zu einem beträchtlichen Teil auf den schnell steigenden Einsatz von Primärenergie zurückzuführen. Dabei spielte zuerst die im eigenen Land geförderte Steinkohle, dann jedoch zunehmend das importierte Erdöl eine dominierende Rolle.

Der Bauboom der 50er und 60er Jahre wurde so z. B. über eine Schlichtbauweise mit dünnen Wänden und einfachen Fenstern gesteigert. Der hohe Energieaufwand für überdimensionierte Heizungsanlagen bei niedrigen Heizölpreisen fiel dabei nicht ins Gewicht.

Dieses Beispiel zeigt, daß der Wohlstand der reichen Industrienationen zu einem großen Teil auf der Ausbeutung einmalig vorhandener Rohstoffe basiert.

Nach allgemein üblicher Systematik lassen sich diese Ressourcen in drei Gruppen einteilen:

- **Fossile Energiestoffe** (diese werden auch zu einem geringeren Teil nicht--energetisch eingesetzt)
- **Energetische Mineralien**
- **Nicht-energetische Mineralien**

Die Ausbeutung und der Einsatz der einmaligen Ressourcen basiert auf bestimmten Mechanismen, die kurz skizziert werden sollen:

1. Die Annahme, ökonomische Wertschöpfung beruhe ausschließlich auf dem Einsatz der Produktionsfaktoren Arbeit und Kapital, führt zu Schlüssen, die nur bei einer sehr kurzfristigen Betrachtungsweise ökonomischen Erfolg hervorbringen. Die einmalig vorhandenen **mineralischen und fossilen Bodenschätze** werden für den Produktionsprozeß in ihrer Substanz als **freie Güter** betrachtet. Daß sie nicht völlig frei sind, liegt lediglich daran, daß sie in individualwirt-

schaftlichen Ordnungssystemen von Grundbesitzern okkupiert sind, die für die Ausbeutung eine Nutzungsgebühr verlangen.[298] (Dieses Nutzungsentgelt fällt in Volkswirtschaften mit Kollektiveigentum noch fort). **Der Preis eines einmaligen Rohstoffes ergibt sich damit im wesentlichen aus dem monetarisierten Aufwand für Exploration, Abbau und Transport.**

2. Sind die Struktureinrichtungen zur Ausbeutung eines Rohstoffes erst einmal vorhanden, so können die Gewinne der Verfügungsberechtigten über eine Steigerung der Abbaumengen vergrößert werden. So werden vor allem **Großabnehmer** gesucht bzw. Abnehmer, die über **langfristige Lieferabkommen** gebunden werden. Diese erhalten dann für ihre garantierte Abnahme Sonderkonditionen eingeräumt. Was hierbei für die Anbieter von Bodenschätzen gilt, kann ebenso auf die Verkäufer der daraus erzeugten Grundstoffe und Sekundärenergien (z. B. Mineralöle, Strom) übertragen werden. **Die Preisgestaltung fördert damit den verschwenderischen Umgang mit einmalig vorhandenen Rohstoffen - je größer die Abnahmemenge, desto günstiger ist der Preis.**

3. Die Regierungen der Industrienationen, auch der Bundesrepublik Deutschland, fördern diese Verschwendung auf vielfältige Weise. So wird der energiefressende Autoverkehr ebenso subventioniert wie der heimische Kohlenabbau oder eine rohstoffverschwendende Landwirtschaft. Die Stromwirtschaft ist in erwerbswirtschaftlich orientierten Gebietsmonopolen organisiert, deren Gewinnmaximierungsinteressen über eine Mengenausweitung bei festen Preisen realisiert werden. **Der Staat schafft zusätzliche Anreize zur Verschwendung von Rohstoffen.**

4. Die Strukturen der Weltwirtschaft dokumentieren eine zunehmende Verschuldung der sogenannten Dritten Welt bei den Industrienationen. Der Beitrag dieser Länder zum internationalen Handel besteht aber weitgehend aus dem **Export von einmaligen Rohstoffen** oder von Landwirtschaftsprodukten. Im Durchschnitt bestreiten Entwicklungsländer 60 % ihrer Exporte aus Rohstoffverkäufen, für 50 Länder liegen die Anteile sogar zwischen 80 und 100 %. und sind damit überlebensnotwendig. Die Preise für Rohstoffe und landwirtschaftliche Güter sind aber starken Schwankungen unterworfen und in den letzten Jahren tendenziell stark gesunken. Die gesamten afrikanischen Exporteinnahmen aus Rohstoffen sanken z. B. 1986 alleine um 30 % gegenüber dem Vorjahr. Gebremstes Industriewachstum in den Industrieländern, vermehrte Förderung durch Konkurrenz unter den Förderländern, Entwicklung rohstoffsparender Techniken und Recyclingverfahren sind die Gründe für diese Entwicklung. Bei gleichzeitiger ständiger Preissteigerungen der von den armen Ländern dringend benötigten industriellen Importgüter wird der Zwang zu noch größeren Fördermengen (zu noch geringeren Preisen) ausgeweitet. Gleichzeitig werden die Existenznöte der Dritten Welt immer größer. **Die von den Industrienationen beherrschten**

[298] vgl. dazu auch: Gruhl, H. (1978), a. a. O., S. 71ff

Welthandelsstrukturen fördern damit die verschwenderische Ausbeutung von Rohstoffen und die Armut in den Entwicklungsländern gleichermaßen.

5. Die Richtung der weiteren wirtschaftlichen Entwicklung auf der gesamten Erde wird von den Industrienationen bestimmt. Schwellenländer, die den Weg in die Industrialisierung schaffen, operieren nach den gleichen ökonomischen Mustern wie die etablierten Industrieländer, teilweise sogar unter größerer Mißachtung der Umweltschonung. Das Vorbild des scheinbar durch nichts zu bremsenden Konsumstrebens wirkt nachhaltig auf Kulturen, die bisher noch anderen Daseinsidealen verschrieben waren. Die von den USA beherrschte Weltbank fördert Entwicklungsprojekte vor allem unter den Vorgaben weiterer Export- und Wachstumsorientierungen. Dabei ist völlig klar, daß die gesamte Menschheit nicht nach diesem Muster leben kann. (600 Mio PKWs für China wären weder strukturell noch ökologisch verkraftbar). **Das Vorbild der rohstoffverschwendenden Produktionsweise der Industrieländer führt zu einer zunehmenden Verhaltensimitation durch den Rest der Welt.** Die Vision eines **sustainable development** - einer nachhaltigen und weltweit abgestimmten Wirtschafts- und Gesellschaftsentwicklung - ist dabei zur Zeit nicht mehr als nur eine die Realität verklärende Schönfärberei.

Erst mit der Veröffentlichung der MIT-Studie **"Grenzen des Wachstums"** von D. Meadows und anderen wurde 1972 in den Industrieländern das Bewußtsein für die Endlichkeit der Bodenschätze geweckt. Der Nachweis des **exponentiellen Wachstums** u. a. im Verbrauch einmalig vorhandener Bodenschätze und die daraus abgeleitete Erkenntnis, daß die verfügbaren Bestände bei Fortführung dieser Trends nur noch für wenige Generationen reichen, führte zuerst zu schockartigen Reaktionen (Ölschocks), konnte aber letztlich keine grundlegenden Verhaltensänderungen bewirken. Daran konnte auch die Studie **"Global 2000"** nichts ändern, die auf breiterer wissenschaftlicher Basis 1980 die Ergebnisse von Meadows u. a. im wesentlichen bestätigte.

Danach können folgende Konsequenzen aus dem exzessiven Abbau von fossilen Energieträgern und energetischen und nicht-energetischen Mineralien angenommen werden:

1. Fossile Energieträger

Fossile Energieträger existieren in den einzelnen Formen in unterschiedlichen Mengen. Der Weltenergieverbrauch wird bei einer schnell wachsenden Weltbevölkerung weiter zunehmen - auch bei Ausnutzung von Energiesparpotentialen. Dabei wird über das Jahr 2.000 hinaus Erdöl der wichtigste Energieträger bleiben.

Prognosen über die noch vorhandenen Reserven und damit über zukünftige Verbrauchsmöglichkeiten und Begrenzungen sind äußerst schwierig. Dabei ist nach folgenden Kategorien zu differenzieren:[299]

- **Vermessene Reserven** sind gesicherte Reserven, aus denen mit vorhandenen Technologien eine Nutzungsenergie gewinnbringend erwirtschaftet werden kann und deren Standort, Qualität und Quantität, sowohl geologisch als auch vermessungstechnisch nachgewiesen sind.

- **Angezeigte Reserven** sind Reserven, die teils auf genauen Messungen, Proben oder Produktionsdaten und teils auf Prognosen beruhen, die aufgrund geologischer Gutachten für einen angemessenen Zeitraum gelten.

- **Deduzierte Reserven** sind Reserven, die auf breitem geologischen Wissen beruhen und für die quantitative Messungen nicht zur Verfügung stehen. Bei solchen Reserven schätzt man, daß sie zukünftig infolge von Erweiterungen, Korrekturen der Schätzungen und tieferen Bohrungen in bekannten Feldern erschließbar sein werden.

Gerade die letzte Kategorie unentdeckter Ressourcen gibt Anlaß zu Hypothesen und Spekulationen. Deshalb soll an dieser Stelle auf die üblichen Prognosen über die Dauer der zukünftigen Verfügbarkeit verzichtet werden. Sicher ist, daß sie nur noch für einen sehr begrenzten Zeitraum verfügbar sind. Generalisierend soll auf das folgende Zitat verwiesen werden:[300]

"Die Ära der leicht verfügbaren, billigen fossilen Brennstoffe geht ihrem Ende zu, und ein hohes Maß an menschlichem Einfallsreichtum wird vonnöten sein, sie zu verlängern und eine andere Ressourcenbasis bereitzustellen. Der Zeitaufwand, den man dazu benötigt, um diese Aufgabe zu erfüllen, wird nicht nur von dem Eifer und Ideenreichtum abhängen, mit dem man die neuen Quellen sucht, sondern auch von der Weisheit und Beschränkung bei der Nutzung der alten."

Die noch dringendere Problematik ergibt sich allerdings aus den CO_2-Emissionen, die schon jetzt nachhaltig das Erdklima verändern. Der Energiesektor ist mit der Verbrennung fossiler Energieträger mit 50 % am sogenannten Treibhauseffekt beteiligt. Klimaforscher prognostizieren bei anhaltendem Trend der CO_2-Emissionen in den nächsten 100 Jahren einen durchschnittlichen Temperaturanstieg von 1,2 - 4,5 °C und einen Anstieg des Meeresspiegels bis zu einem Meter. Die energiebedingten CO_2-Emissionen machten 1990 weltweit mehr als 22 Mrd. Tonnen aus. In den letzten 20 Jahren haben sie sich um mehr als 20 % erhöht. Ein Welt-Klimaabkommen zur obligatorischen Einschränkungen der CO_2-Emis-

[299] Global 2000, a. a. O., S. 432ff

[300] McKelvey, V.E., Remarks at the International Conference of Energy Use Management, Tucson, Ariz. 1977, zitiert nach: Global 2000, S. 456

sionen ist auf absehbare Zeit noch nicht in Sicht. Auch die Ankündigung der deutschen Bundesregierung, bis zum Jahr 2.005 die Emissionen um 25 % gegenüber 1990 zu reduzieren, ist bisher nicht durch einen Maßnahmenkatalog ansatzweise umgesetzt worden. Skeptiker halten das auch für unmöglich.

2. Energetische Mineralien

Hierbei geht es um die Vorräte an Uran-Brennstoffen zur Erzeugung von Kernenergie (in geringerem Maße auch um Thorium). Über die Uranreserven liegen bisher nur sehr unvollständige Angaben vor. Die sicher nachgewiesenen Reserven, die mit einem vertretbaren Kostenaufwand gewonnen werden können, werden auf ca. 2,3 Mio. Tonnen geschätzt.[301] Beim gegenwärtigen Stand der Technologie (Leichtwasserreaktoren oder ähnliche) stellen die Uranvorkommen ein begrenztes Potential dar, das den Erdöl- und Erdgasreserven vergleichbar ist. Bei Einsatz bereits verfügbarer anderer Technologien (Brutreaktoren, Thorium--Hochtemperaturreaktoren) und der Wiederaufbereitung von verbrauchten Brennstoffelementen läßt sich das Potential allerdings vervielfachen. Der Einsatz dieser weiterführenden Technologien ist aber derzeit (zumindest in Deutschland) politisch nicht durchsetzbar.

Die Erzeugung von Kernenergie ist nach wie vor umstritten. Ihre **Befürworter** sehen in ihr nach wie vor eine Zukunft

- wegen der preiswerten Energieversorgung auch der Dritten Welt bei steigendem Energiebedarf,
- wegen des Wegfalls von CO_2-Emissionen gegenüber der Verbrennung fossiler Energieträger

Die **Gegner** sehen die Kernenergienutzung als gefährliche und überholte Technologie an, insbesondere

- wegen der nach wie vor umstrittenen Emissionen bei Normalbetrieb, der weitreichenden Folgen bei nicht gänzlich auszuschließenden Störfällen,
- wegen der ungeklärten Entsorgungsfrage von verbrauchten Kernbrennstoffen sowie der Anlagen am Ende ihrer Nutzung.

3. Nicht-energetische Mineralien

Hierunter sind mehr als 100 verschiedene mineralische Rohstoffe zu verstehen, die abgebaut, verarbeitet und weltweit gehandelt werden. 1973 betrug der Wert aller in der Welt produzierten nicht-energetischen Materialien mit ca. 37 Mrd.

---

[301] vgl."Energie zwischen Knappheit und Überfluß", in : Wirtschaft und Unterricht, Heft 10/1990, hrsg. vom Institut der deutschen Wirtschaft

Dollar nur ca. 1 % des Welt-BSP.[302] Dieser vermeintlich geringe Anteil verschleiert aber die Tatsache, daß der größte Teil der industriellen und landwirtschaftlichen Produktionen ohne die Verfügbarkeit über auch nur einzelne dieser Stoffe rasch zusammenbrechen würde. Dabei ist eine zunehmende Lieferabhängigkeit der Industrieländer von der Dritten Welt erkennbar. An den Weltreserven der dargestellten 4 wichtigen mineralischen Rohstoffe haben die Entwicklungsländer folgende Anteile:

Zinn	66 %
Phosphat	69 %
Bauxit	70 %
Kupfer	57 %

Dabei stagnieren oder sinken die Weltmarktpreise für die meisten Mineralien.

Für 18 mineralische Rohstoffe hat das amerikanische Bureau of Mines 1974 eine Lebensdauer der Weltreserven bei Bedarfsveränderungen nach der prognostizierten Rate vorhergesagt:[303]

302 vgl. Global 2000, a. a. O., S. 459
303 ebenda, S. 470

Rohstoff	**Lebensdauer in Jahren bei Bedarfswachstum den prognost. Raten**
Industriediamanten	8
Silber	14
Quecksilber	21
Zink 21	21
Schwefel	26
Wolfram	28
Blei	29
Zinn	31
Kupfer	35
Fluor	37
Platin	43
Nickel	44
Eisenerz	68
Chrom	68
Mangan	69
Kali	84
Phosphate	89
Aluminium in Bauxit	94

Trotz dieser scheinbar knappen Bestände wird es auf absehbare Zeit keine dramatischen Versorgungsengpässe geben. Maßgeblich dafür sind drei Gruppen von Indizien.

1. Der **Bestand** an **Reserven** wird ständig über drei Quellen **erweitert**, über:

- bisher unentdeckte ökonomische Ressourcen,
- bisher unentdeckte subökonomische Ressourcen, (die zu gegenwärtig herrschenden Preisen nicht abbauwürdig sind),
- gesicherte subökonomische Ressourcen.

2. Zur Aufrechterhaltung der Versorgung mit Mineralien wird der Anteil der wiederverwendeten (recycelten) Stoffe zunehmen. Bei zunehmenden Internalisierungszwängen der sozialen und umweltlichen Kosten des Abbaus und der Entsorgung wird das Recycling von Mineralien auch wirtschaftlich interessanter. Die Wirtschaftlichkeit der jeweiligen Verfügbarkeit hängt dabei weitgehend vom Grad der Entropie ab.

3. Ein Kennzeichen des technischen Fortschritts ist die **Einsparung** bzw. **Substitution** von knappen (d. h. teueren) Materialien. Dabei ist allerdings nicht damit zu rechnen, daß zukünftig alle knappen Mineralien durch andere, weniger knappe substituierbar sind.

Als **Fazit** kann festgestellt werden, daß es zwar in absehbarer Zukunft keine dramatischen Knappheiten in der Versorgung mit einmaligen Rohstoffen geben wird, daß aber dennoch der verschwenderische Umgang langfristig vor allen bei den fossilen Stoffen zu Erschöpfungen führt. Weiter werden die vielfältigen Umweltbelastungen durch den Einsatz dieser Stoffe größtenteils externalisiert. **Die Marktpreise geben damit den Knappheitsgrad der einmalig vorhandenen Ressourcen nicht wieder**. Die Sozialproduktsrechnung führt zu Schlüssen mit langfristig kontraproduktiver Wirkung.

3 Ansätze einer umweltbezogenen volkswirtschaftlichen Rechnungslegung

3.1 Theoretische Ansätze

Wie oben gezeigt wurde, erfaßt das gegenwärtige System der volkswirtschaftlichen Gesamtrechnung umweltökonomische Aktivitäten nicht bzw. nicht in einer hinreichenden Art und Weise, um verläßliche Daten für Wirtschaftsanalysen und umweltgerechte wirtschaftspolitische Entscheidungen daraus abzuleiten. Dabei steht die Frage im Mittelpunkt, wie die mit einer wachsenden Güterproduktion verbundenen Folgekosten der Umweltbelastung in der Sozialproduktsrechnung zu berücksichtigen sind und konkret, welche Wirkungen sie auf die Wohlfahrt der Bevölkerung ausüben.

In der Wissenschaft sind dazu zwei grundsätzliche Ansätze entwickelt worden, wie Umweltbelastungen in einer umweltökonomischen Wirtschaftsrechnung berücksichtigt werden können.

3.1.1 Umweltbereinigte Nettowohlfahrtsrechnung[304]

Bei dieser **wohlfahrtökonomischen** Betrachtungsweise w**erden wirtschaftliche Aktivitäten und deren Bedingungen in der Gegenwart zu einem vorhergehenden Zustand in Beziehung gesetzt**. Zunehmende Umweltbelastungen vermindern dabei den volkswirtschaftlichen Wohlstand, sowohl im materiellen als auch im immateriellen Bereich.

---

[304] die wesentliche Ausführungen dazu sind entnommen aus: Leipert, C., Simonis, U.E., Umwelt und Volkswirtschaftliche Gesamtrechnung, Heft IIUG pre 87-6 des WZB, Berlin 1987, S. 6ff

Die Erstellung eines Sozialprodukts in der Periode 1 ohne Umweltschädigungen ist danach höher zu bewerten als ein gleich hohes BSP in der Periode 2 mit nun zwischenzeitlich aufgetretenen Umweltbeeinträchtigungen. Da die Sozialproduktsrechnung nur Zahlungsvorgänge erfaßt, kann ein wohlfahrtsökonomischer Vergleich der verschiedenen Perioden nur über die Berücksichtigung der Folgekosten der Umweltschäden (hier der Maßnahmen zur Beseitigung der Schäden) vorgenommen werden. Sollten solche Maßnahmen in Periode 3 ergriffen werden, so müßten die entsprechenden Ausgaben entgegen der konventionellen Sozialproduktsrechnung **von der Bruttogröße BSP subtrahiert werden.** Das BSP der Periode 1 mit einer aufwandsfreien Umweltsituation wäre mit der Periode 3 vergleichbar, wenn die zur Erreichung der gleichen Umweltsituation eingesetzten Folgeausgaben abgezogen wären.

	Bruttosozialprodukt (Bruttogröße)
-	Folgeausgaben der Umweltbelastung
=	Umweltneutrales BSP (Nettogröße)

Diese Nettogröße wäre als Wohlstandsindikator geeigneter.

Eine andere Überlegung gelangt zu den gleichen Schlüssen: Das BSP erfaßt das gesamte Güter- und Leistungsbündel einschließlich aller ausgabenwirksamen Umwelteffekte. Monetarisierte Umweltaktivitäten sind Anstrengungen zur Lieferung dieses Güterbündels **ohne** bzw. mit geringeren Umweltwirkungen. Entsprechende Aktivitäten können damit als zusätzliche Produktions**kosten** zur Erstellung der herkömmlichen Produktion betrachtet werden. Umweltspezifische Ausgaben erhöhen damit nicht die volkswirtschaftliche Gesamtproduktion, sie sind zusätzlicher Input, nicht Output des Produktionsprozesses.

Ein langfristiger Vergleich von Sozialprodukten setzt daher im Grunde die explizite Herauslösung aller umweltbedingten Folgekosten voraus, um alle Folgeperioden wohlfahrtsökonomisch mit einem vorhergehenden umweltneutralen Idealzustand vergleichbar zu machen. Insofern ist diese Betrachtungsweise **vergangenheitsorientiert**.

Eine umfangreichere Erweiterung des konventionellen BSP in diesem Sinne stellt die Ermittlung des **Net Economic Welfare** (NEW) dar.

BSP	**- minus**	**+ plus**	**= NEW**
	Soziale Kosten (Umweltschutz), Ausgaben für staatliche Verschuldung, Polizei, usw.	Private Dienste für die keine Marktpreise bestehen (z. B. Hausfrauenarbeit), immaterielle Werte (z. B. Freizeit)	(Net Economic Welfare)

3.1.2 Bedürfnisorientierte Bruttowohlfahrtsrechnung

Eine 2. Position ist darauf gerichtet, die Umweltschutzausgaben als **positiven Beitrag im BSP** zu belassen bzw. in einer besonderen Form innerhalb dieser Rechnung herauszustellen.

Nach diesen Vorstellungen führen Umweltschutzausgaben zu geringeren Umweltbelastungen bzw.zu einer höheren Wohlfahrt als das ohne solche Aktivitäten der Fall wäre. Staatliche und private Umweltschutzausgaben sind damit **die Antworten des Marktes auf ein gesteigertes Bedürfnis nach einer intakten Umwelt**. Sie stellen damit eine Marktleistung dar wie jede andere, die den Wohlstand der Gesellschaft steigert.

	BSP ohne Umweltschutzausgaben (Nettogröße)
+	Umweltschutzausgaben
=	BSP einschl. Umweltschutzaktivitäten (Bruttogröße)

Im Gegensatz zur ersten Position ist hier die **Bruttogröße** der geeignete Wohlstandsindikator.

Die Betrachtungsweise kann als **gegenwartsorientiert** bezeichnet werden, da Umweltschutzausgaben die gegenwärtige Situation für die Zukunft verbessern helfen sollen. Ein wachsendes BSP bzw. ein BSP mit wachsenden Umweltschutzausgaben dokumentiert damit wachsenden Wohlstand.

Diese Sichtweise beinhaltet allerdings die Gefahr, daß hohe Umweltausgaben (das Ergebnis einer wachsenden Umweltindustrie) gleichgesetzt werden mit einer Verbesserung der Umweltsituation.

Die Schaffung volkswirtschaftlicher Strukturen eines vorsorgenden Umweltschutzes, in denen Umweltbelastungen von vorneherein durch die Gestaltung der Produktionsbedingungen vermieden werden, ist aber für die Gesellschaft effizienter. (Vorsorgende Produktionsgestaltung ist volkswirtschaftlich preiswerter als nachträgliche Beseitigung von Umweltschäden). Diese Erkenntnis wird in der 2. Position nicht hinreichend berücksichtigt, hier wird vornehmlich die Entsorgungsvariante des Umweltschutzes betrachtet.

Beiden vorgestellten Ansätzen ist gemeinsam, daß nur **kompensatorische Kosten** erfaßt werden, die auch zu **Ausgaben** führen. Eine weitere Verschlechterung der Umweltsituation, die gegenwärtig nicht zu Zahlungen führt, wird damit nicht erfaßt (wohlfahrtsökonomische Betrachtung). Die hingenommenen Wohlstandsverluste bzw. unterdrückten Bedürfnisse nach einer unversehrten Umwelt finden auch in diesen Erweiterungen des volkswirtschaftlichen Rechnungswesens keine

Berücksichtigung. Die Ermittlung entsprechender **fiktiver Kosten** stößt in der praktischen Erhebung allerdings auch auf erhebliche Schwierigkeiten.

3.2 Der Aufbau einer umweltökonomischen Gesamtrechnung für die Bundesrepublik Deutschland

3.2.1 Ansätze zur Erweiterung der VGR

Seit 1989 besteht beim Statistischen Bundesamt in Wiesbaden der Entschluß, eine umweltökonomische Gesamtrechnung zu erstellen.

Ansätze einer Konzeption dazu ergeben sich aus drei verschiedenen Aktivitätenbündeln:[305]

1. Weiterentwicklung der Umweltstatistik

Die bisherige Umweltstatistik geht auf das Umweltstatistikgesetz von 1974 zurück. Die dadurch gelieferten Daten über Abfallbeseitigung, Wasserversorgung, Abwasserbeseitigung, Unfälle bei Lagerung und Transport wassergefährdender Stoffe, Investitionen im Umweltschutz genügen heute nicht mehr den gewachsenen Anforderungen im Zusammenhang mit der Zunahme der Umweltbelastungen. Deshalb wird an einer Novellierung des UStatG gearbeitet, um die bereits vorhandenen Bereiche besser und zusätzliche umweltrelevante Bereiche erfassen zu können.

2. Weiterentwicklung der volkswirtschaftlichen Gesamtrechnung

Eine Darstellung des bisher entwickelten Instrumentariums zur Erfassung ökologisch-ökonomischer Zusammenhänge in der Volkswirtschaft erfolgt im Anschluß detailliert (Abschnitt 3.2.2).

3. Mitarbeit an internationalen Vorhaben

Seit einiger Zeit wird von verschiedenen internationalen Organisationen an Instrumenten zur Verbesserung der Umweltinformationen gearbeitet, z. B. bei der UN, EU, OECD. Daneben sind vor allem in Norwegen, Frankreich und Kanada nationale Konzepte zum "resource accounting" entwickelt worden. Die Konferenz europäischer Statistiker der Wirtschaftskommission der Vereinten Nationen für Europa (ECE) hat 1991 die Errichtung einer Task-Force zur Entwicklung allgemeiner methodischer Konzepte zur Bilanzierung von natürlichen Ressourcen

---

[305] vgl. dazu: Radermacher, W., Aufbau einer Umweltökonomischen Gesamtrechnung für die Bundesrepublik Deutschland. In: VDI-Berichte Nr. 927/1991, S. 129ff

beschlossen. Das Statistische Amt der Vereinten Nationen entwickelt ein Handbuch, in dem die Konzepte von Systemen dargestellt werden sollen, die ergänzend neben das System der Volkswirtschaftlichen Gesamtrechnung gestellt werden und die Wechselbeziehungen zwischen natürlicher Umwelt und Wirtschaft beschreiben.

3.2.2 Das Umwelt-Satellitensystem zur Volkswirtschaftlichen Gesamtrechnung

Die traditionelle VGR dient vor allem als Datengrundlage für kurz- und mittelfristige wirtschaftspolitische Entscheidungen. Im Sinne einer wachstumsorientierten Wirtschaftspolitik scheint sie dazu durchaus geeignet. Ihre Verwender sind jedenfalls an einer Umgestaltung des Rechenwerkes nicht interessiert.

Andererseits wird, wie gezeigt, diese Form der Rechnungslegung wohlfahrtsökonomischen Betrachtungen, hier insbesondere des wohlstandsbeeinflussenden Umweltge- und -verbrauchs nicht gerecht.

Ein Rechenwerk zur Darstellung der ökonomisch-ökologischen Zusammenhänge der Wirtschaft kann nach Stahmer[306] danach auf zweifache Weise erfolgen. Einmal könnte **durch eine Beibehaltung der gegenwärtigen Form und eine tiefere Aufteilung der Größen** der VGR ein Baukasten geschaffen werden, in dem jeder Benutzer die Daten entsprechend der speziellen Ziele selbständig entnehmen und kombinieren könnte. Dabei wird allerdings auf die zunehmende Komplexität und Unüberschaubarkeit eines solchen Rechenwerkes hingewiesen.

Erfolgversprechender erscheint dagegen der Versuch, für bestimmte Themenbereiche (Umwelt; Bildung, Gesundheitswesen, etc) **neue, eigenständige Datensysteme** zu erstellen. Diese sogenannten **Satellitensysteme** sollen sich einerseits in den konzeptionellen Rahmen der VGR einfügen. Sie erlauben damit eine Verknüpfung des jeweiligen Teilsystems mit der Gesamtrechnung, z. B. im Rahmen von Input-output-Tabellen. Andererseits können sie aber auch um Angaben außerhalb der VGR erweitert werden, um bewertete Größen außerhalb des Marktgeschehens oder nicht-monetäre Größen einzubeziehen.

Die Erstellung eines solchen Umwelt-Satellitensystems im Rahmen einer umweltökonomischen Gesamtrechnung hat sich das Statistische Bundesamt zur Aufgabe gemacht. Erste Ansätze sind dazu bereits realisiert worden. Eine Gesamtkonzeption ist bisher in unterschiedlichen Varianten vorgestellt worden. Dabei ist auch wiederholt betont worden, daß noch erhebliche praktische und theoretische Probleme zu lösen sind.

---

[306] Stahmer, C., Umwelt-Satellitensystem zu den Volkswirtschaftlichen Gesamtrechnungen. In Allg. Statistisches Archiv 72,58-71, 1988, S. 60

Ein solches **Statistisches umweltökonomisches Berichtssystem (Stubs)** könnte danach aus 5 einzelnen Darstellungsgebieten bestehen:[307]

1. Umweltbezogene ökonomische Aktivitäten

Dieser Bereich umfaßt Informationen über die monetären Aufwendungen der Sektoren und Wirtschaftsbereiche im Zusammenhang mit den verschiedenen Bereichen des Umweltschutzes (Luftreinhaltung, Abfallbeseitigung, Abwasserbehandlung, etc.). Dabei sollen laufende Aufwendungen und Investitionen (einschl. Abschreibungen) erfaßt werden.

Neben den monetären Bestands- und Stromgrößen sollen sonstige Aufwendungen bei umweltbezogenen defensiven Aktivitäten (z. B. umweltbedingte Material- und Gesundheitsschäden) einbezogen werden. Weiterhin sind Güterbilanzen als Bindeglied zwischen dem Rohstoffverbrauch und dem Rest- und Schadstoffausstoß in Form von Input-output-Tabellen vorgesehen.

Die Erfassung der monetären Bestands- und Stromgrößen im Zusammenhang mit Umweltschutzleistungen ist dabei in einem ersten Schritt weitgehend abgeschlossen.[308] Dabei wurden folgende Größen gegenwärtig bis zum Jahr 1988 ermittelt:[309]

- Das Anlagevermögen für Zwecke des Umweltschutzes aufgeteilt nach elf Bereichen des produzierenden Gewerbes sowie dem Staatssektor,
- Bruttoanlagevermögen für den Umweltschutz eingeteilt nach Umweltbereichen,
- Investitionen des Produzierenden Gewerbes und des Staates aufgeteilt nach Produktionsbereichen und Umweltbereichen,
- laufende Aufwendungen des Produzierenden Gewerbes und des Staates für Umweltschutz (einschließlich Abschreibungen) aufgeteilt nach Produktionsbereichen und Umweltbereichen,
- die gesamten Ausgaben für den Umweltschutz, die sich aus Investitionen und laufenden Ausgaben für Umweltzwecke zusammensetzen,
- Gütermäßige Aufgliederung von Umweltschutzinvestitionen und laufenden Sachaufwendungen für den Umweltschutz in Form von Input-output--Tabellen mit gesondertem Nachweis der Umweltschutzleistungen unter Einschluß des Dienstleistungsbereiches.

---

[307] vgl. Radermacher, W., a. a. O., S. 134

[308] vgl. dazu: Ryll, A./Schäfer, D., Bausteine für eine monetäre Umweltberichterstattung. In: Zeitschrift für Umweltpolitik und Umweltrecht, Heft 2/86, S. 105 - 135

[309] dazu: Ausgewählte Ergebnisse der Umweltökonomischen Gesamtrechnung 1975 - 1990. In: Heft 18 der Schriftenreihe Ausgewählte Arbeitsunterlagen zur Bundesstatistik, hrsg. vom Statistischen Bundesamt, Wiesbaden

2. Nutzung natürlicher Rohstoffe

In diesem Bereich werden Angaben über den Abbau und Verbrauch von biotischen und abiotischen Primär- und Sekundärrohstoffen und Elementargütern wie Sonnenenergie, Luft, etc. zusammengefaßt. Dabei wird sowohl der Abbau inländischer Ressourcen als auch der Verbrauch in- und ausländischer Stoffe erfaßt.

Weiterhin wird vorgeschlagen, in einer Gegenrechnung Aufwendungen für Grundlagenforschung zur Auswertung der Ressourcenmengen, der besseren Nutzung von Rohstoffen und zum Einsatz von Rohstoffen und Energien sowie neue Funde und Lagerstätten zu berücksichtigen.

Neben den Gesamtgrößen für Entnahme und Verbrauch von Rohstoffen wird eine Bestandsrechnung für die Rohstoffarten vorgeschlagen.

Für die Jahre 1978 -1990 liegen folgende Daten vor:[310]

- Abiotische und biotische Rohstoffe nach Aufkommen und Verwendung (in Mengen und jeweiligen Preisen),
- bergbauliche Erzeugnisse, Steine und Erden nach Aufkommen und Verwendung (in Mengen, jeweiligen Preisen und Preisen von 1988)
- Sekundärrohstoffe nach Aufkommen und Verwendung (in Mengen, jeweiligen Preisen und Preisen von 1988),
- biotische Rohstoffe - Forstwirtschaftliche und Fischereierzeugnisse - (in Mengen, jeweiligen Preisen und Preisen von 1988,
- lange Reihen (1978 - 1990) über inländische Gewinnung von Rohstoffen, Einfuhr und Ausfuhr von Rohstoffen, Inlandsverbleib von Rohstoffen (in Mengen, jeweiligen Preisen und Preisen von 1988),
- Entwicklung der Durchschnittspreise bei Gewinnung und Einfuhr, bei Ausfuhr und Inlandsverbleib, Rohstoffkoeffizienten.

3. Ausstoß und Verbleib von Rest- und Schadstoffen

Dieser Bereich behandelt die Emissionen und ihren Zusammenhang mit den Produktions- und Verbrauchsprozessen. Dabei soll es weniger um anlagenbezogene Erhebungen von Emissionsdaten gehen als vielmehr um die modellhafte Errechnung aus der Kombination von Produktionsdaten und **durchschnittlichen** Emissionskoeffizienten.

Dieses Emissionsmodell soll ergänzt werden um Angaben über den Verbleib der Emissionen (Entsorgung, Recycling, freie Emission). Zusätzlich sollen der Verbleib und die Entsorgung von Gebrauchsgütern erfaßt werden.

---

[310] Ausgewählte Ergebnisse der Umweltökonomischen Gesamtrechnung 1975 - 1990, a. a. O.

4. Nutzung der Umwelt als Standort

Dieser Bereich ist bisher noch wenig bearbeitet. Eine erste Aufgabe liegt dabei in der Abgrenzung, welche Teile der Naturnutzung in eine Umweltökonomische Gesamtrechnung einbezogen werden sollen. Die Daten müßten Nutzungsformen, räumliche Konflikte und ganzheitliche Zustandsbeschreibungen von Ökosystemen aufnehmen. Dabei wird dem Statistischen Informationssystem zur Bodennutzung (Stabis) eine wesentliche Bedeutung zukommen.

5. Qualitativer Zustand der Umwelt (Immissionslage)

Anhand noch zu bestimmender Umweltmeßwerte für Boden, Wasser, Luft, Strahlungen, Lärm soll der qualitative Zustand der Umweltmedien und deren Veränderung im Zeitablauf ermittelt werden. Dabei können neben singulären Schadstoffkonzentrationen auch komplexere Belastungssymptome und Schäden erfaßt werden.

Für die drei letztgenannten Bereiche liegen noch keine konkreten Daten vor. Bei deren Ermittlung ist noch erhebliche konzeptionelle Vorarbeit zu leisten.

Der größte Teil **der umweltökonomischen Daten wird in physikalischen Einheiten** verfügbar sein. Aus statistischen, analytischen und politischen Gründen sind aber u. U. Zusammenfassungen erwünscht, vor allem in Geldeinheiten. Für die meisten Entnahme- und Belastungsvorgänge liegen aber keine Marktpreise vor.

Im Grundprogramm zur Umweltökonomischen Gesamtrechnung des Statistischen Bundesamtes ist deshalb eine **monetäre Bewertung** nur an folgenden Stellen vorgesehen:

- Ressourcenabbau und -verbrauch (Bewertung in Marktpreisen),
- Emissionen (Bewertung in Emissionsvermeidungskostensätzen),
- Immissionen (Bewertung in Schadensbeseitigungskostensätzen).

Im zweiten und dritten Bereich soll vor allem aus methodischen Gründen mit repräsentativen Ansätzen für Vermeidungs- und Sanierungskosten gearbeitet werden. Weitergehende Konzepte, die von der Zahlungsbereitschaft der Belasteten zur Vermeidung von Umweltbelastungen ausgehen, können nach dem offenen Ansatz des Umwelt-Satellitensystems nachträglich eingebaut werden.

Der Aufbau eines umfassenden Umweltökonomischen Rechnungssystems ist **mit erheblichen Schwierigkeiten** verbunden. Radermacher sieht die Probleme vor allem in den folgenden Bereichen:[311]

"• *In fehlenden operationalen Definitionen und Klassifikationen,*
• *in der fehlenden Bestimmung des Umfangs der zu erfassenden Tatbestände,*
• *in der fehlenden Konzeption für die Darstellung komplexer Vorgänge (z. B. Funktionstätigkeit von Ökosystemen, Vergleiche von Immissionslagen, integrierte Umweltschutzmaßnahmen),*
• *in der schwierigen Beurteilung und Einordnung wenig präziser Zielsetzungen, im Mangel geeigneter Orientierungsgrößen, in fehlenden Daten und*
• *in den noch sehr mangelhaft untersuchten Möglichkeiten zur Aufstellung von statistischen Gesamtindikatorensystemen für den Umweltbereich und zur Ermittlung monetärer Größen als Äquivalent für Entnahme- und Belastungsvorgänge im Umweltbereich."*

Die aufgezeigten Schwierigkeiten machen deutlich, daß es noch erheblicher Anstrengungen bedarf, um eine umweltökonomische Gesamtrechnung als umfassendes Prognose- und Planungsinstrument verfügbar zu machen.

---

[311] Radermacher, W., a. a. O., S. 140

4 Grundlagen und Grenzen des Wachstumsstrebens

4.1 Wachstum als existenzielle Bedingung moderner Industriegesellschaften

Wie in Abschnitt 1 gezeigt wurde, ist die Verfolgung eines **stetigen und angemessenen Wirtschaftswachstums** eine der wesentlichen, wenn nicht **die** herausragende Zielsetzung wirtschaftspolitischen Handelns. Wirtschaftswachstum gilt nach herrschender Auffassung als notwendige Bedingungen zur Lösung gesellschaftlicher Probleme. Das entspricht einem weitgefaßten Trend zur **Ökonomisierung gesellschaftlicher Problemlagen**.

Biedenkopf[312] stellt fest, daß **Wirtschaftswachstum als existenzielle Bedingung** moderner Industriegesellschaften angesehen wird, als zwingende Voraussetzung zur Regierbarkeit gegenwärtiger Demokratien. Da aber kein Staat auf Regierbarkeit verzichten kann, ist damit auch Wachstum entsprechend scheinbar unverzichtbar.

Die Notwendigkeit auch zukünftigen Wachstums wird vor allem in vier Argumentationsbereichen gesehen:

1. Ohne Wachstum läßt sich die gesellschaftliche Wohlfahrt nicht erhöhen,
2. ohne Wachstum lassen sich Beschäftigungsprobleme nicht lösen,
3. ohne Wachstum verschärfen sich gesellschaftliche Verteilungskonflikte,
4. ohne Wachstum lassen sich die globalen Menschheitsbedrohungen, sowohl die Verarmung der Dritten Welt als auch die globale Umweltbedrohung nicht nachhaltig lösen.

Wenn auch in den Industrienationen im letzten Jahrhundert ein erhebliches Wohlstandsniveau erreicht wurde, so ist damit sowohl auf der individuellen als auch auf der gesellschaftlich-kollektiven Ebene eine absolute Wohlstandssättigung noch nicht erreicht und auch noch keine Wohlstandsgrenzen in Sicht. Deshalb (so **das erste Argument**) ist die Summe der produzierten Güter und Leistungen weiterhin zu erhöhen.

Dabei gilt es einmal, **materielle** Nachholbedürfnisse der einkommensschwächeren Bevölkerungsschichten zu erfüllen. Mit zunehmendem Wohlstandsniveau wird aber die zweite Komponente der gesellschaftlichen Wohlfahrt, nämlich der **immaterielle** Wohlstand als Bedürfniskategorie an Bedeutung gewinnen. Diese

---

[312] Biedenkopf, K., Wachstum bis zur Katastrophe? In: DIE ZEIT, Nr. 40/1991, S. 43f

stofflose Bedürfnisbefriedigung ist in Wohlstandsgesellschaften geeignet, Idealvorstellungen eines selbstbestimmten und erfüllten Lebens zu realisieren (z. B. über Bildung, Freizeitgestaltung, Gesundheitsvorsorge, etc.). Sie befindet sich außerdem im Einklang mit einer sozial- und umweltverträglichen Weiterentwicklung gesellschaftlicher Wohlfahrtsmaximierung.

Das starke Ansteigen der Arbeitslosigkeit in fast allen Industrienationen in den 80er Jahren hat deutlich gemacht, daß Unterbeschäftigung die gesellschaftliche Stabilität gefährden kann. Wachstum erscheint dabei geeignet, die durch Produktivitätsfortschritte wegfallenden Arbeitsplätze aufzufangen und das Beschäftigungsniveau zu stabilisieren - **2. Argument** - Stillstand (Nullwachstum) bedeutet dementsprechend Rückgang der Beschäftigung. Insbesondere durch eine Steigerung der Nettoinvestitionen soll die Zuwachsrate des Produktionspotentials erhöht werden. Dazu sind vor allem strukturelle Veränderungen der Wirtschaft vorzunehmen, um im internationalen Wettbewerb konkurrenzfähig zu bleiben.

Das **3. Argument** sieht in einem raschen Wirtschaftswachstum einen Konfliktlösungsmechanismus bei gesellschaftlichen Verteilungskonflikten. Dabei geht es vor allem um die Einkommensverteilung zwischen den mit wirtschaftspolitischer Macht ausgestatteten direkt und indirekt beteiligten Akteuren. Verteilungskonflikte könne sich dabei auf folgenden Ebenen abspielen:[313]

- In den privaten Sektoren der Wirtschaft (Unternehmen, private Haushalte) zwischen den Gewerkschaften und Arbeitgeberverbänden um die Verteilung der Primäreinkommen,

- zwischen dem privaten und staatlichen Sektor um die Verwendung des Sozialprodukts und im Bereich der Sekundärverteilung der Einkommen um die Finanzierung der staatlichen Transfer- und Leistungsaufgaben,

- zwischen den inländischen Sektoren und dem Ausland, insbesondere in bezug auf die als notwendig erachtete Erhöhung der Entwicklungshilfe.

Bei einem stagnierenden Verteilungspotential kann die Einkommenssituation eines Sektors jeweils nur zu Lasten eines anderen verbessert werden. Bei einer wachsenden Wirtschaft dagegen können die Einkommen mehrerer Sektoren gleichzeitig erhöht werden. Soziale Spannungen können damit entschärft oder abgebaut werden. So wird z. B. die geringe Streikbereitschaft der westdeutschen Arbeitnehmerschaft u. a. auf die Beteiligung am gesteigerten Volkseinkommen zurückgeführt.

---

[313] vgl. Stork, W., Die Wirtschaftspolitik der Wachstumskritiker. Frankfurt/M., 1983, S. 16

Das **4. Argument** hat unter umweltökonomischen Gesichtspunkten besondere Bedeutung. Um die Armut in der Welt abzubauen, verpflichteten sich die Industrienationen, 0,7 % ihres BSP an Entwicklungshilfe leisten. (Dieser Satz wird weder von der Bundesrepublik Deutschland noch den meisten anderen großen Industrienationen erreicht/ BRD 1991 0,4 % des BSP). Die Einlösung dieser Verpflichtung ist um so eher möglich, als sie über hohe Wachstumsraten in den Industrieländern verteilungspolitisch durchsetzbar ist. Mit Hilfe der Entwicklungsgelder sind danach in der Dritten Welt Wirtschaftsstrukturen zu schaffen, die diese Länder in wachsendem Maße industriell entwickeln und damit helfen, die Armut abzubauen.

Wirtschaftswachstum in den Entwicklungsländern bekämpft die Armut und damit das Bevölkerungswachstum sowie die umweltbelastenden Überlebensstrategien (Verstädterung, Slumbildung, Brandrodung, Desertifikation, etc.). In Einklang mit dem Wirtschaftswachstum in den Industrieländern ist es geeignet, protektionistische Maßnahmen abzubauen und die armen Länder als gleichberechtigte Partner in einen freien Welthandel einzubeziehen.

Fazit: Nach herrschender Wirtschaftsauffassung (sowohl national durch die Bundesregierung bzw. den Sachverständigenrat als auch international z.B durch die OECD) **ist Wirtschaftswachstum das geeignete Mittel zur wirtschaftlichen und gesellschaftlichen Weiterentwicklung**.

4.2 Wachstumskritik

4.2.1 Unmöglichkeit stetigen Wachstums

4.2.1.1 Rechnungsbedingte Grenzen

Wirtschaftswachstum ist definiert als prozentualer Anstieg des realen (preisbereinigten) Bruttosozialproduktes gegenüber dem jeweiligen Vorjahr. Im Rahmen der herrschenden Wirtschaftspolitik wird ein solches Wachstum von ca. 4 % jährlich für notwendig erachtet, um die komplementären Wirtschaftsziele zu erreichen.

1960 betrug das BSP in Preisen von 1985 859.800 Mio. DM. 1 % Wachstum entsprach 1960 also ca. 8,6 Mrd. DM. 1991 betrug das BSP ca. 2.206.600 Mio. DM (in Preisen von 1985) für das alte, vergleichbare Bundesgebiet. 1 % Wachstum ist hier mit ca. 22 Mrd. DM vergleichbarer Kaufkraft in absoluten Zahlen 2 1/2 mal so viel wie 21 Jahre vorher.

Da die Basisgröße zur Ermittlung des Wachstums bei einer wachsenden Wirtschaft ständig größer wird, muß die Kaufkraft in absoluten Werten sich ständig vergrößern, um ein bestimmtes prozentuales Wachstum zu erreichen. Bei einer

Volkswirtschaft, die mit immer mehr Gütern bereits ausgestattet ist, wird ein solches weiteres Anwachsen längerfristig für unmöglich gehalten.

Bei der Betrachtung der Wachstumsraten nach Ende des zweiten Weltkrieges wird deutlich, daß in den 50er Jahren auf relativ niedrigem Niveau teilweise zweistellige Zuwächse des realen BSP möglich waren. Die Raten nahmen im Zeitablauf ab. In den 80er Jahren betrug die durchschnittliche jährliche Wachstumsrate noch 2,25 %.

4.2.1.2 Natürliche Grenzen des Wachstums

Diese Form der Wachstumskritik geht von der Vorstellung aus, daß **ständiges Wachstum der Produktion** in einem endlichen System langfristig **unmöglich** ist, der Prozeß der Wirtschaftstätigkeit damit irgendwann an seine obere Grenze stößt.

Dahinter steht die These des **Sauriersyndroms**: Danach sind die Saurier innerhalb eines erdgeschichtlich sehr kurzen Zeitraumes ausgestorben, weil sie sich durch ihre überdimensionale Größe ihre eigenen Nahrungsgründe im wahrsten Sinne des Wortes weggefressen haben. Das endliche Ökosystem kollabierte an seinen Wachstumsgrenzen und strebte zu einem neuen Gleichgewicht **ohne** die systemsprengenden Elemente (hier die Saurier).

Wachstumskritiker sehen im menschlichen Verhalten moderner Industriegesellschaften Parallelen zum Sauriersyndrom. Das Wirtschaftsverhalten der Menschheit insgesamt stößt danach irgendwann (in absehbarer Zeit) an natürlichen Wachstumsgrenzen. Mögliche Begrenzungen lassen sich dabei in 3 Bereichen feststellen:

1. Entnahmegrenzen

Wie in Abschnitt 2.3.3 dargestellt wurde, verringert sich das Potential überlebensnotwendiger (einmalig vorhandener) Ressourcen bei exponentiellem Wachstum der Weltbevölkerung und der Entnahmemengen in absehbarer Zeit. Dabei können vermutete Reserven die Endlichkeit nur zeitlich verschieben, nicht aber überwinden.

2. Sättigungsgrenzen

Dieses Argument betrifft nur die reichen Industrienationen. Wenn hier stetiges Wachstum als wesentliches wirtschaftspolitisches Ziel für notwendig erachtet wird, so ergibt sich die Frage, in welchen Bereichen eine Steigerung der Produktion noch möglich ist.

Letztes Ziel jeglicher Produktion ist der private oder öffentliche **Konsum**. Vor allem im Bereich des Individualkonsums sind aber mittlerweile Sättigungstendenzen sichtbar. Fast alle Haushalte sind mit Konsumgütern, die als Wohlstandsmerkmale gelten (Auto, (Kühlschrank , Fernseher, etc.) hinreichend ausgestattet. Ersatzbedarf schafft aber kein zusätzliches Wachstum. Die gegenwärtigen Wachstumsfelder geraten aber zunehmend in die gesellschaftliche Kritik:

- Produktion von Wegwerfartikeln statt Gebrauchsprodukten,
- Einbau von geplantem Verschleiß zu Verkürzung der Produktlebenszeit,
- künstliche Veralterung von Produkten durch ständig neue Moden und Trends,
- Produktneuerungen mit fragwürdigem Nutzwert (z. B. elektronische Spielereien),
- Produkte, deren langfristige Wirkungen nicht hinreichend analysiert worden sind (z.B genmanipulierte Lebensmittel oder Medikamente).

Diese Art von geplanter Konsumsteigerung kann mittelfristig zu Tendenzen einer **Verweigerungshaltung** führen. Solche Ansätze zeigten sich in den 70er und 80er Jahren als Aussteigerhaltung, neue Bescheidenheit oder Konsumboykott vor allem bei den besserverdienenden Mittelstandsschichten.

3. Belastungsgrenzen

Die wohl kurzfristig größten Wirkungen gehen von den **Belastungen der Produktion** aus und der eingeschränkten Fähigkeit von Ökosystemen, die daraus entstehenden Schädigungen zu kompensieren (vgl. Abschnitt 2.3.2).

Wachstumskritiker bezweifeln, daß die Menschheit insgesamt die Fähigkeit besitzt, Strategien zu entwickeln, um die umweltbelastenden und die eigene Existenz bedrohenden Gefährdungspotentiale abzubauen. Obwohl die wesentlichen Ursachen der Belastungen hinreichend bekannt sind, fehlt es am notwendigen Willen, entsprechende Handlungskonsequenzen zu ziehen. Weder im gesellschaftlichen Bewußtsein noch im politischen Vollzug sind derzeitig Tendenzen sichtbar, die notwendigen Veränderungen der Lebens- und Produktionsweise vorzunehmen. Als wesentliche Hinderungsgründe werden dabei vor allem folgende Argumentationen benutzt:

- Die **Umweltwirkungen** bestimmter Produktionsweisen sind **nicht** hinreichend **nachgewiesen**,
- eine umweltschonendere Produktionsweise führt zu **Benachteiligungen im Wettbewerb**, solange die Konkurrenten sich nicht gleichfalls so verhalten, (was sie aber nicht tun),
- eine umweltschonende Produktion **gefährdet den erreichten Wohlstand**. Sie ist deshalb derzeitig auch nicht gesellschaftlich konsensfähig.

Der zur Zeit fehlende Wille zu Verhaltensänderungen wird unterschiedlich begründet. Eine **optimistische Richtung** glaubt, die Krisensymptome seien immer noch nicht deutlich genug. Bei wachsender Belastung würden entsprechende

Überlebensstrategien durchgesetzt. Die zunehmende Berücksichtigung des Umweltschutzes im öffentlichen Leben der Bundesrepublik sei dafür schon ein Indiz. Die **pessimistische Sichtweise** sieht zur Entwicklung hin zum globalen Kollaps keine Alternative. Genetische Fehlkonstruktionen im Menschen sind danach verantwortlich für einen bewußten, kollektiven Selbstmord der Menschheit, der danach unausweichlich erscheint.[314]

4.2.2 Zweifel an der Wünschbarkeit weiteren Wachstums

Während die Argumente im vorhergehenden Abschnitt weiteres Wirtschaftswachstum zumindest längerfristig für **unmöglich** erachten, beziehen sich die nachfolgenden Argumente darauf, daß Wirtschaftswachstum aus verschiedenen Gründen **nicht wünschenswert** sei, auch wenn es möglich wäre.

4.2.2.1 Mängel in der Zielkomplementarität

Hier lautet die Kritik, daß Wachstum zunehmend nicht mehr geeignet sei, die als ehemals komplementär erachteten Ziele (vgl. Abschnitt 4.1) zu erfüllen. Zu der Kritik im einzelnen:

4.2.2.1.1 Wachstum ist nicht mehr geeignet, die gesellschaftliche Wohlfahrt weiterhin zu steigern

Diese Kritik bezieht sich darauf, daß das BSP bzw. sein weiteres Wachstum als Wohlstandmaßstab nicht geeignet ist (vgl. Abschnitt 2):

- Ein Großteil wohlfahrtsstiftender Aktivitäten wird außerhalb der Erfassung durch das BSP erbracht (im sogenannten **informellen Sektor** z. B. Haushaltstätigkeiten, Schwarzarbeit),
- Leistungen aus dem ehemals informellen Sektor werden zunehmend kommerzialisiert und zum Gegenstand von Marktbeziehungen erhoben, andererseits werden ehemalige Marktleistungen vor allem des tertiären Sektors infolge hoher Preissteigerungen in den informellen Sektor zurückverlagert,
- ein wachsender Teil der durch das BSP erfaßten Leistungen wirkt nicht wohlstandsstiftend, sondern ist lediglich darauf gerichtet, die wohlstandsbelastenden Schädigungen der Produktion zu kompensieren (kompensatorische Kosten).

Die mangelnde Eignung des BSP als Wohlstandsmaßstab hat bereits in den 70er Jahren zu Versuchen geführt, Wohlstand über ein System von **Sozialindikatoren** zu ermitteln. Fehlende Übereinkünfte über die in ein umfassendes Wohlstandsmaß

---

[314] vgl. Brügemann, P., Zum Überleben zu tüchtig? In: DER SPIEGEL Nr. 35/1990, S. 177ff

einzubeziehenden Indikatoren sowie Erfassungsprobleme haben aber bisher verhindert, daß ein solches System sich national wie international durchsetzen konnte.

Vergleichsgröße "Sozialindikator"[315]

- Einwohner je Arzt
- Säuglingssterblichkeit je 100 Lebendgeborene
- Krankenhausbetten je 10.000 Einwohner
- Kindergartenplätze je ...% der Kinder
- Schüler je Lehrer
- PKW-Bestand je 100 Haushalte
- Motorrad-Bestand je 100 Haushalte
- Fernseher-Bestand je 100 Haushalte
- Verbrauch von Brot und Backwaren kg je Kopf
- Verbrauch an Frischobst kg je Kopf
- Verbrauch an Fleisch kg je Kopf
- Verbrauch an Wein und Sekt l je Kopf

4.2.2.1.2 Über Wachstum lassen sich Beschäftigungsprobleme nicht zwingend lösen

Es wird bezweifelt, daß der im Nachkriegsdeutschland durchaus gegebene Zusammenhang zwischen Wirtschaftswachstum und Sicherung eines hohen Beschäftigungsgrades noch gegenwärtig und zukünftig gilt.

Folgende Gründe werden dafür angeführt:

- Es ist unmöglich, zu den hohen Wachstumsraten zurückzukehren, die einen nachhaltigen Abbau der Arbeitslosigkeit bewirken könnten. Selbst ein Wachstum von 4,5 % für 1990 konnte nicht verhindern, daß in den alten Bundesländern mehr als 1,5 Mio. Menschen arbeitslos blieben. Dazu kommt eine nicht näher erfaßte (nicht registrierte) stille Reserve von schätzungsweise einer weiteren Million Menschen, die Erwerbsarbeit suchen. Weiterhin bestehen zusätzlich sehr viel größere Probleme der Schaffung von Arbeitsplätzen in den neuen Bundesländern.

- Die Beibehaltung eines bestimmten Einkommens- und Beschäftigungsniveaus setzt ständige **positive Nettoinvestitionen** voraus. Diese erhöhen die Produktionskapazitäten. Im konjunkturellen Abschwung sinkt die Nettoinvestitionsrate. Gleichzeitig geht die Kapazitätsauslastung zurück. Im folgenden Aufschwung wird zuerst eine Steigerung des Auslastungsgrades

---

[315] vgl. Bundesministerium für innerdeutsche Beziehungen, Zahlenspiegel. Ein Vergleich Bundesrepublik Deutschland - Deutsche Demokratische Republik, 1976

angestrebt, bevor in Wachstumspotentiale investiert wird. Die Steigerung der Beschäftigung läßt sich demnach nicht ausreichend durch einen Ausbau der Produktionskapazitäten erreichen, sondern eher durch einen **strukturellen Wandel**, der alte durch neue, wachstumsfördernde Wirtschaftsstrukturen ersetzt. Fehlt es an solchen strukturellen Hoffnungsträgern, so steigt die Beschäftigung trotz konjunkturellen Aufschwunges nicht nachhaltig. Ob sich solche arbeitsplatzschaffenden Strukturen zukünftig etablieren, wird von den Wachstumskritikern angezweifelt.

- Nettoinvestitionen steigern nicht nur das Produktionspotential, sie sind in der Regel auch daraufhin angelegt, die **Arbeitsproduktivität** zu erhöhen. In diesem Sinne sind sie gleichzeitig **Rationalisierungsinvestitionen**. Die Beschäftigung kann aber nur auf einem gegebenen Niveau gehalten werden, wenn die Arbeitsproduktivität nicht schneller wächst als das Sozialprodukt. Das war aber nachhaltig nur in den 50er Jahren der Fall. Die Steigerung der Arbeitsproduktivität wird aus zwei Quellen vorangetrieben: Aus der **Steigerung der Arbeitsintensität** und aus der **Ausstattung der Arbeitsplätze mit arbeitsersetzenden Anlagegütern**. Dabei scheint die Vorstellung immer weniger zu stimmen, daß der Wegfall eines Arbeitsplatzes an einer Stelle zu einem neuen Arbeitsplatz an einer anderen Stelle führt. Durch neue Techniken, insbesondere die verschiedenen Anwendungsmöglichkeiten der Mikroelektronik scheint es zunehmend möglich zu sein, weiteres Wachstum des Sozialproduktes **ohne zusätzliche Beschäftigung** zu erreichen.

Fazit: Es erscheint immer weniger wahrscheinlich, daß eine kapitalintensive Industrie- und Dienstleistungsgesellschaft über Wachstumsoffensiven die Beschäftigung sichern kann. Wenn das nicht möglich ist, bleibt lediglich die Möglichkeit **defensiver Regelungsmechanismen**, d. h. **Neuverteilung der Erwerbsarbeit** über Verkürzung der individuellen Arbeitszeiten.

4.2.2.1.3 Über Wachstum lassen sich immer weniger gesellschaftliche Verteilungskonflikte lösen

Konfliktpotentiale ergeben sich in diesem Zusammenhang in zwei Bereichen: Einmal zwischen den Tarifvertragsparteien über die Verteilung der Primäreinkommen, zum zweiten über die Verwendung des Sozialproduktes zwischen privatem und staatlichem Sektor.

Wachstumskritiker sehen in beiden Bereichen Indizien, daß Wachstum nicht geeignet ist, die Verteilungskonflikte zu lösen.

- Das jährliche Ritual der Tarifauseinandersetzungen ist nach wie vor rein **nominallohnbezogen**. Die **kontraktbestimmten Lohnanpassungen** werden damit **einmal pro Jahr** vorgenommen. Unternehmergewinne als **Residualeinkommen** sind nicht an die Disziplin von Verträgen gebunden.

Die Antworten der Arbeitgeberseite zur Sicherung der eigenen Einkommenssituation sind deshalb Preissteigerungen, soweit es die Wettbewerbssituation zuläßt. Die **Realeinkommen** sind deshalb in den 80er Jahren trotz ständigen Wachstums nur unwesentlich angestiegen. Die funktionale Einkommensverteilung hat sich entsprechend zu Lasten der Arbeitnehmer entwickelt. 1989 lag die bereinigte Bruttolohnquote mit 64,8 % unter den Niveau von 1960. Neben anderem hat diese Entwicklung die deutschen Gewerkschaften in eine gewisse Legitimationskrise geführt.

- Neben der primären Einkommensverteilung ergeben sich zunehmende Konflikte in der Verteilung der Sekundäreinkommen über staatliche Transferleistungen. Weiterhin hohe Arbeitslosigkeit sowie die demographische Entwicklung (Verschiebung der Altersstruktur) lassen das Ziel der Bundesregierung, den Staatsverbrauch einzuschränken, zunehmend unrealistisch erscheinen. Gesundheitsreform, Pflegeversicherung, Recht auf Kindergartenplätze sind nur einige brisante Felder, auf denen zukünftige Verteilungskonflikte deutlich werden.

- Eine wachstumsorientierte Wirtschaftspolitik ist zunehmend darauf ausgerichtet, über öffentliche Investitionen und Subventionen innovative Strukturveränderungen vorzubereiten und mitanzuschieben. Der Vorwurf lautet in diesem Zusammenhang: Gewinne werden privatisiert, Verluste werden sozialisiert. Oligopolistischen Großunternehmen gelingt es zunehmend, den Staat an den Risiken der Entwicklungsarbeit in zukünftige Wachstumsbereiche zu beteiligen (Chipindustrie, Flugzeugbau, etc.).

- Vielfältige soziale Aufgaben des Staates sowie zunehmende Anforderungen im investiven Bereich müssen **finanziert** werden. Steigende Steuern im konsumptiven Bereich mit dem Vorwurf der Steuerlüge (Nichteinhaltung von Wahlversprechen) sowie das Aufschieben der von der Wirtschaft als notwendig erachteten Reform der Unternehmensbesteuerung belasten 1992 die Bundesregierung. Weitere Steuererhöhungen zur Finanzierung der wachsenden Staatsaufgaben scheinen gesellschaftlich nicht konsensfähig. Als Ausweg bleibt die Erhöhung der **Staatsverschuldung**. 1992 beträgt das Schuldenvolumen von Bund, Ländern und Gemeinden mehr als 1,5 Billionen DM. Damit wird der zukünftige Handlungsspielraum des Staates durch wachsende Zinsbelastungen weiter eingeengt. Gleichzeitig wird der Verteilungskonflikt verlagert auf **zukünftige Generationen**, die irgendwann einmal den derzeit aufgehäuften Schuldenberg abtragen müssen zu Lasten der dann durchzuführenden öffentlichen Aufgaben.

4.2.2.1.4 Wachstum ist nicht geeignet, die globalen Menschheitsprobleme (vor allem Verarmung der Dritten Welt und die globale Umweltbedrohung) zu lösen

Ziel des Welthandelsabkommens GATT ist es, über eine Liberalisierung der Welthandelsmärkte (d. h. Abbau offener und versteckter protektionistischer Maßnahmen) den weltweiten Warenaustausch zu fördern und auszuweiten. Nach der Theorie der komparativen Kosten sollen davon alle beteiligten Länder profitieren und so der allgemeine Wohlstand gefördert werden.

Die Realität der wirtschaftlichen Entwicklung zwischen erster und Dritter Welt sieht allerdings anders aus:

- Die Wirtschaftsbereiche, in denen sich Industrieländer in einer gewissen Abhängigkeit von unterentwickelten Ländern befinden - vor allem bei der Lieferung bestimmter einmalig vorhandener Rohstoffe - sind seit Jahrzehnten durch stagnierende oder gar fallende Weltmarktpreise gekennzeichnet. Gezielte Förderung des Ausbaus der Abbauvolumen, steigende Konkurrenz zwischen den Förderländern, Preisgestaltung über Terminbörsen sind Mittel, um die Preise niedrig zu halten. Preiskartelle nach dem (nicht sonderlich gut funktionierenden) Vorbild der OPEC werden unterbunden. Gleichzeitig stiegen die Preise der Industriegüter auf den Weltmärkten erheblich an. Unterentwickelte Länder müssen dementsprechend immer mehr an eigenen Exportleistungen aufbringen, um sie gegen dringend benötigte Industrieprodukte einzutauschen. Dabei wird ein großer Teil dieser Produkte ausschließlich dazu benötigt, Leistungen für den Export zu erbringen.

Im Zusammenspiel der Regierungen der armen Länder mit den großen westlichen Explorationsgesellschaften werden auf diese Weise gewachsene Ökosysteme zerstört, um weitere Rohstoffvorkommen zu erschließen - vor allem in den Regionen der tropischen Regenwälder.

- Für Agrarprodukte, die unterentwickelte Länder aufgrund ihrer geographischen Lage privilegieren (z. B. Kaffee), gilt gleiches wie für die einmaligen Ressourcen. Dort, wo landwirtschaftliche Güter mit denen der Industrieländer in Konkurrenz stehen, wird deren Export über protektionistische Maßnahmen der Industrieländer erschwert (z. B. Mais, Soja, Rindfleisch).

Die Folge dieser Strukturen ist, daß immer größere Flächen (in der Regel sind es die hochwertigsten Flächen) in den armen Ländern dafür eingesetzt werden, um Agrarprodukte für den Export anzubauen. Dabei fehlen dann diese Flächen für den dringend benötigten Nahrungsmittelanbau. (Eines der ärmsten Länder der Welt - der Tschad - befindet sich in der fatalen Situation, daß der Export des wichtigsten Exportgutes Erdnuß wertmäßig in etwa den Importausgaben an Nahrungsmitteln gegenüber dem Haupt-Handelspartner Frankreich entspricht).

Werden die Hauptanbauflächen häufig unter der Regie westlicher Agrarindustriekonzerne für den Export von Agrargütern eingesetzt, so wird die Bevölkerung in die dafür weniger geeigneten Randlagen abgedrängt. Das hat 2 Effekte zur Folge: Das Nahrungsmittelangebot sinkt, immer mehr Menschen müssen hungern. Gleichzeitig wird in diesen für die Landwirtschaft ungeeigneten Randflächen (wüstennahen Gebieten oder tropischen Wäldern) die Natur durch Desertifikation oder Erosion nachhaltig zerstört.

- Die o.a. Entwicklungen führen die unterentwickelten Länder in eine zunehmende Abhängigkeit von den reichen Industrienationen. Die Vorteile der Industrieländer werden dabei durch die Gewährung von Entwicklungshilfegeldern auf mehrfache Weise nur unzulänglich ausgeglichen. Diese Mittel manifestieren größtenteils die problematischen Handelsstrukturen. Sie führen die armen Länder in eine wachsende strukturelle Abhängigkeit. Sie reichen nicht aus, um einem immer größeren Teil der Menschheit ein menschenwürdiges Dasein zu gewähren. Sie führen zu einer wachsenden Verschuldung der Dritten Welt.

Der Schuldenberg eines großen Teils der armen Länder gegenüber westlichen Großbanken hat ein Ausmaß mit fatalen Folgen erreicht. Die Exporterlöse reichen teilweise nicht mehr aus, alleine die Zinslasten zu tragen. Damit sind diese Länder nicht mehr in der Lage, auch bei größten wirtschaftlichen Anstrengungen, ihre Situation zu verbessern. Das Welt-Finanzsystem kann nur aufrechterhalten bleiben, indem große Teile dieser Schulden von den Banken buchmäßig abgeschrieben werden.

Fazit: Nach Ansicht von Wachstumskritikern sind die auf Wirtschaftswachstum in der Dritten Welt ausgerichteten Weltwirtschaftsstrukturen kontraproduktiv zur Verbesserung der Wohlstandssituation in den armen Ländern. Sie führen vielmehr dazu, das Wohlstandgefälle zwischen erster und Dritter Welt zu vergrößern und die sozialen Spannungen z. B. durch eine Völkerwanderung hin zu den reichen Ländern zu verstärken.

4.2.2.2 Gesellschaftliche Probleme des Wachstumsstrebens

Die hier dargestellten Positionen äußern grundsätzliche Kritik an der Wachstumsorientierung der Industriegesellschaft. Diese Kritik geht über eine ökonomische Argumentation hinaus und stellt letztlich **Werturteile über das Wachstumsstreben** auf.

Die dargestellten Kritikpunkte lassen nach Ansicht ihrer Vertreter eine grundsätzliche Umorientierung der gegenwärtigen gesellschaftlichen Werthaltungen notwendig erscheinen. Teilweise wird eine **paradigmatische Wende** der Industriegesellschaft gefordert. Durch einen solchen **Paradigmenwechsel** sollten die selbstzerstörerischen Werthaltungen der Industriekultur ersetzt werden durch ein gesellschaftliches Normengefüge, das statt auf ständiges Wachstum auf ein harmonisches Gleichgewicht ökonomischer Tätigkeiten in Einklang mit der Natur ausgerichtet ist.

4.2.2.2.1 Der Irrglaube an die Unbegrenztheit[316]

Prozesse exponentiellen Wachstums können danach nicht auf Dauer angelegt sein. Sie sind damit Ausdruck einer **gesellschaftlichen Begrenzungskrise**. Diese Krise wird durch 2 gesellschaftliche Konstrukte hervorgerufen, die typisch sind für die Industriegesellschaft.

Erstens wird die **technisch-naturwissenschaftliche Entwicklung** für **grenzenlos** gehalten. Erhebungen haben gezeigt, daß die Menge der naturwissenschaftlichen Erkenntnisse exponentiell wächst. Den Naturwissenschaften kommt damit nach geltenden Vorstellungen die Rolle zu, für alle gegenwärtigen Bedrohungspotentiale über kurz oder lang Lösungen entwickeln zu können.

- Der Hunger in der Welt läßt sich danach durch genmanipulierte Pflanzenzüchtungen besiegen,
- Energieknappheit kann durch die Entwicklung der Kernfusion überwunden werden,
- die Ressourcenknappheit wird durch verfeinerte Recyclingtechniken hinausgeschoben,
- Krankheiten können durch neue Medizintechniken und Pharmazeutika überwunden werden, etc.[317]

Dabei besteht einzig die Notwendigkeit darin, genügend große Kapitalien zu gewinnen, um entsprechende Entwicklungsarbeiten zu finanzieren. Soweit die erfolgreiche Vermarktung der Ergebnisse aber profitabel erscheint, stellt die Finanzierung auch keine Begrenzung dar.

Wenn sich die Möglichkeiten menschlicher Wissensnutzung ständig vermehren, so werden die Protagonisten der Naturwissenschaften selbst keine **Begrenzungen der Anwendungen** mitliefern. Eine funktionierende Technikethik existiert nicht. Dazu bedarf es dann vor allem in naturwissenschaftlichen Grenzbereichen (Gentechnik, Kerntechnik, etc.) **gesellschaftlicher Entscheidungen** über die weitere Verbreitung und Anwendung. Die neuen sozialen Bewegungen zeigen Ansätze einer solchen Entwicklung und Durchsetzung gesamtgesellschaftlicher Bedürfnisse gegen die herrschenden Wachstumsinteressen.

Das **zweite** Konstrukt ist die Vorstellung der **Unbegrenztheit menschlicher Bedürfnisse**. Der individuelle Bedarf an Gütern und Leistungen eilt seiner Erfüllung stets uneinholbar voraus. Damit wird die Produktion angetrieben,

---

[316] vgl. dazu: Biedenkopf, K., a. a. O., S. 43

[317] so z.B. dargestellt bei Wicke, L. (1989), a. a. O., S. 529ff

immer weitere Mittel zu liefern, um diesen nicht zu sättigenden Hunger nach dem **Mehr** zu stillen. Im Ergebnis bleibt es dabei letztlich unerheblich, ob diese Grenzenlosigkeit der Bedürfnisse anthropologisch manifestiert ist oder ob das ökonomische System die Konsumenten als Marionetten für seine Zwecke manipuliert. (Beide Thesen werden immer wieder gegeneinandergestellt.)

"Die Folge dieses Zusammenwirkens besteht darin, daß die theoretisch unbegrenzte technisch-naturwissenschaftliche Entwicklung sich mit den theoretisch unbegrenzten Bedürfnissen zu einer praktisch grenzenlosen Entwicklung verbindet. Die technisch-naturwissenschaftliche Entwicklung befriedigt immer neue Bedürfnisse; immer neue Bedürfnisse werden dadurch hervorgerufen; sie müssen stets auf neue befriedigt werden. Dem Wachstum des Wissens folgt das Wachstum des Könnens und diesem das Wachstum des 'Haben-Wollens'. Das Voranschreiten dieses Prozesses gilt ebenso als Fortschritt wie der Überfluß materieller Güter. Die Überwindung der Begrenztheit der Bedürfnisbefriedigung und die ständige Ausdehnung der Bedürfnisse: Beides sind Fortschrittskriterien der modernen Industriegesellschaft."[318]

Dieser Mechanismus ist Indiz für die **Maßlosigkeit der Gesellschaft**, wobei die natürlichen Grenzen in einer begrenzten Welt ignoriert werden.

In Industriegesellschaften, in denen der Markt gesellschaftliche Entwicklungen bestimmt, kann dieser Prozeß nicht selbsttätig durchbrochen werden. Der Markt ist kein Instrument zur Bewältigung normativer Probleme. Grundlegende Veränderungen sind nur durch 2 Ansätze denkbar:

1. Es bedarf ergänzender und begrenzender **Rahmenbedingungen**, die dem Schutz der Umwelt dienen. Dabei müssen Begrenzungsmechanismen gegen die herrschenden Wachstumsinteressen von Konsumenten und Produzenten durchgesetzt werden. Das ist in einem demokratischen Staatswesen nur in begrenztem Umfang möglich.

2. In einer großen gesellschaftlichen Kraftanstrengung werden die Fehlentwicklungen als solche erkannt und **neue Denk- und Handlungsmuster** etabliert, die begrenzende Dimensionen verinnerlichen. Eine solche Entwicklung ist derzeit nur schwer vorstellbar, ohne sie aber wird es letztlich keinen wirksamen Weg aus der Umweltkrise geben können.

4.2.2.2.2 Die Zwänge des Erwerbsstrebens

Die oben skizzierten Zwänge des industriellen Wachstums haben schwerwiegende Folgen für die **Gestaltung der Arbeit**. Das gegenwärtige Wirtschaftssystem kann nur aufrecht erhalten werden, wenn Verteilungsmechanismen dafür sorgen, daß

---

[318] Biedenkopf, K., a. a. O., S. 43

die wachsende Menge der produzierten Güter auch konsumiert werden kann. Dazu sind über Erwerbsarbeit Einkommen relativ gleichmäßig zu verteilen (Mittelstandsgesellschaft). Wer nicht über Erwerbsarbeit direkt oder über Transferleistungen indirekt an der Einkommenserzielung beteiligt wird, kann an dem Konsumprozeß nicht teilhaben. Die Zahl dieser Menschen muß im Sinne der Wachstumslogik möglichst klein gehalten werden.

Andererseits führt der technisch-naturwissenschaftliche Fortschritt zu einem ständigen Rationalisierungsprozeß, der Erwerbsarbeit vernichtet. Damit werden die davon betroffenen Menschen von dem wachstumsnotwendigen Konsumprozeß abgekoppelt.

Um eine solche systemsprengende Entwicklung zu verhindern, muß das System neue Wachstumsfelder schaffen, die neue Beschäftigungsmöglichkeiten eröffnen. Dabei wird es immer fraglicher, ob diese ständig neuen Produktionsbereiche tatsächlichen individuellen oder kollektiven Bedürfnissen entsprechen. Das erscheint aber auch zunehmend von geringerer Bedeutung. Wesentlich ist, daß neue Erwerbsfelder geschaffen werden, die die Beschäftigung und damit die Aufrechterhaltung des Systems sichern.

Eine solche Entwicklung, vorangetrieben vom technischen Fortschritt und seinen Rationalisierungseffekten, führt zu Wachstumszwängen mit immer hektischerem Konsum. **Konsum des Konsums wegen mit Wegwerfmentalität bestimmt die Wirtschaftsentwicklung**. Nicht, **was** konsumiert wird, ist entscheidend, sondern **daß** konsumiert wird. "Wenn wir nicht mehr konsumieren, gefährden wir unsere Arbeitsplätze und unseren Wohlstand", ist eine weitverbreitete Volksmeinung.

Die Folgen dieser als gesellschaftlich notwendig verinnerlichten Wachstumszwänge sind Werthaltungen, die den **Konsum zum Fetisch** erheben. Die soziale Stellung eines Menschen wird an den Ausstattungsmerkmalen seines demonstrativen Konsums gemessen. Trends und Moden in immer kürzeren Zyklen mit verbundenem Wegwerfkonsum schaffen Konsumzwänge und damit ständig neue Wachstumsfelder. Der Mensch in einem solchen System reduziert sich auf seine Funktionen des Konsumenten und Einkommenserzielers. **Die Gesellschaft verarmt an intellektuellen Idealen.**

4.2.2.2.3 Dominanz marktmäßiger Beziehungen

Die Vergrößerung des Bruttosozialproduktes als Maßstab des Wirtschaftswachstums erfaßt - wie oben gezeigt wurde - nur **auf Märkten** gehandelte Güter und Leistungen. Damit dient der Systemerhaltung nur das, was auf Märkten gehandelt, d. h. gegen Geld verkauft wird.

Auf der Grundlage individuellen Erwerbsstrebens sowohl auf der Ebene multinationaler Konglomerate als auch der kleingewerblicher Neugründungen werden erfolgreiche Versuche unternommen, möglichst viele Lebensbereiche zu kommerzialisieren, d. h. zum Gegenstand von monetären Beziehungen zu machen. Dazu zählen ebenso traditionelle Bereiche der Subsistenzwirtschaft wie auch vor allem neue Dienstleistungen in einer sich verändernden Lebenswelt.

Wesentliche Wachstumsbereiche dieser Kommerzialisierung des Lebens (mit Beispielen):

- Vermarktung von Haushaltsleistungen (Fertiggerichte, Gebäudereinigung),
- Vermarktung sozialer Dienstleistungen (Alten-, Krankenpflege, Kinderbetreuung),
- Verkauf von Beratungsleistungen in einer komplizierter werdenden Umwelt (Steuerberatung, Vermögensberatung, Gesundheitsberatung),
- Kommerzialisierung der Freizeitgestaltung (kommerzielle Sportarten, Freizeiteinrichtungen, Tourismus)

Bei der Kommerzialisierung weiter Lebensbereiche werden zwei z. T. **gegenläufige Trends** erkennbar.

1. Bestimmte äußere Gegebenheiten der Industriegesellschaft zwingen zur individuellen Teilnahme an den Marktleistungen. So ist die moderne Kleinfamilie in der genormten 3-Zimmer-Wohnung allein aufgrund äußerer Bedingungen nicht mehr in der Lage, die Pflege und Betreuung der Alten zu übernehmen.

2. Der Konsum in einer materiell gesättigten Gesellschaft dient immer weniger der Befriedigung von Primärbedürfnissen. Vielmehr werden Kaufakte zunehmend zu **Aktivitäten mit Erlebnischarakter** hochstilisiert. Konsumieren dient der Freizeitgestaltung und der Demonstration eines bestimmten Lebensstils (lifestyle-Gesellschaft).

Gesellschaftlich notwendige und wertvolle Leistungen, die nicht auf Märkten gehandelt werden, fallen damit aus der Systemlogik heraus. Sie gelten als gesellschaftlich weniger wertvoll und werden allgemein gesellschaftlich geringer geachtet. Das gilt vor allem für Haushalts-, Erziehungs- und Pflegetätigkeiten, also Tätigkeiten, die überwiegend von Frauen erbracht werden.

Die Vermarktung immer weiterer Lebensbereiche reduziert die menschliche Existenz nach frühkapitalistischen Vorstellungen auf ihre ökonomischen Beziehungen. Derart ausgerichtetes Leben wird zunehmend als hohl, vordergründig und sinnentleert empfunden.

4.2.2.2.4 Anpassung der Lebensverhältnisse

Wie oben gezeigt wurde, verlangt eine auf Wachstum ausgerichtete Gesellschaft eine angepaßte Bevölkerung, die sich den Spielregeln des Systems unterwirft. Diese Regeln haben die Gesellschaft in den letzten 150 Jahren so nachhaltig verändert, wie wohl kaum vorher in der Menschheitsgeschichte.

- Großindustrielle Fertigung verlangt die Verfügbarkeit großer Mengen von Arbeitskräften an konzentrierten Standorten. Die Folge davon ist Landflucht, Verstädterung und heute ein großes Heer von Berufspendlern.

- Industrielle Fertigung schuf die Trennung von Wohn- und Arbeitsplatz. Die autogerechte, menschenfeindliche Stadt mit überwiegend berufsbedingten Verkehrsströmen bestimmt die Architektur moderner Städte.

- Die Teilhabe am Erwerbs- und Konsumleben verändert die Familienstrukturen. Sie führte zur genormten Kleinfamilie mit zwei erwerbstätigen Eltern und 1 - 2 Kindern.

- Die Folge ist eine Anonymisierung der Beziehungen: Trennung der Generationen, Vereinzelung (single-Bewegung), Vereinsamung, Verlust an Identität, häufig Abhängigkeit von staatlichen Sozialsystemen.

- Industrielle Fertigung verändert die Beziehungen zur Arbeit. Gefragt ist die anpassungsfähige Arbeitskraft, die hochproduktive, aber hirnlose Tätigkeiten verrichtet (in großem Maße auch in sogen. white-collar-Berufen). Identifikation mit dem Arbeitsergebnis und Arbeitsethos gehen dabei verloren.

- Gleichzeitig sind Lebensziele hauptsächlich auf das berufliche Fortkommen, auf Karriere, sozialen Status und Teilhabe an der Konsumgesellschaft ausgerichtet.

- Die Lebensbedingungen führen zu größeren Abhängigkeiten von der Gesellschaft insgesamt. Dazu führt einmal die verstärkte berufliche Spezialisierung mit abnehmender alltagstauglicher Selbsthilfekompetenz, andererseits die Angst, bei Arbeitsplatzverlusten in die Abhängigkeit und Diskriminierung des bürokratischen Sozialsystems zu geraten.

Zusammenfassend lautet ein Vorwurf: Die Lebens- und speziell die Arbeitsbedingungen werden in der Industriegesellschaft als unangenehm und frustrierend empfunden. Sie werden deshalb ertragen, weil die Droge Konsum außerhalb des Erwerbslebens diese Lebensweise ersatzweise belohnt. (Mit dem Slogan "Für die schönsten Wochen des Jahres" wirbt ein Pauschalreisen-Veranstalter und suggeriert damit, die Mühsal des ganzen Jahres könne durch 3 Wochen in einer anderen Erlebniswelt kompensiert werden. Die Realität sieht allerdings auch dabei häufig anders aus).

Die materiell reiche Industriegesellschaft erscheint in diesem Zusammenhang immer mehr Menschen als sozial verarmt gegenüber sogenannten armen Ländern, die zwar nicht über materiellen Reichtum verfügen, in denen aber die sozialen Beziehungen innerhalb von Großfamilien zu mehr individuell empfundenem Glück verhelfen.

5 Verschiedene Auffassungen über zukünftiges Wachstum

Die oben dargestellte Wachstumskritik vor allem in den 80er Jahren führte in Wissenschaft und Politik zu Überlegungen, wie eine Wirtschaftspolitik, die den zukünftigen Anforderungen gerecht werden soll, die bisherigen Wachstumsauffassungen modifizieren bzw. ersetzen kann. Allgemein anerkannte Zielsetzung aller Auffassungen ist dabei eine Umgestaltung der Wirtschaft, die den Belangen der nationalen und globalen Umwelt- und Sozialverträglichkeit besser gerecht wird als das gegenwärtig der Fall ist.

5.1 Die konventionelle Auffassung

Nach konventioneller Auffassung muß Wirtschaftswachstum nach wie vor eines der Hauptziele der Wirtschaftspolitik bleiben. Ohne Wachstum lassen sich danach die anderen wohlstandsfördernden Ziele nicht erreichen (vgl. dazu Abschnitt 4.1).

Diese Politik ist gegenwärtig weitgehend **staatstragend**. Die Bundesregierung sowie der sie in wirtschaftspolitischen Fragen beratende Sachverständigenrat sehen in einer quantitativen Betrachtungsweise wirtschaftlicher Aktivitäten den Schlüssel zur Lösung wirtschaftlicher und gesellschaftlicher Probleme. Vor allem über die Integration der neuen Bundesländer sollte ein neues Wirtschaftswunder mit beträchtlichen Wachstumsschüben ausgelöst werden.

Das Festhalten an quantifizierten Wachstumszielen bedeutet dabei nicht, daß die Wirtschaft nicht einem strukturellen Wandel unterliegen soll. Die Vertreter dieser Richtung wehren sich deswegen auch häufig dagegen, daß hier von **quantitativen Wachstumsvorstellungen** gesprochen wird. Wachstum ist grundsätzlich immer mit Strukturveränderungen verbunden als Folge eines nach marktwirtschaftlichen Kriterien ablaufenden Entwicklungsprozesses.

Weiteres notwendiges Wachstum soll sich danach vor allem vor dem Hintergrund einer **neoklassisch ausgerichteten Wirtschaftspolitik** entwickeln. Das bedeutet insbesondere eine Reduzierung der Staatsquote und Stärkung der privaten Nachfrage durch **Deregulierung** des Wirtschaftsprozesses.

Handlungsbereiche einer entsprechenden Wirtschaftspolitik können auf folgenden Feldern gesucht werden:[319]

- Abbau staatlicher Subventionen, vor allem durch drastische Reduzierung der Agrarhaushalte,
- Abbau der Förderung überkommener Energiestrukturen (insbesondere der Kohleförderung) und marktwirtschaftliche Förderung des Einsatzes regenerativer Energieformen,
- Abbau der Förderung von Prestigeobjekten (Airbus, Weltraumforschung, etc.),
- Reduzierung der Sozialhaushalte mit Abbau der kollektiven Vollversorgung und gleichzeitiger Ausbau privatwirtschaftlicher Absicherungssysteme,
- Verbesserung der Intelligenz der Strukturen und Institutionen in den Bereichen Arbeitsmarkt, soziale Sicherheit und Umweltschutz durch Entstaatlichung:

    - Entbürokratisierung durch Verringerung der Menge staatlicher Vorschriften und Förderung der Selbststeuerung von Veränderungsprozessen (Deregulierung),
    - Stärkung der Zuständigkeiten und Verantwortlichkeiten der Tarifparteien im Arbeitsmarkt, d. h. auch Abbau der staatlichen Verantwortlichkeit für die Vollbeschäftigung,
    - Umweltschutz und ökologische Umstellung der Wirtschaft ohne Entstehen einer neuen Wirtschaftsbürokratie, vielmehr weitgehend marktwirtschaftliche Organisation des Prozesses unter staatlicher Vorgabe von Rahmenbedingungen, Organisation des Verfahrens und Vorgabe von Preisen für die Inanspruchnahme des Gemeinschaftsgutes Umwelt.

Eine entsprechende Umstrukturierung der Wirtschaft mit Privatisierungstendenzen kann, wie die Beispiele Großbritannien oder USA in den 80er Jahren gezeigt haben, durchaus Wachstumsimpulse auslösen. Erwünschte strukturelle Veränderungen ergeben sich dabei durch eigendynamische Nachfrageverschiebungen hin zu privatwirtschaftlichen Dienstleistungen, die energie- und ressourcensparsames Wachstum produzieren. Es zeigen sich allerdings Gefahren, daß die sozialen Konflikte in der Gesellschaft verschärft werden. Außerdem bestehen erhebliche Zweifel, daß eine an weiterem unbeeinflußten Wachstum orientierte Wirtschaft zur generellen Lösung von Umweltproblemen beitragen kann.

[319] vgl. Biedenkopf, K., Zu Perspektiven der Wirtschaftspolitik. Manuskript. Bonn 1988, S. 18ff

5.2 Reformistische Auffassung

Aus der grundlegenden Wachstumskritik der 80er Jahre entstanden verschiedene wirtschaftspolitische Vorstellungen, die bei Unterschieden im einzelnen generalisierend unter der Formel des **qualitiativen Wachstums** zusammengefaßt werden können.

Dabei wird der **Grundgedanke wohlstandssteigernder Wirkungen** des Wirtschaftswachstums **beibehalten**. Statt undifferenzierten Wachstums wird hier aber die Notwendigkeit der **staatlichen Einflußnahme** auf die Felder der Wirtschaft gesehen, die wachsen sollen. Gleichzeitig sollen die Wirtschaftsbereiche, deren Ausbau für die Zukunftsaussichten der Gesellschaft als eher schädlich angesehen werden, unterbunden bzw. behindert werden.

Rein quantitativ ausgerichtete Ziele der Wirtschaftspolitik sollen dabei durch **strukturelle Zielsetzungen** abgelöst werden. Es handelt sich hierbei erst einmal um eine Leerformel, die durch Konkretisierung ausgefüllt werden muß. Dabei **muß der Staat entscheiden, welche konkreten Wirtschaftsfelder** sowohl in materiellen als auch vor allem immateriellen Bedürfniskategorien geeignet sind, die allgemeine Wohlfahrt zu erhöhen.

Die Grundausrichtung einer solchen Wirtschaftspolitik könnte folgende Elemente beinhalten:[320]

"• *Strukturpolitische Ziele, insbesondere energie- und umweltpolitische (und den mit diesen verbundenen Bereichen wie z. B. Verkehr, Städtebau und Landwirtschaft) lösen das quantitative Wirtschaftswachstum als wirtschaftspolitisches Hauptziel ab. 'Träger dieser Politik sind staatliche Organe; die Instrumente sind im wesentlichen die der Investitionslenkung.*

• *Anstelle der bisherigen Lohnpolitik tritt eine auf Ausgleich der Unterschiede gerichtete Lohn- und Einkommensstrukturpolitik. Träger einer solchen Einkommenspolitik sind einmal die Tarifparteien, zum anderen - im Bereich der Sekundärverteilung - der Staat. Instrumente sind auf Abbau der Einkommensunterschiede ausgerichtete Tarifverträge und staatliche Umverteilungsmaßnahmen.*

• *Eine gezielte Technologiepolitik, die alle Nebenfolgen technologischer Maßnahmen (auch immaterielle) mit einbezieht und Betriebsgrößenstrukturen anstrebt, die - soweit als möglich - dezentral angelegt sind, auf Gigantonomie verzichtet und damit ein 'menschliches Maß' zurückgewinnt. Träger dieser Politik sind der Staat und - im Rahmen von tarifvertragli-*

[320] Stork, W., a. a. O., S. 58f

chen Vereinbarungen - die Gewerkschaften. Die Instrumente sind die der Investitionslenkung und Tarifverträge.

- *Durch die politischen und ökonomischen Veränderungen und entsprechende institutionelle Regelungen werden die gesellschaftlichen Machtstrukturen verändert (und damit die Voraussetzungen für eine umfassende Demokratisierung der Gesellschaft verbessert)."*

Instrumente zur Durchsetzung eines solchen qualitativen Strukturwandels können in zwei Gruppen eingeteilt werden:[321]

1. Indirekte Instrumente
(Unternehmen sollen durch Gestaltung der Rahmenbedingungen beeinflußt werden, sich aus eigenen Gewinninteressen auf die gesetzten strukturpolitischen Ziele hin zu orientieren)

- Finanzhilfen für Investitionen,
- Sonderabschreibungen und Bewertungsvorteile zur Senkung des steuerpflichtigen Gewinnes,
- Zinsverzichte des Staates bzw. Zinszuschüsse,
- Steuerverzichte bzw. Strafsteuern bei bestimmten Investitionen,
- staatliche Forschungsförderung,
- Risikoübernahme des Staates bei innovativen Investitionen
- Differenzierung des Mehrwertsteuersatzes zur Lenkung über die Nachfrage.

2. Direkte Instrumente (Verhaltensanweisende Maßnahmen)

- Investitionsverbote
- ordnungsrechtliche Maßnahmen (Produktionseinschränkungen, Verbote).

Eine entsprechende Wirtschaftspolitik könnte geeignet sein, starke umweltökonomische Wirkungen bei gleichzeitiger Sozialverträglichkeit hervorzubringen. Sie soll vor allem einen ökologischen Umbau der Wirtschaft bei gleichzeitigem Abbau der Arbeitslosigkeit bewirken.

Deshalb ist es nicht verwunderlich, daß Vertreter dieser Richtung vor allem bei den Gewerkschaften und der SPD zu finden sind.[322]

---

[321] vgl. Stork, W., a. a. O., S. 61f

[322] Entsprechende Vorschläge finden sich z.B. bei: Meissner, W., Grenzen des quantitativen Wachstums. Chancen für eine umweltfreundliche Wirtschaftsform? In: WSI-Mitteilungen, Heft 12/82, S. 727 -731, Roth, W., Humane Wirtschaftspolitik, Köln 1982, in verschiedenen Jahresberichten der MEMORANDUMS--Gruppe, im Grundsatzprogramm der SPD 1990 -1994 etc.

Kritik gegen diese Vorstellung des qualitativen Wachstums kann in folgenden Bereichen ansetzen:

- Der Staat kann den Markt nicht sinnvoll und im Sinne der angestrebten Ziele nicht wirkungsvoll ersetzen. Staatliche Institutionen sind ungeeignet, die richtige Richtung eines ökologischen Strukturwandels vorherzusehen und vorzugeben.

- Demokratische Entscheidungen sind durch Kompromisse gekennzeichnet, die sich an den gesellschaftlichen Macht- und Interessenstrukturen ausrichten. Staatlich beeinflußter Strukturwandel orientiert sich dabei weniger am gesellschaftlich Wünschbaren als am politisch Durchsetzbaren.

- Weiteres Wachstum und weitere Wohlstandssteigerungen befinden sich grundsätzlich, auch wenn sie selektiv ausgerichtet sind, im Konflikt mit strukturellen Zielen (vor allem Umweltzielen). Im Zweifel bleibt bei einer weiteren Ausrichtung der wirtschaftlichen Entwicklung am BSP der Strukturwandel zu Lasten des Wachstums auf der Strecke.

- Die Erfahrungen der 70er Jahre haben gezeigt, daß keynesianischer Staatsinterventionismus nicht in der Lage ist, wirkungsvoll in den Markt einzugreifen, um wirtschaftspolitische Ziele durchzusetzen. Bei zunehmender Staatsverschuldung werden die staatlichen Handlungsspielräume zudem immer geringer.

Das Dilemma der Steuerung eines qualitiativen Wachstums wird am Beispiel der Energieerzeugung aus Kernkraft besonders deutlich. In der Vergangenheit hoch subventioniert und unter hochgradiger Externalisierung der sozialen Kosten eingeführt, in der Folge gesellschaftlich geächtet und als veraltete Technologie diskreditiert, erfährt der Kernkraftwerksbau anfangs der 90er Jahre angesichts einer drohenden Klimakatastrophe eine gewisse Renaissance. Die weitere Zukunft der Nutzung der Kernkraft wird damit zum Spielball politischer und gesellschaftlicher Interessen. Ob Wachstum in diesem Bereich wünschenswert ist und steigende Wohlfahrt signalisiert, wird den politischen Mehrheiten überlassen, die mit dieser Entscheidung unter Beachtung langfristig ökologischer Gesichtspunkte überfordert sind.

5.3 Nullvariante

Nach dieser Auffassung ist in den reichen Industrienationen das Sozialprodukt auf dem gegenwärtigen Stand einzufrieren - **Nullwachstum.**[323] Damit soll die Ausstattung der Volkswirtschaft mit Gütern und Dienstleistungen auf einem bereits hohen Niveau **festgeschrieben** werden. Zunahmen in einzelnen wirtschaftlichen Teilbereichen sollen durch Reduzierungen in anderen Bereichen kompensiert werden. Auf weiteres Wachstum soll vor allem aus ökologischen Gründen verzichtet werden. Dabei gilt es insbesondere, über Wachstumsbeschränkungen den Rohstoffverbrauch einzuschränken.

Als umweltökonomisches Konzept ist die Nullvariante problematisch. So bleibt unklar, mit welchen Instrumenten das Einfrieren des Sozialproduktes in einer marktwirtschaftlichen Ordnung durchgesetzt werden könnte. Vor allem besteht auch kein zwingender ökologischer Effekt bei einem Nullwachstum. So sind bei einem Wirtschaftswachstum mit einem umweltschonenden Strukturwandel größere Umwelteffekte vorstellbar als bei einer stagnierenden Wirtschaft ohne solche Veränderungen.

Wicke[324] sieht vor allem wirtschaftliche Nachteile eines undifferenzierten Nullwachstums:

- Bei steigender Arbeitsproduktivität führt Nullwachstum zu einer Zunahme der Arbeitslosigkeit,
- die Frage der gerechten Einkommens- und Vermögensverteilung ist wesentlich schwieriger zu lösen,
- soziale Leistungen werden schwieriger zu finanzieren,
- Nullwachstum entspricht vor allem den Interessen besserverdienender Mittelstandsschichten, die in einer verbesserten Umweltsituation eher eine Wohlstandskomponente sehen als untere Einkommensschichten,
- Nullwachstum geht vor allem zu Lasten der Verteilung der Sekundäreinkommen,
- Nullwachstum als Forderung gegenüber armen Entwicklungsländern bedeutet Festschreibung von Not und Armut in der Dritten Welt und wirtschaftliche Ungleichheit.

Die Vorstellung vom Nullwachstum ist deshalb eher als **Leitbild** geeignet, um der Wachstumsideologie der reichen Industrienationen ein **Begrenzungsparadigma** gegenüberzustellen. Es ist Ausdruck einer gesellschaftlichen Position, in der

---

[323] Der Begriff "Nullwachstum" ist dabei ein Widerspruch in sich selbst. Eine Stagnation des BSP kann nicht mit dem Wachstumsbegriff belegt werden.
[324] Wicke, L. (1989), a. a. O., S. 542ff

an die Stelle unbegrenzter Konsumbefriedigung eine freiwillige materielle Bescheidenheit tritt.

5.4 Alternative Auffassung

Die **Alternative** besteht darin, Wirtschaftspolitik als Bestandteil einer **ökosozialen Gesellschaftspolitik** zu verstehen, die einen grundlegenden Strukturwandel beinhaltet.

Vordergründig geht es darum, an die Stelle einer **wachstumsfixierten Wirtschaftspolitik** Beurteilungskriterien der Wirtschaftsentwicklung zu setzen, die sich nicht am Sozialprodukt orientieren. Die Gestaltung der wirtschaftlichen Entwicklung soll unabhängig von quantifizierbaren Größen erfolgen. Wachstum an sich ist kein erstrebenswertes Ziel. Unklar bleibt dabei allerdings, welche Maßstäbe zur Analyse der Wirtschaftstätigkeit diese Aufgabe übernehmen sollen. Denkbar ist dabei der Einsatz nichtmonetärer gesellschaftlicher Kennziffern in Form von Sozialindikatoren.

Im weiteren wird aber über die andere Form der Rechnungslegung hinaus eine **grundlegende Gesellschaftsreform** angestrebt. Den Gestaltern geht es nicht nur um neue Maßstäbe der Erfassung der Wirtschaftsleistung, sondern um andere Ziele und Formen des Wirtschaftens selbst. Grundsätzlich soll dabei die individuelle Waren- und Marktabhängigkeit nur noch eine untergeordnete Rolle spielen soll. Stattdessen soll der **gesellschaftliche Konsum** am individuellen Versorgungsniveau steigen.

Bei allen Unterschieden im einzelnen lassen sich doch in den Konzepten drei wesentliche Elemente einer entsprechenden Umgestaltung der Wirtschaft feststellen:

1. Dezentralisierung

Die Tendenzen in der Wirtschaft zur **Komplexität** mit Macht- und Entscheidungsmonopolisierung sollen durchbrochen werden. An deren Stelle sollen auf dezentralen Aktionsebenen relativ kleine Wirtschaftseinheiten mit Teilautonomie treten. Der Weg zwischen Bedürfnisentstehung und -erfüllung soll auf zeitlicher, sachlicher und sozialer Ebene möglichst kurz und flexibel sein. Das soll vor allem in zwei Bereichen erfolgen: Öffentliche Leistungen sollen unter Abbau bürokratischer Systeme und unter Ausschaltung (häufig multinationaler) Großunternehmen auf der **kommunalen Ebene** gestärkt werden (dezentrale Energieversorgung, soziale Dienste). Güter des täglichen Konsumbedarfs (Lebensmittel, Kleidung, Möbel, Handwerks- und Bauleistungen) sollen durch überschaubare private Produktionseinheiten auf regionaler Ebene erbracht werden (wohnortnahe Güterversorgung).

2. Demokratisierung

Eine dezentrale Produktion läßt sich nur schwierig mit der vorherrschenden, auf Wachstum ausgerichteten Verwertungslogik in Übereinstimmung bringen. Deshalb wird in diesem Zusammenhang ein mehr oder weniger umfangreicher **Umbau des Wirtschaftssystems** gefordert, der die Teilhabe am Wirtschaftsprozeß auf eine breitere gesellschaftliche Basis überführen soll. Vorgeschlagene Elemente eines solchen Wandels:

- Aufgabe des absoluten Eigentumsbegriffes (vor allem bei der Nutzung von Naturressourcen im Produktionsprozeß),
- staatliche Bewirtschaftung des Rohstoffeinsatzes,
- Einschränkung der Investitionsfreiheit und des internationalen Kapitaltransfers, Mitspracherechte der betroffenen lokalen Instanzen (kommunale Körperschaften, Arbeitnehmer, Anwohner) bei Investitionsentscheidungen,
- Verschärfung des Kartellrechtes zum Abbau von Monopolen und marktbeherrschenden Oligopolen,
- innerbetriebliche Demokratie bei der Gestaltung der Produktionsprogramme, dem Einsatz neuer Technologien und der Gestaltung der Arbeitsplätze, etc.,
- Beteiligung von Kapital, Arbeitnehmern, kommunaler Körperschaften, Konsumenten (oder auch anderer Gruppierungen) an der Unternehmensführung in paritätischer Form,
- Betonung des Gebrauchswertaspektes der Produktion gegenüber der vorherrschenden Tauschwertorientierung; neben die geldwerte, gewinnorientierte betriebliche Rechnungslegung soll eine stoffbezogene (ökologische) Buchhaltung als gesellschaftliches Beurteilungskriterium und Koordinationsmechanismus treten.

3. Selbstorganisation

Die wirtschaftliche Entwicklung der letzten 2 Jahrzehnte ist durch eine rapide Zunahme des Dienstleistungssektors gekennzeichnet. Eine weitere notwendige und wünschbare Ausweitung von Dienstleistungen wird hier außerhalb der Erwerbswirtschaft im **informellen** oder **autonomen Sektor** angestrebt. Hierzu zählen im weiteren Sinne alle Tätigkeiten, die weder über Märkte noch vom Staat erbracht werden. Im einzelnen:

- Rückführung von Marktleistungen in **Eigenarbeit** mit dem Ausbau des Anteils der Selbstversorgung (Nahrungsmittel, Kleidung, Bau- und Reparaturleistungen, etc.),
- Legalisierung von **"Schwarzarbeit"** und Förderung sogen. Nachbarschaftshilfen,
- freiwillige, unentgeltliche Tätigkeiten in gemeinnützigen Organisationen zur Erfüllung sozialer Dienste,

- Mitarbeit in sozialen Bewegungen (Bürgerinitiativen) zur Durchsetzung von gesellschaftlichen Interessen vor allem im Sozial- und Umweltbereich.

Der Ausbau des informellen Sektors wird verbunden mit der Forderung nach gesellschaftlicher Neubewertung von informeller Arbeit und Erwerbsarbeit. Zur Aufwertung autonomer Tätigkeit wird eine Entdifferenzierung von Statuspositionen gefordert, die über Beruf und Einkommenshöhe definiert sind. Dazu ist ein von der Erwerbsarbeit unabhängiges **garantiertes Mindesteinkommen** durchzusetzen.

Das Spektrum der Vertreter einer alternativen Auffassung von Wirtschaftspolitik ist breit gefächert. Es reicht von "fortschrittlichen Konservativen" K. Biedenkopf) über Ökosozialisten (z. B. Eppler, Strasser/Traube) bis zu den vielfältigen Spielarten der Alternativbewegung. Zum Teil ist eine Abgrenzung zum Reformismus schwierig.

Dementsprechend existieren auch keine einheitlichen Vorstellungen über politische Durchsetzungsstrategien und Instrumente einer solchen umfassenden Gesellschaftsreform gegen die vorherrschenden Verhältnisse. Grundsätzlich bestehen dazu zwei Ansätze:

1. Selbstinitiierter sozialer Wandel

Die Veränderungen in der Gesellschaft ergeben sich danach spontan und selbsttätig aus der Gesellschaftskrise. Das kann in verschiedenen Formen erfolgen:

- Wandel über verändertes Marktverhalten auf den vorhandenen Marktstrukturen (Anpassung der Märkte an veränderte Bedürfniskategorien),
- Entstehen einer alternativen Gegenökonomie, die sich nach einem selbstbestimmten, versorgungsnahen "Small-is-beautiful" marktmäßig etabliert,
- allgemeiner Wertewandel, der in materiell gesättigten Wohlstandsgesellschaften von neuen sozialen Bewegungen mit einem neuen, bescheidenen Lebensstil vorgelebt und durchsetzt wird.

2. Politisch organisierter Wandel

Struktureller Wandel soll durch staatliche Politikeingriffe initiiert oder unterstützt werden. Auch hier stehen sich die vorgestellten Instrumente z. T. diametral gegenüber:

- Umgestaltung der Rahmenbedingungen mit Abbau bürokratischer Wirtschaftseingriffe und Schaffung von Anreizsystemen (vor allem fiskalischer Art) für einen ökosozialen Wandel, - Wirtschaftsregulation durch Ge- und Verbote in den Bereichen Produktion und Investition,

- Schaffung einer neuen Infrastruktur, die den sozialen Wandel ermöglicht oder begünstigt (z. B. im Verkehrssektor, der Landwirtschaft, Energieversorgung u. a.).

Es ist nicht verwunderlich, daß die alternativen Auffassungen (von einer einzelnen Auffassung kann aufgrund der Heterogenität verschiedener Autoren nicht gesprochen werden) erheblicher Kritik ausgesetzt sind.

Eine gewisse Euphorie eines alternativen Wandels in den 70er Jahren mit einer machtvollen Entwicklung von Gegenkultur in sozialen Bewegungen ist zu Beginn der 90er Jahre eher in Resignation gemündet. Dafür ist unter anderem die Widerstandsfähigkeit des etablierten Gesellschafts- und Wirtschaftssystems verantwortlich, das sich unter gewandelten Weltwirtschaftsstrukturen (Auflösung des RGW, Zerfall des Ostblocks) scheinbar als unantastbar erweist.

Die Kritik an alternativen Auffassungen wird u. a. mit folgenden Argumenten geführt:

- Die Grundannahmen einer alternativen Wirtschaftspolitik sind falsch. Nicht über zukünftige wirtschaftliche Einschränkungen, sondern nur über weiteres Wachstum lassen sich soziale und ökologische Probleme lösen. Die vorgestellten Alternativen sind weltfremd und utopisch. Sie münden nicht in einen gesellschaftlichen Fortschritt, sondern führen "zurück in eine gefährliche Steinzeitromantik".

Etablierte Wirtschaftspolitiker und "Alternative" stehen sich dabei unvereinbar gegenüber. Beide gehen von unterschiedlichen Bewertungen eines weiteren materiellen Wachstums aus.

- Die Einbindung einer exportabhängigen Industrienation wie der Bundesrepublik Deutschland in die weltwirtschaftlichen Strukturen hat solche wechselseitigen internationalen Abhängigkeiten geschaffen, daß ein Ausstieg zu internationalen Komplikationen und einer weltweiten Isolation führen müssen.

- Alternative Auffassungen gefährden den sozialen Konsens. Die Mehrheit der Bevölkerung sieht in der Vergrößerung des materiellen Wohlstandes weiterhin den gesellschaftlichen Fortschritt. Ein systemüberwindender Wertewandel hin zu einem Postmaterialismus findet nicht statt. Ausstiegsszenarien sind lediglich Utopien einer materiell gesättigten, intellektuellen Minderheit.

- Selbst wenn die gegenwärtigen Wirtschaftsverhältnisse richtig analysiert werden und die Folgerung eines notwendigen Wandels ebenfalls, so ist eine alternative Wirtschaftspolitik nicht gegen die herrschenden Machtverhältnisse eines marktwirtschaftlichen Systems durchsetzbar. Druck auf die politischen Instanzen und die öffentliche Meinung, Kapitalflucht, Produktionsverlagerungen ins Ausland, Investitionsverweigerung sind Maßnahmen, mit denen Unternehmen ihre Wachstumsinteressen durchsetzen.

Literaturverzeichnis

(ohne Artikel/Aufsätze in Zeitungen und Fachzeitschriften)

Arbeitsgemeinschaft selbständiger Unternehmer e.V., Ethik und Marktwirtschaft. Bonn 1990

Beckenbach, F. u. a. (Hrsg.), Grüne Wirtschaftspolitik. Machbare Utopien. Köln 1985

Berger, J. u. a., Alternativen zur Lohnarbeit? Selbstverwaltete Betriebe zwischen Anspruch und Realität. Bielefeld 1985

Berger, J. u. a., Kongress Zukunft der Arbeit. Bielefeld o.J.

Biedenkopf, K., Zu Perspektiven der Wirtschaftspolitik. Manuskript. Bonn 1988

Binswanger, H./Bonus, H./Timmermann, M., Wirtschaft und Umwelt. Möglichkeiten einer umweltverträglichen Wirtschaftspolitik. Stuttgart 1981

Bonus, H., Marktwirtschaftliche Konzepte im Umweltschutz. Stuttgart 1984

Briefs, U. (Hrsg.), Anders produzieren, anders arbeiten, anders leben. Köln 1986

Buchwald, K./Engelhardt, W. (Hrsg.), Handbuch für Planung, Gestaltung und Schutz der Umwelt. München 1978

Bundesanstalt für Arbeit (Hrsg), "Umweltschutz/Arbeitsschutz". Bildung und Beruf, Heft 250/1990. Nürnberg 1990

Bundesregierung, Umweltprogramm 1971. BT-Drucksache VI/2710

Bundesminister für Forschung und Technologie (Hrsg.), Programm Umweltforschung und Umwelttechnologie. Bonn 1984

Bundesminister für Raumordnung, Bauwesen und Städtebau, Bundesraumordnungsprogramm. Bonn 1975

Bundesminister für Umwelt, Naturschutz und Reaktorsicherheit, Umweltpolitik. Bonn 1987

Derselbe, Umweltpolitik. Bilanz des Bundes-Umweltministers in 7 Bänden. Bonn 1990

Derselbe, Investitionshilfen im Umweltschutz. Bonn 1986

Capra, F., Wendezeit. Bausteine für ein neues Weltbild. Berlin - München - Wien, 1983

Coase, R., The problem of social cost. In: The Journal of Law and Economics, 1960

Der Rat von Sachverständigen für Umweltfragen, Umweltgutachten 1974 und 1987. Bonn 1984 u. 1987

Deutscher Naturschutzring (Hrsg.), Gesetz zur Durchführung der Umweltverträglichkeitsprüfung. Entwurf mit Erläuterungen. Freiburg 1987

DGB-Bundesvorstand (Hrsg.), Grundsatzprogramm 1981. Düsseldorf

Derselbe, Umweltschutz und qualitatives Wachstum. Düsseldorf 1985

Die GRÜNEN (Hrsg.), Umbau der Industriegesellschaft. Bonn 1987

EG-Kommission, Task-Force-Bericht: Umwelt und der Binnenmarkt (Manuskript), o.Jg. (Deutsche Fassung 1992)

Erbguth, W., Raumordnungs- und Planungsrecht. Köln u. a. 1983

Erbguth, W., Rechtssystematische Grundfragen des Umweltrechts. Berlin 1987

Europäisches Parlament, Europäisches Parlament und Umweltschutz.Bonn 1990

Ewringmann, D./Kibat, K./Schafhausen, F., Auswirkungen des § 7a WHG und des AbwAG auf Investitionsplanung und -abwicklung industrieller und kommunaler Direkteinleiter. Berlin 1980

Friedman, M., Kapitalismus und Freiheit. Stuttgart 1971

Georgescu-Roegen, N., The Entropy Law and the Economic Process. Cambridge - London 1971

Global 2000, Der Bericht an den Präsidenten. Frankfurt 1980

Gruhl, H., Ein Planet wird geplündert. Frankfurt 1978

Hansmeyer, K.H./Schneider, H.K., Zur Fortentwicklung der Umweltpolitik unter marktsteuernden Aspekten. Forschungsbericht für das Umweltbundesamt. Köln 1989

Hobbensiefken, G., Ökologieorientierte Volkswirtschaftslehre.München 1989

Hopfenbeck, W., Allgemeine Betriebswirtschafts- und Managementlehre. Das Unternehmen im Spannungsfeld zwischen ökonomischen, sozialen und ökologischen Interessen. Landsberg a.L. 1989

Huber, J., Die Regenbogengesellschaft. Frankfurt/M. 1985

Huber, J. (Hrsg.), Anders arbeiten - anders wirtschaften. Dualwirtschaft: Nicht jede Arbeit ist ein Job. Frankfurt 1979

IfO-Institut, Die Kosten der ökologischen Sanierung Ostdeutschlands. München 1990

IG-Metall (Hrsg.), Umweltschutz zwischen Reparatur und realer Utopie. Köln 1988

Immler, H., Natur in der ökonomischen Theorie. Opladen 1985

Jänicke, M., Staatsversagen. München 1986

Jänicke, M. (Hrsg.), Umweltpolitik. Beiträge zur Politologie des Umweltschutzes. Opladen 1978

Jänicke, M.u. a. (Hrsg.), Wissen für die Umwelt. Berlin - NewYork 1985

Jüttner, H., Umweltpolitik mit Umweltabgaben. Ein Gesamtkonzept. Bonn 1990

Kapp, K.W., Soziale Kosten der Marktwirtschaft. Frankfurt 1979

Katalyse-Umweltgruppe Köln (Hrsg.), Chemie in Lebensmitteln. Köln 1981

Kimmnich, O., Umweltschutz - Prüfstein der Rechtsstaatlichkeit. Linz 1987

Knüppel, H., Umweltpolitische Instrumente: Analyse der Bewertungskritierien und Aspekte einer Bewertung. Baden-Baden 1989

Koch, G., Herausforderung: Umwelt. Anstiftungen zum ökologischen Lehren und Lernen. Frankfurt 1985

Leipert, C., Die heimlichen Kosten des Fortschritts. Wie Umweltzerstörung das Wirtschaftswachstum fördert. Frankfurt/M. 1989

Leipert, C./Simonis, U.E., Umwelt und Volkswirtschaftliche Gesamtrechnung. Heft 87-6 des WZB. Berlin 1987

Lippens, W., Im Kreislauf der Wirtschaft. Köln 1988

Lutz, R. (Hrsg.), Pläne für eine menschliche Zukunft. Weinheim - Basel 1988

Meadows, D.H., Die Grenzen des Wachstums. Stuttgart 1972

Meyer-Abich, K.M., Wege zum Frieden mit der Natur. Praktische Naturphilosophie für die Umweltpolitik. München 1984

Parkinson, C.N., Parkinsons Law and other Studies in Administration. Boston 1957

Picot, A., Betriebswirtschaftliche Umweltbeziehungen und Umweltinformationen. Berlin 1977

Robertson, J., Die lebenswerte Alternative. Wegweiser für eineandere Zukunft. Frankfurt 1979

Ropohl, G., Die unvollkommene Technik. Frankfurt 1985

Roth, W., Humane Wirtschaftspolitik. Köln 1982

Schmidt, R., Einführung in das Umweltrecht. München 1989

Schreiner, M., Umweltmanagement in 22 Lektionen. Wiesbaden 1988

Sik, O., Ein Wirtschaftssystem der Zukunft. Berlin - Heidelberg - NewYork 1985

Simonis, U.E. (Hrsg.), Präventive Umweltpolitik. Frankfurt - NewYork 1988

Sprenger, R.U., Beschäftigungswirkungen der Umweltpolitik - eine nachfrageorientierte Untersuchung. Berlin 1989

Statistisches Bundesamt (Hrsg.), Erste Ergebnisse der Sozialproduktsrechnung 1991. In: Fachserie 18, Volkswirtschaftliche Gesamtrechnung. Wiesbaden 1991

Stork, W., Die Wirtschaftspolitik der Wachstumskritiker. Frankfurt/M. 1983

Ullrich, O., Weltniveau. Berlin 1979

Umweltbundesamt (Hrsg.), Umweltfreundliche Beschaffung - Handbuch zur Berücksichtigung des Umweltschutzes in der öffentlichen Verwaltung und im Einkauf. Wiesbaden - Berlin 1989

UPI-Bericht Nr. 9, Öko-Steuern als marktwirtschaftliches Instrument im Umweltschutz - Vorschläge für eine ökologische Steuerreform. Heidelberg 1988

Uppenbrink, M., Modell eines "integrierten" Umweltplanes als eigenständiger Umweltschutzplanung. In: Akademie für Raumforschung und Landesplanung. Band 73, Hannover 1983

Verbraucherzentrale NRW (Hrsg.), Umweltökonomie und Umweltpolitik. Düsseldorf 1988

Vester, F., Ein Baum ist mehr als nur ein Baum. Ein Fensterbilderbuch. München 1985

Vester, F., Der Wert eines Vogels. Ein Fensterbilderbuch. München 1983

Voss, G., Argumente und Fakten zur Umweltpolitik. Köln 1981

Wenz, E.M. u. a. (Hrsg.), Ökologie, Ökonomie und Jurisprudenz.München 1987

Wicke, L., Umweltökonomie, München 1989

Wicke, L., Die ökologischen Milliarden. Das kostet die zerstörte Umwelt - so können wir sie retten. München 1986

Wicke, L./Haasis, H./Schafhausen, F./Schulz, W., Betriebliche Umweltökonomie. München 1992

Winter, G., Das umweltbewußte Unternehmen. München 1987

Index